Zürcher Studien zum Privatrecht

Herausgegeben im Auftrag der Rechtswissenschaftlichen Fakultät der Universität Zürich
von H.C. von der Crone, P. Forstmoser, H. Honsell, C. Huguenin, W. Ott, W. Portmann,
M. Rehbinder, H. Rey, H. M. Riemer, K. Siehr, R. H. Weber, R. Zäch, D. Zobl

Jurij Benn

Rechtsgeschäftliche Gestaltung der erbrechtlichen Ausgleichung

Schulthess § Zürich 2000

Zürcher Studien zum Privatrecht

Diese Reihe setzt sich zusammen aus den
Zürcher Studien zum öffentlichen Recht
Zürcher Studien zum Strafrecht
Zürcher Studien zum Verfahrensrecht
Zürcher Studien zur Rechtsgeschichte
Zürcher Studien zur Rechts- und Staatsphilosophie

Abdruck der der Rechtswissenschaftlichen Fakultät
der Universität Zürich vorgelegten Dissertation

© Schulthess Juristische Medien AG, Zürich 2000
ISBN 3 7255 4117 5

Vorwort

Danken möchte ich an erster Stelle meinem Doktorvater, Herrn *Prof. Dr. Dieter Zobl* für sein grosses Interesse und seine Gesprächsbereitschaft, welche die Entstehung der Arbeit massgeblich gefördert haben; ferner auch für die schöne, lehrreiche und unvergessliche Zeit, die ich als Assistent an seinem Lehrstuhl verbringen durfte.

Herrn *Prof. Dr. Peter Weimar* danke ich für mehrere aufschlussreiche Gespräche und seine ausgezeichnete Vorlesung im Erbrecht, welche mein Interesse an dieser Materie geweckt hat.

Sodann stehe ich tief in der Schuld mehrerer Kolleginnen und Kollegen, welche mich tatkräftig bei der Abfassung der Arbeit unterstützten: *Nicolas Herzog* für die kritische Durchsicht der Arbeit, *Christoph Wille* für die Unterstützung bei allen aufgetretenen Computerpannen, *Jörg Zachariae, Michael Rütten, Christoph Lehner, Reto Bügler, Ansgar Schott, Laurent Giovanoli, Thomas Pietruszak, Lukas Roos, Susanne Mettier, Martin Stosberg* und *Oliver Banz* für die vielen Diskussionen, Tips und Anregungen.

Danken möchte ich auch meinen Eltern, welche mir meine Ausbildung und das Verfassen der Dissertation ermöglicht haben.

Das Material befindet sich auf dem Stand vom 1. März 2000.

Zollikon, im August 2000

Inhaltsübersicht

Inhaltsverzeichnis	VII
Abkürzungsverzeichnis	XXI
Literaturverzeichnis	XXVII

1. Kapitel: Einführung und Problemstellung ... 1

2. Kapitel: Grundsatzfragen der Ausgleichung ... 7
- § 1: Zweck und geschichtliche Entwicklung ... 9
- § 2: Rechtsnatur der Ausgleichung ... 20

3. Kapitel: Einzelfragen zur Ausgleichung ... 53
- § 1: Objekte und Subjekte der Ausgleichung ... 56
- § 2: Die Durchführung der Ausgleichung ... 107

4. Kapitel: Ausgleichungsrechtlich relevante Verfügungen von Todes wegen ... 161
- § 1: Einordnung der Anordnungen betreffend die erbrechtliche Ausgleichung in das System der Verfügungen von Todes wegen ... 163
- § 2: Geschichtliche Entwicklung der Verfügungen von Todes wegen ... 169
- § 3: Subjektive Voraussetzungen (Testier- und Erbvertragsfähigkeit) ... 177
- § 4: Objektive Voraussetzungen ... 189
- § 5: Auslegung der Verfügungen von Todes wegen ... 218
- § 6: Behandlung von Willensmängeln ... 248
- § 7: Regelungsgegenstände- und Inhalte in Ausgleichungsvereinbarungen ... 257

5. Kapitel: Zusammenstellung wesentlicher Ergebnisse ... 277

Inhaltsverzeichnis

Abkürzungsverzeichnis	XXI
Literaturverzeichnis	XXVII

1. Kapitel Einführung und Problemstellung ... 1

2. Kapitel Grundsatzfragen der Ausgleichung ... 7

§ 1 Zweck und geschichtliche Entwicklung ... 9
  I. Zweck ... 9
    A. Notwendigkeit der Einbeziehung lebzeitiger Vorgänge bei der Nachlassfeststellung ... 9
      1. Ungenügen der blossen Verteilung des effektiv im Zeitpunkt des Erbfalls vorhandenen Vermögens ... 9
      2. Ausgleichung und Herabsetzung als Instrumente zur Berücksichtigung lebzeitiger Transaktionen im Erbfall ... 10
        a) Unterschiedliche Zielsetzungen von Ausgleichung und Herabsetzung ... 10
        b) Lebzeitige Transaktionen als ausschliesslicher Anknüpfungspunkt der Ausgleichung ... 11
          α) Teilweise gemeinsame Anknüpfung : Lebzeitige unentgeltliche Zuwendungen ... 11
          β) Hauptunterschiede zwischen Ausgleichung und Herabsetzung ... 12
        c) Subsidiarität von Ausgleichung und Herabsetzung ... 12
    B. Gedanke der Gleichberechtigung der Erben als Rechtfertigung der Ausgleichung ... 13
    C. Durchführung der Ausgleichung (Überblick) ... 14
  II. Die Ausgleichung in der geschichtlichen Entwicklung ... 14
    A. Römisches und altes deutsches Recht ... 14
    B. Gemeines Recht ... 15
    C. Entwicklung in der Eidgenossenschaft ... 17
      1. Erbrecht allgemein ... 17
      2. Das Kollationsrecht im besonderen ... 17

§ 2: Rechtsnatur der Ausgleichung ... 20
  I. Vorbemerkung ... 20
  II. Die zur Ausgleichung führenden Tatbestände ... 20
    A. Überblick ... 20
    B. Unentgeltliche Zuwendung, Schenkung, Vorempfang ... 21
      1. Zuwendung ... 21
        a) Allgemeines ... 21

	b)	Freiwillige unentgeltliche Zuwendungen als ausgleichungsrechtlich relevante Vorgänge	22
	c)	Die Schenkung als (Haupt-) Beispiel für eine unentgeltliche Zuwendung	23
		α) Generelles	23
		β) Erscheinungsformen	24
		αα) Reine und gemischte Schenkungen	24
		ββ) Handschenkung und Schenkungsversprechen	27
		γ) Essentialia negotii	28
		αα) Freiwillige Zuwendung aus dem Vermögen des Schenkers	28
		ββ) Bereicherung des Beschenkten	28
		γγ) Erfordernis der Unentgeltlichkeit der Zuwendung	28
		δ) Fazit	29
	d)	Übrige unentgeltliche Zuwendungen	29
	e)	Zuwendungen zwecks Erfüllung einer sittlichen Pflicht?	30
		α) Meinungsstand in Doktrin und Rechtsprechung	30
		β) Folgerungen	31
	f)	Zuwendungen gestützt auf gesetzliche Pflichten als unentgeltliche Zuwendungen?	32
2.	Vorempfang		32
	a)	Bedeutung: Zuwendung auf Anrechnung an den Erbteil	32
	b)	Problematik des Begriffs	33
III. Konsequenzen des lebzeitigen Vorgangs auf die Rechtsnatur			34
A. Ansatz der h. L.: «Doppelnatur der Ausgleichung»			34
1.	Ausgangspunkt: Lebzeitige unentgeltliche Zuwendung		34
2.	Art. 626 ff ZGB als dispositives Recht		35
	a)	Arten des dispositiven Rechts	35
	b)	Die Ausgleichungsregeln als subsidiäres oder ergänzendes dispositives Recht	35
	c)	Gesetzliche und gewillkürte Ausgleichung	36
B. Ansatz WEIMAR: Ausgleichung als einheitliches Rechtsgeschäft unter Lebenden			37
1.	Überblick		37
2.	Unterscheidung zwischen Vorempfang und Schenkung		37
3.	Konsenserfordernis der Parteien über den Zweck der Zuwendung		38
4.	Ergebnis: Ausgleichung als einheitliches Rechtsgeschäft unter Lebenden		39
C. Analyse der doktrinellen Lösungsansätze: «Doppelnatur» überzeugend			40
1.	Wortlaut und Gesetzessystematik		40
2.	Probleme der einheitlichen Betrachtungsweise		41
	a)	Unsicherheit bzgl. Erbenstellung des Empfängers	41
	b)	Problematik von Art. 627 (Ausgleichung für Dritte)	42
	c)	Ausgleichung *einseitiger* Zuwendungen	43

		3.	Fazit				43
	D.	Rechtsnatur der Verfügungen bzgl. der Ausgleichung					43
		1.	Veränderung der Erbteile				44
		2.	Anordnungen verändern Teilungs- bzw. Berechnungsmasse				44
			a)	Vorbemerkungen			45
				α)	Relictum		45
				β)	Teilungsmasse		45
				γ)	Berechnungsmasse		45
					αα)	Zweck	45
					ββ)	Zusammensetzung und Berechnung	46
				δ)	Fazit		48
			b)	Situation bei Erlass der Ausgleichungspflicht			49
			c)	Anordnung der Ausgleichung			49
				α)	Vergrösserung der Teilungs- und evtl. auch der Berechnungsmasse		49
				β)	Folgerungen		50
			d)	Fazit			50

3. Kapitel: Einzelfragen zur Ausgleichung   53

§ 1: Objekte und Subjekte der Ausgleichung   56

    I. Objekte der Ausgleichung: Art. 626 Abs. 2 als Dreh- und Angelpunkt 56

       A. Überblick   56

       B. Versorgungs- und Schenkungskollation   57

           1. Versorgungskollation   57

               a) Begriff   57

               b) Unter die Versorgungskollation fallende Zuwendungen (Ausstattungen) 58

               c) Begründung   58

                   α) Wortlaut und systematische Einordnung von Art. 626 Abs. 2 ZGB 58

                   β) Entstehungsgeschichte   59

                   γ) Teleologische Auslegung   59

                   δ) Die Bedeutung von Art. 632 ZGB (Gelegenheitsgeschenke) 61

               d) Begründung WEIMAR: Zuwendung muss nach Treu und Glauben Vorempfang darstellen 61

               e) Beispiele für die von der Versorgungskollation erfassten Zuwendungen 62

                   α) Heiratsgut   62

                   β) Ausstattung   62

                   γ) Vermögensabtretung und Schulderlass   63

                       αα) Vermögensabtretung   63

                       ββ) Schulderlass   64

                   δ) Liegenschaftsabtretungen?   65

                   ε) Begünstigung aus Leistungen einer Lebensversicherung? 66

			αα) Grundsatz der Ausgleichungsfähigkeit	66
			ββ) Versorgungscharakter von Versicherungsleistungen?	68
	2. Schenkungskollation			68
		a) Begriff		68
		b) Unter die Schenkungskollation fallende Zuwendungen		69
		c) Begründung		70
			α) Wortlaut und Systematik	70
			β) Entstehungsgeschichte	71
			γ) Ungenügende Praktikabilität des Versorgungskriteriums	71
			δ) Ausgleichung als Ausdruck des Gleichbehandlungsgebotes und der Gerechtigkeitsidee	72

C. Sonderfälle — 73
  1. Die Behandlung der Ausbildungs- und Erziehungskosten — 73
     a) Allgemeines, rechtspolitischer Hintergrund — 73
     b) Objekte der Ausgleichung nach Art. 631 Abs. 1 ZGB — 74
     c) Subjekte der Ausgleichung von Erziehungskosten — 77
     d) Der angemessene Vorausbezug — 79
  2. Einseitige Zuwendungen (einseitiger Verzicht auf beschränkte dingliche Rechte, Verjährenlassen von Forderungen) — 80
     a) Allgemeines — 80
     b) Überlassung von Wohnräumen und Verrichtung von Arbeitsdiensten — 81
        α) Vorliegen einer Zuwendung — 81
        β) Keine Zuwendung nach Art. 626 Abs. 2 im System der Versorgungskollation — 82

II. Subjekte der Ausgleichung — 82
  A. Die Rechtsstellung des überlebenden Ehegatten — 83
    1. Allgemein im Erbrecht — 83
    2. In der Ausgleichung im besonderen — 84
       a) Ausgleichung nach Massgabe von Art. 626 Abs. 1 ZGB — 84
       b) Ausgleichung nach Massgabe von Art. 626 Abs. 2 ZGB — 84
          α) Die vertretenen Standpunkte — 85
          β) Begründungen — 86
             αα) Entstehungsgeschichte — 86
             ββ) Wortlaut und Systematik — 87
             γγ) Ansatz PIOTET: Ausstattung des Ehegatten ist nicht gebräuchlich — 88
             δδ) Aspekte der Gleichbehandlung und Billigkeit — 89
          γ) Stellungnahme — 90
  B. Rechtsfragen bei gewillkürter Erbfolge (eigentliche/uneigentliche Ausgleichung) — 92
    1. Bestätigung der gesetzlichen Erbfolge bzw. Bestehenlassen unveränderter Quoten — 93
       a) Grundsatz — 93
       b) Behandlung eingesetzter Erben neben gesetzlichen Erben — 94

		2.	Abweichungen von der gesetzlichen Erbfolge		94
			a) Komplette Neufestlegung der Quoten		94
			α) Auswirkungen auf die gesetzliche Ausgleichung (Art. 626 Abs. 2 ZGB)		94
			β) Auswirkungen auf die freiwillige Ausgleichung		96
			b) Sonderfall: Veränderung der Quoten unter Beachtung der Stammesgleichheit		96
	C.	Notwendigkeit der Erbenstellung im Zeitpunkt der Zuwendung für die gesetzliche Ausgleichung?			98
		1.	Problemstellung		98
		2.	Meinungsstand		98
		3.	Stellungnahme		99
			a) Grundsatz		99
			b) Möglichkeit der nachträglichen Anordnung der Ausgleichung		100
	D.	Wegfall eines (ausgleichungspflichtigen) Erben (Art. 627 ZGB)			100
		1.	Gesetzgeberischer Gedanke		100
		2.	Die Ausgestaltung von Art. 627 ZGB im einzelnen		101
			a) Anwendungsbereich		101
			b) Rechtsfolgen des Nichtübergangs der Zuwendung auf den Ersatzpflichtigen		102
			c) Rechnerische Bewältigung im allgemeinen		103
			d) Sonderfall: Vorempfang des Wegfallenden übersteigt dessen Erbanteil		103
			α) Problemstellung		103
			β) Lösungsvorschläge		104
			αα) Die Ansicht von TUOR und PICENONI		104
			ββ) H. L.: Ausgleichungspflichtige in Vertretung müssen Schmälerung hinnehmen		104
			γγ) Stellungnahme		104
			γ) Rechnerische Bewältigung der Pflichtteilsansprüche		105
§ 2:	Die Durchführung der Ausgleichung				107
	I.	Güterrechtliche Vorfragen			107
		A.	Überblick; Problemstellung		107
		B.	Ordentlicher Güterstand der Errungenschaftsbeteiligung		107
			1. Eigentums- und Vertretungsverhältnisse		107
			2. Auseinandersetzung bei Auflösung der Ehe		108
			3. Behandlung unentgeltlicher Zuwendungen aus Mitteln der Errungenschaft ohne Zustimmung des überlebenden Ehegatten (Art. 208 ZGB)		109
			a) Gesetzgeberischer Gedanke		109
			b) Von Art. 208 Abs. 1 Ziff. 1 ZGB erfasste Zuwendungen		109
			c) Güterrechtliche Zuordnung der unentgeltlichen Zuwendung		111
			d) Rechtsfolge der fehlenden Zustimmung: Hinzurechnung zur Errungenschaft und zur erbrechtlichen Teilungs- oder Berechnungsmasse		111

4.	Behandlung unentgeltlicher Zuwendungen aus Mitteln der Errungenschaft mit Zustimmung des überlebenden Ehegatten	113
	a) Grundsatz: Keine güterrechtliche, dafür aber erbrechtliche Hinzurechnung	113
	b) Ausnahme: Zuwendung an den anderen Ehegatten	114
C. Gütergemeinschaft		115
1.	Das eheliche Vermögen	115
2.	Vertretungsverhältnisse, Schutz gutgläubiger Dritter	116
	a) Vertretungsverhältnisse	116
	b) Schutz gutgläubiger Dritter	116
3.	Folgerungen für unentgeltliche Zuwendungen	117
D. Gütertrennung		118
II. Art der Ausgleichung		118
A. Begriffliches		118
1.	Realkollation (Naturalausgleichung, Einwerfung in Natur)	118
2.	Idealkollation (Wertausgleichung, Wertanrechnung)	119
3.	Ausgleichung in Geld	121
B. Problemlagen		121
1.	Umfang des Wahlrechts	121
	a) Rechtsnatur des Wahlrechts	121
	b) Rechtslage, sofern keine Wahl erfolgt	122
	c) Differenziertes Wahlrecht?	123
	α) Meinungsstand	123
	β) Stellungnahme	123
2.	Verlust, Veräusserung oder Surrogation der Zuwendungsgegenstände	125
	a) Allgemein	125
	b) Ausscheiden ist vom Pflichtigen zu vertreten	125
	c) Ausscheiden durch Zufall	126
	d) Vorliegen einer Ersatzleistung	126
	e) Untergang nach Ausübung des Wahlrechts	127
	f) Bei Geld und anderen vertretbaren Sachen	128
3.	Sonderfälle	130
	a) Im Falle des Art. 627 Abs. 2 ZGB (Ausgleichung für Dritte)	130
	b) Gemischt-unentgeltliche Zuwendungen	130
	c) Im Falle von Art. 629 (Vorempfang übersteigt Erbanteil)	130
	α) Bei Ausgleichung auch des Überschusses	130
	β) Im Falle der Befreiung von der Ausgleichung des Überschusses	131
	d) Wahlrecht bei Vorliegen wertvermehrender Investitionen in die Zuwendung oder bei teilweiser Veräusserung, Belastung mit beschränkten dinglichen Rechten oder Beschädigung	132
III. Abwicklung von Ausgleichungspflichten, welche den Erbanteil übersteigen (Art. 629 ZGB)		132

A.	Ausgangslage	132
B.	Art. 629 Abs. 1 ZGB im System des schweizerischen Ausgleichungsrechts	133
	1. Grundsatz: Ausgleichung auch des Überschusses ist möglich	133
	2. Verhältnis zu Art. 626 Abs. 1 ZGB: Kein normativer Gewinn	133
	3. Verhältnis zu Art. 626 Abs. 2 ZGB: Art. 629 Abs. 1 ZGB als Sonderbestimmung *in favorem heredis*	134
	4. Zeitgemässe Auslegung von Art. 629 Abs. 1 ZGB: Vermutung des (Ausgleichungs-) Dispenses	134
	a) Zweck von Art. 629 Abs. 1 ZGB: Sicherung der wirtschaftlichen Verselbständigung	134
	b) Konsequenz: Ausweitung des Anwendungsbereichs dieser Norm	135
C.	Rechnerische Abwicklung beim Vorliegen eines Ausgleichungsdispenses für den Überschuss	136
	1. Vorgehensweise der Kommentatoren	137
	a) TUOR/PICENONI	137
	b) ESCHER/ESCHER	137
	c) Rechnungsbeispiele	137
	2. Vorgehensweise gemäss PIOTET und der deutschen Doktrin	138
	a) Kritik am Vorgehen der Kommentatoren	138
	b) Rechnungsvorgang	138
	c) Deutsche Lehre und Rechtsprechung	139
	3. Stellungnahme	140
IV. Fragen der Bewertung	141
A.	Allgemein, Bewertungszeitpunkt	141
B.	Wertmässige Behandlung gemischt-unentgeltlicher Vorempfänge	142
C.	Wertbestimmung bei veräusserten und dinglich belasteten Zuwendungen	142
	1. Veräusserte Objekte	142
	2. Belastung des Gegenstandes mit beschränkten dinglichen Rechten	143
D.	Behandlung von Verwendungen, Schäden und bezogenen Früchten	145
	1. Problemstellung	145
	2. Analoge Anwendung von Art. 938 – 940 ZGB als gesetzgeberischer Missgriff	145
	3. Vor Eintritt des Erbfalls	146
	a) Nutzungen (Bezogene Früchte)	146
	b) Verwendungen	147
	c) Schaden und Untergang	149
	4. Nach Eintritt des Erbfalls	150
	a) Grundsatz	150
	b) In bezug auf die Haftung für Schaden und Untergang	150
	c) In bezug auf Früchte und Verwendungen	151

	E.	Berücksichtigung der Geldentwertung?	151
	F.	Auswirkungen (konjunktureller) Wertveränderungen des reinen Nachlasses nach Eintritt des Erbfalls auf die Teilungsansprüche bei der Idealkollation	153
		1. Problemstellung	153
		2. Lösungsvarianten	153
		3. Ergebnis: Keine Berücksichtigung der Wertänderungen	154
	G.	Behandlung (konjunktureller) Wertschwankungen der Zuwendungen nach Eintritt des Erbfalls	155
V.	Exkurs: Prozessuale Durchsetzung der Ausgleichung		156
	A.	Informationspflichten der Miterben über ausgleichungsrechtlich relevante Tatbestände	156
	B.	Ausgleichungsklage als besonders geartete Teilungsklage	157
	C.	Klage auf Feststellung der Ausgleichungspflicht?	158

4. Kapitel: Ausgleichungsrechtlich relevante Verfügungen von Todes wegen   161

§ 1: Einordnung der Anordnungen betreffend die erbrechtliche Ausgleichung in das System der Verfügungen von Todes wegen   163

    I. Einführung   163

    II. Grundsätzliches zu den Verfügungen von Todes wegen   163

        A. Verfügungen von Todes wegen als Ausdruck der Privatautonomie im Erbrecht   163

        B. Abgrenzung zu den Rechtsgeschäften unter Lebenden   165

            1. Notwendigkeit der Abgrenzung   165

            2. Die massgeblichen Kriterien   165

            3. In bezug auf Ausgleichungsanordnungen und -vereinbarungen   165

        C. Grundsätzliche Konsequenzen und Reflexwirkungen aus der Rechtsnatur mit Bezug auf Anordnung und Erlass der Ausgleichung   166

            1. Kein Erfordernis eines irgendwie auf die Ausgleichung gerichteten (Partei-) Willens   166

                a) Grundsatz: Ausgleichung verwirklicht sich von Gesetzes wegen   166

                b) Kein Schutzbedürfnis der Beteiligten   166

            2. Einseitige Anordnungen des Zuwendenden   167

                a) Anordnung der Ausgleichung   167

                b) Erlass der Ausgleichungspflicht   167

            3. Vertragliche Vereinbarungen über die Ausgleichungspflicht   168

§ 2: Geschichtliche Entwicklung der Verfügungen von Todes wegen   169

    I. Römisches Recht   169

        A. Letztwillige Verfügungen   169

        B. Erbverträge   170

II.	Gemeines Recht		171
	A. Letztwillige Verfügungen		171
	B. Erbverträge		172
III.	Entwicklung in der Eidgenossenschaft		173
	A. Letztwillige Verfügungen		173
		1. Ancien Régime	173
		2. Kantonale Rechte	174
	B. Erbverträge		174
		1. Ancien Régime	174
		2. Kantonale Rechte	175
		3. Aufnahme des Erbvertrages ins ZGB	175

§ 3: Subjektive Voraussetzungen (Testier- und Erbvertragsfähigkeit) 177
    I. Vorbemerkung 177
        A. Überblick 177
        B. Bedeutung der subjektiven Erfordernisse 178
    II. Testierfähigkeit 178
        A. Reifealter 178
        B. Urteilsfähigkeit 179
            1. Begriff 179
            2. Relativität der Urteilsfähigkeit 180
                a) Grundsatz 180
                b) Im Erbrecht: Abgestufte Testierfähigkeit 180
                c) In der Ausgleichung 180
            3. Vermutung der Urteilsfähigkeit als Regel 181
            4. Ausnahme: Umkehr der Beweislast in notorischen Fällen 181
            5. Nachweis der Urteils(un)fähigkeit beim Vorliegen öffentlicher Urkunden 183
                a) Meinungsstand 183
                      α) Allgemein 183
                      β) Bei öffentlichen letztwilligen Verfügungen im besonderen 183
                b) Stellungnahme 184
                      α) Öffentliche Urkunden im allgemeinen 184
                      β) Bei öffentlichen letztwilligen Verfügungen und Erbverträgen im besonderen 185
    III. Erbvertragsfähigkeit 187
    IV. Zusammenfassung 188

§ 4: Objektive Voraussetzungen 189
    I. Numerus clausus der zulässigen Verfügungen 189
        A. In bezug auf die Art 189
            1. Letztwillige Verfügung 189
            2. Erbvertrag 190

				a)	Begriff	190
				b)	Erbvertrag als einheitliches Rechtsgeschäft	190
				c)	Erscheinungsformen	191
				d)	Motivation	191
				e)	Bindungswirkung	192
				f)	Resultat: Erbvertrag vermittelt Anwartschaft	193
					α) Rechtsstellung des Vertragserben zu Lebzeiten des Erblassers	193
					β) Rechtsstellung nach Eintritt des Erbfalls	193
		B.	Mit Bezug auf den Inhalt			194
	II.	Einzuhaltende Formvorschriften				195
		A.	Vorbemerkung			195
		B.	Grundsatz der Formfreiheit im Privatrecht als Regel			196
		C.	Zweck der Formvorschriften			197
			1. Warnfunktion			198
			2. Klarstellungsfunktion			198
			3. Sicherungsfunktion			198
		D.	Arten			199
			1. Einfache Schriftlichkeit			199
			2. Qualifizierte Schriftlichkeit			200
			3. Öffentliche Beurkundung			201
				a)	Begriff	201
				b)	Öffentliche Beurkundung als Begriff des Bundesrechts	201
				c)	Anwendungsbereich	202
		E.	Umfang der Formvorschriften, Folgen der Nichterfüllung			202
			1. Umfang der Formpflicht			202
			2. Folgen der Nichterfüllung			203
		F.	Formvorschriften für Verfügungen von Todes wegen			204
			1. Letztwillige Verfügungen			204
				a)	Eigenhändige (*holographe*) letztwillige Verfügung	204
					α) Formerfordernis: Qualifizierte Schriftlichkeit	204
					β) Formerfordernisse im einzelnen	205
				b)	Öffentliche letztwillige Verfügungen	208
					α) Vor- und Nachteile gegenüber der holographen letztwilligen Verfügung	208
					β) Verfahren: Bundesrechtlich geordnet mit ergänzenden kantonalen Vorschriften	208
					γ) Verfahrensablauf	209
			2. Erbvertrag			211
				a)	Grundsatz: Analoges Verfahren wie bei der Errichtung öffentlicher letztwilliger Verfügungen	211
				b)	Besonderheiten des Verfahrens	212
				c)	Kombination der Beurkundung von Erbverträgen mit weiteren formpflichtigen Geschäften	212

				3.	Ausgleichungsverfügungen und -vereinbarungen im besonderen	213
					a) Herrschende Lehre und Rechtsprechung: Keine Formvorschriften	213
					b) Begründungen	214
					c) Stellungnahme	215
					d) «Uneigentliche» Ausgleichung als Sonderfall?	217

§ 5: Auslegung der Verfügungen von Todes wegen — 218
    I. Vorbemerkungen — 218
    II. Rechtliche Grundlagen — 219
        A. Im ZGB selbst — 219
            1. Allgemein — 219
            2. Art. 469 Abs. 3 ZGB im besonderen — 219
        B. Analoge Anwendung der Auslegungsregeln des OR? — 220
            1. Grundsatz — 220
            2. Verfügungen von Todes wegen — 221
                a) Letztwillige Verfügungen — 221
                b) Erbverträge — 221
    III. Die bei der Auslegung von Verfügungen von Todes wegen massgebenden Interessen — 222
        A. Interessen des Erblassers — 222
            1. Grundsatz — 222
            2. Erbverträge — 223
        B. Interessen der Bedachten — 223
        C. Interessen der gesetzlichen Erben? — 223
    IV. Auslegungsregeln — 225
        A. Vorfrage: Liegt Verfügungswille vor? — 225
        B. Auslegung des Inhalts — 226
            1. Grundsatz des favor testamenti — 226
                a) In materieller Hinsicht — 226
                b) In formeller Hinsicht — 227
                      α) Eigenhändige letztwillige Verfügungen — 227
                      β) Öffentliche letztwillige Verfügungen und Erbverträge — 228
            2. Andeutungstheorie und Eindeutigkeitsregel — 229
                a) Andeutungstheorie — 229
                      α) Begriff — 229
                      β) Begründung und Kritik — 229
                      γ) Stellungnahme — 230
                b) Eindeutigkeitsregel — 231
                      α) Begriff — 231
                      β) Begründung und Kritik — 231
                      γ) Stellungnahme — 233
                c) Ergebnis: Offenherzige Zulassung aussenstehender Tatsachen (Externas) zur Auslegung — 233

		3. Grundsatz des Primats der gesetzlichen Erbfolgeordnung	235
		4. Einfluss veränderter Verhältnisse?	235
		a) Problemstellung	235
		b) Grundsatz: Keine Anpassung	236
		c) Ausnahme: Veränderungen, auf welche nicht mehr reagiert werden konnte	236
		d) Würdigung	237
	V. In der Ausgleichung im besonderen	238
	A. Grundsatz: Keine besonderen Auslegungsregeln	238
	B. Ausnahmen	240
		1. Vermutung der vertraglichen Natur von Ausgleichungsanordnungen im Zuwendungsgeschäft und in Erbverträgen	240
		2. Erfordernisse an den ausdrücklich zu erklärenden Ausgleichungserlass (Art. 626 Abs. 2 ZGB)	240
		a) Begründung der besonderen Anforderungen	240
		b) Begriff der Ausdrücklichkeit	241
		α) Doktrin	241
		β) Bundesgerichtliche Rechtsprechung	242
		γ) Folgen der fehlenden Ausdrücklichkeit	244
	C. Beurteilung von Schenkungsklauseln in Zuwendungsverträgen	244
		1. Meinungsstand	244
		2. Stellungnahme	245
	D. Stillschweigen in Zuwendungsverträgen als Verzicht auf Ausgleichung nach Massgabe von Art. 626 Abs. 1 ZGB?	246
		1. Meinungsstand	246
		2. Stellungnahme	247
§ 6:	Behandlung von Willensmängeln	248
	I. Einführung	248
	II. Arten von Willensmängeln	248
	A. Fehler in der Erklärungshandlung	248
		1. Begriffliches	248
		2. Beispiele	249
	B. Fehler in der Willensbildung	249
		1. Fehlender Eigenwille	249
		a) Arglistige Täuschung	250
		b) Drohung und Zwang	250
		2. Motivirrtum	251
		a) Begriff	251
		b) Anwendungsbereich	252
		α) Allgemein: Anwendungsbereich weiter als im Schuldrecht	252
		β) Letztwillige Verfügungen	252

			γ) Erbverträge	252
		c)	Irrtum über künftige Sachverhalte	253
			α) Grundsatz: Zulassung nur mit Zurückhaltung	253
			β) Letztwillige Verfügungen im besonderen	254
		d)	Beispiele	254
	III.	Geltendmachung der Willensmängel		254
		A.	Letztwillige Verfügungen	254
		B.	Erbverträge	255
§ 7:	Regelungsgegenstände- und Inhalte in Ausgleichungsvereinbarungen			257
	I.	Vorbemerkung		257
	II.	Sicherungsmöglichkeiten der Verpflichtungen des Empfängers aus der Ausgleichungsvereinbarung?		258
	III.	Bilaterale Vereinbarungen zwischen dem Zuwendenden und dem Empfänger		259
		A.	Zweck	259
		B.	Vereinbarungen über die grundsätzliche Frage der Ausgleichungspflicht	260
			1. Varianten	260
			2. Verbleibender Gestaltungsspielraum des Erblassers	260
			a) Bei positiver Vereinbarung der Ausgleichungspflicht	260
			b) Beim Erlass der Ausgleichungspflicht	260
			α) Ausgleichungsvermächtnisse	261
			β) Zurücksetzung auf den Pflichtteil	262
			γ) Konsequenz: Sicherung des Ausgleichungsdispenses durch gleichzeitige Erbeinsetzung	263
		C.	Im Hinblick auf die Modalitäten der Ausgleichung	263
			1. Festlegung des auszugleichenden Wertes	263
			a) Arten	263
			α) Nominale Wertbestimmung	263
			β) Wertfestlegung durch Bruchteil des Verkehrswertes im massgeblichen Zeitpunkt	264
			γ) Festlegung nur des Verfahrens oder des massgebenden Zeitpunkts	264
			b) Erfordernis der Ausdrücklichkeit bei Wertbestimmung unter dem objektiven Wert?	265
			c) Vereinbarter Ausgleichungsbetrag übersteigt den Verkehrswert bei Eintritt des Erbfalls	265
			2. Vereinbarungen über die Art der Ausgleichung	266
		D.	Sonderfälle	267
			1. Vereinbarungen über die Ausgleichung der Ausbildungs- und Erziehungskosten (Art. 631 ZGB)	267
			2. Vereinbarungen über eine mögliche Ausgleichung des Überschusses (Art. 629 ZGB)	268
			3. Vereinbarungen über die Ausgleichung von Gelegenheitsgeschenken (Art. 632 ZGB)	268

IV.	Multilaterale Vereinbarungen unter Einbeziehung aller künftigen Erben	269
	A. Zweck: Ausgleichungsvereinbarungen als Instrument der umfassenden Nachlassplanung	269
	B. Rechtsfolge: Stärkere Gebundenheit des Zuwendenden	269
	C. Möglichkeit der (materiellen) Sicherung der Ausgleichungsvereinbarung	270
	1. Problematik der Pflichtteilsrechte	270
	2. Zulässigkeit des Verzichts auf Pflichtteilsrechte	270
	a) Mittels partiellen Erbverzichts	270
	b) Durch Vereinbarung im Rahmen der Abtretung noch nicht angefallener Erbanteile	271
	D. Vereinbarungen unter Mitberücksichtigung der Stellung des überlebenden Ehegatten	272
	1. Problemkreise	272
	a) Grösse des Erbanteils des Gatten als Erschwerung der Ausgleichung	272
	b) Wirtschaftliche Verhältnisse erfordern, dass der ganze Nachlass beim überlebenden Ehegatten verbleibt	272
	2. Konsequenz: Verschiebung der Ausgleichung	274
	E. Vereinbarungen über das rechnerische Vorgehen im Falle von Art. 629 ZGB	274
V.	Vereinbarungen über die Ausgleichungspflicht ohne Mitwirkung des Zuwendungsempfängers	275
VI.	Vereinbarungen über die Ausgleichungspflicht unter den Erben ohne Einbezug des Erblassers	275

5. Kapitel: Zusammenstellung wesentlicher Ergebnisse   277

Abkürzungsverzeichnis

A. (oder Aufl.)	Auflage
a (alt)	frühere Fassung des betreffenden Gesetzes (z. B. aOR)
a. A.	am Anfang
a. a. O. (1.c.)	am angeführten Ort (loco citato)
ABGB	Allgemeines Bürgerliches Gesetzbuch für Österreich, vom 1. Juni 1811
ABL	Amtsblatt
Abs	Absatz
Abschn	Abschnitt
Abt	Abteilung
AcP	Archiv für die civilistische Praxis (Heidelberg 1820 ff, Tübingen 1878 ff; neue Folge 1923 ff)
a. E (oder i. f.)	am Ende (in fine)
AG	Aktiengesellschaft
AGVE	Aargauische Gerichts- und Verwaltungsentscheide (Aarau 1947 ff; früher VAR)
AHV	BG über die Alters- und Hinterlassenenversicherung, vom 3. Oktober 1947 (SR 831.10)
AISUF	Arbeiten aus dem juristischen Seminar der Universität Freiburg i. Üe
AJP	Aktuelle Juristische Praxis
Al	Alinea
a. M	anderer Meinung
Amt1Bull	Amtliches Bulletin der Bundesversammlung
Anm	Anmerkung
aArt	aufgehobener Artikel
aOR	Bundesgesetz über das Obligationenrecht vom 14. Juni 1881
AppG	Appellationsgericht
AppH	Appellationshof
Art	Artikel
art	article, articolo
AS	Eidgenössische Gesetzessammlung (Bern 1848 ff); seit 1948: «Sammlung der eidgenössischen Gesetze»
ASR	Abhandlungen zum schweizerischen Recht
B	Beschluss
BBl	Bundesblatt

Bd	(Bde.) Band (Bände)
Beitr	Beitrag, Beiträge
Bem	Bemerkungen
bes	besonders
betr	betreffend
BezGer	Bezirksgericht
BG	Bundesgesetz (mit Datum der Annahme durch die Bundesversammlung)
BGB	Bürgerliches Gesetzbuch für das Deutsche Reich, vom 18. August 1896
BGE	Entscheidungen des Schweizerischen Bundesgerichts. Amtliche Sammlung (Lausanne 1875 ff)
BGer	Bundesgericht
BGH	Bundesgerichtshof
BGHZ	Entscheidungen des Bundesgerichtshofes in Zivilsachen
BL	Kanton Basel-Landschaft
Bot	Botschaft des Bundesrates an die Bundesversammlung zu einem Gesetzesentwurf enthaltend das Schweizerische Zivilgesetzbuch, vom 28. Mai 1904
BR	Bundesrat
BRB	Bundesratsbeschluss
Bsp	Beispiel
Bull	Bulletin
BV	Bundesverfassung der Schweizerischen Eidgenossenschaft, vom 29. Mai 1874 (SR 101)
bzgl	bezüglich
bzw	beziehungsweise
c	contra
ca	Zirka
CC	Code civil suisse
Ccfr	Code civil français, vom 21. März 1804 (mit seitherigen Änderungen)
Ccit	Codice civile italiano, vom 16. März 1942
D	Digesten
DBK	Dienstbarkeitskommentar
ders	derselbe
dgl	dergleichen
d. h	das heisst
dies	dieselben

Diss	Dissertation (thèse)
E	Erwägung
EG	Kantonales Einführungsgesetz (ohne bes. Angabe jenes zum ZGB)
Erl	Schweizerisches Zivilgesetzbuch. Erläuterungen zum Vorentwurf des Eidgenössischen Justiz- und Polizeidepartements (von EUGEN HUBER), 2 Bde., 2.A., Bern 1914
etc	et cetera
ExpKom	Expertenkommission
f (ff)	und nächstfolgende Seite(n) bzw. und nächstfolgende(r) Artikel
G	Gesetz
gl. M	gleicher Meinung
GR	Kanton Graubünden
GVP/GR	Gerichts- und Verwaltungspraxis des Kantons Graubünden (Chur 1935–1941; später – PKG)
Habil	Habilitationsschrift
hg. (= hrsg.)	herausgegeben
HGer	Handelsgericht
h. L	herrschende Lehre
h. M	herrschende Meinung
i. a	im allgemeinen
i. c	in casu (im betreffenden Fall)
i. d. S	in diesem Sinne
i. e. S	im engeren Sinne
i. f. (= a. E.)	in fine (am Ende)
insb	insbesondere
IPR	Internationales Privatrecht
IPRG	BG über das internationale Privatrecht, vom 18. Dezember 1987 (SR 291)
i. V. m	in Verbindung mit
JherJahrb	Jherings Jahrbücher für die Dogmatik des bürgerlichen Rechts
JR	Juristische Rundschau
JW	Juristische Wochenschrift
KGer	Kantonsgericht
l.c. (a. a. O.)	loco citato (am angeführten Ort)
LGVE	Luzerner Gerichts- und Verwaltungsentscheide (Luzern 1974 ff; früher Luz Max)
LS	Zürcher Loseblattsammlung
LU	Kanton Luzern

LuzMax	Grundsätzliche Entscheidungen des luzernischen Obergerichtes und seiner Abteilungen (Luzern 1872 ff; später = LGVE)
M	Mark
m. a. W	mit anderen Worten
m. E	meines Erachtens
m. w. B	mit weiteren Belegen
m. w. H	mit weiteren Hinweisen
N	Note (Fussnote oder Randnote)
NJW	Neue Juristische Wochenschrift
Nov	Novellen
NotG	Notariatsgesetz
NR	Nationalrat
Nr. (Nrn.)	Nummer (Nummern)
ö	österreichisch
OG	BG über die Organisation der Bundesrechtspflege, vom 16. Dezember 1943 (SR 173.110)
OGer	Obergericht
OR (revOR)	revidiertes Schweizerisches Obligationenrecht = BG über das Obligationenrecht, vom 30. März 1911/18. Dezember 1936 (SR 220)
PGB	Privatrechtliches Gesetzbuch für den Kanton Zürich, von 1853–1855, beziehungsweise vom 4. September 1887
PKG	Die Praxis des Kantonsgerichtes Graubünden (Chur 1942 ff; früher = GVP/GR)
Pra	Die Praxis des schweizerischen Bundesgerichtes (Basel 1912 ff)
Prot	Protokoll
ProtExpK(om)	Protokoll der Expertenkommission für das ZGB (autographisch vervielfältigter Text)
publ	publiziert
recht	Zeitschrift für juristische Ausbildung und Praxis (Bern 1983 ff)
RegR	Regierungsrat
revSchKG	Änderung des Bundesgesetzes über Schuldbetreibung und Konkurs, vom 16. Dezember 1994, in Kraft seit 1. Januar 1997
RG	Reichsgericht
RGRK	Reichsgerichtsrätekommentar
RGZ	Entscheidungen des Reichsgerichts in Zivilsachen
S	Seite
s	siehe
s. a	siehe auch

SchKG	BG betreffend Schuldbetreibung und Konkurs, vom 11.April 1889 (Schuldbetreibungs- und Konkursgesetz) (SR 281.1)
SchlT	Schlusstitel
s. d	siehe dort
SG GVP	St. Gallische Gerichts- und Verwaltungspraxis (St. Gallen 1952 ff)
SJZ	Schweizerische Juristen – Zeitung (Zürich 1904 ff)
s. l. (o.O.)	sine loco (ohne Ort)
SO	Kanton Solothurn
sog	sogenannt(e)
Sp	Spalte
SPR	Schweizerisches Privatrecht
SR	Systematische Sammlung des Bundesrechts (Bern 1970 ff)
StR	Ständerat
Syst. Teil	Systematischer Teil
SZ	Kanton Schwyz
TG	Kanton Thurgau
u. a	unter anderem
u. a. m	und anderes mehr
u. ä.(m.)	und ähnliches (mehr)
umstr	Umstritten
unveröffentl	unveröffentlicht
usw	und so weiter
u. U	unter Umständen
V	Verordnung
v. a	vor allem
VE	Vorentwurf zum ZGB, vorgelegt vom Eidgenössischen Justiz- und Polizeidepartement, vom 15. November 1900
vgl	vergleiche
Vorbem	Vorbemerkungen
VVG	BG über den Versicherungsvertrag, vom 2. April 1908 (Versicherungsvertragsgesetz) (SR 221.229.1)
WM	Wertpapier-Mitteilungen
z. B	zum Beispiel
ZBGR	Schweizerische Zeitschrift für Beurkundungs- und Grundbuchrecht (Wädenswil 1920 ff)
ZBJV	Zeitschrift des Bernischen Juristenvereins (Bern 1865 ff)
ZGB	Schweizerisches Zivilgesetzbuch, vom 10. Dezember 1907 (SR 210)

ZGRG	Zeitschrift für Gesetzgebung und Rechtsprechung in Graubünden
ZH	Kanton Zürich
Ziff	Ziffer
zit	zitiert
ZPO	Zivilprozessordnung
ZR	Blätter für zürcherische Rechtsprechung (Zürich 1902 ff)
ZSR	Zeitschrift für Schweizerisches Recht (Basel 1852 ff; neue Folge Basel 1882 ff; die Bandnummern beziehen sich stets auf die neue Folge)
z. T	zum Teil
z. Z	zur Zeit

Literaturverzeichnis

Die folgenden Werke werden im ganzen Werk nur mit dem Verfassernamen und allenfalls mit dem beigefügten Stichwort zitiert. Vorauflagen sind in den Fussnoten durch die hochgestellte Auflagenzahl gekennzeichnet.

AEBI-MÜLLER REGINA E.	Gedanken zur Begünstigung des überlebenden Ehegatten, ZBJV 1999 492 ff. Zit. AEBI-MÜLLER ZBJV 1999.
AGUET FRANCIS	Contribution à l'Etude du Rapport Successoral d'après les articles 626 à 633 du Code Civil Suisse (Diss. Lausanne 1918).
BECK ALEXANDER	Grundriss des schweizerischen Erbrechts (2. A., Bern 1976).
BECK EMIL	Berner Kommentar; Schlusstitel, 2. Abschnitt: Einführungs- und Schlussbestimmungen, Art. 51–63 SchlT ZGB (Bern 1932).
BECKER HERMANN	Berner Kommentar; Obligationenrecht, Allgemeine Bestimmungen, Art. 1–183 OR (2. A., Bern 1941).
BECKER HERMANN	Berner Kommentar; Obligationenrecht, Die einzelnen Vertragsverhältnisse, Art. 184–551 OR (Bern 1934).
BENN JURIJ/HERZOG NICOLAS	Probleme um Art. 629 Abs. 1 ZGB, ZBJV 1999 765 ff. Zit. BENN/HERZOG ZBJV 1999.
BREITSCHMID PETER	Testament und Erbvertrag – Formprobleme, in: P. BREITSCHMID (Hg.), Testament und Erbvertrag (Bern/Stuttgart 1991), 9 ff. Zit. BREITSCHMID 1991.
BREITSCHMID PETER	Vorweggenommene Erbfolge und Teilung – Probleme um Herabsetzung und Ausgleichung, in: Praktische Probleme der Erbteilung, hg. von J. N. DRUEY/P. BREITSCHMID (Bern/Stuttgart/Wien 1997), 49 ff. Zit. BREITSCHMID 1997.
BREITSCHMID PETER	Begünstigung des nicht-verheirateten Lebenspartners und Dritter, in: Güter- und erbrechtliche Planung, hg. von J. N. DRUEY/P. BREITSCHMID (Bern/Stuttgart/Wien 1999), 45 ff. Zit. BREITSCHMID 1999.
BRUHIN EGON	Der Kindskauf (Diss. Zürich 1965).
BRÜCKNER CHRISTIAN	Schweizerisches Beurkundungsrecht (Zürich 1993).
BRÜCKNER CHRISTIAN	Die erbrechtlichen Klagen (Zürich 1999). Zit. BRÜCKNER Erbteilungsklage.
BUCHER EUGEN	Berner Kommentar; Das Personenrecht, Art. 11–26 ZGB (3. A., Bern 1976).
VON BÜREN BRUNO	Schweizerisches Obligationenrecht, Besonderer Teil (Zürich 1972).

CAVIN PIERRE	SPR VII/1: Kauf, Tausch und Schenkung, in: Schweizerisches Privatrecht, Bd. VII/1, hg. von F. VISCHER (Basel/Stuttgart 1977).
CURTI-FORRER EUGEN	Schweizerisches Zivilgesetzbuch (Zürich 1911).
DERNBURG HEINRICH	Pandekten, Bd. III (7. A., Berlin 1903).
DRUEY JEAN NICOLAS	Grundriss des Erbrechts (4. A., Bern 1997).
DRUEY JEAN NICOLAS	Ausgleichung oder rapport?, in: FS Piotet (Bern 1990), 25 ff. Zit. DRUEY FS Piotet.
DRUEY JEAN NICOLAS	Testament und Erbvertrag – praktische Einsatzmöglichkeiten, in: P. BREITSCHMID (Hg.), Testament und Erbvertrag (Bern/Stuttgart 1991), 9 ff. Zit. DRUEY 1991.
DRUEY JEAN NICOLAS	Die erbrechtliche Teilung, in: Praktische Probleme der Erbteilung, hg. von J. N. DRUEY/P. BREITSCHMID (Bern/Stuttgart/Wien 1997), 19 ff. Zit. DRUEY 1997.
DRUEY JEAN NICOLAS	Pflichtteil und Planung, in: Güter- und erbrechtliche Planung, hg. von J. N. DRUEY/P. BREITSCHMID (Bern/Stuttgart/Wien 1999), 147 ff. Zit. DRUEY 1999.
DUNKHASE	Die Collationspflicht bei testamentarischer Erbfolge, AcP 1892 276 ff. Zit. DUNKHASE AcP 1892.
EBENROTH CARSTEN THOMAS	Erbrecht (München 1992).
EGGER AUGUST	Zürcher Kommentar; Die Verwandtschaft, Art. 252–359 ZGB (2. A., Zürich 1943).
ENDEMANN F.	Lehrbuch des bürgerlichen Rechts, Bd. III/1, Erbrecht (8./9. A., Berlin 1919).
EITEL PAUL	Die Berücksichtigung lebzeitiger Zuwendungen im Erbrecht (Habil. Bern 1998).
EITEL PAUL	Erbrechtliche Tragweite einer Liegenschaftsabtretung mit Nutzniessungsvorbehalt, recht 1996 34 ff. Zit. EITEL recht 1996.
EITEL PAUL	Lebzeitige Zuwendungen, Ausgleichung und Herabsetzung – eine Auslegeordnung, ZBJV 1998 729 ff. Zit. EITEL ZBJV 1998.
EITEL PAUL	Zwei Grundfragen der gesetzlichen Ausgleichung – eine Replik, ZSR 1999 I 69 ff. Zit. EITEL ZSR 1999 I.
ENNECCERUS LUDWIG/NIPPERDEY HANS CARL	Allgemeiner Teil des Bürgerlichen Rechts, Erster Halbband (15. A., Tübingen 1959); Zweiter Halbband (15. A., Tübingen 1960).
ENNECCERUS LUDWIG/LEHMANN HEINRICH	Recht der Schuldverhältnisse (15. A., Tübingen 1958).

ERLÄUTERUNGEN	Erläuterungen zum Vorentwurf des eidgenössischen Justiz- und Polizeidepartements (von EUGEN HUBER), 2 Bde. (2. A., Bern 1914). Zit. Erl. I und II.
ESCHER ARNOLD	Zürcher Kommentar; Erbrecht, Art. 457–640 ZGB (1. A., Zürich 1912).
ESCHER ARNOLD	Zürcher Kommentar; Erbrecht, Art. 580–640 ZGB (2. A., Zürich 1943).
ESCHER ARNOLD/ESCHER ARNOLD	Zürcher Kommentar; Erbrecht (3. A., Die Erben, Art. 457–536 ZGB, Zürich 1959; Der Erbgang, Art. 537–640 ZGB, Zürich 1960).
ESCHER ARNOLD	Fragen der Formulierung von Ehe- und Erbverträgen und Testamenten, ZBGR 1975 1 ff. Zit. ESCHER ZBGR 1975.
FAHRLÄNDER KARL	Die aussenstehende Tatsache in der bundesgerichtlichen Praxis zur Testamentsauslegung (Diss. Bern 1948).
FERID MURAD/SONNENBERGER HANS JÜRGEN	Das Französische Zivilrecht, Band 3, Familienrecht, Erbrecht (2. A., Heidelberg 1987).
FICK FRITZ	Das Schweizerische Obligationenrecht vom 30. März 1911 (Zürich 1915).
FLÜGEL WALTER	Zu einigen Fragen aus dem ehelichen Güterrecht und dem Erbrecht, BJM 1965 110 ff. Zit. FLÜGEL BJM 1965.
FRIEDRICH HANS-PETER	Berner Kommentar; Einleitungsband (Bern 1962; nahezu unveränderter Nachdruck 1966), Art. 7 ZGB.
GAUTSCHI E.	Die öffentliche Beurkundung der Verfügungen von Todes wegen (Diss. Zürich 1932).
GAUTSCHI W.	Die Praxis des Bundesgerichts über Ausgleichung und Herabsetzung im Erbrecht, ZBGR 1928 1 ff. Zit. GAUTSCHI ZBGR 1928.
GEISER THOMAS	Güter- und erbrechtliche Planung und Vorsorgeeinrichtungen, in: Güter- und erbrechtliche Planung, hg. von J. N. DRUEY/P. BREITSCHMID (Bern/Stuttgart/Wien 1999), 87 ff. Zit. GEISER 1999.
GIGER HANS	Berner Kommentar; Kauf und Tausch, Allgemeine Bestimmungen – Der Fahrniskauf, Art. 184–215 OR (Bern 1980).
GIGER HANS	Berner Kommentar; Kauf und Tausch, Der Grundstückkauf, Art. 216–221 OR (Bern 1997).
GLAUS HANNES	Irrtumsanfechtung und Auslegung beim Testament (Diss. Zürich 1982).
GROSS WALTER	Die Erbverträge im Schweizer. Z.G.B (Diss. Zürich 1916).
GRUNDLER JVO	Willensmängel des Gegenkontrahenten beim entgeltlichen Erbvertrag (Diss. St. Gallen 1998).

GUBLER HEINZ	Die ausgleichungspflichtigen Zuwendungen (Art. 626 ZGB) (Diss. Bern 1941).
GUINAND JEAN/STETTLER MARTIN	Droit Civil II, Successions (Art. 457–640 cc) (4. A., Freiburg 1999).
GUINAND JEAN	Libéralités entre vifs et conjoint survivant, in : FS Piotet (Bern 1990), 55 ff. Zit. GUINAND FS Piotet.
GUISAN FRANÇOIS	La notion d'avancement d'hoirie aux articles 527 et 626 du Code civil, ZSR 1952 II 489 ff. Zit. GUISAN ZSR 1952 II.
HAUSHEER H./REUSSER R./ GEISER T.	Berner Kommentar; Das Eherecht, Das Güterrecht der Ehegatten, Allgemeine Vorschriften und der ordentliche Güterstand der Errungenschaftsbeteiligung, Art. 181–220 ZGB (Bern 1992).
HAUSHEER H./REUSSER R./ GEISER T.	Berner Kommentar; Das Eherecht, Das Güterrecht der Ehegatten, Gütergemeinschaft und Gütertrennung, Art. 221–251 ZGB (Bern 1996).
HAUSHEER H. /AEBI– MÜLLER REGINA E.	Begünstigung des überlebenden Ehegatten, in: Güter- und erbrechtliche Planung, hg. von J. N. DRUEY/P. BREITSCHMID (Bern/ Stuttgart/Wien 1999), 1 ff. Zit. HAUSHEER/AEBI-MÜLLER 1999.
HEGNAUER CYRIL	Berner Kommentar; Die Verwandtschaft, Die Wirkungen des Kindesverhältnisses, Art. 270–295 ZGB (Bern 1996).
HENRICI HERMANN	Ehevertrag und Erbvertrag, ZSR 1914 1 ff. Zit. HENRICI ZSR 1914.
HINDERLING HANS	SPR V/1: Der Besitz, in: Schweizerisches Privatrecht, Bd. V/1, hg. von A. MEIER-HAYOZ (Basel/Stuttgart 1977).
HONSELL HEINRICH	Schweizerisches Obligationenrecht, Besonderer Teil (5. A., Bern 1999).
HONSELL H./ MAYER-MALY TH./ SELB W.	Römisches Recht (4. A., Berlin/ Heidelberg /New York 1987).
HUBER EUGEN	System und Geschichte des schweizerischen Privatrechts, 4 Bde. (Basel 1886–1893). Zit. HUBER I – IV.
ITSCHNER ALBERT JOHANNES	Die Bindungen des Erblassers an den Erbvertrag (Diss. Bern 1974).
IZZO PIERRE	Lebensversicherungsansprüche und -anwartschaften bei der güter- und erbrechtlichen Auseinandersetzung (Diss. Freiburg 1999).
JÄGGI PETER	Berner Kommentar; Einleitungsband (Bern 1962; nahezu unveränderter Nachdruck 1966), Art. 3 ZGB.
JÄGGI PETER/GAUCH PETER	Zürcher Kommentar; Obligationenrecht, Allgemeiner Teil, Art. 18 OR (Zürich 1979).
JOST ARTHUR	Der Erbteilungsprozess (Bern 1960).
KASER MAX	Das Römische Privatrecht, 2 Bde. (2. A., München 1971/75).

KELLER FRANZ	Erbrechtliche Fragen bei Wertveränderungen (Diss. Freiburg, Zürich 1972).
KIPP THEODOR/COING HELMUT	Erbrecht (14. A., Tübingen 1990).
KLANG/BEARBEITER	Kommentar zum Allgemeinen bürgerlichen Gesetzbuch, Bd. 3 (2. A., Wien 1952).
KOENIG WILLY	SPR VII/2: Der Versicherungsvertrag, in: Schweizerisches Privatrecht, Bd. VII/2, hg. von F. VISCHER (Basel/Stuttgart 1979).
KRAMER ERNST A./SCHMIDLIN BRUNO	Berner Kommentar; Allgemeine Einleitung in das schweizerische Obligationenrecht und Kommentar zu Art. 1–18 OR (Bern 1986).
KRAMER ERNST A.	Berner Kommentar, Obligationenrecht, Allgemeine Bestimmungen, Inhalt des Vertrages, Art. 19–22 OR (Bern 1991).
KUMMER MAX	Berner Kommentar; Einleitungsband (Bern 1962; nahezu unveränderter Nachdruck 1966), Art. 9 ZGB.
KUNZ HANS	Die Ausgleichungspflicht des überlebenden Ehegatten nach dem ZGB, SJZ 1929 305 ff. Zit. KUNZ SJZ 1929.
LANGE HEINRICH/ KUCHINKE KURT	Lehrbuch des Erbrechts (4. A., München 1995).
LARENZ KARL/WOLF MANFRED	Allgemeiner Teil des bürgerlichen Rechts (8. A., München 1997).
LIVER PETER	Berner Kommentar; Einleitungsband (Bern 1962; nahezu unveränderter Nachdruck 1966), Allgemeine Einleitung und Art. 5 ZGB.
LÜBTOW ULRICH VON	Erbrecht, 2. Halbband (Berlin 1971).
LUTZ OSKAR	Zur Beweiskraft von Testamentsvermerken über Vorempfänge, SJZ 1940/41 328 f. Zit. LUTZ SJZ 1940/41.
MAISSEN SANDRA	Der Schenkungsvertrag im schweizerischen Recht (Diss. Freiburg 1996).
MEIER-HAYOZ ARTHUR	Berner Kommentar; Einleitungsband (Bern 1962; nahezu unveränderter Nachdruck 1966), Art. 1 ZGB.
MEIER-HAYOZ ARTHUR	Berner Kommentar; Das Eigentum; Syst. Teil und Allgemeine Bestimmungen, Art. 641–654 ZGB (5. A., Bern 1981); Grundeigentum I, Art. 655–679 ZGB (3. A. Bern 1964; unveränderter Nachdruck 1974).
MEINCKE JENS PETER	Zum Verfahren der Miterbenausgleichung, AcP 1978 45 ff. Zit. MEINCKE AcP 1978.
MERZ HANS	Berner Kommentar; Einleitungsband (Bern 1962; nahezu unveränderter Nachdruck 1966), Art. 2 ZGB.

MERZ HANS	SPR VI/1: Obligationenrecht, Allgemeiner Teil, in: Schweizerisches Privatrecht, Bd. VI/1, hg. von H. MERZ (Basel/Stuttgart 1984).
MOSER FRIEDRICH GERHARD	Die erbrechtliche Ausgleichung gemischter Schenkungen (Diss. Bern, 2. A. 1973).
MÜNCHKOMM/ BEARBEITER	Münchener Kommentar zum Bürgerlichen Gesetzbuch, (3. A., München 1997 ff).
MÜLLER JAKOB ARNOLD	Das Verhältnis von Ausgleichung und Herabsetzung im schweizerischen Erbrecht (Diss. Bern 1951).
MÜLLER OTTO	Vorempfang und Erbschaftssteuer, ZBJV 1951 97 ff. Zit. O. MÜLLER ZBJV 1951.
NÄF–HOFMANN MARLIES u. HEINZ	Schweizerisches Ehe- und Erbrecht (Zürich 1998).
OR-BEARBEITER	Kommentar zum Schweizerischen Privatrecht; Obligationenrecht I, Art. 1–529, hg. von H. HONSELL/N. P. VOGT/W. WIEGAND (2. A., Basel 1996).
OSER HUGO	Zürcher Kommentar, Obligationenrecht, Allgemeiner Teil, Art. 1–183 OR (2. A., Zürich 1929).
OSER HUGO/SCHÖNENBERGER WILHELM	Zürcher Kommentar; Die einzelnen Vertragsverhältnisse (2. A., 2. Teil, Art. 184–418 OR, Zürich 1936).
PFAMMATTER ARMAND MAURICE	Erblasserische Teilungsvorschriften (Art. 608 Abs. 2 ZGB) (Diss. Zürich 1993).
PICENONI VITO	Die Auslegung von Testament und Erbvertrag (Habil. Zürich 1955).
PICENONI VITO	Probleme der erbrechtlichen Ausgleichung, SJZ 1962 33 ff, 49 ff. Zit. PICENONI SJZ 1962 ff.
PICENONI VITO	Der Erbvertrag in Theorie und Praxis, ZBGR 1967 257 ff. Zit. PICENONI ZBGR 1967.
PICENONI VITO	Die Behandlung der Grundbuchgeschäfte im Erbgang, ZBGR 1972 129 ff. Zit. PICENONI ZBGR 1972.
PICENONI VITO	Die Behandlung von Grundstückgeschäften in der Ausgleichung und Herabsetzung, ZBGR 1978 65 ff. Zit. PICENONI ZBGR 1978.
PIOTET PAUL	SPR IV/1 und 2: Erbrecht; 2 Teilbde., in: Schweizerisches Privatrecht, Bd. IV/1 und 2, hg. von M. GUTZWILLER (Basel/Stuttgart 1978/1981).
PIOTET PAUL	Die Errungenschaftsbeteiligung nach schweizerischem Ehegüterrecht (Bern 1987). Zit. PIOTET Errungenschaftsbeteiligung.
PIOTET PAUL	Nature et objet du rapport successoral (Bern 1996). Zit. PIOTET ASR 591.

PIOTET PAUL	Le conjoint survivant et le rapport successoral selon l'Art. 626 al. 2 CC, ZSR 1964 I 15 ff. Zit. PIOTET ZSR 1964 I.
PIOTET PAUL	Le calcul des parts ab intestat et des réserves en cas du dispense du rapport de l'excédent (Art. 629 CC), SJZ 1971 185 ff. Zit. PIOTET SJZ 1971.
PIOTET PAUL	L'avancement d'hoirie, en particulier selon les Art. 626 et 527 ch. 1 CC, ZBJV 1972 265 ff. Zit. PIOTET ZBJV 1972.
PIOTET PAUL	La restitution par le défendeur de mauvaise foi après réduction successorale, SJZ 1985 157 ff. Zit. PIOTET SJZ 1985.
PIOTET PAUL	L'objet et les bénéficiaires du rapport légal selon les Art. 626 al. 2 et 527 ch. 1 CC, ZSR 1999 I 51 ff. Zit. PIOTET ZSR 1999 I.
PORTMANN WOLFGANG	Pflichtteilsschutz bei Errungenschaftsbeteiligung – Schnittstelle zwischen Erbrecht und Eherecht, recht 1997 9 ff. Zit. PORTMANN recht 1997.
RASELLI NICCOLO	Erklärter oder wirklicher Wille des Erblassers?, AJP 1999 1262 ff. Zit. RASELLI AJP 1999.
RGRK/BEARBEITER	Reichsgerichtsrätekommentar, Das Bürgerliche Gesetzbuch, Kommentar, hg. von den Mitgliedern des Bundesgerichtshofes (12. A., Berlin/New York 1974 ff).
RIEMER HANS MICHAEL	Die Einleitungsartikel des Schweizerischen Zivilgesetzbuches, Art. 1–10 ZGB (Bern 1987).
RIEMER HANS MICHAEL	Nichtige (unwirksame) Testamente und Erbverträge, in: FS Keller (Zürich 1989), 245 ff. Zit. RIEMER FS Keller.
RIESER MAX	Abtretung von Grundstücken an Nachkommen, AJP 1992 942 ff. Zit. RIESER AJP 1992.
ROELLI HANS/JAEGER CARL	Kommentar zum Schweizerischen Bundesgesetz über den Versicherungsvertrag, Bd. III (Bern 1933).
RÖSLI ARNOLD	Herabsetzungsklage und Ausgleichung im schweizerischen Zivilgesetzbuch (Diss. Zürich 1935).
ROSSEL VIRGILE/MENTHA FRITZ–HENRI	Manuel du Droit Civil Suisse, Bd. II (2. A., Lausanne/Genf 1922).
RUMMEL/BEARBEITER	Kommentar zum Allgemeinen bürgerlichen Gesetzbuch (2. A., Wien 1990/1992).
SCHILLER KASPAR	Wertveränderungen im Nachlass (Diss. Zürich 1972).
SCHMID HERMANN	Struktur des entgeltlichen Erbverzichts (Diss. Bern 1991).
SCHMID JÜRG	Spezialfragen bei der öffentlichen Beurkundung von Erbverträgen und von Eheverträgen, ZGRG 1991 50 ff. Zit. SCHMID ZGRG 1991.

SCHMIDLIN BRUNO	Berner Kommentar; Obligationenrecht, Allgemeine Bestimmungen, Mängel des Vertragsabschlusses, Art. 23–31 OR (Bern 1995).
SCHNEIDER A.	Privatrechtliches Gesetzbuch für den Kanton Zürich (Zürich 1888).
SCHOLZ PAUL	Die Wirkungen des § 2056 BGB im Pflichtteilsrecht, JherJahrb 1934, 291. Zit. SCHOLZ JherJahrb 1934.
SCHÖNENBERGER WILHELM/JÄGGI PETER	Zürcher Kommentar, Obligationenrecht, Allgemeiner Teil, Art. 1–17 OR (3. A., Zürich 1973).
SCHWARZ JÖRG ALAIN	Die Herabsetzung gemäss Art. 527 Ziff. 1 ZGB (Diss. Bern 1983, Schöftland 1985).
SCHWENDENER ULRICH	Die Ausgleichungspflicht der Nachkommen unter sich und in Konkurrenz mit dem überlebenden Ehegatten (Diss. Zürich 1959, St. Gallen 1959).
SEEBERGER LIONEL HARALD	Die richterliche Erbteilung (Diss. Freiburg 1992).
SOERGEL/BEARBEITER	Bürgerliches Gesetzbuch mit Einführungsgesetz und Nebengesetzen (12. A., Stuttgart/Berlin/Köln/Mainz 1987 ff).
SPAHR STÉPHANE	Valeur et valorisme en matière de liquidations successorales (Diss. Freiburg 1994).
SPAHR STÉPHANE	L'aménagement volontaire des modalités du rapport, in: FS Steinauer (Freiburg 1998), 57 ff. Zit. SPAHR FS Steinauer.
SPIRO KARL	Zur Form des Erbvertrags und des öffentlichen Testaments, in: Festgabe zum Schweizerischen Juristentag 1963 (Basel 1963), 217 ff. Zit. SPIRO FG Juristentag 1963.
STARK EMIL W.	Berner Kommentar; Der Besitz, Art. 919–941 ZGB (2. A., Bern 1984).
STAUDINGER/BEARBEITER	Kommentar zum Bürgerlichen Gesetzbuch (13. A., Berlin 1993 ff).
STECK DANIEL	Wertänderungen am Nachlass und Pflichtteilsrecht nach dem schweizerischen ZGB (Diss. Zürich 1972).
STOUDMANN ERIC	L'avancement d'hoirie et sa réduction (Diss. Lausanne 1962).
STUDER BENNO	Die Teilung in der Praxis, in: Praktische Probleme der Erbteilung, hg. von J. N. DRUEY/P. BREITSCHMID (Bern/Stuttgart/Wien 1997), 87 ff. Zit. STUDER 1997.
THORENS JUSTIN	L'interprétation des articles 626 al. 2 et 527, chiffres 1er et 3, CC, in: Festgabe der schweizerischen Rechtsfakultäten zur Hundertjahrfeier des Bundesgerichts (Basel 1975), 355 ff. Zit. THORENS FS Bundesgericht.

THORENS JUSTIN	Quelques considérations concernant les rapports en droit successoral, in: Treizième journée juridique de Genève (1973), Mémoires publiés par la Faculté de Droit de Genève, vol. 43 (Genf 1974), 27 ff. Zit. THORENS Considérations.
TUOR PETER	Berner Kommentar, Erbrecht, Art. 457–640 ZGB (1. A., Bern 1929).
TUOR PETER	Berner Kommentar; Erbrecht: Die Erben, Art. 457–536 ZGB (2. A., Bern 1952).
TUOR PETER	Herabsetzung und Ausgleichung, ZBJV 1925, 1 ff. Zit. Tuor ZBJV 1925.
TUOR PETER/PICENONI VITO	Berner Kommentar; Erbrecht: Der Erbgang, Art. 537–640 ZGB (2. A., Bern 1964).
TUOR P./SCHNYDER B./SCHMID J.	Das Schweizerische Zivilgesetzbuch (11. A., Zürich 1995).
VOGEL OSCAR	Grundriss des Zivilprozessrechts (6. A., Bern 1999).
VON TUHR ANDREAS	Der Allgemeine Teil des Deutschen Bürgerlichen Rechts, Bd. II/2 (München/Leipzig 1918). Zit. VON TUHR AT BGB.
VON TUHR ANDREAS/ESCHER ARNOLD	Allgemeiner Teil des Schweizerischen Obligationenrechts, Bd. II (3. A., Zürich 1974).
VON TUHR ANDREAS/PETER HANS	Allgemeiner Teil des Schweizerischen Obligationenrechts, Bd. I (3. A., Zürich 1974/79).
VOLLENWEIDER EUGEN	Die erbrechtliche Ausgleichung von Lebensversicherungsansprüchen (Diss. Bern 1952).
VOLLERY LUC	Les relations entre rapports et réunions en droit successoral (Diss. Freiburg 1994).
VONRUFS HEINZ	Der massgebende Zeitpunkt für die Bewertung der Erbschaftsgegenstände bei Pflichtteilsberechnung, Ausgleichung und Teilung (Diss. Zürich 1952).
WEBER ROLF H.	Berner Kommentar; Allgemeine Bestimmungen, Die Erfüllung der Obligationen, Art. 68–96 OR (Bern 1983).
WEIMAR PETER	Zum Erbrecht des überlebenden Ehegatten, ZSR 1980 I 379 ff. Zit. WEIMAR ZSR 1980 I.
WEIMAR PETER	Zehn Thesen zur erbrechtlichen Ausgleichung, in: FS Schnyder (Zürich 1995), 833 ff. Zit. WEIMAR FS Schnyder.
WEIMAR PETER	Art. 473 ZGB und die disponible Quote, SJZ 1999 453 ff. Zit. WEIMAR SJZ 1999.
WILDISEN CHRISTOPH	Das Erbrecht des überlebenden Ehegatten (Diss. Freiburg 1997).

WINDSCHEID BERNHARD/KIPP THEODOR	Lehrbuch des Pandektenrechts, 3. Bde. (9. A., Frankfurt am Main 1906).
WIDMER PIERRE	Grundfragen der erbrechtlichen Ausgleichung (Diss. Bern 1971).
WOLFER HANS	Die Ausgleichung der Erben nach dem schweizer. Zivilgesetzbuch (Diss. Zürich, Männedorf 1910).
ZGB-BEARBEITER	Kommentar zum Schweizerischen Privatrecht; Schweizerisches Zivilgesetzbuch I, Art. 1–359, hg. von H. HONSELL/N. P. VOGT/ T. GEISER (Basel 1996); Schweizerisches Zivilgesetzbuch II, Art. 457–977, Art. 1–61 SchlT ZGB, hg. von H. HONSELL/N. P. VOGT/T. GEISER (Basel 1998).
ZOBL DIETER	Berner Kommentar; Das Sachenrecht, Die beschränkten dinglichen Rechte, Das Fahrnispfand: Systematischer Teil und Art. 884–887 ZGB (2. A., Bern 1982).
ZOBL DIETER	Berner Kommentar; Das Sachenrecht, Die beschränkten dinglichen Rechte: Das Fahrnispfand: Art. 888–906 ZGB (2. A., Bern 1996).
ZOBL DIETER	Grundbuchrecht (Zürich 1999). Zit. ZOBL Grundbuchrecht.
ZOLLER BEAT	Schenkungen und Vorempfänge als herabsetzungspflichtige Zuwendungen, unter besonderer Berücksichtigung des Umgehungstatbestands (2. A., Zürich 1999).

1. Kapitel

Einführung und Problemstellung

Das Erbrecht zeichnet sich dadurch aus, dass in den weitaus meisten Fällen Personen in Rechtsbeziehung zueinander treten, welche durch enge Familienbande miteinander verbunden sind. In diesen Verhältnissen ist es ein besonderes Anliegen, anfallende Probleme gütlich und ohne Einschaltung des Richters zu lösen, stehen doch Bande des Blutes, der Freundschaft und Zugehörigkeit auf dem Spiel, welche es möglichst zu schonen gilt[1].

Die auffallende Kürze der Behandlung des Erbrechts im ZGB[2] trägt indes nicht immer dazu bei, diesen Anliegen Rechnung zu tragen. Wohl behält dadurch das Erbrecht einerseits einen Anstrich von Volkstümlichkeit[3]. Andererseits liegt es oftmals an den beteiligten Personen selbst, durch geeignete Vorkehren Streit zu verhindern bzw. sich bei bereits entstandenen Zwistigkeiten auszusöhnen. Zu Lebzeiten des Erblassers ist es an diesem selbst, die notwendigen Schritte vorzukehren, sei es durch Errichtung einer geeigneten letztwilligen Verfügung, mittels des Abschlusses von Erbverträgen oder auf andere, teilweise auch bloss informelle Handlungen.

Ein besonders häufiger Streitpunkt in einer erbrechtlichen Auseinandersetzung sind Fragen im Zusammenhang mit der Ausgleichung und Herabsetzung. Dies hängt zunächst einmal damit zusammen, dass hier lebzeitige Zuwendungen an spätere Erben ins Spiel kommen, welche vielleicht schon viele Jahre oder Jahrzehnte zurückliegen[4]. Häufig handelt es sich dabei um gewichtige Vermögensverschiebungen, welche informell und stillschweigend, zumeist ohne Beachtung irgendwelcher Formvorschriften vorgenommen worden sind[5]. Der seit dem zweiten Weltkrieg herrschende Wohlstand und die erhöhte Lebenserwartung haben es mit sich gebracht, dass die Zahl solcher Zuwendungen in unserer Zeit wohl weit häufiger sein dürfte als zu jener der Entstehung des ZGB. Sodann verlassen die Nachkommen heutzutage viel rascher den gemeinsamen Haushalt als früher, was zu einer Abschichtung und damit auch häufig zu Zuwendungen führt, um deren Pläne zu verwirklichen. Zudem sind ältere Menschen dank AHV und beruflicher Vorsorge meist finanziell besser gestellt als früher, infolgedessen es ihnen bereits zu Lebzeiten eher möglich ist, den Nachkommen bei Aufbau und Sicherung der Existenz zu helfen.

Mangelt es an einem erkennbaren erblasserischen Willen in bezug auf lebzeitige Zuwendungen an künftige Erben, greifen gewisse dispositive Regeln und gesetzliche Vermutungen[6] Platz. Diese erweisen sich aber bei genauerer Betrachtung als lückenhaft und teilweise widersprüchlich; die gesetzliche Regelung wird den komplizierten Fragen im Zusammenhang mit Ausgleichung und Herabsetzung nicht immer ge-

---

1   TUOR, Vorwort V; ähnlich Erl. I 320.
2   TUOR, Einleitung N 23.
3   TUOR, Einleitung N 23; ferner MOSER 32.
4   Illustrativ hierzu der Sachverhalt in BGE 116 II 667, 668 = Pra 1991 Nr. 159: Streitig waren die Auswirkungen einer 1949 erfolgten Grundstücksschenkung auf einen 1984 eingetretenen Erbfall.
5   DRUEY § 7 N 2.
6   Art. 626 ff ZGB.

recht, wie in der Doktrin bereits verschiedentlich festgehalten worden ist[7]. Auch zahlreiche Auseinandersetzungen in der jüngeren schweizerischen Literatur[8] haben bislang trotz aller Bemühungen nicht für vollständige Klarheit in diesem Gebiet sorgen können. Damit wird das Ziel der Ausgleichungsregeln, dem mutmasslichen Erblasserwillen zum Durchbruch zu verhelfen, verfehlt. Dies ergibt sich allein schon daraus, dass bis heute in Lehre und Rechtsprechung noch immer umstritten ist, welche Zuwendungen überhaupt der Ausgleichung unterliegen[9] und welche Personen ausgleichungspflichtig sind[10]. Dazu kommt – als rein faktisches Problem – die oftmals grosse zeitliche Distanz zwischen Zuwendung und Erbfall hinzu. Die unscharfen Regeln im Gesetz führen in der Erbauseinandersetzung deshalb häufig zu Streit und Missstimmung unter den Beteiligten, nicht selten wird sogar der Richter eingeschaltet. Dass dies unbefriedigend ist, liegt auf der Hand.

Bei grösseren Nachlässen – wenn etwa ganze Unternehmen oder grössere Beteiligungen an Unternehmen auf dem Spiele stehen – sind neben den Individual- und Familieninteressen auch gewichtige Drittinteressen involviert, führt doch ein Erbstreit nicht selten dazu, dass dem Handlungsspielraum eines Unternehmens enge Grenzen gesetzt werden.

Diese Unsicherheiten lassen sich meistens auch nicht vermeiden, wenn der Erblasser einseitige Anordnungen über die Ausgleichung erlassen hat. Einmal abgesehen davon, dass solche Anordnungen häufig auslegungsbedürftig sind, bleibt unklar, ob und wann der Erblasser überhaupt berechtigt sei, bindende Anordnungen über solche Zuwendungen zu machen. Hinzu kommt, dass die Anordnungen meistens – unter Billigung eines Teils der Lehre – ohne Beobachtung der sonst im Erbrecht sehr strengen Formvorschriften getroffen werden[11]. Häufig macht der Zuwendungsempfänger geltend, er habe sich mit dem Erblasser bereits bei Vornahme der Zuwendung über deren Behandlung im Erbfalle geeinigt, daher sei es für den Erblasser nicht mehr möglich gewesen, sich einseitig darüber hinweg zu setzen.

Aus alledem besteht bereits im Zeitpunkt der Vornahme lebzeitiger Zuwendungen an mögliche Erben das Bedürfnis, Grundlagen für klare und eindeutige Verhältnisse zu schaffen. Die gesetzliche Regelung allein vermag dies nicht, weswegen sich anderweitige Lösungen aufdrängen. Diese können einerseits bestehen in einseitigen Anordnungen des Erblassers, andererseits aber auch in zwei- oder gar mehrseitigen Vereinbarungen.

---

[7] Vgl. etwa THORENS Considérations 29; ähnlich ders. FS Bundesgericht 355; ferner DRUEY FS Piotet 30; VOLLERY N 6 und WIDMER 3.
[8] In der neueren Zeit namentlich die Arbeiten von EITEL, ZOLLER, BREITSCHMID und WEIMAR, darüber hinaus die stark auf ausgleichungsrechtliche Fragen eingehenden Freiburger Dissertationen von SEEBERGER, SPAHR und VOLLERY.
[9] «Objekte der Ausgleichung».
[10] «Subjekte der Ausgleichung».
[11] Im Bereiche der erbrechtlichen Ausgleichung gilt nach h. L. weitgehend Formfreiheit (vgl. hinten 195 ff).

Das Ziel der vorliegenden Arbeit besteht darin, aufzuzeigen, inwiefern vertragliche Vereinbarungen im Bereich der erbrechtlichen Ausgleichung geeignet sind, die mit diesem Institut verbundenen Klippen und Gefahren zu umschiffen. Zunächst sollen die mit der Ausgleichung zusammenhängenden Unklarheiten aufgezeigt werden, woraus ersichtlich wird, wo Handlungsbedarf besteht. Sodann muss die Rechtsnatur dieser Vereinbarungen geklärt werden. Schliesslich soll dargelegt werden, welche Punkte wie und mit welchen Beteiligten mit Vorteil geregelt werden, damit die Erbabwicklung in einvernehmlichem Sinne vonstatten gehen kann[12].

---

[12] Ausgeklammert werden in diesem Zusammenhang die bis anhin sehr bedeutsamen Fragen im Zusammenhang mit steuerrechtlichen Aspekten (zu diesen Fragen detailliert M. SIMONEK, Der Erbvorbezug eines Unternehmens aus einkommenssteuerlicher Sicht, ZBJV 1997, 733 ff). Diese verlieren allerdings in zunehmendem Masse an Bedeutung, da zahlreiche Kantone dazu übergehen, Erbanfälle und Schenkungen generell oder doch wenigstens für Nachkommen von der Steuerpflicht auszunehmen.

2. Kapitel

Grundsatzfragen der Ausgleichung

§ 1 Zweck und geschichtliche Entwicklung

I. Zweck

A. Notwendigkeit der Einbeziehung lebzeitiger Vorgänge bei der Nachlassfeststellung

1. Ungenügen der blossen Verteilung des effektiv im Zeitpunkt des Erbfalls vorhandenen Vermögens

Mit dem Tode des Erblassers treten dessen Erben in seine Rechtsstellung ein; sie erwerben die Erbschaft als Ganzes[13]: Es gilt das Prinzip der Universalsukzession, die Erben folgen ohne Interregnum – wie z. B. in den angelsächsischen Rechtsordnungen[14] – in die erblasserliche Stellung. Dadurch verhindert das Gesetz «herrenlose» Nachlässe. Vom Übergang sind Aktiven und Passiven gleichermassen betroffen. Der weitere Verlauf des Erbganges zerfällt – neben der Feststellung der Erben und der Bestimmung der Erbquoten – in die Sichtung der vorhandenen Vermögenswerte und Schulden des Erblassers, des sog. «*relictum*»[15]; in die anschliessende Nachlassverwaltung sowie die Ausrichtung der allenfalls angeordneten Vermächtnisse und in die Teilung des Nachlasses.

Zum Nachlass werden nun aber nicht bloss diejenigen Vermögenswerte und Verbindlichkeiten gezählt, welche sich beim Tode des Erblassers vorfinden. Es genügt keinesfalls, den bloss vorhandenen Nachlass zu ermitteln und unter die an der Erbschaft Beteiligten zu verteilen. Mit einbezogen werden müssen auch gewisse lebzeitige Vorgänge. Dies ergibt sich positivrechtlich aus Art. 537 Abs. 2 ZGB, wo implizit auf erbrechtlich relevante Transaktionen hingewiesen wird[16]. Zudem entspricht dies auch der Billigkeit, wäre doch andernfalls die Zusammensetzung der Hinterlassenschaft von zu vielen Zufällen abhängig. Sodann erfordern der Grundsatz der Verfangenheit und die damit untrennbar gekoppelten zwingenden Regeln des Pflichtteilsrechts (Art. 522 ff ZGB) Vorkehren gegen unlautere Machenschaften, mit

---

[13] Art. 560 Abs. 1 ZGB; vgl. TUOR/SCHNYDER/SCHMID 428 ff; ausführliche und kritische Analyse des Begriffs bei Staudinger/MAROTZKE § 1922 N 44 ff und Staudinger/BOEHMER[11] § 1922 N 98 ff.
[14] Vgl. KIPP/COING § 4 VI 6 [37], § 86 I 3 [481 f].
[15] Zum Begriff hinten 14 und 45 f.
[16] Vgl. zu der nicht restlos überzeugenden Bestimmung TUOR/PICENONI, Art. 537 N 6 ff; ESCHER/ESCHER, Art. 537 N 4 ff sowie ZGB-SCHWANDER, Art. 537 N 9 ff.

denen der künftige Nachlass lebzeitig ausgehöhlt und das teilweise zwingende Erbrecht unterlaufen werden soll[17].

Aus diesen Gründen müssen *gewisse* lebzeitige Transaktionen des Erblassers in die erbrechtliche Auseinandersetzung mit einbezogen werden. Das Nachlassvermögen muss dabei als Resultat eines lebzeitigen Vermögensverkehrs angesehen werden, an welchem einzelne Beteiligte bereits in solcher Weise teilgenommen haben, dass eine Erbteilung nur gestützt auf das beim Tode des Erblassers effektiv vorhandene Vermögen – namentlich unter dem Aspekt der Gleichbehandlung – nicht zu vertreten wäre[18].

2. Ausgleichung und Herabsetzung als Instrumente zur Berücksichtigung lebzeitiger Transaktionen im Erbfall

a) Unterschiedliche Zielsetzungen von Ausgleichung und Herabsetzung

Die eingangs gemachten Ausführungen scheinen in einem gewissen Gegensatz zum Grundsatz der Privatautonomie zu stehen, wonach der Erblasser zu seinen Lebzeiten unbeschränkt über sein Hab und Gut verfügen darf und kann. Die Privatautonomie gestattet ihm, seinen künftigen Erben ebenso wie irgendwelchen Dritten Vermögenswerte unentgeltlich zukommen zu lassen. Da der Gesetzgeber aber einerseits eine Gleichbehandlung der Erben – v. a. der Nachkommen – anstrebt[19], andererseits selbst bei abweichendem Erblasserwillen gewissen Erben, welche in einem qualifiziertem Naheverhältnis zum letzteren gestanden haben, als Noterbrecht eine Mindestbeteiligung am Nachlass sichern will, sieht er zwei Institute vor: Für die Gleichbehandlung in Art. 626 ff ZGB die Ausgleichung, für das Noterbrecht sodann in Art. 522 ff ZGB die Herabsetzung.

Die Ausgleichungsbestimmungen weisen als Grundsatz dem Erblasser in Art. 626 Abs. 1 ZGB den Weg, um durch geeignete Vorkehren denjenigen Erben, welche zu seinen Lebzeiten nicht oder nur in geringerem Masse von seiner Freigebigkeit profi-

---

[17] Zur Problemstellung Staudinger/BOEHMER[11] Einleitung § 18 N 1; ferner WIDMER 94.
[18] WIDMER 28 f; vgl. auch SCHWARZ 19; STOUDMANN 17 und VONRUFS 28 f.
[19] BGE 124 III 102, 106 E. 5a = Pra 1998 Nr. 102; ausführlich (auch rechtsvergleichend) WIDMER 4 ff; ferner ESCHER/ESCHER, vor Art. 626 ff N 1 ff; TUOR/PICENONI, vor Art. 626 ff N 3 ff; ZGB-FORNI/PIATTI, Art. 626 N 1; BECK § 38 I [164]; GUINAND/STETTLER N 323; ROSSEL/MENTHA Ziff. 1158, 1161; TUOR/SCHNYDER/SCHMID 580; AGUET 7 ff; BENN/ HERZOG ZBJV 1999 765; BREITSCHMID 1997 60; BRUHIN 101; GUBLER 1; MOSER 32; MÜLLER 24; PFAMMATTER 84; RÖSLI 22; SCHWARZ 18; SEEBERGER 246 f; SPAHR 157; STOUDMANN 13, 15; VONRUFS 47; FLÜGEL BJM 1965 123 f; KUNZ SJZ 1929 306; TUOR ZBJV 1925 8; relativierend PIOTET SPR IV/1 § 47 I B [297 ff]; anders WEIMAR FS Schnyder 843; in gleichem Sinne wohl ZOLLER 22 ff.
Noch stärker stellt der französische Ccfr das Gleichbehandlungsprinzip ins Zentrum des Ausgleichungsrechts (FERID/SONNENBERGER 5 D 243 [632]; vgl. auch EITEL § 4 Nr. 23 [63 f]; ferner DRUEY FS Piotet 26).

tieren konnten, durch positive Anordnung der Ausgleichung im Erbfall eine Kompensation zu verschaffen. Beerben Nachkommen ihren Aszendenten – was im Regelfall zutrifft, in der Ausgleichung gesetzessystematisch aber als Ausnahme vorgesehen ist – nimmt das ZGB in Art. 626 Abs. 2 für gewisse Zuwendungen an *Nachkommen* die Entscheidung des Erblassers vorweg, allerdings nicht ohne ihm Raum für gegenteilige Anordnungen zu lassen. Das Gesetz unterstellt gewissermassen dem Erblasser den Willen zur Gleichbehandlung, ohne ihn dazu zu zwingen[20]. Die Ausgleichung sucht folglich den unterstellten Willen des Erblassers zu verwirklichen, ihr Eintritt wird ohne Anordnung ermöglicht.

Die Herabsetzung setzt dagegen der erblasserischen Willkür enge Grenzen. Es besteht grundsätzlich kein Raum für erblasserische Anordnungen, ob und welche lebzeitigen Transaktionen für dieses Institut von Bedeutung sind, dient es doch der Durchsetzung des *zwingenden* Noterbrechts (Art. 470 f ZGB)[21]. Überschreitet der Erblasser lebzeitig oder durch Verfügung von Todes wegen seine (erbrechtliche) Verfügungsbefugnis, so erfolgt mittels der Herabsetzung die Korrektur auf das gesetzlich erlaubte Mass.

b) **Lebzeitige Transaktionen als ausschliesslicher Anknüpfungspunkt der Ausgleichung**

α) *Teilweise gemeinsame Anknüpfung : Lebzeitige unentgeltliche Zuwendungen*

Für Ausgleichung und Herabsetzung stellt sich die schwierige Frage, *welche* Transaktionen des Erblassers im Erbfall von Bedeutung sein sollen. Beiden Instituten ist gemeinsam, dass sie teilweise dieselben lebzeitigen Zuwendungen in der Nachlassabwicklung erfassen. Darin zeigt sich eine *gewisse* Verwandtschaft zwischen Ausgleichung und Herabsetzung.

Gemeinsam ist der Ausgleichung und Herabsetzung weiterhin, dass nur[22] Vorgänge einbezogen werden, welche den Bestand der Erbschaft negativ beeinflusst haben. Vollkommen entgeltliche lebzeitige Transaktionen bleiben stets ohne Belang, da der

---

[20] Treffend VOLLERY N 48; ferner bereits AGUET 26 und WOLFER 23, letzterer m. w. H. auf die ältere deutsche Doktrin.
[21] Die zwingende Natur des Noterbrechts ist unstreitig (TUOR, vor Art. 470 ff N 9; ESCHER/ESCHER, vor Art. 470 ff N 11; ZGB-STAEHELIN, Art. 470 N 1; PIOTET SPR IV/1 § 53 I [376]; BECK § 28 II [106]; DRUEY § 6 N 1).
Der Pflichtteil wird dabei durch zwei Komponenten bestimmt: Zum einen durch die Pflichtteilsquote, d. h. den Bruchteil der gesetzlichen Erbquote, welcher dem Noterben ungeschmälert zukommen muss; zum anderen aber auch durch das Pflichtteilssubstrat, wodurch sich die betragsmässige Höhe des Noterbrechts der Beteiligten ermitteln lässt (PORTMANN recht 1997 9).
[22] Vgl. aber andererseits Art. 334 und 334bis ZGB mit Bezug auf die Ausrichtung des sog. Lidlohnes sowie Art. 631 Abs. 2 ZGB im Hinblick auf den Vorausanspruch von gebrechlichen und noch in Ausbildung stehenden Kindern.

Erblasser für seine Leistungen einen entsprechenden Gegenwert erhalten hat und der Erbschaftsbestand durch die Transaktion wertmässig nicht tangiert worden ist.

β)   Hauptunterschiede zwischen Ausgleichung und Herabsetzung

Andererseits müssen Ausgleichung und Herabsetzung strengstens auseinandergehalten werden: Ihre Unterscheidung liegt nicht bloss in der unterschiedlichen Zielsetzung, sondern auch in den Objekten und Subjekten[23]. So unterliegen Zuwendungen auf den Todesfall niemals der Ausgleichung; sie können allerdings beim Vorliegen von Pflichtteilsverletzungen der Herabsetzung unterliegen[24]. Damit eine Zuwendung ausgeglichen werden kann, muss der Empfänger Erbe werden[25], wogegen Zuwendungen an Dritte bloss herabsetzbar sind[26].

c)   **Subsidiarität von Ausgleichung und Herabsetzung**

Ausgleichung und Herabsetzung stehen zueinander in einem strengen Verhältnis der Subsidiarität[27]: Was zur Ausgleichung gelangt, unterliegt niemals der Herabsetzung. Dies ergibt sich aus dem Verhältnis zwischen Art. 527 und 626 ZGB[28].

Der gegenseitige Ausschluss erscheint einleuchtend, wenn man sich die Folgen der Ausgleichung vor Augen hält. Die zur Ausgleichung zu bringenden Zuwendungen werden im Rahmen der ordentlichen Erbteilung gedanklich dem Nachlass zugerechnet oder fliessen diesem gar real zu und gelangen sonach mindestens rechnerisch zur Verteilung, womit eine Pflichtteilsverletzung von vornherein ausgeschlossen ist[29]. Bloss herabsetzbare (lebzeitige) Zuwendungen werden dagegen nur insoweit zum Nachlass geschlagen, als aufgrund ihrer (rechnerischen) Hinzurechnung zu den effektiv zur Teilung gelangenden Gütern eine Pflichtteilsverletzung festgestellt werden kann.

---

[23]   Statt aller BREITSCHMID 1997 60 f.
[24]   ESCHER/ESCHER, vor Art. 626 ff N 13; MOSER 33; STOUDMANN 19.
[25]   Dies ergibt sich bereits deutlich aus dem Wortlaut von Art. 626 ZGB; aus der Doktrin vgl. nur ZGB-FORNI/PIATTI, Art. 626 N 2 und ROSSEL/MENTHA Ziff. 1159. Grundsätzlich kann die Ausgleichungspflicht alle gesetzlichen Erben treffen; ferner (sofern besonders vereinbart oder verfügt) auch eingesetzte Erben. Zur Frage, ob im Rahmen der gesetzlichen Ausgleichung der Empfänger zur Zeit der Vermögenstransaktion bereits präsumptiver Erbe sein muss, vgl. hinten 98 ff.
[26]   Statt aller DRUEY § 7 N 18.
[27]   Vgl. unveröffentl. E. 7 f von BGE 110 II 228 (abgedruckt in Pra 1984 Nr. 252); ZGB-FORNI/PIATTI, Art. 527 N 5; GUINAND/STETTLER N 291, 323; BREITSCHMID 1997 61; GAUTSCHI ZBGR 1928 3; TUOR ZBJV 1925 14; ZOLLER 4 f; NÄF-HOFMANN N 2709 f.
[28]   Zur Frage, ob in einem konkreten Falle eine Zuwendung zur Ausgleichung oder zur Herabsetzung gelangt, vgl. die konzisen Ausführungen von ZOLLER (4 f), welcher dabei in drei Schritten vorgeht. Vgl. auch einlässlich hinten 45 ff.
[29]   So auch WIDMER 99.

Kurz gesagt: Ist die Zuwendung bereits in den effektiv zu teilenden Gütern eingerechnet, bleibt eine erneute (und damit doppelte) Hinzufügung ausgeschlossen.

B. Gedanke der Gleichberechtigung der Erben als Rechtfertigung der Ausgleichung

Der Zweck der erbrechtlichen Ausgleichung – so die Intention des historischen Gesetzgebers – liegt wie erwähnt in der Gleichbehandlung der Erben, speziell der Nachkommen des Erblassers[30]. Die Ausgleichung wird in diesem Sinne zu Recht als «Sicherheitsventil des gesetzlichen Erbrechts» bezeichnet[31], wobei aber die Ansichten über die Stärke dieses Ventils weit auseinandergehen. Der Grundsatz der Gleichbehandlung der Erben ist der Dreh- und Angelpunkt des gesamten Ausgleichungsrechts: Hierüber besteht nicht nur weitgehend Einigkeit innerhalb der hiesigen Doktrin[32]; dieser Grundgedanke liegt auch den Ausgleichungsregeln sämtlicher Rechtsordnungen mit wesensverwandtem Erbrecht zugrunde[33].

Im Bereiche der Ausgleichung erscheint die Gleichbehandlung nicht bloss als ein natürliches Gebot der Billigkeit; die Gesetzessystematik beruht auf der Annahme, dass die erbrechtliche Gleichbehandlung der Nachkommen den üblichen Intentionen des Erblassers entspricht[34]. Entsprechend dieser Einsicht legt das Gesetz nach überwiegender Auffassung – sofern eine Ausgleichung unter *Nachkommen* ansteht – unter bestimmten Voraussetzungen die grundsätzlichen Ausgleichungsregeln selber fest, sofern nicht ein *anderslautender, ausdrücklicher* Parteiwille vorliegt[35].

Freilich sind die Bestimmungen über die Ausgleichung nicht zwingender Natur. Zu klären ist, ob sich der Erblasser allein oder nur zusammen mit dem Empfänger der Liberalität über die verschiedenen gesetzlichen Regeln hinwegsetzen kann und in welcher Art und Form dies zu geschehen hat. Die Ansichten in Lehre und Rechtsprechung gehen dazu weit auseinander: Einigkeit besteht bloss über die Tatsache des nicht zwingenden Charakters der Ausgleichungsregeln und über den Umstand, dass der Erblasser in seiner Verfügungsfreiheit grundsätzlich einzig durch das Pflichtteilsrecht eingeschränkt ist[36].

---

[30] Dazu vorn 10.
[31] Treffend ESCHER/ESCHER, vor Art. 626 ff N 1.
[32] A. M. aber WEIMAR FS Schnyder 843 f; ZOLLER 22 ff und VOLLERY N 569.
[33] WIDMER 3 ff m. w. H.; EITEL § 5 Nr. 55 [94].
[34] TUOR/PICENONI, vor Art. 626 ff N 4; ESCHER/ESCHER, vor Art. 626 ff N 3 f; RÖSLI 22; BREITSCHMID 1997 61.
[35] BENN/HERZOG ZBJV 1999 767 m. w. H.
[36] Dazu vorn 9 f.

C. Durchführung der Ausgleichung (Überblick)

Ist das Vorliegen der Ausgleichungspflicht einmal erstellt, so vollzieht sich die Ausgleichung – stark vereinfacht ausgedrückt – nach folgendem Muster: Dem reinen Nachlass, d. h. den vorhandenen, von Todes wegen übertragbaren Gütern (*relictum*), werden die Vorempfänge der ausgleichungspflichtigen Erben hinzuaddiert, wodurch man die Teilungsmasse erhält; daraus die Erbtreffnisse der Beteiligten bestimmt und von diesen die erhaltenen Vorempfänge abgezogen[37]. Daraus wird ersichtlich, dass die Ausgleichung nicht stattfinden kann, sofern nur ein Erbe vorhanden ist: Einwerfungspflichten und -rechte würden sich gegenseitig wieder aufheben.

Der Überblick unterstellt, die Ausgleichung erfolge durch Anrechnung dem Werte nach. Sodann lässt er die Frage nach der Ausgleichungspflicht des überlebenden Ehegatten offen. Überdies bleibt die Frage im Raum, wie sich die Ausgleichung beim Wegfall des Ausgleichungspflichtigen (z. B. Vorversterben oder Ausschlagung) abwickelt. Probleme tauchen auch dann auf, wenn der Pflichtige bereits zu Lebzeiten des Erblassers mehr empfangen hat, als seiner Erbportion entspricht. Offen sind sodann natürlich auch immer die Bewertungsfragen.

II. Die Ausgleichung in der geschichtlichen Entwicklung

A. Römisches und altes deutsches Recht

Die Ausgleichung beruht – historisch betrachtet – sowohl auf dem römischen wie auch auf dem alten deutschen Recht. Der Gedanke der Ausgleichung entstammt dem prätorischen Recht, wo die emanzipierten, aus der *patria potestas* ausgeschiedenen Kinder in gleicher Weise wie jene, welche bis zum Tode des Erblassers unter dessen Gewalt verblieben waren, zur Erbschaft berufen wurden[38]. Letztere hatten als Gewaltunterworfene zu Lebzeiten des Erblassers kein eigenes Vermögen bilden können, sie vermehrten vielmehr durch ihren Erwerb das Vermögen des Erblassers. Zur Beseitigung dieser Unbilligkeit hatten die Emanzipierten das vom Erblasser anlässlich der Emanzipation Erhaltene ebenso zu kollationieren[39] wie das seither erworbene Vermögen; verheiratete Töchter waren zur Einwerfung der *dos* verpflichtet[40]. In

---

[37] WEIMAR FS Schnyder 840; BENN/HERZOG ZBJV 1999 767.
[38] KIPP/COING § 120 I 1 [647]; LANGE/KUCHINKE § 15 III 2 [307]; SCHWENDENER 3; STOUDMANN 15 f; VONRUFS 47; WOLFER 5 f.
[39] Die Ausgleichung hatte dabei zunächst mittels Kaution oder in der Form der Realkollation zu geschehen (KIPP/COING § 120 II [648]; SCHWENDENER 4 f; WOLFER 7). Seit Justinian erfolgte allerdings Anrechnung des Konferendums auf den Erbteil (WOLFER 11; SCHWENDENER 8).
[40] KIPP/COING § 120 I 1[647]; SCHWENDENER 5 f; VONRUFS 47 f; WOLFER 8.

den späteren Phasen – in welcher auch die Hauskinder eine beschränkte Vermögensfähigkeit erlangten – entwickelte sich die Ausgleichung zu einer eigentlichen *Deszendentenkollation*, bei welcher die Frage der Emanzipation bedeutungslos blieb[41]. Dies erforderte indes eine Neubestimmung der Ausgleichungsobjekte: Auszugleichen waren nunmehr Mitgift, Eheschenkung, der Preis eines käuflichen Amtes oder Schenkungen[42]. Die *ratio* der Ausgleichung wurde nunmehr darin gesehen, dass es der Billigkeit und den Absichten des Erblassers entspreche, dass gemeinsam erbende Nachfahren gleichviel aus dem Nachlass erhielten[43].

Im alten deutschen Recht war es andererseits seit jeher üblich, Söhne und Töchter auszustatten. Galten solche Zuwendungen nicht als Erbabfindung, musste der Vorempfang entweder real eingeworfen oder auf den Erbteil angerechnet werden[44]. Im Gegensatz zum römischen Recht blieb allerdings die Kollation strengstens auf die Zuwendungsgegenstände mit Ausstattungscharakter beschränkt[45].

B. Gemeines Recht

Nach gemeinem Recht waren die Abkömmlinge des Erblassers – vorbehältlich abweichender Anordnung – gegenseitig zur Ausgleichung verpflichtet: Dabei war es gleichgültig, ob sie kraft gesetzlichem Erbrecht oder aufgrund testamentarischer Anordnung berufen wurden[46]. Fiel ein Ausgleichungspflichtiger weg, so ging die Kollationspflicht auf seine Nachkommen über in dem Umfange, in dem auch die Zuwendungen übergegangen waren[47]. Strittig war, ob Enkel auch für Zuwendungen ausgleichungspflichtig werden konnten, welche sie *vor* Erlangung der präsumtiven Erbenstellung empfangen hatten[48].

---

[41] EITEL § 3 Nr. 5 [39]; SCHWENDENER 6 ff; STOUDMANN 16; VONRUFS 48; WOLFER 9 ff.
[42] VON LÜBTOW 845 f.
[43] VON LÜBTOW 846; SCHWENDENER 6; WIDMER 6 f.
[44] VON LÜBTOW 846; MOSER 40 Anm. 50; WOLFER 12 ff.
[45] WOLFER 13 ff; SCHWENDENER 9 ff; VONRUFS 48: Die Ausgleichung erfolgte durch Anrechnung auf den Erbteil, nicht durch reale Einwerfung; der massgebende Anrechnungswert bestimmte sich durch den Wert der Sache zur Zeit der Zuwendung.
[46] WINDSCHEID/KIPP § 610 1 [520 f]; DERNBURG § 139 [271], § 141 4 [278]; DUNKHASE AcP 1892 277 ff, 288: Voraussetzung war allerdings, dass die Berufung entsprechend dem Verhältnis der Intestaterbfolge geschah. Andernfalls blieben die Intestaterben bei der Ausgleichung ebenso ausser Betracht wie andere eingesetzte Erben.
[47] WINDSCHEID/KIPP § 610 4 [523]; DERNBURG § 141 2 b [277]; EITEL § 3 Nr. 11 [42]; vgl. auch WOLFER 45.
[48] Dafür WINDSCHEID/KIPP § 610 4 [523 f]; dagegen DERNBURG § 141 2 a [277].

Bezüglich der Ausgleichungsobjekte[49] bestand in der gemeinrechtlichen Doktrin zuletzt Einigkeit darüber, dass nicht schlechthin jede Zuwendung ex lege auszugleichen sei. Vorbehältlich anderweitiger Anordnungen unterstanden der gesetzlichen Ausgleichungspflicht vielmehr bloss die *dos* und die Eheschenkung, ein dem Sohn verschaffter käuflicher Dienst, sodann unter *gewissen* Bedingungen auch gewöhnliche *Schenkungen*[50], nach der Praxis zudem alles, was mit Blick auf eine wirtschaftliche Verselbständigung hin gegeben worden war[51]. Gelegenheitsgeschenke waren nicht auszugleichen, ebensowenig Zuwendungen zwecks Schuldentilgung, da diese im Zweifel als Darlehen aufgefasst wurden[52]. Erziehungskosten waren nur insoweit auszugleichen, als sie nicht in Erfüllung elterlicher Pflichten aufgebracht worden waren[53].

Unklar war die Frage nach der Durchführung der Ausgleichung. Im Vordergrund stand die Realkollation[54], unter gewissen Umständen sollte dem Ausgleichungsschuldner allerdings auch die Wahl der Idealkollation[55] gestattet werden. Vor dem Eintritt des Erbfalls gezogene Früchte brauchten nicht herausgegeben zu werden[56]. Im Falle der Realkollation kam dem Pflichtigen Anspruch auf Ersatz der notwendigen und nützlichen Verwendungen zu, soweit solche noch vorhanden waren[57]. Im Falle des Unterganges bzw. der Beschädigung des Objektes bestand insoweit eine Schadenersatzpflicht, als der Schaden auf Arglist oder Nachlässigkeit zurückzuführen war[58].

---

[49] Zu dieser Frage ausführlich EITEL § 3 Nr. 8 f [40 f]; vgl. auch DERNBURG § 141 1 [275 f]. Unsicherheit wurde durch das Nebeneinander von römisch- und deutschrechtlichen Vorschriften hervorgerufen (WOLFER 16 f).

[50] Dies dann, wenn auch ein anderer Abkömmling eine *dos* oder Eheschenkung erhalten hatte und dieser Abkömmling zugleich weder eine gewöhnliche Schenkung noch der Empfänger der gewöhnlichen Schenkung eine *dos* oder Eheschenkung erhalten hatte.

[51] WINDSCHEID/KIPP § 610 3 [521 ff].

[52] EITEL § 3 Nr. 9 [41] m. w. H.

[53] WINDSCHEID/KIPP § 610 3 [522 Anm. 16]; DERNBURG 141 1 a [275]; EITEL § 3 Nr. 9 [41].

[54] SCHWENDENER 12; WOLFER 92; anders freilich DERNBURG § 141 3 [277 f]. Zum Begriff hinten 118 f.

[55] Zum Begriff hinten 119 f: Massgeblich war der Wert zum Zeitpunkt des Erbfalls (WINDSCHEID/KIPP § 610 [527 Anm. 29]; ESCHER/ESCHER, Art. 630 N 1).

[56] RGZ 11, 245, 246; WINDSCHEID/KIPP § 610 [525 Anm. 22]; SCHWENDENER 12.

[57] WINDSCHEID/KIPP § 610 [525].

[58] WINDSCHEID/KIPP § 610 [525 f].

C. Entwicklung in der Eidgenossenschaft

1. Erbrecht allgemein

Kein Gebiet des kantonalen Privatrechts des 19. Jahrhunderts zeichnete sich durch eine derart reiche Vielgestaltigkeit aus wie das Erbrecht[59]: Es ist praktisch unmöglich, mehrere kantonale Rechte zu einer Gruppe übereinstimmenden Rechts zusammenfassen zu können. Die Unterschiede rührten weitgehend aus alter Überlieferung und weniger aus wirtschaftlichen Gegebenheiten[60]. Hatte im Mittelalter der Gegensatz zwischen beweglichem und unbeweglichem Vermögen einerseits und andererseits zwischen angestammtem und errungenem Vermögen die Vielgestaltigkeit ausgemacht, trat in der Neuzeit zusätzlich der Einfluss des römischen Rechts hinzu, welcher in die bestehenden Rechte unterschiedlich stark eingeflossen war und deshalb die Rechtszersplitterung massgeblich förderte. Im 19. Jahrhundert schliesslich trafen die Einflüsse des französischen *code civil* und die Doktrin des gemeinen Rechts aufeinander und wirkten auf die kantonalen Kodifikationen ein[61]. So ist es auch nicht verwunderlich, dass eine vollkommene Rechtseinheit im Erbrecht im Zeitpunkt des Erlasses des ZGB nicht auf Anhieb gefunden werden konnte. Überreste der kantonalen Autonomie bestanden bis zur Ehe- und Erbrechtsrevision 1984 im Bereich des Pflichtteilsrechts[62].

2. Das Kollationsrecht im besonderen

Allen kantonalen Rechten war gemein, dass die Ausgleichung im Verhältnis zu Nachkommen von Gesetzes wegen eintrat, bei den übrigen Erben dagegen in der grossen Mehrheit nur bei entsprechend nachweisbarem Willen des Erblassers[63]. Die Regelungen verfolgten den Zweck, dem beabsichtigten Willen des Erblassers zur Durchsetzung zu verhelfen, welchem unterstellt wurde, er habe durch die Gewährung von Vorbezügen an Nachkommen vorbehältlich eines anderen Willens nicht beabsichtigt, die Empfänger auf Kosten der Miterben zu begünstigen[64]. Alle kantonalen Rechte stimmten sodann darin überein, dass sich die Ausgleichung nur unter

---

[59] Erl. I 319; HUBER II § 42 [3 f]; MÜLLER 6; ebenso DRUEY FS Piotet 29.
[60] Erl. I 319; MÜLLER 6.
[61] Erl. I 319.
[62] aArt. 472 ZGB; zu dieser Bestimmung PIOTET SPR IV/1 § 54 III [388 ff]; vgl. auch MÜLLER 7.
[63] HUBER II § 65 3 [449 f]. In den vom französischen Recht beeinflussten Kodifikationen traf dagegen die Ausgleichungspflicht regelmässig sämtliche gesetzlichen Erben (ROSSEL/MENTHA Ziff. 1158).
[64] So wohl HUBER II § 65 3 [448 f].

den beteiligten Erben unter Ausschluss von Gläubigern und Vermächtnisnehmern abspielte[65]. Schlug ein Erbe aus, hatte er in der Regel nicht zu konferieren[66].

Nicht einheitlich beantworten konnten die kantonalen Rechte die Frage, ob der Zuwendungsempfänger im Zeitpunkt der Zuwendung bereits *präsumptiver* Erbe sein müsse[67]. Andererseits war das Institut der Ausgleichung für Dritte allgemein bekannt, einzelne Rechte auferlegten diese Pflicht den nachrückenden Nachkommen selbst dann, wenn die Zuwendungen nicht auf sie übergegangen waren[68].

Ging es um die Frage der Objekte der Ausgleichung, so waren die Rechte der *welschen* Schweiz stark geprägt vom *egalitären* französischen Einfluss mit grundsätzlicher Ausgleichungspflicht von Gesetzes wegen für alle Zuwendungen[69], während die Rechte der deutschsprachigen Kantone eher dazu neigten, bloss für Ausstattungen[70] eine gesetzliche Ausgleichungspflicht vorzusehen[71]; indes bestanden grosse Unterschiede im Einzelfall[72]. Zinsen wurden bei der Wertberechnung nicht in Anschlag gebracht, die Früchte konnte der Empfänger behalten[73].

Was die Ausgleichung für Erziehungskosten anbelangt, so mussten diese nach gewissen Rechten überhaupt nicht, nach anderen immerhin insoweit, als sie den *üblichen Rahmen* sprengten (namentlich im Verhältnis zum Vermögensstand des Erblassers), konferiert werden[74]. Andererseits war den noch in der Erziehung stehenden Kindern ein angemessener Vorausbezug einzuräumen[75].

Der überlebende Ehegatte war nach *zürcherischem Recht* zur gesetzlichen Ausgleichung weder berechtigt noch verpflichtet[76]. Identisch präsentierte sich die Rechtslage in den Kantonen der Westschweiz[77], was allerdings nicht erstaunt angesichts der Tatsache, dass diese Rechte dem Ehegatten neben den Nachkommen regelmässig nur ein Nutzniessungsrecht am Nachlass einräumten[78].

---

[65] HUBER II § 65 3 [449].
[66] HUBER II § 65 3 [449 f]: Eine Ausnahme bestand nur im neuenburgischen Recht.
[67] Vgl. HUBER II § 65 3 c [460]; aus der zürcherischen Praxis OGer Zürich ZR 1913 Nr. 78.
[68] HUBER II § 65 3 c [460]; so z. B. § 865 (1911) PGB ZH.
[69] HUBER II § 65 3 c [458 f]: So etwa Waadt, Freiburg, Wallis, Neuenburg und Tessin.
[70] Aussteuer, Heiratsgut etc. Nach zürcherischem Erbrecht wurde auch die Tilgung von Schulden im Zweifelsfall als Ausstattung qualifiziert, nicht jedoch periodische Unterstützungsleistungen (§ 863 [1909] PGB ZH).
[71] PIOTET ZBJV 1972 290.
[72] HUBER II § 65 3 c [456 ff]: Zu dieser Gruppe gehören namentlich Zürich, Bern, Luzern und Graubünden.
[73] HUBER II § 65 3 c [461].
[74] HUBER II § 65 3 c [461 ff]: Zur ersten Gruppe zählten etwa Zürich und Schaffhausen, zur zweiten Graubünden und Zug.
[75] So beispielhaft § 867 (1913) PGB ZH; vgl. auch HUBER II § 65 3 d [466 f].
[76] Vgl. OGer Zürich ZR 1908 Nr. 85 unter Berufung auf § 862 [1908] PGB.
[77] EITEL § 20 Nr. 13 f [317] m. w. H.; ders. ZSR 1999 I 84 f.
[78] PIOTET ZSR 1999 I 59 f; etwas relativierend EITEL ZSR 1999 I 84 ff, da nicht restlos geklärt werden könne, aufgrund welcher Masse der Nutzniessungsanteil des überlebenden Ehegatten bestimmt werden könne.

Ausdrückliche Bestimmungen über die Ausgleichungs*art* fanden sich nicht in allen kantonalen Kodifikationen: Die Kantone der welschen Schweiz überliessen es dem Pflichtigen, zwischen Real- und Idealkollation zu wählen[79]: Wurde Realkollation gewählt, konnte der Pflichtige Ersatz für Investitionen verlangen, soweit sich diese wertsteigernd ausgewirkt hatten; hatte er andererseits die Sache inzwischen belastet, so war die Belastung abzuschütteln oder Ersatz zu leisten.

---

[79] HUBER II § 65 3 b [452]. Zu den Begriffen hinten 118 ff.

§ 2 Rechtsnatur der Ausgleichung

I. Vorbemerkung

Da das Meinungsspektrum zur erbrechtlichen Ausgleichung ausserordentlich umfassend ist, bereitet die Abklärung der Rechtsnatur dieses Instituts grosse Mühe. Abzuklären gilt es, ob es sich bei der Anordnung oder dem Erlass der Ausgleichung um ein Rechtsgeschäft unter Lebenden oder von Todes wegen handelt. Damit verbunden ist die Frage, ob die Verfügung der Ausgleichung einen *einheitlichen* Akt bildet oder ob das Institut auf *zwei* Grundlagen beruht[80]. Sodann muss abgeklärt werden, ob unsere Rechtsordnung die sog. «gesetzliche Ausgleichung[81]» kennt.

Weiter muss geprüft werden, wer unter welchen Umständen welche Leistungen auszugleichen hat. Sie hängt stark mit den obigen Fragestellungen zusammen und wird auch entscheidend von der Auflösung der dort auftauchenden Probleme beeinflusst werden.

II. Die zur Ausgleichung führenden Tatbestände

A. Überblick

Die h. L. betrachtet die Ausgleichung als erbrechtlichen Vorgang, welcher an einen Tatbestand unter Lebenden – nämlich der lebzeitigen, freiwilligen und unentgeltlichen Zuwendung des Erblassers an einen späteren gesetzlichen Erben – anknüpft[82]. Diese Trennung ist für die h. L. zentral; weswegen an den häufig im Zusammenhang mit der Ausgleichung verwendeten – den späteren Erbgang antizipierenden – Begrif-

---

[80] Sog. «Doppelnatur» der Ausgleichung.
[81] Auch «Legalkollation» genannt.
[82] Ausführlich WIDMER 53 ff, 77 ff, 110 und vor allem 113; DRUEY § 7 N 16, 31; ders. FS Piotet 32; EITEL § 5 Nr. 47 ff [90 ff]; ders. ZBJV 1998 735, 749; PICENONI SJZ 1962 35; SEEBERGER 250; SPAHR 155; VOLLERY N 14 ff; ansatzweise auch ESCHER/ESCHER, vor Art. 626 ff N 2 f; TUOR/PICENONI, vor Art. 626 ff N 2 ff und bereits in der Tendenz CURTI-FORRER, Art. 626 N 15; a. M. MÜLLER 46 f, 54 f; WEIMAR FS Schnyder 836 ff; ZOLLER 28 ff.

fen «Vorempfang» und «Vorbezug» Anstoss genommen wird[83], obschon auf sie offenbar nicht verzichtet werden kann[84].

Einen gänzlich anderen Ansatz vertritt eine starke Mindermeinung[85]: Danach handelt es sich bei der Ausgleichung um ein *einheitliches* Rechtsgeschäft unter Lebenden, welches in der unentgeltlichen Zuwendung zu Lebzeiten, verbunden mit der *causa* der Anrechnung auf den Erbteil, besteht. Man spricht hier bewusst von «Vorempfängen» oder «Vorbezügen».

Einigkeit besteht darüber, dass die Ausgleichung eine Zuwendung zu Lebzeiten des Erblassers voraussetzt, was auch aus dem Gesetzeswortlaut unmissverständlich hervorgeht[86]. Zuwendungen auf den Todesfall beschlagen die ausgleichungsrechtliche Problematik niemals[87]; sie sind allerdings bei Überschreitung der verfügbaren Quote herabsetzbar.

B. Unentgeltliche Zuwendung, Schenkung, Vorempfang

Für eine Auseinandersetzung mit der erbrechtlichen Ausgleichung müssen die für dieses Institut zentralen Begriffe Zuwendung, Schenkung und Vorempfang vorab ausgeleuchtet werden. Dies ist für das Verständnis unerlässlich; und es soll – trotz der Tatsache, dass sich erst kürzlich erschienene Arbeiten ausführlich mit den Begriffen auseinandergesetzt haben[88] – mehr als nur eine summarische Übersicht erfolgen.

1. Zuwendung

a) Allgemeines

Unter einer Zuwendung versteht man eine Handlung, durch welche jemand das Vermögen eines anderen mehrt[89]. Der Vorteil besteht in einer Vergrösserung der Aktiven (*lucrum emergens*) oder Verminderung der Passiven (*damnum cessans*); als

---

[83] Dies deshalb, weil im Zeitpunkt der Zuwendung die Möglichkeit einer späteren Beerbung völlig ungewiss sei, dazu einlässlich WIDMER 41 ff.
[84] DRUEY § 7 N 16 a. E.; EITEL § 5 Nr. 46 [89 f].
[85] WEIMAR FS Schnyder 836 ff; ihm folgend ZOLLER 28 ff; MÜLLER 45 ff.
[86] Art. 626 Abs. 1 und 2 ZGB; vgl. auch Art. 527 Ziff. 1 ZGB.
[87] Vgl. vorn 12.
[88] Vgl. die Arbeiten von EITEL und ZOLLER.
[89] SCHÖNENBERGER/JÄGGI, vor Art. 1 ff N 31; MERZ SPR VI/1 § 12 III [122]; VON TUHR AT BGB § 71 I [49]; VON TUHR/PETER § 26 I [198]; ENNECCERUS/NIPPERDEY § 147 III [913]; aus der ausgleichungsrechtlichen Doktrin GUBLER 5 ff; MÜLLER 31 f; RÖSLI 51; SEEBERGER 251; STOUDMANN 18; VOLLERY N 22 f; WIDMER 31; WOLFER 58.

Mittel der Zuwendung dient regelmässig ein Rechtsgeschäft[90]. Das Rechtsgeschäft kann dabei Verpflichtungs- oder Verfügungsgeschäft sein.

Die Zuwendung erfolgt niemals um ihrer selbst willen, sondern zur Erreichung eines bestimmten Zweckes, nämlich – in Anlehnung an das römische Recht – *causa solvendi, credendi oder donandi*[91]. Vom Zwecke streng zu unterscheiden sind die Motive[92] der Zuwendung, stehen sie doch – bildlich gesprochen – hinter dem Zweck und bleiben grundsätzlich[93] für den Bestand oder die Rechtsfolgen der Zuwendung ausser Betracht[94].

b)   Freiwillige unentgeltliche Zuwendungen als ausgleichungsrechtlich relevante Vorgänge

Zuwendungen sind regelmässig entgeltlich[95], d. h. sie gewähren den vermögensmässigen Vorteil nur gegen Entgelt. Der Zuwendende erhält eine bestimmte Gegenleistung. Die gegenseitigen Verträge bilden den Hauptfall solcher Zuwendungen.

Im Gegensatz zu den entgeltlichen stehen die unentgeltlichen Zuwendungen (*causa donandi*); sie erfolgen ohne Gegenleistung, d. h. weder zur Erfüllung einer Verpflichtung noch zur Erlangung eines Vorteils für den Zuwendenden[96].

Die Abgrenzung zwischen entgeltlichen und unentgeltlichen Zuwendungen ist im Einzelfall nicht immer einfach. Insbesondere die Zuwendung *solvendi causa* zur Erfüllung einer rechtsgeschäftlichen Verpflichtung gibt keinen Aufschluss über die (Un-) Entgeltlichkeit der Zuwendung, diesbezüglich bleibt sie «farblos»; stets muss hierfür noch das vorgelagerte Verpflichtungsgeschäft beachtet werden[97].

Bzgl. der Frage einer allfälligen Ausgleichungspflicht ist allerdings die Abgrenzung von *entscheidender* Bedeutung, erfordert doch eine Ausgleichung nach der absolut h. L. stets das Vorliegen einer (lebzeitigen) unentgeltlichen Zuwendung, welche aus freien Stücken zu erfolgen hat[98].

---

[90] Möglich ist freilich auch eine Zuwendung durch blosse Tathandlung, vgl. VON TUHR AT BGB § 71 I b [52]; VON TUHR/PETER § 26 I [199].
[91] Zu den Begriffen VON TUHR AT BGB § 72 II [67 ff]; VON TUHR/PETER § 26 II [200 ff].
[92] Z. B. Freigebigkeit, Dankbarkeit, Liebe, Geltungssucht, Eitelkeit etc.
[93] Es sei denn, sie würden als Bedingung in das Rechtsgeschäft aufgenommen (VON TUHR/PETER § 26 II 3 [202]).
[94] VON TUHR/PETER § 26 II 3 [202].
[95] ENNECCERUS/NIPPERDEY § 147 IV [913 f]. Die Zuwendung erfolgt diesfalls causa solvendi oder credendi.
[96] VON TUHR/PETER § 26 II 2 [201]; LARENZ/WOLF § 23 N 87.
[97] EITEL § 2 Nr. 6 [16 f].
[98] Vgl. vorn 10 ff; ESCHER/ESCHER, Art. 626 N 19; TUOR/PICENONI, Art. 626 N 17; ZGB-FORNI/PIATTI, Art. 626 N 9, Art. 631 N 5; PIOTET SPR IV/1 § 47 I C 1 [304]; BECK § 38 I [164]; DRUEY § 7 N 30 (anders aber ders. FS Piotet 39 ff, bes. 41); GUBLER 8; JOST 128 f; MOSER 33 ff; MÜLLER 32 f; PICENONI ZBGR 1978 67; RÖSLI 51; SCHWARZ 21; SCHWENDENER 30 ff; SEEBERGER 253 ff; SPAHR 159; VOLLERY N 26 ff; WIDMER 32;

Dieser Ansicht ist beizupflichten, liegt doch der Sinn der Ausgleichung gerade darin, den Zuwendungsempfänger eine lebzeitig empfangene Liberalität zum Zwecke der (Wieder-)Herstellung der Erbenparität im Erbfall entgelten zu lassen. Dieser Zweckgedanke würde konterkariert, müsste erbrechtlich etwas entgolten werden, was aufgrund einer Gegenleistung (wo die Erbenparität gar nicht tangiert worden ist)[99] oder einer gesetzlichen Vorschrift (welche ausschliesslich den Empfänger zu begünstigen sucht) empfangen worden ist[100].

Gar kein ausgleichungsrechtlich relevanter Tatbestand liegt vor im Falle einer Abtretung «auf Rechnung künftiger Erbschaft», in welcher der Gegenstand zwar voll entgeltlich abgetreten wird, der Kaufpreis aber zu Lebzeiten des Abtretenden gestundet bleibt[101].

c) **Die Schenkung als (Haupt-) Beispiel für eine unentgeltliche Zuwendung**

α) Generelles

Die Schenkung ist zweifellos die bedeutendste unentgeltliche Zuwendung. Sie wird definiert als Vertrag, mit welchem sich der Schenker verpflichtet, dem Beschenkten Vermögenswerte ohne entsprechende Gegenleistung zuzuwenden[102]. Treffend wird sie als «Tat des Altruismus»[103] bezeichnet, denn sie erfolgt stets ohne bzw. ohne gleichwertige Gegenleistung[104]. Darin liegt ihre Besonderheit, welche sie von den anderen Rechtsinstituten des Privatrechts abgrenzt[105]. Die Motive, welche zu einer Schenkung führen, können ideeller oder auch anderer Art sein; sie sind aber – allgemeinen Grundsätzen zufolge – rechtlich bedeutungslos[106]. Aufgrund der besonde-

---

WOLFER 59; a. M. nunmehr jedoch ausführlich EITEL § 9 [147 ff]; BREITSCHMID 1997 65 ff; ebenso OGer Zürich ZR 1928 Nr. 183 im Hinblick auf die Ausgleichung der Abschreibung einer Kaufpreisrestanz infolge Zwangsnachlassvertrages (welcher allerdings ausdrücklich im unveröffentl. BGE vom 30. 4. 1987 [erwähnt bei ZGB-FORNI/PIATTI, Art. 626 N 15] E. 5 verworfen wird) sowie SJZ 1957 274 = ZBJV 1957 328 ff (Entscheid des OGer Bern) für Verwandtenunterstützungsleistungen nach Massgabe von Art. 328 f ZGB.

[99] Dazu WIDMER 31 m. w. H.
[100] WIDMER 34 f.
[101] MOSER 43 f m. w. H.
[102] CAVIN SPR VII/1 § 23 [183]; VON BÜREN 269; HONSELL 183.
[103] ENNECCERUS/LEHMANN § 120 I 1 [486]; ähnlich auch Staudinger/CREMER vor §§ 516 ff BGB N 1.
[104] Art. 239 Abs. 1 OR.
[105] ENNECCERUS/LEHMANN § 120 I 1 [486]. Die Schenkung nimmt unter den Verträgen des OR eine «eigenartige Stellung» ein (OSER/SCHÖNENBERGER, vor Art. 239 ff N 3).
[106] CAVIN SPR VII/1 § 23 3 [186]; GUBLER 11; vgl. auch vorn 22.

ren Interessenlagen ist es aber das Bestreben des Gesetzgebers, durch besondere Schutzvorschriften übereilten Schenkungen entgegenzutreten[107].

Nicht zu den Schenkungen zählt der Verzicht auf ein noch nicht angefallenes Recht[108]; auch die Erfüllung einer sittlichen Pflicht wird nicht als Schenkung betrachtet[109].

Im einzelnen ist sehr umstritten, inwieweit Schenkungen überhaupt ausgleichungsrechtliche Relevanz erlangen können[110]. Ohne vorgreifen zu wollen, kann aber bereits jetzt gesagt werden, dass die schenkungsrechtlichen Bestimmungen für die lebzeitige Komponente der Ausgleichung unabhängig von der Beantwortung dieser wichtigen Frage wenigstens immer analog anzuwenden sind[111].

β) *Erscheinungsformen*

αα) *Reine und gemischte Schenkungen*

Üblicherweise erfolgt die Schenkung ohne irgendwelche Gegenleistung. Schenkungsobjekt können einzelne Gegenstände, ganze Vermögen oder überhaupt alles sein, was einen wirtschaftlichen Wert besitzt[112]. Auch der blosse Schulderlass[113] oder die Übernahme einer Verpflichtung und ähnliches sind als Schenkung zu qualifizieren[114].

Indessen können auch Rechtsgeschäfte, bei welchen eine Gegenleistung erbracht wird, Schenkungen darstellen. Sie enthalten dann neben der unentgeltlichen Zuwendung noch ein entgeltliches Element, weswegen sie als sog. gemischte Schenkungen

---

[107] OSER/SCHÖNENBERGER, vor Art. 239 ff N 3 ff mit Beispielen; Staudinger/CREMER vor §§ 516 ff N 1; VON BÜREN 268; HONSELL 187.

[108] Art. 239 Abs. 2 OR; § 517 BGB. Vgl. dazu etwa OSER/SCHÖNENBERGER, Art. 239 N 8; BECKER, Art. 239 N 10; HONSELL 184.

[109] Art. 239 Abs. 3 OR; vgl. etwa OSER/SCHÖNENBERGER, Art. 239 N 13 f; BECKER, Art. 239 N 12; CAVIN SPR VII/1 186. Hingegen gelten im deutschen Recht Zuwendungen in Erfüllung einer sittlichen Pflicht als Schenkungen; welche indes weder zurückgefordert noch widerrufen werden können (Staudinger/CREMER § 534 N 1).

[110] Zu dieser Kontroverse PIOTET ASR 591; ferner die Arbeiten von ZOLLER und MÜLLER sowie der Aufsatz von WEIMAR. Dazu auch hinten 36 und 266 ff.

[111] Vgl. ZOLLER 13 ff; TUOR/PICENONI, Art. 626 N 18; BRUHIN 64 f; PICENONI SJZ 1962 36; MOSER 64.

[112] BECKER, Art. 239 N 4; ENNECCERUS/LEHMANN § 120 II 1 a [487]. Immerhin ist bei Grundstücken oder anderen dinglichen Rechten die Schenkung nur als Gegenstand eines Schenkungsversprechens möglich (OR-VOGT, Art. 239 N 6; OSER/SCHÖNENBERGER, Art. 239 N 37; MEIER-HAYOZ, Art. 657 N 20).

[113] BECKER, Art. 239 N 4; vgl. auch HONSELL 183. Da der Schulderlass nach Art. 115 OR als Verfügungsgeschäft zu qualifizieren ist, stellt dessen schenkungsweiser Erlass eine Handschenkung dar (OR-VOGT, Art. 239 N 9).

[114] Vgl. die Beispiele bei OR-VOGT, Art. 239 N 6 ff; bzgl. Verminderung der Passiven Münchkomm/KOLLHOSSER § 516 N 6.

(*negotium mixtum cum donatione*) bezeichnet werden[115]. Dies ist dann der Fall, wenn die ausgetauschten Leistungen objektiv in einem Missverhältnis stehen und dieses den Parteien bekannt ist[116] oder – bei grobem Missverhältnis – wenigstens bekannt sein müsste[117]. Von einer Schenkung kann aber insbesondere dann nicht gesprochen werden, sofern bei einem Kauf die Parteien den Kaufgegenstand als durch den objektiv zu niedrig bzw. zu hoch angesetzten Preis als gedeckt ansehen[118]. Entscheidend sind stets die Verhältnisse im Zeitpunkt des Abschlusses des Geschäfts[119]. Gemischte Schenkungen bzw. neutraler ausgedrückt gemischt-unentgeltliche Zuwendungen spielen in der Praxis zu den Fragen zur Ausgleichung und Herabsetzung eine bedeutende Rolle[120].

Im Einzelfall kann die Abgrenzung der reinen von der gemischten Schenkung grosse Schwierigkeiten bereiten. Diese Frage ist erbrechtlich von einiger praktischer Bedeutung, da Wertveränderungen des geschenkten Gegenstandes bei der reinen oder gemischten Schenkung rechnerisch unterschiedlich erfasst werden[121]. Unklar ist vor allem – was sehr häufig vorkommt – ob unentgeltliche Grundstücksübertragungen mit Überbindung der darauf lastenden beschränkten dinglichen Rechte (v. a. Pfandrechten sowie lebenslänglichen Nutzniessungen oder Wohnrechten) reine oder gemischte Schenkungen darstellen.

Das Bundesgericht hat sich in zwei jüngeren Entscheiden[122] mit dem Problem der herabsetzungsrechtlichen Behandlung von unentgeltlichen Grundstücksübereignungen und damit wenigstens *implizit* mit diesem Fragenkomplex auseinandersetzen müssen, hatten doch die Übernehmer beschränkte dingliche Rechte zu übernehmen. In beiden Fällen stellte sich die

---

[115] OSER/SCHÖNENBERGER, Art. 239 N 22; GIGER, Art. 184 N 166; ENNECCERUS/LEHMANN § 124 I [496]; MOSER 1 ff. Die Rechtsnatur dieses Instituts ist jedoch umstritten (ENNECCERUS/LEHMANN § 124 II [496 ff]).

[116] OR-VOGT, Art. 239 N 5; HONSELL 184; BRUHIN 66 f; ZOLLER 9.

[117] Diesfalls wird eine Einigung über die Unentgeltlichkeit vermutet, so BGHZ 82, 274, 281; Staudinger/CREMER § 516 N 43; BECKER, Art. 239 N 7; WIDMER 33 f; ZOLLER 9; ähnlich CAVIN SPR VII/1 § 23 3 [186 f]; anders BGE 98 II 352, 357 ff E. 3 b, wonach das Missverhältnis von den Parteien stets erkannt werden müsse. Die Abgrenzung kann im Einzelfall wegen der speziellen Formvorschriften und Haftungsbestimmungen des Schenkungsrechts bereits für die isolierte Betrachtung der lebzeitigen Zuwendung von entscheidender Bedeutung sein (dazu HONSELL 184 f; MOSER 22 ff).
Zur Frage, wann von einem groben Missverhältnis gesprochen werden kann, vgl. die Beispiele bei MOSER 15 ff und BRUHIN 68 ff.

[118] Vgl. etwa BGE 77 II 36, 39. Man spricht diesfalls von einem sog. Freundschafts- oder Liebhaberpreis, vgl. etwa GIGER, Art. 184 N 166; Staudinger/CREMER § 516 N 43; ENNECCERUS/LEHMANN § 124 I [496]; MOSER 9.

[119] ZGB-FORNI/PIATTI, Art. 626 N 9; aus der Praxis BGE 55 II 163 = Pra 1929 Nr. 89.

[120] MOSER passim; ferner TUOR/PICENONI, Art. 626 N 20 ff; ESCHER/ESCHER, Art. 626 N 25; ZGB-FORNI/PIATTI, Art. 626 N 9 m. w. H. auf die Rechtsprechung; GIGER, Art. 184 N 167; PIOTET SPR IV/1 § 47 I C 1 [305 f]; GUBLER 15 ff; JOST 134; NÄF-HOFMANN N 2695; GAUTSCHI ZBGR 1928 3 f; TUOR ZBJV 1925 53 ff.

[121] Dazu ausführlich EITEL recht 1996 38 f m. w. H.; ferner hinten 27 und 142.

[122] BGE 120 II 417 (besprochen von EITEL recht 1996 34 ff; ferner von SCHNYDER ZBJV 1996 298); sodann 116 II 667 = Pra 1991 Nr. 159 (besprochen von SCHNYDER ZBJV 1993 183).

Frage, in welcher Höhe die unentgeltlichen Zuwendungen zu bewerten seien zwecks Feststellung allfälliger Pflichtteilsverletzungen. Im 1990 ergangenen Entscheid erhielt die Übernehmerin eine Parzelle mit Bauten unter gleichzeitiger Überbindung der darauf lastenden Hypothekar*schuld*, ferner behielt sich der Abtretende die lebenslängliche Nutzniessung vor. Im jüngeren, 1994 entschiedenen Fall, erhielt der Übernehmer eine Liegenschaft unter Vorbehalt der lebenslänglichen Nutzniessung der Abtreterin sowie unter gleichzeitiger Festlegung des zur Ausgleichung zu bringenden Anrechnungswertes. In beiden Fällen ist das Bundesgericht – ohne sich mit der Frage im Grundsatz auseinanderzusetzen – zum Schluss gekommen, es lägen *gemischte* Schenkungen vor. Es befindet sich damit in Übereinstimmung mit MOSER[123], welcher für diese Konstellationen zumindest bei Übernahme der persönlichen Schuldpflicht bei Grundpfandschulden sowie bei vorbehaltenen Wohnrechten oder Nutzniessungen stets ein gemischtes Geschäft annimmt.

Die gemischte Schenkung erfordert begriffsnotwendig eine – wenngleich in Beziehung zur Hauptleistung in einem Missverhältnis stehende – Gegenleistung. Eine solche braucht nicht notwendigerweise in einer Geldzahlung zu bestehen: Jede Form der Zuwendung kann dafür in Frage kommen. Daraus ergibt sich, dass die Übernahme der persönlichen Schuldpflicht bei Grund- oder Faustpfandforderungen stets als Gegenleistung aufzufassen ist[124]. Werden solche Schulden im Rahmen einer Schenkung übernommen, so liegt ein gemischtes Geschäft vor, wird doch der Schenker von der persönlichen Schuldpflicht befreit.

Auf die übrigen Konstellationen, wo beschränkte dingliche Rechte (Grund- und Personaldienstbarkeiten, Grundlasten sowie verbleibende Pfandrechte ohne persönliche Schuldpflicht des Beschenkten) überbunden werden, lassen sich die allgemeinen Grundsätze nur schwer übertragen. Man kann sich den Gegenstand ohne die Belastung vorstellen und die (Mit-) Übernahme der darauf lastenden Rechte als Gegenleistung auffassen, ebenso aber die Belastungen als gewissermassen mit dem Gegenstand (untrennbar) verbunden betrachten, womit die Übernahme nicht als Gegenleistung zu qualifizieren ist[125]. Letzteres dürfte wohl dem Parteiwillen entsprechen, sofern die Lasten bereits bei der Übernahme bestanden[126]. Diesfalls kommt der ausdrücklichen Übernahme dieser Lasten nur deklaratorische Wirkung zu[127]. Anderes gilt allerdings, sofern der Beschenkte anlässlich bzw. durch die Zu-

---

[123] 2 f.
[124] Ebenso EITEL recht 1996 40 m. w. H., MOSER 3; SPAHR 221 f; einschränkend allerdings die deutsche Rechtsprechung, wonach es bei zusätzlicher Übernahme der den dinglichen Belastungen zugrunde liegenden Verbindlichkeiten auf deren Höhe im Verhältnis zum Wert des Zugewendeten nach Einschätzung der Parteien ankommt, um die Übernahme noch als reine Schenkung, Schenkung mit Auflage oder als gemischte Schenkung anzusehen (RGZ 60, 238, 242 f).
[125] EITEL recht 1996 39 f.
[126] So auch EITEL recht 1996 39. Die Übernahme der Lasten stellt kein Entgelt dar, sie mindert lediglich den Wert des Geschenks (BGH JR 1990 192 mit Anm. PROBST; Staudinger/CREMER § 516 N 29).
[127] BGH JR 1990 192, 193; RGZ 60, 238, 242; Staudinger/REUSS^{12} § 525 N 8.

wendung veranlasste zusätzliche Pflichten übernimmt, worunter auch anlässlich der Schenkung vorbehaltene Wohnrechte und Nutzniessungen fallen[128].

Steht das Vorliegen einer gemischt-unentgeltlichen Zuwendung fest, so berechnet sich der Umfang entsprechend den von Lehre und Rechtsprechung aufgestellten Grundsätzen nach der sog. Quoten- oder Proportionalmethode[129]: Danach muss das Verhältnis zwischen Unentgeltlichkeit und Entgeltlichkeit im Zeitpunkt der Zuwendung jenem im späteren, für die Ausgleichung oder der Herabsetzung massgebenden Stichtag entsprechen.

Bsp : Lebzeitige Übertragung einer Liegenschaft; Verkehrswert im Zeitpunkt der Übernahme 300'000. Die Abtretung erfolgt gegen die Übernahme eines Schuldbriefes von 120'000. Die Abtretung erfolgt somit zu 180'000 oder 60 % des Verkehrswertes unentgeltlich. Diese Quote bleibt bei Wertveränderungen unverändert erhalten; so dass z. B. beim Vorliegen eines Verkehrswerts von 500'000 zum Zeitpunkt des Erbfalls 300'000 (entsprechend 60 % von 500'000) auszugleichen oder herabzusetzen sind[130].

ββ)   Handschenkung und Schenkungsversprechen

Spricht man von Schenkung, so kann zweierlei damit gemeint sein: Einerseits wird als Schenkung die sog. Hand- oder Realschenkung verstanden, bei welchem der Schenkungsgegenstand sofort übergeben wird[131]. Streitig ist bei der Handschenkung vor allem die Frage, ob der Zuwendung noch – gewissermassen in einer logischen Sekunde – ein obligatorischer Verpflichtungsvertrag vorausgehe oder nicht[132].

Andererseits liegt aber auch dann eine Schenkung vor, sofern sich der Schenker unentgeltlich zur Leistung einer Zuwendung verpflichtet[133]. Man spricht dann vom sog. Schenkungsversprechen.

---

[128] Im Grundsatz ebenso EITEL recht 1996 39; allerdings abweichend bzgl. Nutzniessung und Wohnrecht; wie hier dagegen MOSER 2.
[129] BGer AJP 1997 1551 f, 120 II 417, 422 E. 4 b, 116 II 667, 675 f E. 3 b cc = Pra 1991 Nr. 159; grundlegend 98 II 352, 359 ff E. 5; ausführlich MOSER 52 ff.
[130] Selbstredend gelangt die Methode auch bei Wertverminderungen des zugewendeten Gegenstandes zur Anwendung, der zur Ausgleichung oder zur Herabsetzung zu bringende Betrag reduziert sich diesfalls entsprechend (BGE 98 II 352, 360 E. 5 a; anders BREITSCHMID 1997 69, welcher wohl jene Fälle im Auge hat, wo der Wert unter das geleistete Entgelt fällt und sich die Ausgleichungspflicht oder Herabsetzung als Härte erweist).
[131] MAISSEN N 25 ff.
[132] Bejahend etwa OSER/SCHÖNENBERGER, Art. 239 N 34 f; Staudinger/CREMER § 516 N 5; Münchkomm/KOLLHOSSER § 516 N 9; (verneinend etwa OSER/SCHÖNENBERGER, Art. 239 N 22); ENNECCERUS/LEHMANN § 120 1 a [487]); MAISSEN N 36 ff. Die praktische Bedeutung der Kontroverse zeigt sich etwa dann, wenn Geld verschenkt wird, welches sich später als unecht herausstellt (ENNECCERUS/LEHMANN § 120 II 1 a [487]).
[133] MAISSEN N 51 ff.

γ)   *Essentialia negotii*

αα)   *Freiwillige Zuwendung aus dem Vermögen des Schenkers*

Die Schenkung erfordert eine Zuwendung des Schenkers an den Beschenkten, und zwar aus seinem eigenen Vermögen[134]. Dies erfordert zwingend eine Entreicherung des Schenkers, d. h. dieser muss durch die Schenkung ärmer werden[135]. Ohne Belang ist in diesem Zusammenhang, ob die Zuwendung mittels direkten Rechtsgeschäfts zwischen Schenker und Beschenktem erfolgt; die Zuwendung kann auch mittels Einschaltung eines Dritten bewirkt werden[136].

Erforderlich ist sodann, dass die Zuwendung freiwillig erfolgt, d. h. ohne rechtlichen Zwang[137]; auch Zuwendungen in Erfüllung einer sittlichen Pflicht gelten – wie erwähnt – nicht als Schenkung.

ββ)   *Bereicherung des Beschenkten*

Damit von einer Schenkung ausgegangen werden kann, ist eine Bereicherung des Beschenkten zwingend erforderlich[138]. Ungenügend ist folglich der blosse Schenkungswille der Parteien, sofern der zugewendete Gegenstand keinen wirtschaftlichen Wert besitzt oder die ausgetauschten Leistungen nicht in einem Missverhältnis stehen[139]. Ebenso vermag eine bloss vorübergehende Vermögensmehrung *keine* Schenkung zu bewirken[140].

Wird die Schenkung als Verfügungsgeschäft aufgefasst, besteht die Bereicherung im Wert des zugewendeten Gegenstandes, beim Schenkungsversprechen dagegen in der schuldrechtlichen Verpflichtung des Schenkers auf Übertragung des Gegenstandes[141].

γγ)   *Erfordernis der Unentgeltlichkeit der Zuwendung*

Der Zuwendung darf kein bzw. kein gleichwertiger Gegenwert gegenüberstehen[142]. Dies stellt ein Begriffsmerkmal der Schenkung dar; durch die causa donandi hebt sie sich von anderen Gründen der Vermögensverschiebung ab[143]. Schenkungen werden

---

[134] BECKER, Art. 239 N 9; HONSELL 183.
[135] OSER/SCHÖNENBERGER, Art. 239 N 6; CAVIN SPR VII/1 § 23 2 [185]; Münchkomm/KOLLHOSSER § 516 N 2; differenzierend ENNECCERUS/LEHMANN § 120 2 [488].
[136] ENNECCERUS/LEHMANN § 120 II 2 [488]; Staudinger/CREMER § 516 N 16. Man spricht diesfalls von einer mittelbaren Schenkung (Münchkomm/KOLLHOSSER § 516 N 5).
[137] Staudinger/CREMER § 516 N 24.
[138] BECKER, Art. 239 N 8; OSER/SCHÖNENBERGER, Art. 239 N 9; CAVIN SPR VII/1 § 23 2 [185].
[139] Münchkomm/KOLLHOSSER § 516 N 6.
[140] Münchkomm/KOLLHOSSER § 516 N 8.
[141] ENNECCERUS/LEHMANN § 120 II 1 a [487].
[142] ENNECCERUS/LEHMANN § 120 II 3 a [489]; MAISSEN N 99; CAVIN SPR VII/1 § 23 3 [185 f]; diesfalls liegt gemischte Schenkung vor.
[143] OSER/SCHÖNENBERGER, Art. 239 N 12.

um ihrer selbst willen gemacht, es werden also keine über die Vermögensverschiebung hinausgehenden Zwecke mit ihnen verfolgt[144]. Dies bedeutet, dass die Zuwendung nicht mit einer gleichwertigen Gegenleistung verknüpft oder zur Tilgung einer Verbindlichkeit gemacht werden darf; auch müssen sich die Parteien über die Unentgeltlichkeit im klaren sein und diese auch wollen[145]. Daraus folgt, dass eine allfällige Gegenleistung nicht in einem rechtlichen Zusammenhang mit der Zuwendung stehen darf, d. h. sie darf mit ihr weder synallagmatisch, konditional oder kausal verknüpft sein[146]. Steht die Gegenleistung indes bloss in einem tatsächlichen Zusammenhang zur Zuwendung, so schliesst dies das Vorliegen einer Schenkung nicht aus[147], da Rechtsgrund und Motive auseinanderzuhalten sind[148].

δ)   Fazit

Als Fazit kann festgehalten werden, dass es sich bei Schenkungen stets um Zuwendungen aus dem Vermögen des Schenkers handelt, welche beim Empfänger eine Bereicherung bewirken müssen und zwingend – wenigstens teilweise – unentgeltlich sein müssen.

d)   Übrige unentgeltliche Zuwendungen

Die Schenkung bildet zweifellos den Hauptfall der unentgeltlichen Zuwendung. Daneben bestehen weitere unentgeltliche Zuwendungen[149], auf welche jedoch die schenkungsrechtlichen Vorschriften nicht anwendbar sind[150]. Als solche gelten z. B. die Leihe, das unverzinsliche Darlehen, der unentgeltliche Auftrag sowie die unentgeltliche Hinterlegung[151]. Die Abgrenzung der übrigen unentgeltlichen Zuwendungen von der Schenkung liegt darin, dass die Schenkung den aktuellen Vermögensstand des Zuwendenden beeinträchtigt, während vorliegendenfalls nur von einer *hypothetischen* Vermögenseinbusse gesprochen werden kann, da durch die anderweitige Verwendung von Sachen oder der Arbeitskraft des Zuwendenden diesem ein Ertrag entgeht, welcher das Vermögen des Zuwendenden hätte erhöhen können[152].

---

[144] WEIMAR FS Schnyder 835.
[145] Münchkomm/KOLLHOSSER § 516 N 13. Auch die Erfüllung einer Naturalobligation gilt nicht als Schenkung, obschon der Zuwendende zur Leistung nicht gezwungen werden kann (HONSELL 184; MAISSEN N 103).
[146] Staudinger/CREMER § 516 N 27 f; Münchkomm/KOLLHOSSER § 516 N 14 ff; ENNECCERUS/LEHMANN § 120 II 3 a [489].
[147] Staudinger/CREMER § 516 N 28; differenzierend MAISSEN N 114 ff.
[148] WEIMAR FS Schnyder 835; VON TUHR/PETER 202; Staudinger/DILCHER[12] vor §§ 104 ff N 54.
[149] Andernfalls wäre der Begriff der unentgeltlichen Zuwendung überflüssig (EITEL § 2 Nr. 26 [27]).
[150] OR-VOGT, Art. 239 N 26.
[151] EITEL § 2 Nr. 26 [28]; OR-VOGT, Art. 239 N 27; VON BÜREN 284 m. w. H.; HONSELL 185.
[152] OR-VOGT, Art. 239 N 27; VON BÜREN 269; eingehend EITEL § 2 Nr. 27 ff [28 ff].

e) Zuwendungen zwecks Erfüllung einer sittlichen Pflicht?

Leistungen zur Erfüllung sittlicher Pflichten sind solche, welche durch die in der Rechtsgemeinschaft herrschenden sittlichen Anschauungen als geboten erscheinen: Unterstützungen an bedürftige Personen, welche dem Zuwendenden nahestehen, Trinkgelder, Gelegenheitszuwendungen oder die Abgeltung wichtiger Dienste, welche nicht käuflich sind[153]. Auch die in Art. 626 Abs. 2 erwähnten Zuwendungen zwecks Ausstattung oder als Heiratsgut werden oftmals in Erfüllung einer sittlichen Pflicht ausgerichtet[154].

Bei Zuwendungen aus *reiner* Nächstenliebe kann hingegen nicht von der Erfüllung einer sittlichen Pflicht gesprochen werden: Es muss sich vielmehr um eine Pflicht handeln, welche aus den konkreten Umständen des Falles entstanden ist und in den Geboten der Sittlichkeit wurzelt, wobei die finanzielle Leistungsfähigkeit und die persönlichen Beziehungen der Beteiligten von entscheidender Bedeutung sind[155].

α)   Meinungsstand in Doktrin und Rechtsprechung

Die Ansichten in der Lehre über die Unentgeltlichkeit der sittlichen Zuwendungen sind geteilt[156]. Verwirrung hat dabei Art. 239 Abs. 3 OR gestiftet, nach welchem die Erfüllung einer sittlichen Pflicht nicht als Schenkung behandelt wird[157]. Daraus ist von einem Teil der Lehre der Schluss gezogen worden, sittliche Pflichtzuwendungen seien *keine* unentgeltlichen Zuwendungen[158]. Andere Autoren – namentlich die Vertreter der Erbrechtslehre – betrachten die Erfüllung sittlicher Pflichten durchaus als unentgeltliche Zuwendungen[159], obschon sie von den Schenkungen im eigentlichen Sinne streng zu unterscheiden sind[160].

---

[153] BECKER, Art. 239 N 13; ähnlich MAISSEN N 106. Zum Begriff der sittlichen Pflichten, ihrer Abgrenzung von den Rechtspflichten sowie ihrer Erzwingbarkeit ausführlich ENNECCERUS/NIPPERDEY § 31 [201 ff].
[154] PIOTET SPR IV/1 § 47 I B [298].
[155] Staudinger/CREMER § 534 N 5.
[156] Ausführlich dazu EITEL § 2 Nr. 13 ff [22 ff], § 9 Nr. 1 ff [147 ff], § 31 Nr. 30 [472 f Anm. 78].
[157] Nach dem französischen Gesetzeswortlaut liegt bei der Erfüllung einer sittlichen Pflicht offenbar überhaupt keine Schenkung vor (so EITEL § 2 Nr. 25 [27]).
[158] OSER, Art. 63 N 3; unklar aber OSER/SCHÖNENBERGER, Art. 239 N 14; MAISSEN N 105; differenzierend HAUSHEER/REUSSER/GEISER, Art. 208 N 22, wonach das subjektive Urteil des Leistenden massgeblich sei.
[159] So namentlich PIOTET SPR IV/1 § 63 II B [446 f]; ferner ESCHER/ESCHER, Art. 626 N 18 f, widersprüchlich hierzu allerdings Art. 527 N 19, 33, wo die Unentgeltlichkeit der Erfüllung der sittlichen Pflicht verneint wird; ZGB-FORNI/PIATTI, Art. 626 N 9, 12; MOSER 26; WIDMER 36 f; implizit auch TUOR/PICENONI, Art. 626 N 17 f, unklar TUOR, Art. 527 N 21.
[160] ESCHER/ESCHER, Art. 527 N 19; OR-VOGT, Art. 239 N 35 f; a. M. PIOTET SPR IV/1 § 63 II B [446]; ders. ZSR 1971 I 39 ff.

Das Bundesgericht behandelt in seiner neueren Rechtsprechung zur Herabsetzung sittliche Zuwendungen in bezug auf das Erbrecht wie Schenkungen[161]. Begründet wird dies damit, dass der Pflichtteilsschutz der Noterben ebenso wie die Zuwendung selbst auf einer sittlichen Grundlage beruhe, weswegen es nicht angehe, die sittlichen Verpflichtungen gegenüber den Noterben einseitig hintanzustellen[162]. Damit setzt das Bundesgericht die Unentgeltlichkeit von Zuwendungen in Erfüllung einer sittlichen Pflicht stillschweigend voraus[163].

β) *Folgerungen*

M. E. ist bei der Beurteilung der sittlichen Pflichtzuwendungen von der Bedeutung des Art. 239 Abs. 3 OR auszugehen. Diese Bestimmung hat nicht zum Zweck, diese Zuwendungen vollständig von der Schenkung abzugrenzen. Vielmehr liegt ihr Sinn darin, gewisse Schutzbestimmungen – namentlich Formvorschriften und Widerrufsrechte – zugunsten des Schenkers nicht zur Anwendung kommen zu lassen. Der Zuwendende bedarf hier keines besonderen Schutzes, da er seine Zuwendung nicht wie der Schenker i. e. S. schlechthin freiwillig, sondern gestützt auf eine starke *moralische* Pflicht erbringt[164]. Diesem Umstand trägt Art. 239 Abs. 3 OR Rechnung.

Dies ändert aber nichts daran, dass die Zuwendung gestützt auf eine sittliche Pflicht der Schenkung sehr nahe verwandt ist bzw. durchaus auch als Unterfall der Schenkung qualifiziert werden könnte, stünde dem nicht Art. 239 Abs. 3 OR im Wege: Die Zuwendung erfolgt ohne Erlangung einer Gegenleistung und bleibt – da sie rechtlich *nicht* erzwungen werden kann – *freiwillig*. Ausnahmsweise ist hier allerdings den Motiven des Zuwendenden insoweit Beachtung zu schenken, als sich gewisse Modifikationen zwecks Abgrenzung zur Schenkung aufdrängen. Dadurch ändert sich an der Verwandtschaft zur Schenkung allerdings nichts. Mit BECKER[165] kann deshalb gesagt werden, dass das Recht über die Schenkungen Anwendung finden müsste, wenn Art. 239 Abs. 3 OR nicht wäre. Es erscheint deswegen folgerichtig und vernünftig, sie den unentgeltlichen Zuwendungen zuzuordnen[166].

Ein rechtsvergleichender Blick auf die deutsche Rechtsordnung führt zum gleichen Ergebnis: § 534 BGB definiert «Pflicht- und Anstandsschenkungen» als Schenkungen besonderer Art, welche weder dem Widerruf noch der Rückforderung unterliegen.

---

[161] BGE 116 II 243, 246 f E. 4 b (besprochen von SCHNYDER ZBJV 1993 182 f), 102 II 313, 325 f E. 3 c (besprochen von HAUSHEER ZBJV 1978 178 ff).
[162] BGE 116 II 246, in diese Richtung weisend auch 102 II 325.
[163] A. M. ESCHER/ESCHER, Art. 527 N 19, 33; TUOR, Art. 527 N 21 (ohne Begründung); implizit BECK § 29 VI 3 [118]; DRUEY § 6 N 72; SCHWARZ 32 f.
[164] Angesichts der Tatsache, dass der Begriff der sittlichen Zuwendung sehr vage ist, wird dies von MAISSEN aus rechtspolitischen Überlegungen für fragwürdig gehalten (N 107; ebenso ablehnend auch VON BÜREN 275 f).
[165] Art. 239 N 12.
[166] Im Ergebnis gleichsinnig WIDMER 36 f; a. M. MAISSEN N 105, welche aufgrund des Ausschlusses der Rückforderbarkeit eine entgeltliche Zuwendung annimmt; teilweise a. M. auch EITEL § 2 Nr. 15 ff [23] mit ausführlicher Begründung.

f) Zuwendungen gestützt auf gesetzliche Pflichten als unentgeltliche Zuwendungen?

Zuwendungen zwecks Erfüllung einer gesetzlichen Pflicht (Unterhalts-, Erziehungs-, Ausbildungs- und Unterstützungspflichten) erfolgen stets solvendi causa; der Zuwendende befreit sich von seiner *gesetzlichen* Schuldpflicht. Damit ist aber über die Unentgeltlichkeit noch nichts gesagt, muss man doch zur Feststellung derselben – wie erwähnt[167] – auf das vorgelagerte Grundgeschäft zurückgreifen. Dies bereitet hier gewisse Schwierigkeiten, da die Leistungspflicht des Zuwendenden bereits von Gesetzes wegen besteht und er sich gerade nicht kraft seiner Privatautonomie zu einer Leistung verpflichtet hat. Trotz dieser theoretischen Bedenken wird die Erfüllung einer gesetzlichen Pflicht von der herrschenden Doktrin als *entgeltliche* Zuwendung betrachtet, da sie als rechtliches Äquivalent der Leistung gelten kann[168].

Im Zusammenhang mit der Ausgleichung darf der Frage der Unentgeltlichkeit von Zuwendungen aufgrund einer gesetzlichen Pflicht aber keine zu grosse Bedeutung beigemessen werden, da die Zuwendung aufgrund ihrer fehlenden Freiwilligkeit ohnehin nicht zur Ausgleichung gelangen kann[169].

2. Vorempfang

a) Bedeutung: Zuwendung auf Anrechnung an den Erbteil

Der Erbvorempfang oder Vorempfang wird verstanden als unentgeltliche Zuwendung, welche vom *präsumptiven* Erblasser an einen *präsumptiven* Erben ausgerichtet wird mit der Massgabe, dass der Empfänger sich das Empfangene später an seinen Erbteil anrechnen lassen muss[170]: Der Vorempfang lässt sich somit als einen Akt der «antizipierten» Erbfolge umschreiben. Da die Zuwendung sich zu Lebzeiten des Erblassers als reine Liberalität erweist, sind für diesen Zeitraum auch die Bestimmungen über die Schenkung einschlägig[171].

---

[167] Vgl. vorn 22.
[168] VON TUHR AT BGB § 74 III [148]; MAISSEN N 104; vgl. auch EITEL § 2 Nr. 14 [23 Anm. 71]; a. M. WIDMER 35, der Unentgeltlichkeit annimmt, da der Empfänger keine Gegenleistung erbringt.
[169] Vgl. vorn 22.
[170] WEIMAR FS Schnyder 833; DRUEY § 7 N 4; TUOR/PICENONI, Art. 626 N 26; ESCHER/ESCHER, vor Art. 626 ff N 2; BRUHIN 63 ff; SEEBERGER 248 f; SPAHR 156; STOUDMANN 51 ff; gleichsinnig auch MERZ SPR VI/1 § 12 III [122]; ausführlich und kritisch zum Begriff WIDMER 41 ff.
Statt Vorempfang wird auch von Vorbezug, lebzeitiger Teilung, Abtretung auf Rechnung künftiger Erbschaft, Veräusserung auf Anrechnung an den Erbteil etc. gesprochen (vgl. etwa WEIMAR a. a. O.; RIESER AJP 1992 943 ff; MEIER-HAYOZ, Art. 657 N 25; ZGB-LAIM, Art. 657 N 19). Die Bedeutung ist aber stets die gleiche.
[171] ZOLLER 13 ff; einschränkend SPAHR 156 m. w. H.

Vorempfang wird anderseits auch verstanden als Sammelbegriff für Zuwendungen, welche üblicherweise der Ausgleichung unterstehen[172].

Wesentlich weiter geht WEIMAR: Für diesen Autor stellt der Vorempfang stets die *causa* für die in der Erbteilung ausgleichungspflichtige Zuwendung dar. Damit eine Ausgleichung stattfinden kann, müssten sich der Zuwendende und der Empfänger darüber einig sein, dass die Zuwendung dereinst auszugleichen sein werde[173]: Anders ausgedrückt stelle somit der Vorempfang die *causa* zu einer besonderen Zuwendung dar, welche bereits im Zeitpunkt ihrer Vornahme erbrechtlich qualifiziert werde. Aus dieser Konzeption müsse konsequenterweise gefolgert werden, dass *ausschliesslich* Vorempfänge der Ausgleichungspflicht unterlägen[174].

b) **Problematik des Begriffs**[175]

Einzelne Autoren[176] ziehen die Tauglichkeit des Begriffs Vorempfang in Zweifel. Man stösst sich daran, dass mit dem Vorempfang etwas charakterisiert wird, was im relevanten Zeitpunkt der Zuwendung noch gar nicht existiere: Weder bestehe in jenem Zeitpunkt ein Nachlass, noch könne mit Sicherheit gesagt werden, dass der Empfänger den Zuwendenden dereinst beerben werde[177]. Ganz allgemein bemängelt die h. L. das Fehlen der Trennung von lebzeitigen und erbrechtlichen Vorgängen[178].

Korrekt betrachtet sei der Begriff des Vorempfangs vielmehr historisch zu verstehen; sei doch im alten deutschen Recht der Tod eines Menschen in bezug auf sein Familienvermögen keine tiefe Zäsur gewesen, da der wesentliche Teil der Erbmasse nach Eintritt des Erbfalles ohne Teilung im Gesamteigentum der Erben geblieben sei, so dass der Vorempfang nur eine vorläufige Inbesitznahme von Gegenständen gewesen sei, welche später ohnehin Bestandteil der Erbschaft geworden seien[179].

---

[172] TUOR/SCHNYDER/SCHMID 579; ESCHER/ESCHER, Art. 626 N 34 ff.
[173] WEIMAR FS Schnyder 836 f.
[174] WEIMAR FS Schnyder 834, detailliert auch ZOLLER 11 ff.
[175] Vgl. die ausführlichen Erörterungen bei EITEL § 5 Nr. 38 ff [86 ff].
[176] Namentlich WIDMER 41 ff; vgl. aber auch BRUHIN 63 ff; DRUEY § 7 N 16; SEEBERGER 248 ff; TUOR/SCHNYDER/SCHMID 579.
[177] WIDMER 41; vgl. ferner SEEBERGER 250; O. MÜLLER ZBJV 1951 100 sowie allgemein Staudinger/MAROTZKE § 1922 N 9, 34 f. Auch das Bundesgericht hat bereits 1919 kurz und bündig festgehalten, dem ZGB sei eine antizipierte Erbfolge nicht bekannt (BGE 45 III 151, 164 E. 3).
[178] DRUEY § 7 N 16.
[179] WIDMER 43 f.

III. Konsequenzen des lebzeitigen Vorgangs auf die Rechtsnatur

A. Ansatz der h. L.: «Doppelnatur der Ausgleichung»

1. Ausgangspunkt: Lebzeitige unentgeltliche Zuwendung

Wie ausgeführt, erblickt die traditionelle schweizerische Doktrin im System des schweizerischen Ausgleichungsrechts eine Konzeption, welche auf zwei Säulen ruht: Den Ausgangspunkt bildet stets eine unentgeltliche lebzeitige Zuwendung des Erblassers an einen *künftigen* Erben[180]. Ob es sich dabei um eine Schenkung oder eine speziell auf Anrechnung an den Erbteil gegebene Zuwendung handelt, bleibt grundsätzlich bedeutungslos, entscheidend ist einzig die *lebzeitige* Unentgeltlichkeit[181]; ob dabei eine Anrechnung an den Erbteil vorgesehen sei, ist für die schuldrechtliche Qualifikation als blosses (grundsätzlich unbeachtliches) Motiv der Zuwendung ohne Bedeutung.

An diese Zuwendungen werden im Erbfall gestützt auf Art. 626 ff ZGB gewisse (Ausgleichungs-) Regeln angeknüpft, ihm Rahmen von Art. 626 Abs. 2 ZGB von Gesetzes wegen, andernfalls aufgrund des entsprechenden Erblasser- bzw. Parteiwillens[182]. Sämtliche Ausgleichungsbestimmungen sind nachgiebiger Natur, die Parteiwillkür hat erst da zurückzutreten, wo die zwingenden Regeln des Pflichtteilsschutzes eingreifen. Die (erstellte) Ausgleichungspflicht wird als eine aktiv und passiv an die (gesetzliche) Erbenstellung gebundene Verpflichtung *obligatorischer* Natur angesehen[183].

---

[180] Zur Frage, welche Zuwendungen Gegenstand (Objekte) der Ausgleichung sind, vgl. hinten 56 ff.

[181] ESCHER², vor Art. 626 ff N 14; ESCHER/ESCHER, Art. 626 N 19; PIOTET SPR IV/1 § 47 I C 1 [304]; EITEL § 8 Nr. 21 [136 ff]; ders. ZBJV 1998 739 ff; DRUEY § 7 N 31 ff; BREITSCHMID 1997 66; BRUHIN 64 f, 105; GUISAN ZSR 1952 II 501 ff; GUBLER 13, 57; GUHL ZBJV 1952 326 (Besprechung von BGE 76 II 188); RÖSLI 84; SCHWENDENER 37; VOLLERY N 28; WIDMER 77 ff; zurückhaltend TUOR/PICENONI, Art. 626 N 17 ff (anders gar TUOR ZBJV 1925 16); ZGB-FORNI/PIATTI, Art. 626 N 11; unklar allerdings die bundesgerichtliche Rechtsprechung (Überblick in BGE 118 II 282, 287 E. 3).
Auch für die französische Rechtsordnung wird gesagt, als Objekte der Ausgleichung stünden Schenkungen im Vordergrund (FERID/SONNENBERGER 5 D 246 [634]; ausführlich EITEL § 4 Nr. 23 [63 f] m. w. H.).

[182] Vgl. BGE 118 II 282, 285 f E. 3, 69 II 71, 73 f E. 2; PIOTET ASR 591 N 108 ff; ders. SPR IV/1 § 49 [344 ff]; ESCHER/ESCHER, Art. 626 N 47; TUOR/PICENONI, Art. 626 N 2a; ZGB-FORNI/PIATTI, Art. 626 N 18; DRUEY § 7 N 47 ff; WIDMER 58, 114 ff; GUISAN ZSR 1952 II 496; SCHWENDENER 41 ff; STOUDMANN 60; PICENONI SIZ 1962 33 ff; ebenso wohl RÖSLI 36.

[183] TUOR/PICENONI, vor Art. 626 ff N 6; WIDMER 69 ff; Staudinger/WERNER § 2050 N 5.

2. Art. 626 ff ZGB als dispositives Recht

a) Arten des dispositiven Rechts

Beim dispositiven Recht handelt es sich um Rechtssätze, welche nicht zwingender Natur sind; ein abweichender Parteiwille geht mithin vor[184]. Dispositives Recht tritt in Erscheinung als subsidiäres oder ergänzendes dispositives Recht[185]. Das subsidiäre dispositive Recht gilt stets dann, wenn rechtsgeschäftlich nicht etwas Abweichendes vereinbart worden ist. Ergänzendes dispositives Recht gelangt andererseits nur dann zur Anwendung, wenn eine rechtsgeschäftliche Regelung geschlossen worden ist, diese sich aber als lückenhaft erweist.

b) Die Ausgleichungsregeln als subsidiäres oder ergänzendes dispositives Recht

Die h. L. erblickt in den Ausgleichungsregeln dispositives Recht[186]: Sowohl der Grundsatz der Nichtausgleichung von lebzeitigen unentgeltlichen Zuwendungen an gesetzliche Erben im allgemeinen als auch jener der Ausgleichung bestimmter unentgeltlicher Zuwendungen an Nachkommen sind nicht zwingender Natur. Die gesetzlichen Regeln, von welchen kraft erblasserischer Vorschrift abgewichen werden kann, stehen vielmehr in einem Subsidiaritätsverhältnis zu den erblasserischen Vorschriften, sofern mit diesen die Ausgleichung *verfügt* oder *erlassen* wird[187]. Handelt es sich dagegen um Fragen der *Modalitäten* der Ausgleichung, so gelten die gesetzlichen Regeln als ergänzendes Recht, ebenso, wenn der Erblasser eine letztwillige Verfügung getroffen hat, welche die gesetzliche Erbfolge bloss bestätigt oder wenigstens die Quoten der gesetzlichen Erben untereinander unberührt lässt[188].

Eine andere Frage ist, ob die dispositiven Regeln auch als vermuteter Erblasserwille zu gelten haben[189], wie dies die traditionelle Doktrin in bezug auf die Ausgleichungspflicht der Nachkommen wohl annimmt[190]. Sie kann indessen offengelassen werden: Eine dispositive Gesetzesvorschrift ist auch dann anzuwenden, wenn sich

---

[184] Zum Begriff ENNECCERUS/NIPPERDEY § 49 [299 ff]; LARENZ/WOLF § 3 N 110.
[185] Dazu und zum folgenden ENNECCERUS/NIPPERDEY § 49 III [301 ff].
[186] ESCHER/ESCHER, vor Art. 626 ff N 8, Art. 626 N 1 ff; TUOR/PICENONI, vor Art. 626 ff N 4, Art. 626 N 1; PIOTET SPR IV/1 § 46 II [293]; ders. ZBJV 1972 275; GUBLER 3 f; RÖSLI 22 f; SCHWARZ 21; GUISAN ZSR 1952 II 494.
[187] WIDMER 60 f; teilweise a. M. PIOTET SPR IV/1 § 46 II [292].
[188] PIOTET SPR IV/1 § 46 II [292]. Ist dies nicht der Fall, so findet nach h. L. keine Ausgleichung statt, da zu vermuten sei, der Erblasser habe durch seine Verfügung den Zuwendungen unter Lebenden bereits Rechnung getragen (BGE 124 III 102 = Pra 1998 Nr. 102 m. w. H.). Zu dieser Frage eingehend hinten 92 ff.
[189] Dazu EITEL § 6 [101 ff]; ferner WIDMER 60 ff.
[190] ESCHER/ESCHER, vor Art. 626 ff N 3; TUOR/PICENONI, vor Art. 626 ff N 4.

die Parteien über die Tragweite eines bestimmten Sachverhalts keine Rechenschaft abgelegt haben[191].

c) **Gesetzliche und gewillkürte Ausgleichung**

Es besteht die Möglichkeit, sowohl Zuwendungen an gesetzliche Erben im allgemeinen der Ausgleichung zu unterstellen (Art. 626 Abs. 1 ZGB) oder Nachkommen von der Ausgleichungspflicht zu dispensieren (Art. 626 Abs. 2 ZGB). An die Dispensation werden insofern strengere Anforderungen gestellt, als der Dispenswille ausdrücklich geäussert werden muss, um anerkannt zu werden[192].

Aus dem Charakter der ausgleichungsrechtlichen Normen als subsidiärem dispositiven Recht zieht die h. L. den Schluss, dass die Ausgleichung unter bestimmten Voraussetzungen – bei gewissen Zuwendungen an Nachkommen des Erblassers – von Gesetzes wegen eintrete, ohne dass sie eigens verfügt werden müsste: Man spricht von der gesetzlichen Ausgleichung oder von der «Legalkollation»[193]. Die vom Erblasser angeordnete Ausgleichung wird demgegenüber als «freiwillige»[194] oder «gewillkürte» Ausgleichung betitelt[195].

Der gesetzgeberische Gedanke der gesetzlichen Ausgleichung wird darin gesehen, dass die Ausgleichung der in Art. 626 Abs. 2 genannten Zuwendungen an Nachkommen regelmässig den erblasserischen Intentionen entspricht. Diese Vermutung schlägt sich in der nachgiebigen Gesetzesregel nieder. Will der Erblasser von ihr abweichen, hat er selbst aktiv zu werden.

---

[191] EITEL § 6 Nr. 5 [103] m. w. H.
[192] Dazu detailliert hinten 240 ff.
[193] BGE 124 III 102, 104 E. 4 a = Pra 1998 Nr. 102; ESCHER/ESCHER, vor Art. 626 ff N 8; TUOR/PICENONI, vor Art. 626 ff N 8, Art. 626 N 44; PIOTET SPR IV/1 § 46 II [293]; GUINAND/STETTLER N 329; EITEL § 6 Nr. 6 ff [104 ff]; AGUET 26; RÖSLI 22; SCHWENDENER 39 f; SEEBERGER 255; VOLLERY N 9, 11; WIDMER 56 f, 115 ff; WOLFER 22 f; ebenso wohl SPAHR 161.
Damit besteht ein weitgehender Gleichlauf mit der deutschen und österreichischen Rechtsordnung (§ 2050 Abs. 1 BGB; § 790 ABGB), wogegen das französische Recht eine gesetzliche Ausgleichungspflicht für alle gesetzlichen Erben statuiert (Art. 843, 845 und 857 Ccfr; vgl. FERID/SONNENBERGER 5 D 244 [632]; LANGE/KUCHINKE § 15 III 2 [307]; EITEL § 4 Nr. 29 [67 f]; STECK 41).
[194] Der Begriff ist insoweit etwas unglücklich, da nicht die Freiwilligkeit des Erben, sondern jene des Erblassers gemeint ist (EITEL § 6 Nr. 7 [104 f]).
[195] BGE 124 III 102, 104 E. 4 a = Pra 1998 Nr. 102; TUOR/PICENONI, vor Art. 626 ff N 8, Art. 626 N 1a; ESCHER/ESCHER, vor Art. 626 ff N 3; PIOTET SPR IV/1 § 46 III [293 f]; GUINAND/STETTLER N 330; RÖSLI 22; SEEBERGER 264; SPAHR 162; VOLLERY N 9; WIDMER 57; WOLFER 22 f.

B. Ansatz WEIMAR: Ausgleichung als einheitliches Rechtsgeschäft unter Lebenden

1. Überblick

Einen vollständig anderen Weg als die h. L. beschreitet WEIMAR[196]. Dieser Autor lehnt die Trennung der Ausgleichung in zwei Elemente als nicht sachgerecht ab. Vielmehr erblickt er in der Anrechnung der Zuwendung auf den Erbteil (Vorempfang) des Empfängers die eigentliche *causa*, über welche sich die Parteien der Zuwendung einig sein müssten, damit ein gültiger Vertrag über die spätere Ausgleichungspflicht zustandekomme. Eine Trennung reisse die beiden Elemente willkürlich auseinander, und es könne keines der beiden Rechtsgeschäfte für sich allein bestehen: Die Zuwendung sei infolge fehlenden Rechtsgrundes ungültig, und ohne gültige Zuwendung könne naturgemäss keine Ausgleichung stattfinden.

2. Unterscheidung zwischen Vorempfang und Schenkung

Zur Untermauerung seines Ansatzes unterscheidet WEIMAR konsequent zwischen Vorempfang und Schenkung[197]. Den Unterschied erblickt er in der *Unentgeltlichkeit*: Schenkungen im Sinne des «Erbrechts» sind danach nur solche, welche sich über den *Tod des Zuwendenden hinaus* als unentgeltlich erweisen[198]. Demzufolge seien Schenkungen von vornherein von der Ausgleichung ausgenommen, da sich die Ausgleichung begrifflich mit den Wesensmerkmalen der Schenkung nicht vertrage. Im Gegensatz dazu werden Vorempfänge nur als *beschränkt* unentgeltlich betrachtet, nicht da sie nach dem Ableben des Zuwendenden ausgeglichen werden müssten. Es zeige sich, dass die Zweiteilung entgeltlich/unentgeltlich hier nicht recht passe. Folgerichtig wird postuliert, die Vorempfänge den entgeltlichen Zuwendungen zuzuweisen. Daran ändere aber nichts, dass auf Vorempfänge die Bestimmungen der Art. 239 ff OR zur Anwendung gelangten, da für die Subsumtion des Vorempfanges unter die schenkungsrechtlichen Bestimmungen seine (blosse) Unentgeltlichkeit unter Lebenden ausreichend sei[199].

Begründet wird die Unterscheidung auch aus praktischen Erwägungen: Der Begriff der Schenkung vertrage sich nicht mit dem allgemeinen Sprach*verständnis*; von der

---

[196] Dazu und zum folgenden WEIMAR FS Schnyder 833 ff; ebenso ZOLLER 28 ff; Würdigung der Thesen durch PIOTET ASR 591 N 1 ff.
[197] WEIMAR FS Schnyder 833 ff (These 1); ebenso ZOLLER 11 ff und IZZO 355; vorher schon CURTI-FORRER, Art. 626 N 6; MÜLLER 30 ff; O. MÜLLER ZBJV 1951 101 und die älteren Kommentatoren des Obligationenrechts.
[198] WEIMAR FS Schnyder 833 f; ZOLLER 13 f.
[199] So ZOLLER 13 f mit der Begründung, dass auch der Empfänger der Zuwendung keine Gegenleistung erbringe; a. M. wohl BECKER, Art. 239 N 8; TUOR ZBJV 1925 16.

Bezeichnung einer lebzeitigen Zuwendung als Schenkung werde ohne weiteres angenommen, sie unterliege nicht der Ausgleichung[200].

3. Konsenserfordernis der Parteien über den Zweck der Zuwendung

Nach WEIMAR erfordert die gültige Zuwendung, welche zur Ausgleichungspflicht führen kann, eine Einigung (Konsens) unter den beteiligten Parteien[201]. Das Gesetz ordne weder explizit die Ausgleichung für bestimmte Zuwendungen an, noch schliesse es sie für andere aus[202]. Die Ausgleichung beruhe immer auf einer Übereinkunft zwischen den Parteien. Der Wille des Erblassers *allein sei nicht ausreichend*. Begründet wird dies vorab aus zwei Gründen: Einerseits komme ohne Einigung über die *causa* kein Vertrag über die Zuwendung zustande und es sei diesfalls auch keine gültige Eigentumsübertragung möglich. Andererseits erforderten Zuwendungen auf Anrechnung an den Erbteil deshalb eine Einigung, da selbst *reine* Schenkungen angenommen werden müssten[203]. Unterstrichen wird die Argumentation mit dem Beispiel des reichen Erbonkels, welcher seinem Neffen eine kostspielige Reise offeriert, welcher dieser möglicherweise nur als *reine* Schenkung annehmen will[204]. Der Wortlaut von Art. 626 Abs. 1 ZGB sei missverständlich, da er einzig auf den Willen des Erblassers abstelle. Immerhin widerspiegle diese Bestimmung die *Lebenswirklichkeit*, zumal in der Realität in aller Regel der Wille des Erblassers den Ausschlag gebe, da ein potentieller Erbe eine (lebzeitige) Zuwendung sowohl als Schenkung wie auch als Vorempfang gern entgegennehmen werde[205].

Besondere Beachtung wird der Auslegung von Art. 626 Abs. 2 ZGB beigemessen. WEIMAR qualifiziert diese Bestimmung als *blosse Rechtsvermutung*[206]: Danach handle es sich hier um eine Regelung der Beweislast. Wer als Miterbe geltend mache, eine bestimmte Zuwendung an Nachkommen unterliege der Ausgleichung, sei für diese Behauptung – sofern sie unter Art. 626 Abs. 2 ZGB zu subsumieren sei – nicht beweispflichtig, da das Bestehen einer ausdrücklichen oder stillschweigend

---

[200] So einlässlich ZOLLER 12; ferner MÜLLER 35 ff, bes. 37. Auch das Bundesgericht hat in seiner älteren Rechtsprechung als «Schenkungen» bezeichnete Zuwendungen von der Ausgleichungspflicht ausgenommen (so ausdrücklich BGE 71 II 69, 76 E. 3 (kritisch GUHL ZBJV 1946 462), abschwächend 76 II 188, 199 f E. 8; vgl. auch die Nachweise in BGE 118 II 282, 288 f E. 5). Zu dieser Frage auch hinten 244 ff.
[201] WEIMAR FS Schnyder 836 ff (These 2); ihm folgend ZOLLER 24; früher bereits MÜLLER 45, 52.
[202] WEIMAR FS Schnyder 843 Anm. 27.
[203] ZOLLER 24; ähnlich MÜLLER 46.
[204] Gleichsinnig auch das Beispiel bei MÜLLER 45.
[205] WEIMAR FS Schnyder 837; ZOLLER 25.
[206] Dazu und zum folgenden WEIMAR FS Schnyder 842 ff (These 5); ferner ZOLLER 32 ff.

vereinbarten Ausgleichungspflicht in diesem Falle vermutet werde[207]. Unter Art. 626 Abs. 2 ZGB fielen demzufolge all jene Zuwendungen, von denen anzunehemen sei, dass sie auszugleichen seien oder wären, sofern sich die Parteien über den Zweck Rechenschaft gegeben haben oder hätten. Es bleibe ihm somit der schwirig zu führende Nachweis erspart, dass eine bestimmte Zuwendung auszugleichen sei. Vielmehr liege es am Empfänger, nachzuweisen, dass eine Zuwendung tatsächlich *geschenkt* und damit von der Ausgleichungspflicht befreit sei. Die Wendung «ausdrücklich» stelle dabei eine prozessuale Regelung des Beweises dar. Sie sage aus, dass jeder Zweifel, ob eine Zuwendung ausgleichungspflichtig sein könnte, ausgeräumt sein müsse. Hingegen bleibe es belanglos, in welcher Form dies geschehe: Art. 626 Abs. 2 ZGB statuiere keine Formvorschriften[208], da Vereinbarungen über die Ausgleichungspflicht *Rechtsgeschäfte unter Lebenden* darstellten.

Folge man diesem Ansatz, so werde klar, dass das schweizerische Recht keine Legalkollation (gesetzliche Ausgleichung) kenne. Art. 626 ZGB stelle somit *weder* zwingendes noch dispositives Recht dar.

4. Ergebnis: Ausgleichung als einheitliches Rechtsgeschäft unter Lebenden

Aus seinen Überlegungen folgert WEIMAR, dass die eherne Unterscheidung zwischen der Zuwendung als Rechtsgeschäft unter Lebenden und der Anordnung der Ausgleichung als Verfügung von Todes wegen unbehelflich sei, um die mit diesem Institut zusammenhängenden Fragen zu beantworten[209].

Vielmehr qualifiziert er die erbrechtliche Ausgleichung als einheitliches Rechtsgeschäft unter Lebenden[210]. Zuwendung und causa (Anrechnung auf den Erbteil) gehörten untrennbar zusammen, eine andere Behandlung sei nicht sachgemäss. Wohl wirke sich die Vereinbarung mit dem Vermögensübergang dereinst auf den Nachlass aus, andererseits entfalte sie bereits Wirkungen zu Lebzeiten des Erblassers, indem dieser *sofort* eine Vermögenseinbusse erleide.

---

[207] Bei diesem Ansatz bleibt ebenso wie bei der restlichen Lehre unklar, welche Zuwendungen Art. 626 Abs. 2 *in concreto* umfasst. Die Lösung muss indessen hier anders ausfallen als bei der h. L., da die Bedeutung von Art. 626 Abs. 2 eine weitgehend andere ist. Weiteres dazu hinten 61 f.
[208] WEIMAR FS Schnyder 844.
[209] WEIMAR FS Schnyder 837; ZOLLER 28.
[210] Dazu und zum folgenden WEIMAR FS Schnyder 837 ff. Am ehesten entspreche statt dessen die Vereinbarung über die Ausrichtung eines Vorempfangs einem Teilungsvertrag über eine noch nicht angefallene Erbschaft.

C. Analyse der doktrinellen Lösungsansätze: «Doppelnatur» überzeugend

Die Theorie von WEIMAR und ZOLLER, wonach die Ausgleichung als einheitliches Rechtsgeschäft unter Lebenden zu qualifizieren sei, besticht *teilweise* durch ihre Klarheit, ihrer Vereinfachung des Instituts – ohne dabei schwierigen Fragen auszuweichen – und durch billige, dem mutmasslichen Willen der Parteien wohl entsprechende Resultate. Könnte dieses System als dogmatische Grundlage für das Ausgleichungsrecht angesehen werden, wäre es vor allem möglich, die heikle Frage der Form befriedigend zu lösen.

Allerdings würde dadurch den ausgleichungsrechtlichen Bestimmungen ein Sinn gegeben, welcher sich nur schwer mit der gegenwärtigen Fassung von Art. 626 ff ZGB in Übereinstimmung bringen lässt. Von daher gesehen erscheinen die Theorien WEIMARS eher als geglückte Ausführungen *de lege ferenda*. Die Auffassung der h. L., welche in der der Ausgleichung vorangehenden Zuwendung ein Rechtsgeschäft unter Lebenden und in der Ausgleichung dispositives (Erb-) Recht erblickt[211], ist deshalb zuzustimmen. Dies ergibt sich aufgrund einer Gesamtwürdigung von Wortlaut, Systematik, sowie auch unter Berücksichtigung der überkommenen Lehre und Rechtsprechung.

1. Wortlaut und Gesetzessystematik

Ausgangspunkt jeder Gesetzesauslegung bildet zunächst der Wortlaut der auszulegenden Bestimmungen[212]: Vorab ist also zu prüfen, was sich rein sprachlich aus einer Gesetzesbestimmung ergibt. Dabei hat man sich vor Augen zu halten, dass der Sprachgebrauch des ZGB nicht notwendigerweise mit der Umgangssprache übereinstimmt[213]. Ebenso darf auch die Bedeutung des Wortlautes – gerade beim ZGB mit seiner auf das Wesentliche gerichteten Redaktionstechnik – nicht überschätzt werden[214]. Die Auslegung nach dem Wortlaut wird ergänzt durch eine kritische Würdigung der Gesetzessystematik. Die auszulegenden Bestimmungen sind im Zusammenhang mit den übrigen Bestimmungen des Gesetzes (inkl. der Marginalien) und der gesamten Rechtsordnung zu betrachten[215]. Aufgrund dieser Prämissen ergibt sich folgendes:

---

[211] Vgl. vorn 35.
[212] Dazu MEIER-HAYOZ, Art. 1 N 184 ff; ZGB-MAYER-MALY, Art. 1 N 4. Auch der Wortlaut ist – obschon gerade der Wortlaut von Art. 1 Abs. 1 ZGB das Gegenteil vermuten liesse – Element der Auslegung (ZGB-MAYER-MALY a. a. O. N 16).
[213] RIEMER § 4 N 28.
[214] MEIER-HAYOZ, Art. 1 N 187.
[215] MEIER-HAYOZ, Art. 1 N 188.

Zunächst legt naturgemäss die Einreihung der Bestimmungen über die Ausgleichung im Erbrecht – präziser im Abschnitt über die erbrechtliche Teilung – von der Warte des Gesetzesaufbaus aus betrachtet den Schluss nahe, dass es sich dabei um ein erbrechtliches Institut handeln muss. Dafür spricht auch die Wortwahl in den einzelnen Bestimmungen: Erben, gesetzliche Erben, Erblasser, verfügen etc. können wohl kaum anders verstanden werden als in den für das Erbrecht einschlägigen anderen Gesetzesbestimmungen[216]. Gewiss ist zuzugeben, dass die gesetzliche Regelung in verschiedenen Punkten unklar formuliert ist und Widersprüche aufkommen lässt. Dies ist wohl besonders darauf zurückzuführen, dass dem ZGB eine gesicherte dogmatische Grundlage für die Ausgleichung überhaupt fehlt[217].

2. Probleme der einheitlichen Betrachtungsweise

a) Unsicherheit bzgl. Erbenstellung des Empfängers

Eine Zuwendung ist nur zur Ausgleichung zu bringen, wenn der Empfänger tatsächlich Erbe wird. Er hat es somit in der Hand, sich durch Ausschlagung einseitig der Ausgleichungspflicht zu entziehen[218]. Qualifiziert man die Ausgleichung als einheitliches Rechtsgeschäft unter Lebenden, so muss die Ausgleichungspflicht als zweiseitig bindende Vertragsklausel angesehen werden. In einem solchen Fall steht diese Klausel *eo ipso* unter der auflösenden Bedingung, dass der Empfänger *nicht* Erbe wird[219]. Diese Ungewissheit erscheint in unserem Zusammenhang besonders problematisch, da der Eintritt der Bedingung durch den Empfänger *treuwidrig* herbeigeführt werden könnte, ohne dass sich die übrigen Erben auf Art. 156 OR berufen könnten[220]. Daran ändert auch die Tatsache nichts, dass Art. 627 ZGB[221] anstelle des

---

[216] PIOTET ASR 591 N 44 f.
[217] PICENONI SJZ 1962 33. Hier könnten entstehungsgeschichtliche Aspekte von grosser Bedeutung sein, um den wahren Sinn zu ermitteln. Als Hilfsmittel dienen hierfür die amtlichen Dokumente der gesetzgeberischen Vorarbeiten sowie des eigentlichen Gesetzgebungsverfahrens (dazu MEIER-HAYOZ, Art. 1 N 216; LIVER, Allg. Einleitung N 60 ff). Leider lassen sich in diesen Unterlagen auf die hier interessierende Frage keinerlei Hinweise finden.
[218] Statt vieler ZGB-FORNI/PIATTI, Art. 626 N 2; EITEL ZBJV 1998 731; ferner PICENONI SJZ 1962 35; SPAHR 156; WIDMER 72 ff.
[219] WEIMAR FS Schnyder 834; PIOTET ASR 591 N 28.
[220] PICENONI SJZ 1962 36: Nach dieser Bestimmung gilt eine Bedingung dann als erfüllt, wenn ihr Eintritt von einer Partei nach Treu und Glauben verhindert worden ist. Art. 156 OR stellt einen Anwendungsfall von Art. 2 ZGB dar. Wohl liegt die Erfüllung einer Bedingung grundsätzlich im freien Belieben der Parteien, weswegen sie nicht als Verpflichtung in den Vertrag aufgenommen wird. Diese Freiheit besteht allerdings dann nicht, sofern das Verhindern des Eintritts der Bedingung gegen Sinn und Geist der Vereinbarung verstösst, was bei solchen «Ausgleichungsvereinbarungen» bestimmt der Fall wäre (vgl. zu Art. 156 OR auch VON TUHR/ESCHER § 86 II [272 f]).
[221] Dazu sogleich sowie hinten 100.

Entschlagenden dessen Erben bereithält, welche für ihn ausgleichen müssen[222], können sich diese doch der Ausgleichungspflicht ebenfalls entschlagen.

Ebenso unbehelflich erscheint der Einwand, die *causa* der Zuwendung bleibe unberührt, wenn der Empfänger die Erbschaft nicht antrete. Besteht der Rechtsgrund der lebzeitigen Zuwendung in der späteren Ausgleichung und findet diese – da der Empfänger nicht Erbe wird – nicht statt, fällt die *causa* weg und es könnte – allgemeinen Grundsätzen entsprechend – der Vorempfang ohne weiteres *vindiziert* oder *kondiziert* werden, was aber niemand behauptet[223]. Die Vertragsthese könnte somit nur dann «gerettet» werden, wenn im Vorempfang ein vorzeitiger Erbantritt erblickt würde[224], was aber kaum dem Parteiwillen entspricht und allein schon daran scheitert, dass zum Zeitpunkt der Ausrichtung der Erbfall noch nicht eingetreten ist[225].

b) Problematik von Art. 627 (Ausgleichung für Dritte)

Fällt ein Erbe vor oder nach dem Erbgang weg, so geht seine Ausgleichungspflicht auf die Erben über, die an seine Stelle treten[226]. Das Gesetz hält – um die Gleichheit der (Erben-) Stämme aufrechtzuerhalten – einen «Ersatz» bereit, um daraus resultierende Unbilligkeiten zu vermeiden. Dies gilt auch dann, wenn die Zuwendung nicht auf den oder die «Ersatzpflichtigen» übergegangen ist[227]. Wird die der Ausgleichung zugrundeliegende Zuwendung als einheitliches Rechtsgeschäft unter Lebenden qualifiziert, so ist der Zuwendungsempfänger *schuldrechtlich* verpflichtet, auszugleichen. Entschlägt er sich dieser Pflicht durch Ausschlagung, so ginge sie auch *ohne Universalsukzession* auf Dritte über, welche am ursprünglichen Vertragsabschluss nicht beteiligt gewesen sind. Der Vertrag würde somit zu Lasten dieser Dritten[228] seine Wirkung entfalten: *Diese* hätten auszugleichen, wogegen der Empfänger den nunmehrigen (belasteten) Erben nicht zur Herausgabe verpflichtet wäre. Da das Schuldrecht keine Verträge zu Lasten Dritter kennt[229], wäre die vorgelegte Konstruktion nach allgemeinen Grundsätzen unzulässig. Daraus ergibt sich, dass sich Art. 627 ZGB als speziell auf die Ausgleichung zugeschnittene Norm mit der Vertragsthese nicht in Übereinstimmung bringen lässt.

---

222 PIOTET ASR 591 N 27.
223 Selbstverständlich kann aber ein Rückfall besonders vereinbart werden, dazu hinten 258 f.
224 In diese Richtung weisend WEIMAR FS Schnyder 838 f.
225 PICENONI SJZ 1962 35.
226 Art. 627 Abs. 1 ZGB.
227 So ausdrücklich Art. 627 Abs. 2 ZGB für Nachkommen.
228 PIOTET ASR 591 N 51 ff; ders. SPR IV/1 § 49 I [346].
229 Statt aller VON TUHR/PETER § 20 IV 5 [149].

c) Ausgleichung *einseitiger* Zuwendungen

Die Vertragsthese lässt unberücksichtigt, dass auch *einseitige* Zuwendungen zur Ausgleichungspflicht führen können[230]. So kann eine (ausgleichungs- oder herabsetzungspflichtige) Zuwendung erblickt werden im freiwilligen Verjährenlassen einer Forderung[231] oder im Verzicht auf ein beschränktes dingliches Recht[232]. Gälte die Vertragsthese, so entgingen alle diese Fälle der Ausgleichungspflicht bzw. der Zuwendende wäre gehalten, sich vertraglich mit dem Empfänger zu verständigen, wollte er sie dereinst in seinem Nachlass ausgeglichen haben.

3. Fazit

Zusammenfassend ergibt sich, dass die Ausgleichung ein erbrechtliches Institut darstellt, welchem stets ein eine mindestens teilweise unentgeltliche Zuwendung unter Lebenden vorangeht, welche den Regeln des Obligationenrechtes folgt. Die Bestimmungen über die Ausgleichung sind dabei ausnahmslos dispositiver Natur. Die Ausgleichung selbst ist als Bestandteil der Teilung aufzufassen[233].

D. Rechtsnatur der Verfügungen bzgl. der Ausgleichung

Aufgrund des *dispositiven Charakters* der Ausgleichungsbestimmungen hängt es vom Willen der beteiligten Parteien ab, davon abzuweichen und eigene Wege zu beschreiten. Fraglich ist die Rechtsnatur dieser Abweichungen: Handelt es sich dabei um Verfügungen von Todes wegen, und wenn ja, um welche?

Die Abgrenzung der Rechtsgeschäfte unter Lebenden von den Verfügungen von Todes wegen ist nicht einfach[234]. Vereinfacht gesagt liegt die Abgrenzung darin, dass ein Rechtsgeschäft unter Lebenden bereits lebzeitig Wirkungen entfaltet, eine Verfügung von Todes wegen dagegen erst Auswirkungen auf den Nachlass zeigt und im

---

[230] PIOTET ASR 591 N 47 ff; ders. SPR IV/1 § 47 I C 1 a. E. [306].
[231] So die Rechtsprechung und die wohl überwiegende Doktrin: BGE 70 II 21; TUOR/PICENONI, Art. 626 N 19; PIOTET ASR 591 N 47; WIDMER 39 f; zweifelnd allerdings ESCHER/ESCHER, Art. 626 N 33; a. M. MOSER 34; AppH Bern ZBJV 1942 524 ff. Dazu auch hinten 64 f.
[232] TUOR/PICENONI, Art. 626 N 16; PIOTET ASR 591 N 47; ders. SPR IV/1 § 47 I C 1 a. E. [306], § 63 II A [446].
[233] TUOR/PICENONI, vor Art. 626 ff N 7, Art. 626 N 2d; ESCHER/ESCHER; vor Art. 626 ff N 9; ZGB-FORNI/PIATTI, Art. 626 N 20; PIOTET SPR IV/1 § 47 V A 1 [321]; BECK § 38 I [164]; AGUET 37; SEEBERGER 243; SPAHR 156; WOLFER 87; ZOLLER 15.
[234] Dazu detailliert hinten 165 f.

Zweifel eher auf ein gültiges Rechtsgeschäft unter Lebenden als ein ungültiges von Todes wegen zu erkennen ist[235].

1. Veränderung der Erbteile

Das Bundesgericht hat unter Berufung auf die h. L.[236] ausgeführt, dass Anordnungen bzw. Befreiungen von der Ausgleichungspflicht deshalb Verfügungen von Todes wegen darstellten, weil sie die Grösse der Erbteile beeinflussten[237]. Zutreffend hat indes WEIMAR[238] darauf hingewiesen, dass die Erbquoten, d. h. die Bruchteile, mit welchen die Erben am Wert der Erbschaft beteiligt sind, durch die Ausgleichung unberührt bleiben. Freilich erhalten die ausgleichungspflichtigen Erben absolut – bedingt durch den Vorempfang – weniger aus dem vorhandenen *relictum oder müssen ihren Vorempfang einwerfen*, um quantitativ gleichberechtigt an der Erbschaft zu partizipieren. Dies hat allerdings mit den Erbteilen (Quoten) im eigentlichen Sinne nichts zu tun. Ausgleichungsanordnungen haben somit *keine* Auswirkungen auf die Erbteile bzw. Erbquoten *an sich*.

2. Anordnungen verändern Teilungs- bzw. Berechnungsmasse

Der Ausgleichung unterliegen nur lebzeitige, mindestens teilweise unentgeltliche Zuwendungen. Dies bedeutet, dass sich die Werte unabhängig allfälliger Anordnungen zum Zeitpunkt des Erbfalles nicht mehr im reinen Nachlass, dem *relictum*, befinden. Zu prüfen ist aber, ob durch die Anordnung bzw. den Erlass der Ausgleichung der *effektive* (absolute) Wert der Teilungs- oder Pflichtteilsansprüche der einzelnen Miterben verändert wird. Hier sind zwei Varianten auseinanderzuhalten: Zu prüfen ist vorab, wie sich der Erlass der Ausgleichungspflicht bei Zuwendungen auswirkt, welche an sich von Gesetzes wegen auszugleichen wären[239]. Sodann ist aber auch der Fall unter die Lupe zu nehmen, wo an sich *nicht ausgleichungspflichtige* Zuwendungen kraft kraft erblasserischem oder übereinstimmendem Parteiwillen der Ausgleichung unterstellt werden.

---

[235] Dazu hinten 165.
[236] TUOR/PICENONI, Art. 626 N 2; ESCHER/ESCHER, Art. 626 N 47; PIOTET SPR IV/1 § 49 [344]; SEEBERGER 243.
[237] BGE 118 II 282, 285 f E. 3.
[238] FS Schnyder 838.
[239] Gemeint sind die Zuwendungen nach Art. 626 Abs. 2 ZGB.

a)   Vorbemerkungen[240]

Zur Erleichterung der Verständlichkeit sind vorab die bereits mehrfach erwähnten Begriffe *relictum*, Teilungs- und Berechnungsmasse – soweit nicht bereits geschehen – zu erläutern[241]:

α)   Relictum

Das *relictum* stellt die im Zeitpunkt des Todes des Erblassers zivilrechtlich in seiner Rechtszuständigkeit stehenden Aktiven – unter Abzug aller Passiven – unter Einschluss der Ansprüche aus güterrechtlicher Auseinandersetzung dar[242].

β)   Teilungsmasse

Die der Ausgleichung unterliegenden Zuwendungen werden dem *relictum* hinzugerechnet, wodurch die *Teilungsmasse* ermittelt wird, woraus sich die effektiven Teilungsansprüche vor einer allfälligen Herabsetzung errechnen[243].

γ)   Berechnungsmasse

αα)   Zweck

Sodann ist die *Berechnungsmasse* zu bestimmen: Sie bildet die Grundlage, festzustellen, ob und in welchem Umfange Pflichtteile verletzt worden sind bzw. wie hoch der verfügbare Teil nach Massgabe von Art. 474 ZGB tatsächlich ist[244]. Zu diesem Zwecke sind die Zuwendungen unter Lebenden soweit zur Berechnung heranzuziehen, als sie der Herabsetzungsklage unterstellt sind (Art. 475 ZGB)[245]. Wäre dem nicht so, könnte der Erblasser durch lebzeitige Zuwendungen allfällige Pflichtteilsansprüche von Erben beliebig unterlaufen.

---

[240]   Zum folgenden auch ausführlich WIDMER 28 f, 80 ff, 96 f.
[241]   Dabei werden der Einfachheit halber hier Fragen im Zusammenhang mit Art. 476/529 ZGB sowie bzgl. der Problematik Erbschafts-/Erbgangsschulden ausgeklammert.
[242]   PIOTET SPR IV/1 § 49 [380], § 62 I [439]; BENN/HERZOG ZBJV 1999 767; EITEL ZBJV 1998 733; TUOR/SCHNYDER/SCHMID 469; WIDMER 94, 96; ebenso bereits MÜLLER 28: *Biens existants* im französischen Text von Art. 475 ZGB.
[243]   PIOTET SPR IV/1 § 62 I [439]; BENN/HERZOG ZBJV 1999 767; EITEL ZBJV 1998 733; TUOR/SCHNYDER/SCHMID 469; ähnlich MÜLLER 28; undeutlich ESCHER/ESCHER, Art. 475 N 5 f; TUOR, Art. 474 N 13; BECK § 28 II 4 [107]; NÄF-HOFMANN N 2703 f; ROSSEL/MENTHA Ziff. 941; WIDMER 96 f; indirekt auch SCHWENDENER 75; kritisch zum Begriff WEIMAR FS Schnyder 840: Bei Realkollation entspreche die Teilungsmasse dem relictum, im Falle der Idealkollation stelle sie keine reale Grösse dar.
[244]   Ähnlich TUOR, Art. 475 N 1; ZGB-STAEHELIN, Art. 474 N 1, Art. 475 N 2; STECK 111 f.
[245]   Art. 475 ist stets im Zusammenhang mit Art. 527 ZGB zu sehen (EITEL § 28 Nr. 3 [435 f]; vgl. auch ZGB-STAEHELIN, Art. 475 N 3 sowie MÜLLER 28).

ββ)   *Zusammensetzung und Berechnung*

Grundsätzlich klar und unbestritten ist, dass das *relictum* sowie die Zuwendungen, welche unter Art. 527 Ziff. 2–4 ZGB zu subsumieren sind, in die Berechnungsmasse integriert werden[246].

Eher unglücklich und missverständlich formuliert ist dagegen Art. 527 Ziff. 1 ZGB – namentlich in seinem Verhältnis zu Art. 626 Abs. 2 ZGB, – weswegen diese Bestimmung zu einem der grossen Zankäpfel in der erbrechtlichen Doktrin avanciert ist[247]. Nach der h. L. und der bundesgerichtlichen Rechtsprechung ist diese Bestimmung wie folgt auszulegen:

Aufgrund des Wortlautes von Art. 527 Ziff. 1 sticht die frappante Ähnlichkeit mit Art. 626 Abs. 2 sofort ins Auge[248]. Würde die Bestimmung wörtlich genommen, so wären Zuwendungen, welche auf Anrechnung an den Erbteil gemacht werden und demzufolge auszugleichen sind, bei der Bestimmung der Pflichtteile zur Ermittlung des verfügbaren Teils nicht hinzuzuzählen[249]. Dies ist allerdings nach der absolut herrschenden Lehre und Rechtsprechung nicht der Fall, weswegen Art. 527 Ziff. 1 nicht nach dem Wortlaut ausgelegt werden darf[250]. Vielmehr werden die der Ausgleichung unterliegenden Zuwendungen grundsätzlich zu demselben Wert in die Berechnungsmasse einbezogen, zu welchem sie in die Teilungsmasse integriert werden; m. a. W. *bildet die Teilungsmasse einen Bestandteil* der Berechnungsmasse. Dies erscheint einsichtig: Wenn die Berechnungsmasse sogar Werte umfasst, welche definitiv aus dem erblasserischen Vermögen ausgeschieden sind, so muss dies erst recht für solche gelten, welche durch Anrechnung oder gar reale Einwerfung bei der Teilung Berücksichtigung finden[251].

---

[246] Dazu aus der neueren Lehre nebst den Kommentaren ausführlich die Arbeiten von EITEL §§ 29 ff [439 ff] sowie zu Ziff. 4 jene von ZOLLER (113 ff).

[247] Ähnlich TUOR/SCHNYDER/SCHMID 471. Mit diesem Problem beschäftigen sich ausführlich die Arbeiten von ZOLLER, THORENS, EITEL und zahlreiche Beiträge von PIOTET. Zur Entstehungsgeschichte dieser Norm EITEL § 34 Nr. 18 ff [563 ff] und SCHWARZ 35 ff.

[248] So besteht denn auch Übereinstimmung in der Auffassung, dass beide Bestimmungen trotz der ganz geringfügigen Abweichung im Wortlaut identisch sind, was die Natur der Zuwendungen anbelangt (statt vieler ZGB-FORNI/PIATTI, Art. 527 N 3; ferner ESCHER/ESCHER, Art. 527 N 11; BRUHIN 103; MÜLLER 114; ZOLLER 98 sowie TUOR ZBJV 1925 14; anschaulich BGE 76 II 188, 192 E. 2).

[249] So denn auch ESCHER[1], Art. 626 N 5; später noch KUPPER 340 ff; ebenfalls grundlegend abweichend von der h. L. VOLLERY N 351 ff (dazu EITEL § 33 Nr. 84 ff [545 ff], § 34 Nr. 62 ff [577 ff]; ders. ZBJV 1998 733 f).

[250] BGE 116 II 667, 672 E. 2 b cc = Pra 1991 Nr. 159, grundlegend BGE 45 II 7, 13 E. 2; vgl. auch die Übersicht über den Meinungsstand bei ZGB-STAEHELIN, Art. 475 N 4.

[251] ESCHER/ESCHER, Art. 475 N 5, Art. 522 N 11; ZGB-FORNI/PIATTI, Art. 522 N 2; EITEL § 34 Nr. 75 [584 f]; ders. ZBJV 1998 733; STECK 112; ähnlich TUOR, Art. 474 N 13, Art. 522 N 12; vgl. auch die weiteren Begründungen bei TUOR[1], Art. 474 N 14 ff; vgl. auch NÄF-HOFMANN N 2705. Ebenfalls zu dieser Ansicht bekannt hat sich offenbar EUGEN HUBER (vgl. [allerdings nicht ausdrücklich] Erl. I 388 sowie die [tiefgründige] Analyse der Materialien bei EITEL § 34 Nr. 18 ff [563 ff]; ferner VOLLERY N 605).

Von diesem Grundsatz bestehen allerdings Abweichungen: Zunächst ist im Falle der vorzeitigen Veräusserung – anders als nach Art. 630 Abs. 1 ZGB – stets der Wert der Zuwendung bei Eintritt des Erbfalls massgebend[252]. Keine Auswirkungen hat dies freilich für den gutgläubigen Empfänger, wird dieser doch nur im Umfang der vorhandenen Bereicherung zur Rückerstattung verhalten (Art. 528 Abs. 1 ZGB).

Unklar ist für die Ermittlung der Berechnungsmasse, ob bei Gutgläubigkeit des Empfängers nur dessen Bereicherung zur Masse zu ziehen ist oder der effektive Wert der Zuwendung beim Erbanfall[253]: Je nach Methode verändert sich die Berechnungsmasse und damit auch die Höhe der verfügbaren Quote.

Praktikabler erschiene es, entsprechend Art. 630 Abs. 1 ZGB bei der vorzeitigen Veräusserung der Zuwendung denn dannzumaligen Wert als massgebend zu erachten. Damit würde ein Gleichlauf zwischen Ausgleichung und Herabsetzung hergestellt, und die ohnehin (unnötig) komplizierte Ermittlung der Berechnungsmasse würde vereinfacht. Darüber hinaus sollte – wie ZOLLER[254] überzeugend darlegt – aus systematischen und Praktikabilitätsüberlegungen unabhängig von der Gut- oder Bösgläubigkeit stets der massgebende Wert unabhängig von der Rückleistungspflicht in die Masse aufgenommen werden.

Damit bleibt aber die Frage offen, ob auch weitere – aus irgendwelchen Gründen nicht zur Ausgleichung gelangende – Zuwendungen von Art. 527 Ziff. 1 erfasst werden. Die h. L. und Rechtsprechung geht dabei in einem streng *objektiven* Sinne vor[255] und unterstellt all jene Zuwendungen Art. 527 Ziff. 1, welche von ihrem Charakter her – entsprechend Art. 626 Abs. 2 – der Ausgleichung von Gesetzes wegen unterständen, aus irgendwelchen Gründen[256] – namentlich aber durch Erlass der Ausgleichungspflicht[257] – dieser entgehen[258]. Das Bundesgericht geht sodann in dem

---

[252] BGE 110 II 228, 321 f E. 7 b (dazu die Besprechung von SCHNYDER ZBJV 1986 107), 102 II 329, 332 E. 2 a; ausdrücklich auch ESCHER/ESCHER, Art. 537 N 7, ferner dies. Art. 475 N 3, vor Art. 522 ff N 23; TUOR, Art. 475 N 7, vor Art. 522 ff N 35, Art. 529 N 9; TUOR/PICENONI, Art. 537 N 6; ZGB-SCHWANDER, Art. 537 N 9 ff; zweifelnd ZGB-STAEHELIN, Art. 475 N 6; anders PIOTET SJZ 1985 159 ff; SPAHR 285 f, VOLLERY N 336, wonach der erzielte Erlös massgebend sei.

[253] Überblick über die in der Lehre vertretenen Ansichten bei ZOLLER 79 f.

[254] 79 f: Art. 528 ZGB spricht sich nur über die Rückleistungspflicht des Empfängers, nicht aber über die Bildung der Berechnungsmasse (diese bestimmt sich nach Art. 527 ZGB) aus.

[255] Diese Vorgehensweise wird vor allem von PIOTET mit Nachdruck bestritten (vgl. nur seine Ausführungen in SPR IV/1 § 47 VII B [336], § 63 III [449 ff], ferner ZBJV 1972 306 ff, ZSR 1971 I 28 ff, 1964 I 26 ff und zuletzt Rapports successoraux et calcul des réserves (Art. 527 ch. 1 CC notamment) (Bern 1995), passim; gleichsinnig EITEL § 37 Nr. 75 [630 f]; ders. ZBJV 1998 753; SCHWARZ 77 ff, bes. 103; THORENS FS Bundesgericht 361 ff; ders. Considérations 42 ff und ZOLLER 87 f; in die gleiche Richtung weisend MÜLLER 114 ff und STOUDMANN 80 ff. Zum Theorienstreit (*objektive* oder *subjektive* Theorie) über Art. 527 Ziff. 1 ZGB erschöpfend EITEL § 33 ff [505 ff] mit umfassenden Hinweisen und ZOLLER 81 ff; ferner ZGB-FORNI/PIATTI, Art. 527 N 2 ff. Die Vertreter der subjektiven Theorie möchten eine Zuwendung nur dann Art. 527 Ziff. 1 ZGB unterstellen, sofern die dort stattfindende Ausgleichungspflicht vom Empfänger zu vertreten ist, nicht aber, sofern von der Ausgleichungspflicht dispensiert worden ist.

[256] Dispens, Ausschlagung etc. Hierüber besteht Einigkeit in der Doktrin (DRUEY 1999 161; SCHNYDER ZBJV 1993 185 [Besprechung von BGE 116 II 667]).

[257] Hier besteht der frappanteste Meinungsunterschied: Die Vertreter der subjektiven Theorie möchten die von der Ausgleichung dispensierten Zuwendungen unter Art. 527 Ziff. 3 ZGB

Sinne über Art. 626 Abs. 2 hinaus, als es unter diese Bestimmung zu subsumierende Zuwendungen an andere Erben als an Nachkommen – z. B. den Ehegatten – Art. 527 Ziff. 1 unterstellt[259]. Ferner unterliegen Zuwendungen nach Art. 527 Ziff. 1 der Herabsetzung, welche nach dem subjektiven Willen des Erblassers oder infolge Übereinkunft auszugleichen wären (Art. 626 Abs. 1), die Ausgleichung aber infolge Ausschlagung, Erbunwürdigkeit, Enterbung etc. nicht stattfinden kann[260]. Art. 527 Ziff. 3 ZGB kommt somit nur dann zur Anwendung, sofern Zuwendungen, welche nicht von Art. 626 Abs. 2 erfasst sind, ohne Verfügung oder Vereinbarung der Ausgleichungspflicht ausgerichtet werden[261].

δ)   Fazit

Zusammenfassend ergibt sich, dass sich die Berechnungsmasse zusammensetzt aus dem *relictum*, den zur Ausgleichung gelangenden Zuwendungen sowie allen Zuwendungen an Erben nach Massgabe von Art. 626 Abs. 2, welche der Ausgleichung unterständen, dieser aber aus irgendwelchen Gründen entgehen.

---

subsumieren, womit diese nach Ablauf von fünf Jahren nicht mehr in die Berechnungsmasse zu integrieren wären (exemplarisch PIOTET SPR IV/1 § 63 III [449 ff]).

[258] BGE 116 II 667, 671 ff E. 2 b = Pra 1991 Nr. 159 (kritisch besprochen von SCHNYDER ZBJV 1993 187), 107 II 119, 129 ff E. 3 b; KGer Graubünden PKG 1988 Nr. 4; TUOR, Art. 527 N 4; ders. ZBJV 1925 15 f; ESCHER/ESCHER, Art. 527 N 8; DRUEY § 6 N 75, 77; WIDMER 100 ff; ebenso bereits WOLFER 32; vgl. auch die Übersicht bei EITEL § 33 Nr. 15 [511 Anm. 45].
In einem neueren Entscheid hat das Bundesgericht freilich offengelassen, ob dies auch dann gelte, wenn zufolge einer gewillkürten Erbfolge überhaupt keine gesetzlichen Ausgleichungspflichten bestehen (vgl. unveröffentl. E. 6 b zu BGE 124 III 102 = Pra 1998 Nr. 102).

[259] BGE 107 II 119, 130 E. 3 b (kritisch SCHNYDER ZBJV 1983 88); ebenso ESCHER/ESCHER, Art. 527 N 10; TUOR, Art. 527 N 4a f; ZGB-FORNI/PIATTI, Art. 527 N 4; NÄF-HOFMANN N 2756; zuletzt AEBI-MÜLLER ZBJV 1999 521 Anm. 100; a. M. namentlich PIOTET SPR IV/1 § 63 III [452] («Unseres Erachtens schreibt das Gesetz in Art. 527 Ziff.1 ZGB die Herabsetzung der Zuwendungen vor, deren Ausgleichung es selbst vorsieht, nämlich der Ausstattungen, die ohne ausdrücklichen Erlass der Ausgleichung den Nachkommen eines Intestaterblassers gegeben werden, welche nicht erben und in der Erbschaft nicht vertreten sind. [ ] Der Gesetzgeber hat sich hingegen nicht darum bekümmert, dass der Wille des Erblassers namentlich durch Ausschlagung nicht umgangen werde, wenn die Zuwendung, deren Ausgleichung vom Erblasser angeordnet wird, mehr als fünf Jahre vor dem Tode zurückliegt und der Ausgleichungsschuldner ausschlägt»); ferner PICENONI ZBGR 1978 67 Anm. 2; SCHWARZ 102 ff und ZOLLER 86. EITEL (§ 33 Nr. 52 ff [529 ff]) nennt dies die «extensive Auslegung» der objektiven Theorie. Somit fällt die Schenkung eines Zinshauses an einen Ehegatten unter Ziff. 1 von Art. 527 und nicht unter Ziff. 3: Dies wird dann bedeutsam, wenn die Schenkung mehr als fünf Jahre vor Ableben des Erblassers gemacht worden ist (BGE a. a. O. 128 ff E. 3).

[260] BGE 116 II 667, 671 E. 2 a aa = Pra 1991 Nr. 159; ESCHER/ESCHER, Art. 527 N 7; TUOR, Art. 527 N 3; ZGB-FORNI/PIATTI, Art. 527 N 4; BECK § 29 I 3 [119]; BRUHIN 106; ZOLLER 91 ff; EITEL § 34 Nr. 17 [598], für den Fall der «uneigentlichen» Ausgleichung § 36 Nr. 18 ff [599 f]; ders. ZBJV 1998 752.

[261] BGE 107 II 119, 131 E. 3 b, 71 II 69, 77 E. 4.

Ergibt sich unter Zugrundelegung der Berechnungsmasse, dass die Pflichtteile von Noterben verletzt sind, so erfolgt die Herabsetzung entsprechend dem in Art. 532 ZGB festgelegten Grundsatz der *umgekehrten* Alterspriorität, wonach zunächst die Verfügungen von Todes wegen, anschliessend aber auch die Verfügungen unter Lebenden, und zwar die jüngeren vor den älteren, zur Herabsetzung gelangen[262]. Die daraus resultierenden Härten werden – wie erwähnt – von Art. 528 ZGB aufgefangen, welcher den gutgläubigen Empfänger nur im Rahmen seiner Bereicherung zur Rückerstattung anhält.

b) Situation bei Erlass der Ausgleichungspflicht

Wird in einem konkreten Fall eine Zuwendung gemacht, welche von Gesetzes wegen der Ausgleichung unterliegen würde, der Empfänger allerdings hiervon befreit wird, so stellt man fest, dass sich dadurch einzig die Grösse der Teilungs-, nicht aber jene der Berechnungsmasse verändert. Die quantitativen Pflichtteilsansprüche der Beteiligten verändern sich nicht. Somit entpuppt sich diesfalls eine erblasserische Anordnung bzw. eine Übereinkunft unter den Beteiligten als (blosse) Teilungsregel, verkleinert sich doch dadurch einerseits die zu verteilende Masse und andererseits die individuellen, konkreten Teilungsansprüche der Miterben. Der Ausgleichungsdispens ändert freilich nichts an der (potentiellen) Herabsetzbarkeit der Zuwendung.

Als Teilungsregel kann darüber hinaus auch der Fall angesehen werden, in welchem Anordnungen betreffend die Durchführung der Ausgleichung getroffen werden.

c) Anordnung der Ausgleichung

α) Vergrösserung der Teilungs- und evtl. auch der Berechnungsmasse

Wird eine Zuwendung freiwillig der Ausgleichung unterstellt (nach Massgabe von Art. 626 Abs. 1 ZGB), so verändert sich dadurch vorab die Teilungsmasse. Dafür kann vollumfänglich auf die oben gemachten Folgerungen verwiesen werden mit der Präzisierung, dass diese Masse nunmehr grösser wird und sich dadurch die individuellen Teilungsansprüche der einzelnen (sofern quotal geteilt wird) Miterben verändern. Sodann *kann* sich aber auch durch die Unterstellung unter die Ausgleichungspflicht die Berechnungsmasse verändern[263]. Dies zumindest dann, wenn die Zuwendungen nicht unter Art. 626 Abs. 2 ZGB fallen und seit der Unterwerfung wenigstens fünf Jahre verstrichen sind. Der Grund liegt in der Befristung der Herabsetzbarkeit reiner Schenkungen aufgrund des zweiten Halbsatzes von Art. 527 Ziff. 3 ZGB. Bei der Ausgleichung fehlen dagegen jegliche Fristbestimmungen, so dass Tatbestände relevant werden können, die unter Umständen mehrere Jahrzehnte zurückliegen. Tritt der Erbfall vor Ablauf der Frist ein, so ist die Zuwendung allerdings be-

---

[262] Ausführlich dazu PIOTET SPR IV/1 § 67 [486 ff]; ferner ESCHER/ESCHER, Art. 532 N 3; TUOR, Art. 532 N 1 f; ZGB-FORNI/PIATTI, Art. 532 N 3 ff.
[263] Vgl. auch BGE 76 II 188, 192 f E. 2, 197 E. 6.

reits nach Art. 527 Ziff. 3 ZGB der Berechnungsmasse beizufügen. Nach Ablauf dieser Frist wäre sie hingegen erbrechtlich vollkommen unbeachtlich, würde sie nicht der Ausgleichung unterstellt.

Der Erblasser bzw. die beteiligten Parteien haben es also in der Hand, durch die Anordnung bzw. Vereinbarung der Ausgleichungspflicht die Berechnungsmasse zu erhöhen, was allsdann auf die (betragsmässige) Höhe der Pflichtteilsansprüche durchschlägt[264].

Erfolgt dagegen eine durch Art. 626 Abs. 2 charakterisierte Zuwendung im Rahmen von Art. 626 Abs. 1 ZGB an andere gesetzliche Erben als an Nachkommen auf Anrechnung an den Erbteil, so erhöht sich im Erbfall die Teilungsmasse, indem die Zuwendung dieser beigefügt wird und dem Empfänger mindestens rechnerisch an seinen Teilungsanspruch angerechnet wird. Hingegen bleibt die Berechnungsmasse diesfalls unverändert, da sie jener – entsprechend der höchstrichterlichen Praxis – ohnehin hätte zugeschlagen werden müssen.

β)   Folgerungen

Aus dem Gesagten ergibt sich, dass die Pflichtteile bei konsequenter Anwendung des bundesgerichtlichen Systems durchaus nicht nach rein objektiven Kriterien bestimmt werden. Anordnungen bzgl. der erbrechtlichen Ausgleichung stellen demnach Verfügungen von Todes wegen dar. In jedem Falle kommt ihnen der Charakter von Teilungsvorschriften zu, wobei sie bei Anordnung oder Erlass sogar über die Teilungsregeln im herkömmlichen Sinne hinausgehen, als der Umfang der zu teilenden Güter verändert wird.

Mittels Anordnung oder Vereinbarung der Ausgleichung im Rahmen von Art. 626 Abs. 1 ZGB ist es sodann möglich, durch die damit verbundene Erhöhung der Pflichtteilsberechnungsmasse den *absoluten* Betrag der Pflichtteile zu erhöhen. Niemals verändert werden können hingegen die *quotalen* Pflichtteilsrechte.

Zu Lebzeiten des Erblassers entfalten Ausgleichungsvorschriften dagegen keine Wirkungen, und dem Zuwendungsempfänger erwachsen in diesem Zeitraum keine Verpflichtungen.

d)   Fazit

Die Qualifikation der Anordnungen und Vereinbarungen betreffend die Anordnung, den Erlass und die Modalitäten der Ausgleichungspflicht als Verfügungen von Todes

---

[264] Somit erscheint die Aussage von WIDMER (138 f), dass der Erblasser die verfügbare Quote und Pflichtteile nicht verändern könne, zu absolut. Freilich ist mit WIDMER 102 ff festzuhalten, dass es ausgeschlossen ist, die Pflichtteile bloss einzelner Noterben zu erhöhen oder zu vermindern, würde dies doch dem Zweck des Noterbrechts in keiner Weise gerecht.

wegen werden im Ergebnis von der grossen Mehrheit der schweizerischen Erbrechtslehre – wenn auch meist stillschweigend – geteilt[265].

---

[265] BGE 118 II 282, 285 f E. 3 m. w. H.; PIOTET SPR IV/1 § 16 III B 7 [87], § 28 II B [179]; § 49 I [344 ff]; ders. ZBJV 1972 276 ff; ders. ZSR 1971 I 21 f; zuletzt ASR 591 N 1 ff, bes. N 115; ESCHER/ESCHER, vor Art. 481 ff N 4, vor Art. 494 ff N 4 und 5a, vor Art. 626 ff N 7 ff, implizit auch Art. 626 N 47; TUOR/PICENONI, Art. 626 N 2 f, 32 f; TUOR, vor Art. 481 ff N 6, vor Art. 494 ff N 19; ZGB-BREITSCHMID, vor Art. 494 ff N 20, Art. 495 N 8, unklar allerdings vor Art. 467 ff N 23; ZGB-FORNI/PIATTI, Art. 626 N 18 f; BECK § 38 II [165]; DRUEY § 7 N 47 ff, § 11 N 6; ders. FS Piotet 31 f; EITEL ZBJV 1998 749; GUISAN ZSR 1952 II 496; RÖSLI 54; SCHWENDENER 43; SEEBERGER 265; SPAHR 160 f; STOUDMANN 60; VOLLERY N 102 ff; WIDMER 57 f, 108 ff, 140; WOLFER 26; für Deutschland KIPP/COING § 20 II 1 [135]; a. M. MÜLLER 45; WEIMAR FS Schnyder 838 f; ZOLLER 28 ff, 60 ff.

3. Kapitel

Einzelfragen zur Ausgleichung

Um sich ein Bild machen zu können, auf welche Punkte sich Anordnungen bzw. Vereinbarungen über die Ausgleichung sinnvollerweise beziehen sollten, ist es notwendig, sich in die Kontroversen dieses Grenzgebietes zwischen Schuld- und Erbrecht zu vertiefen. Dabei wird einem rasch bewusst, dass nicht nur in Detailfragen, sondern bereits zu den grundsätzlichen Fragen ein ganzer Strauss von Lösungen feilgeboten wird, ohne dass gesagt werden könnte, die eine oder andere vertretene Meinung sei als absolut herrschend aufzufassen. Ziel des vorliegenden Kapitels ist es demnach, die bestehenden Meinungsverschiedenheiten darzustellen und – wo geboten – Stellung zu beziehen, gleichzeitig aber aufzuzeigen, wie wichtig eine parteiautonome Regelung dieser Fragen erscheint, will man nicht riskieren, sich in höchst unsicheren Gefilden zu bewegen.

Auf die umstrittenen Fragen der theoretischen Erfassung der Ausgleichung sowie der Rechtsnatur der sich auf sie beziehenden Verfügungen wurde bereits eingetreten. Daneben bestehen vornehmlich in folgenden Teilbereichen Unklarheiten:

Zunächst die Grundsatzfragen:

– Welche Zuwendungen unterliegen von Gesetzes wegen der Ausgleichung (Frage nach den Objekten)? Wer ist ausgleichungspflichtig bzw. wer darf sie fordern (Frage nach den Subjekten)?

Sodann bestehen aber auch heikle Probleme in der Abwicklung:

– Wie ist die Rechtslage beim Ausfall eines Ausgleichungspflichtigen (Art. 627 ZGB)?
– Wie sind die Wahlrechte des Pflichtigen nach Art. 628 ZGB zu qualifizieren? Kann der Verpflichtete teils Idealkollation, teils Realkollation wählen? Ist die Einwerfung von Surrogaten zulässig oder nicht?
– Wie verhält es sich, wenn der Wert der Zuwendung den Erbanteil des Verpflichteten übersteigt (Art. 629 ZGB)?

Ferner bestehen auch Fragen im Zusammenhang mit der Bewertung:

– Welche Werte sind im einzelnen in Anschlag zu bringen (Art. 630 ZGB)?
– Wie sind Wertschwankungen nach Entritt des Erbfalls zu behandeln?
– Wer trägt *wann* Nutzen und Gefahr (Art. 630 Abs. 2 ZGB)?
– Wie werden Nutzungen und Erträgnisse behandelt (Art. 630 Abs. 2 ZGB)?
– Welche Aufwendungen werden dem Verpflichteten vergütet (Art. 630 Abs. 2 ZGB)?

§ 1 Objekte und Subjekte der Ausgleichung

I. Objekte der Ausgleichung: Art. 626 Abs. 2 als Dreh- und Angelpunkt

A. Überblick

Gemäss Art. 626 Abs. 1 ZGB sind der Ausgleichung all jene unentgeltlichen lebzeitigen Zuwendungen unterworfen, welche der Erblasser den Erben auf Anrechnung an ihren Erbteil zugewendet hat. Die Gesetzessystematik betrachtet folglich diesen Absatz als Hauptfall für die Anwendung der ausgleichungsrechtlichen Normen. *Ausgleichungsfähig* sind demnach im Grundsatz alle Liberalitäten, welche der Erblasser seinen künftigen Erben lebzeitig zugewendet hat, entscheidend bleibt primär der Wille des Erblassers.

Die Praxis sieht allerdings anders aus[266]: Da lebzeitige unentgeltliche Zuwendungen schwergewichtig an Nachkommen ausgerichtet werden, steht Art. 626 Abs. 2 ZGB im Zentrum des Interesses.

Nach dem Wortlaut dieser Bestimmung sind alle unentgeltlichen Zuwendungen an Nachkommen ohne spezielle Verfügung oder Vereinbarung der Ausgleichungspflicht unterstellt (gesetzliche Ausgleichung oder *Legalkollation*), welche den Nachkommen als Heiratsgut, Ausstattung oder durch Vermögensabtretung, Schulderlass und dgl.[267] geleistet worden sind, sofern kein ausdrücklicher anderer Wille des Erblassers ersichtlich wird.

Die grundsätzliche Bedeutung dieser Norm ist – wie soeben erläutert – umstritten: Die h. L. betrachtet sie als *dispositives* Gesetzesrecht[268]. Dies bedeutet, dass all jene Zuwendungen, welche von Art. 626 Abs. 2 ZGB erfasst sind, vorbehältlich eines abweichenden Parteiwillens von Gesetzes wegen zur Ausgleichung zu bringen sind. Die Mindermeinung[269] – welche die Ausgleichung als Rechtsgeschäft unter Lebenden betrachtet – qualifiziert dagegen Art. 626 Abs. 2 ZGB als blosse Rechtsvermutungen.

Vorliegendenfalls richtet sich das Interesse allerdings auf eine andere Frage: Es geht darum, herauszufinden, welche Zuwendungen im einzelnen von Art. 626 Abs. 2 ZGB erfasst werden. Ziel ist, das gemeinsame Wesensmerkmal der in Art. 626 Abs. 2 ZGB erwähnten Zuwendungen herauszukristallisieren. Auch in dieser Frage

---

[266] EITEL § 12 Nr. 2 [191].
[267] Näheres zu den Begriffen hinten 62 ff sowie bei EITEL § 12 Nr. 65 ff [222 ff]; ferner ZGB-FORNI/PIATTI, Art. 626 N 14 ff.
[268] Vgl. vorn 35 f.
[269] Vgl. vorn 37 ff.

gehen die Auffassungen weit auseinander. Schlagwortartig lassen sich die Anhänger der verschiedenen Auffassungen als deutsche oder französische Partei, als Verfechter einer einschränkenden oder ausdehnenden Auslegung oder als Verfechter der sog. Versorgungs- oder Schenkungskollation[270] bezeichnen[271]. Beide Theorien werden mit Entschiedenheit vertreten, erstaunlicherweise oftmals mit der gleichen Begründung[272].

Für beide Theorien lassen sich – wie sogleich zu zeigen sein wird – gute Gründe ins Feld führen. Aus diesem Grunde beschränkt sich die vorliegende Arbeit darauf, die vertretenen Standpunkte zu referieren, ohne selbst abschliessend Stellung zu beziehen.

B. Versorgungs- und Schenkungskollation

1. Versorgungskollation

a) Begriff

Stellt man sich auf den Standpunkt der Versorgungskollation, so sind all jene Zuwendungen im Rahmen von Art. 626 Abs. 2 zur Ausgleichung zu bringen, welche als gemeinsames Merkmal den Zweck der *Existenzbegründung, -sicherung oder -verbesserung* für den Empfänger besitzen[273]. Ihnen allen kommt somit Ausstattungscharakter zu[274]. Namentlich PIOTET[275], aber auch andere Autoren[276] haben es unternommen, diesen Ansatz theoretisch zu begründen und zu untermauern. Die Auslegung von Art. 626 Abs. 2 ZGB nach dem System der Versorgungskollation entspricht der ständigen Rechtsprechung des Bundesgerichts[277] und ist auch in der erbrechtlichen Doktrin vorherrschend.

---

[270] Dabei hat Schenkungskollation nichts mit der Frage zu tun, ob Schenkungen an sich der Ausgleichungspflicht unterliegen oder nicht (so auch EITEL § 12 Nr. 4 [192 Anm. 13]; ZOLLER 37; anders freilich MÜLLER 59 unter Berufung auf BGE 71 II 69).

[271] Aufzählung bei EITEL § 12 Nr. 4 [192] unter Berufung auf DRUEY, PIOTET und LEIST (C. f. VON GLÜCK/B. W. LEIST, Ausführliche Erläuterung der Pandecten nach HELLFELD, begründet von VON GLÜCK, fortgesetzt von MÜHLENBRUCH, FEIN, ARNDTS VON ARNESBERG und LEIST, Serie der Bücher 37 und 38, Dritter Teil [Erlangen 1875]).

[272] EITEL § 12 Nr. 70 [225].

[273] Besonders illustrativ BGE 76 II 188, 199 ff E. 8 und 9.

[274] BGE 77 II 36, 38.

[275] Z. B. SPR IV/1 § 47 [294 ff]; ferner ASR 591 N 116 ff und zuletzt ZSR 1999 I 51 ff.

[276] Z. B. ZGB-FORNI/PIATTI, Art. 626 N 14; BECK § 38 II 4 [167]; GUINAND/STETTLER N 329; MOSER 39 ff; MÜLLER 72; SCHWARZ 22 ff; SEEBERGER 256 f ; SPAHR 161 f; STOUDMANN 30 ff, bes. 48 ff; VOLLERY N 44 ff; NÄF-HOFMANN N 2744 ff; ebenso wohl WEIMAR FS Schnyder 845 ff und ZOLLER 47 ff; vgl. auch die detaillierte Übersicht bei EITEL § 12 Nr. 18 ff [197 ff].

[277] Aus der neueren Judikatur BGE 116 II 667, 673 ff E. 3 = Pra 1991 Nr. 159 (kritisch besprochen von SCHNYDER ZBJV 1993 183 f), 107 II 119, 131 E. 3 b, 98 II 352, 356 f E. 3 a (für

b)   Unter die Versorgungskollation fallende Zuwendungen
       (Ausstattungen)

Nach der Theorie der Versorgungskollation fallen all jene Zuwendungen unter Art. 626 Abs. 2 ZGB, welche der *Begründung, Verbesserung oder Sicherung der wirtschaftlichen Existenz* des Empfängers dienen[278]. Gemeinsam ist all diesen Zuwendungen der Ausstattungscharakter. Massgebend ist mithin die dauerhafte Vermehrung des Vermögens des Empfängers, (blosse) Unterhalts- und Unterstützungsleistungen haben keinen Ausstattungscharakter. Ebenfalls unberücksichtigt bleiben Zuwendungen mit (blossem) *Luxuscharakter*, welche zwar möglicherweise dem Empfänger eine Vermögensvermehrung bescheren, aber eben nicht im Hinblick auf seine Ausstattung gegeben worden sind. Die Ausstattung kann in *concreto* auf beliebige Art und Weise erfolgen: Als Beispiele werden namentlich genannt[279]: Ausstattung mit flüssigen Mitteln, durch Überlassung von Wertschriften oder Mobiliar, durch Abtretung von Forderungen oder Grundstücken, aber auch mittels Schuldübernahme oder – wie es der Gesetzeswortlaut nahelegt – durch Schulderlass oder Vermögensabtretung.

c)   Begründung

α)   *Wortlaut und systematische Einordnung von Art. 626 Abs. 2 ZGB*

Die Befürworter der Versorgungskollation stützen sich zunächst auf den Wortlaut und die systematische Einordnung von Art. 626 Abs. 2 ZGB. Betrachtet man diese Bestimmung, so fällt auf, dass sie nur bestimmte Kategorien von Zuwendungen im Auge hat, während die – zumindest in der Theorie – allgemeinere Bestimmung von Absatz 1 keine Einschränkungen macht. Daraus wird zunächst der Schluss gezogen, dass nicht schlechthin – abgesehen von den von der Ausgleichungspflicht dispensierten üblichen Gelegenheitsgeschenken (Art. 632 ZGB) – alle Zuwendungen an Nachkommen der Ausgleichung unterliegen[280]. Daraus und aufgrund der im Gesetz aufgezählten Zuwendungen wird weiter gefolgert, dass nur einigermassen *bedeuten-*

ältere Entscheide vgl. THORENS FS Bundesgericht 355 sowie VOLLERY N 52 Anm. 163); ebenso der unveröffentl. BGE vom 19. 12. 1985 (erwähnt bei ZGB-FORNI/PIATTI, Art. 626 N 15) E. 4.

[278] Vgl. die soeben erwähnten Judikate und Literaturstellen. Auch das deutsche und das österreichische Recht stehen weitgehend auf dem Boden der Versorgungskollation (zu ersterem EITEL § 4 Nr. 15 ff [57 ff]; zu letzterem ders. a. a. O. Nr. 3 ff [50 ff] sowie Klang/WEISS §§ 790 bis 794 I B 5 [945 f]; Rummel/WELSER §§ 788, 789 N 8 ff).

[279] Vgl. PIOTET SPR IV/1 § 47 I C 2 [307]. Der Übergang ist allerdings stark fliessend, wie BREITSCHMID (1997 72) am Beispiel der Finanzierung einer Studienreise eines Ethnologen illustriert.

[280] PIOTET ZBJV 1972 291; VOLLERY N 34 ff; so aber ESCHER², vor Art. 626 ff N 14; SCHWENDENER 36, 92.

de Zuwendungen von Art. 626 Abs. 2 ZGB erfasst werden, andernfalls der Wortlaut in Verbindung mit der systematischen Einordnung keinen Sinn ergeben würde[281].

β) *Entstehungsgeschichte*[282]

Die Versorgungskollation wird auch mit der Entstehungsgeschichte von Art. 626 ZGB begründet. So wird argumentiert, der historische Gesetzgeber habe kein eigenes, neues Ausgleichungssystem schaffen wollen, sondern habe das deutsche und das französische System zur Auswahl gehabt und offensichtlich das deutsche System gewählt[283]. Neben dem Wortlaut ergebe sich aus den Materialien – namentlich dem Entwurf von 1900[284] – dass man den Ausstattungscharakter, welcher der deutschen Lösung eigen sei, habe übernehmen wollen: Die späteren Ergänzungen des Wortlauts seien einzig deshalb eingefügt worden, um den Ausstattungscharakter zu bekräftigen und zu bestätigen[285]. Dies werde auch bestätigt durch den Zeitgeist um die Wende vom 19. zum 20. Jahrhundert, welcher durchaus nicht durch ein Streben nach Gleichheit gekennzeichnet gewesen sei[286].

γ) *Teleologische Auslegung*

Das ZGB schreibt eine Ausgleichung unter den gesetzlichen Erben nicht zwingend vor[287]: Dies ergibt sich primär aus dem Wortlaut von Art. 626 Abs. 1 ZGB, anderer-

---

[281] PIOTET SPR IV/1 § 47 I A [295]: «Es ist absolut klar, dass Art. 626 Abs. 2 ZGB nur eine bestimmte Kategorie von Zuwendungen regelt, wie sie in der nicht erschöpfenden Aufzählung umschrieben sind. Da es sich in Art. 626 Abs. 2 ZGB um bestimmte und nicht um alle Zuwendungen handelt, muss also das Kriterium der Ausstattung angenommen werden; die Formulierung des Art. 626 ZGB wäre unverständlich, wenn damit die französische Lösung gälte.»
[282] Die Vertreter der Schenkungskollation beurteilen die Entstehungsgeschichte dieser Bestimmung allerdings vollkommen anders, vgl. hinten 71.
[283] PIOTET ZBJV 1972 289 f, 299; gänzlich a. M. VOLLERY N 38 ff (besonders N 41), wonach die Materialien eher darauf hindeuteten, EUGEN HUBER habe ein dem französischen Ccfr verwandtes System bevorzugt; ebenso DRUEY FS Piotet 29 f.
Gemäss § 2050 Abs. 1 BGB unterliegen vorab Ausstattungen an Abkömmlinge der gesetzlichen Ausgleichung, d. h. Zuwendungen, welche mit Rücksicht auf die Begründung oder Verbesserung der Wirtschaft oder der Lebensstellung gemacht werden (Staudinger/WERNER § 2050 N 17; KIPP/COING § 120 IV 1 [648 f]; vgl. auch EITEL § 4 Nr. 15 f [57 f]).
Nach französischem Recht (namentlich Art. 843 Ccfr) sind demgegenüber im Grundsatz alle lebzeitigen unentgeltlichen Zuwendungen zur Ausgleichung zu bringen (FERID/SONNENBERGER 5 D 246 [633 f]; EITEL § 4 Nr. 23 ff [63 ff]).
[284] Dieser sah eine Ausgleichung einzig für Heiratsgut, Ausstattung oder Vermögensabtretung vor: Die Ergänzung Schulderlass und dgl. wurde erst im Entwurf von 1904 aufgrund eines Antrages von MENTHA in der Expertenkommission (vgl. ProtExpkom 281 und dazu die Darlegungen von EITEL § 14 Nr. 28 – 31 [243]) eingefügt (PIOTET ZBJV 1972 294).
[285] PIOTET SPR IV/1 § 47 I A [295]; ders. ZBJV 1972 294.
[286] PIOTET SPR IV/1 § 47 I A [295]; zustimmend THORENS FS Bundesgericht 358.
[287] Vorn 35 ff und hinten 166 ff; am entschiedensten sodann WEIMAR FS Schnyder 843.

seits aber auch mittels Umkehrschlusses aus Art. 626 Abs. 2 ZGB[288]. Es wird somit hingenommen, dass unentgeltliche lebzeitige Zuwendungen an gesetzliche Erben diese zum Nachteil ihrer Miterben begünstigen.

Die von diesem Grundsatz abweichende Bestimmung des zweiten Absatzes von Art. 626 wird mit dem *Kriterium der Ausstattung umschrieben*: Es entspreche den überkommenen Gewohnheiten und Gebräuchen, seine Nachkommen bei der wirtschaftlichen Verselbständigung durch unentgeltliche Zuwendungen zu unterstützen[289]. Gleichzeitig geschehe dies aber mutmasslich nicht in der Absicht, die Geschwister des so Unterstützten zu benachteiligen[290]. Diesem Umstand trage Art. 626 Abs. 2 ZGB Rechnung, indem er die Ausgleichung dispositiv anordne, da vermutet werde könne, dies entspreche den mutmasslichen Vorstellungen der Parteien, hätten sie sich über den Charakter der Zuwendung Rechenschaft gegeben.

Nicht zu den überkommenen Gebräuchen zähle hingegen, andere Personen als Nachkommen auszustatten, weshalb diese von Art. 626 Abs. 2 ZGB ausgeklammert würden. Andererseits könne – so PIOTET[291] – bei unentgeltlichen Zuwendungen ohne Ausstattungscharakter nicht angenommen werden, der Erblasser wolle seine Nachkommen gleichbehandeln. Hier gehe es vielmehr gerade darum, den Empfänger zu bevorzugen. Somit werde eine Begünstigungsabsicht vermutet, welche durch eine Anordnung bzw. Vereinbarung der Ausgleichungspflicht nach Massgabe von Art. 626 Abs. 1 *entkräftet* werden könne.

Dazu wird ein weiteres angeführt[292]: Nach einhelliger Ansicht habe der Empfänger eines zugewendeten Kapitals *dieses* auszugleichen, nicht jedoch den bis zur Eröffnung des Erbganges aus dem Kapital gezogenen Nutzen. Würde der Erblasser das Kapital behalten und dem Empfänger bloss die Zinsen zuwenden, wären nach dem Grundsatz, wonach prinzipiell alle – oder wenigstens alle grösseren – Zuwendungen auszugleichen seien, auch die Nutzungen einzuwerfen. Ein solches Resultat sei indes unhaltbar und entspreche auch nicht den gesetzgeberischen Intentionen.

Weiter wird die Stellung des überlebenden Ehegatten in der Ausgleichung angeführt. Dieser ist – was freilich bestritten wird, aber der bundesgerichtlichen Rechtsprechung entspricht[293] – berechtigt, von den Nachkommen die gesetzliche Ausgleichung zu fordern, ohne selbst eine solche erdulden zu müssen. Wäre jede Zuwendung auszugleichen, so würde dies die Nachkommen im Verhältnis zum Ehegatten äusserst stark belasten, was als ungerecht empfunden wird[294].

---

[288] PIOTET SPR IV/1 § 47 I B [297].
[289] PIOTET ZBJV 1972 298 f; ders. ZSR 1964 I 18 ff; vgl. auch VOLLERY N 52 ff.
[290] PIOTET SPR IV/1 § 47 I B [297]; VOLLERY N 53.
[291] SPR IV/1 § 47 I B [298].
[292] PIOTET ZBJV 1972 291 ff; vgl. auch VOLLERY N 45 ff.
[293] Vgl. hinten 85.
[294] PIOTET ZBJV 1972 303 ff; VOLLERY N 47.

δ)   *Die Bedeutung von Art. 632 ZGB (Gelegenheitsgeschenke)*

Erhebliche Schwierigkeiten bei der theoretischen Begründung des Gedankens der Versorgungskollation bereitet Art. 632 ZGB. Diese Bestimmung hält fest, dass übliche Gelegenheitsgeschenke nicht auszugleichen sind. Es handelt sich dabei – nach übereinstimmender Ansicht in der Doktrin – um Zuwendungen von bescheidener Grösse[295], welche man in den betreffenden Kreisen zu bestimmten Gelegenheiten[296] auszurichten pflegt.

Es ist einsichtig, dass den Gelegenheitsgeschenken kein Versorgungscharakter zukommt, womit eine sich auf sie beziehende Regelung im System der Versorgungskollation auf den ersten Blick als überflüssig erscheinen mag[297].

Andererseits ist es durchaus möglich, Art. 632 ZGB auch im Rahmen der Lehre der Versorgungskollation einen vernünftigen Sinn zu geben. So wird geltend gemacht, bei (pauschaler) Anordnung der Ausgleichung sämtlicher lebzeitiger Zuwendungen des Erblassers seien Gelegenheitsgeschenke hiervon ausgenommen[298]. Daraus folge, dass Art. 632 keine Ausnahme zu Art. 626 Abs. 2 darstelle, sondern im Verhältnis zu Art. 626 Abs. 1 ZGB gesehen werden müsse[299].

d)   **Begründung WEIMAR: Zuwendung muss nach Treu und Glauben Vorempfang darstellen**

Im Ergebnis zu einem ähnlichen Resultat – aber mit *abweichender Begründung* – gelangt WEIMAR. Nach seiner Auffassung enthält Art. 626 Abs. 2 ZGB all jene Zuwendungen, welche auszugleichen wären, wenn sich die Parteien der Zuwendung über deren Zweck Rechenschaft gegeben hätten[300]. Das trifft für WEIMAR auf den Empfänger der Zuwendung mit Ausstattungscharakter zu, da Erben ererbtes Vermögen regelmässig zur Begründung, Sicherung oder Verbesserung der wirtschaftlichen Existenz verwendeten[301].

Darüber hinaus müsse dies jedoch auch aus der Optik des zukünftigen Erblassers zutreffen: Für ihn müssten die zugewendeten Werte solche sein, von denen anzunehmen sei, sie hätten zur Erbschaft gehört, wären sie nicht unentgeltlich abgetreten worden[302]: Dies treffe regelmässig *nicht* zu für Zuwendungen aus den laufenden Einkünften[303] oder Arbeitsleistungen. Hin-

---

[295]   Die Frage nach der bescheidenen Grösse hängt freilich stark vom jeweiligen sozialen Umfeld ab (ESCHER/ESCHER, Art. 632 N 3; ZGB-FORNI/PIATTI, Art. 632 N 3; EITEL § 7 Nr. 3 [118]; ROSSEL/MENTHA Ziff. 1170; GUBLER 109; RÖSLI 92; SEEBERGER 268; VOLLERY N 29).
[296]   Solche Gelegenheiten können etwa sein: Weihnachten, Ostern etc., aber auch Hochzeits-, Geburtstagsgeschenke und dgl.
[297]   EITEL § 7 Nr. 11 [123], ferner § 12 Nr. 49 [214 Anm. 140]; WIDMER 91; RÖSLI 85; VOLLERY N 43.
[298]   SEEBERGER 268; PIOTET ZBJV 1972 305 f; vgl. auch VOLLERY N 30, 44.
[299]   SEEBERGER 268; PIOTET SPR IV/1 § 51 II [359]; ders. ZBJV 1972 306.
[300]   WEIMAR FS Schnyder 845 (These 6); ähnlich ZOLLER 47; vgl. vorn 38 f.
[301]   WEIMAR FS Schnyder 846.
[302]   WEIMAR FS Schnyder 846 ff; ZOLLER 47 ff.
[303]   Dies selbst dann nicht, wenn sie Ausstattungscharakter besitzen (kritisch dazu ZOLLER 48).

gegen lehnt WEIMAR eine Auslegung von Art. 626 Abs. 2 ZGB unter Berufung auf das Gleichbehandlungsprinzip entschieden ab[304].

Art. 632 ZGB sieht WEIMAR[305] in Zusammenhang mit Art. 626 Abs. 2 ZGB. Danach erspare diese Bestimmung dem Empfänger eines Gelegenheitsgeschenkes den Beweis, dass der Zuwendende die Ausgleichung nicht wollte. Freilich habe er anhand der Umstände darzulegen, dass es sich bei der Zuwendung tatsächlich um ein Gelegenheitsgeschenk gehandelt habe.

e) Beispiele für die von der Versorgungskollation erfassten Zuwendungen

Art. 626 Abs. 2 ZGB enthält beispielhaft einige Zuwendungen, welchen unzweifelhaft Ausstattungscharakter zukommt. Freilich ist diese Aufzählung nicht abschliessend zu verstehen, wie sich alleine schon aus der Wendung «u. dgl.» im Gesetzestext ergibt.

α) *Heiratsgut*

Als erstes Beispiel für auszugleichende Zuwendungen nennt das Gesetz in Art. 626 Abs. 2 ZGB das sog. *Heiratsgut*. Darunter versteht man die den Töchtern anlässlich ihrer Verheiratung oder auch später mit in die Ehe gegebene Ausstattung (Mitgift, Aussteuer)[306]. Zum Heiratsgut gehören neben der aus Anlass der Hochzeit geleisteten finanziellen Ausstattung auch die in die Ehe mitgegebene Fahrhabe; nicht jedoch die Kosten der Hochzeit, da letztere nicht ausschliesslich im Interesse der Brautleute ausgerichtet worden sind[307]. Für die Ausgleichungspflicht der Heiratsgüter ist ohne Belang, ob diese in Erfüllung einer sittlichen Pflicht gegeben worden sind oder nicht[308]. Die Bedeutung der spezifischen Heiratsgüter dürfte allerdings in der heutigen Zeit stark rückläufig sein, ihre Erwähnung als erstes Beispiel der typisch ausgleichungsrelevanten Zuwendungen an Nachkommen ist somit primär historisch zu erklären[309].

β) *Ausstattung*

Der Begriff der Ausstattung ist weiter zu fassen als jener des Heiratsgutes. Man versteht darunter ganz allgemein die wirtschaftliche Verselbständigung von Nach-

---

[304] WEIMAR FS Schnyder 846.
[305] FS Schnyder 848; in diese Richtung weisend auch ZOLLER 54.
[306] TUOR/PICENONI, Art. 626 N 39; ESCHER/ESCHER, Art. 626 N 35; PIOTET SPR IV/1 § 47 I C 2 [307], RÖSLI 80 f; SCHWENDENER 44; anders GUBLER 41; WOLFER 67, welche auch die anlässlich der Hochzeit des Sohnes ausgerichtete Ausstattung als Heiratsgut definieren. Vgl. aus der Judikatur die illustrativen Ausführungen in BGE 76 II 188, 193 ff E. 3 und 4.
[307] TUOR/PICENONI, Art. 626 N 39; ESCHER/ESCHER, Art. 626 N 35; SCHWENDENER 44; ebenso wohl RÖSLI 80 f.
[308] So allgemein WEIMAR FS Schnyder 836.
[309] EITEL ZBJV 1998 735; in die gleiche Richtung weisend ders. § 12 Nr. 66 [223].

kommen unabhängig von Geschlecht und Zeitpunkt[310]. Typische Beispiele für Ausstattungen sind Zuwendungen zum Aufbau, Fortentwicklung oder Sanierung eines Geschäftes; gleichgültig ist es, ob die Leistungen einmaliger oder periodischer Natur sind[311]. Nicht zu den Ausstattungen zählen allerdings die Unterstützungsleistungen anlässlich der Ausbildung zu einem Beruf, da solche Leistungen von der Spezialbestimmung des Art. 631 ZGB erfasst werden[312].

γ) *Vermögensabtretung und Schulderlass*

Während bei den Heiratsgütern sowie der Ausstattung das Motiv der Zuwendung offen zutage tritt, ist dies beim Schulderlass und bei der Vermögensabtretung nicht der Fall: Diese Transaktionen erscheinen eher als Mittel, um die gewünschte Ausstattung vorzunehmen. Es ist denn auch unklar und umstritten, inwieweit bei diesen Zuwendungen das Motiv eine Rolle spielt, damit eine Subsumtion unter Art. 626 Abs. 2 erfolgen kann[313]. M. E. spielt wohl das Motiv keine entscheidende Rolle[314], sondern vielmehr, ob Vermögensabtretung und Schulderlass *objektiv* geeignet sind, den Aufbau einer wirtschaftlichen Existenz zu begründen oder zu sichern.

αα) *Vermögensabtretung*

Unter Vermögensabtretung versteht die erbrechtliche Doktrin die unentgeltliche Übertragung eines ganzen Vermögens, einer Quote oder eines bedeutenden Teils[315]. Vorempfänge dieser Art werden vor allem in der Landwirtschaft gemacht, sofern sich der Landwirt zur Ruhe setzt und den Hof zur Weiterbewirtschaftung einem seiner Abkömmlinge übergibt[316]. Da durch die Vermögensabtretung regelmässig auch Passiven übertragen werden, handelt es zumeist um gemischt-unentgeltliche Geschäfte[317].

---

[310] ESCHER/ESCHER, Art. 626 N 36; TUOR/PICENONI, Art. 626 N 39a; PIOTET SPR IV/1 § 47 I C 2 [307]; EITEL § 12 Nr. 65 [222]; GUBLER 34; RÖSLI 81; SCHWENDENER 44 f.
[311] GUBLER 36 f; SCHWENDENER 44.
[312] ESCHER/ESCHER, Art. 626 N 36; TUOR/PICENONI, Art. 626 N 39a; GUBLER 36.
[313] Vgl. EITEL § 12 Nr. 68 [224] mit zahlreichen Hinweisen in Anm. 195. Gemäss PIOTET (SPR IV/1 § 47 I A [295], andeutungsweise auch § 47 I C 2 [307] sowie ZBJV 1972 294; ebenso MÜLLER 63); erfolgen diese Zuwendungen praktisch ausschliesslich zu diesem Zweck, weswegen sie als Konkretisierung in Art. 626 Abs. 2 ZGB aufgenommen worden sind.
[314] Ebenso TUOR/PICENONI, Art. 626 N 39b und SCHWENDENER 45.
[315] ESCHER/ESCHER, Art. 626 N 37; TUOR/PICENONI, Art. 626 N 39b; ROSSEL/MENTHA Ziff. 1161; AGUET 96; GUBLER 45; SCHWENDENER 45; aus der Judikatur etwa BGE 76 II 188, 194 E. 4, 67 II 207, 211 E. 4 sowie 45 II 513.
[316] ESCHER/ESCHER, Art. 626 N 37. Man spricht dann von einem sog. «Kindskauf» (ESCHER/ESCHER a. a. O.; zurückhaltend BRUHIN 109), obschon der Begriff prinzipiell jeden Kaufvertrag zwischen Aszendenten und Deszendenten abdeckt (vgl. RIESER AJP 1992 942).
[317] ESCHER/ESCHER, Art. 626 N 37.

ββ) Schulderlass

Gemäss Art. 115 OR kann eine Forderung durch formlose Übereinkunft[318] ganz oder teilweise aufgehoben werden. Eine solche Übereinkunft stellt einen abstrakten Verfügungsvertrag dar[319].

Unter Schulderlass im so verstandenen Sinne fallen gemäss Art. 626 Abs. 2 ZGB alle Forderungsverzichte des künftigen Erblassers gegenüber seinen Nachkommen, ohne dass von der Ausgleichungspflicht dispensiert wird[320]. Damit dem Kriterium der Ausstattung Genüge getan wird, werden freilich nur Schulderlasse von *einigem* Gewicht als ausgleichungspflichtig anerkannt werden können.

Unklar ist, ob das absichtliche oder unabsichtliche Verjährenlassen einer Forderung ebenfalls dem Schulderlass zuzurechnen ist[321]: Das Bundesgericht hat in einem älteren Entscheid aus dem Jahre 1944 das Verjährenlassen einer Darlehensforderung als ausgleichungspflichtig erklärt[322].

Das Bundesgericht hält dazu fest, dass das blosse Verjährenlassen an sich keinen Erlass darstelle, da es an einer Übereinkunft zwischen dem Gläubiger und dem Schuldner fehle. Da die Forderung aber durch den Eintritt der Verjährung einredebelastet sei, werde die Zuwendung im Ergebnis «unentgeltlich». Ausgehend von einer wirtschaftlichen Betrachtungsweise gelangt das Gericht sonach zum Schluss, dass die ursprüngliche Entgeltlichkeit keineswegs eine spätere Ausgleichung ausschliesse.

Zusätzlich habe die Kollation noch aufgrund der Berücksichtigung eines anderen Aspekts stattzufinden: Werde eine entgeltliche Zuwendung (z. B. Darlehen) an einen Nachkommen gemacht, so bestehe zweifellos eine geringere Begünstigungsabsicht als bei (direkter) Gewährung eines Vorempfangs. Dies treffe besonders dann zu, sofern der Erblasser infolge angespannter Beziehungen zu seinem Nachkommen diesem lediglich ein Darlehen habe gewähren wollen. Es erscheine unter diesem Blickwinkel als stossend und ungerecht, wenn der Nachkomme aufgrund der eingetretenen Verjährung nun nicht bloss zu Lebzeiten des Erblassers nicht mehr leisten müsste, sondern darüber hinaus auch der Ausgleichung entgehe. Dies gelte um so eher, als der Erblasser regelmässig auf die Rückforderung der Zuwendung verzichte in der Meinung, die Zuwendung werde ohnehin dereinst auszugleichen sein. Leider lässt das Bundesgericht die Frage unbeantwortet, ob die Verjährung freiwillig oder unfreiwillig eingetreten ist[323].

Ausgehend von der Tatsache, dass infolge der Doppelnatur auch eine einseitig bewirkte Zuwendung ausgleichungsrechtliche Relevanz erlangen kann, kann das *ab-*

---

[318] VON TUHR/ESCHER § 75 I [173 f].
[319] VON TUHR/ESCHER § 75 II und III [176 f].
[320] BGE 69 II 71, 53 II 202, 44 II 356, ESCHER/ESCHER, Art. 626 N 38; TUOR/PICENONI, Art. 626 N 39c; NÄF-HOFMANN N 2696; SCHWENDENER 45.
[321] Dazu ausführlich EITEL § 9 Nr. 51 ff [168 ff] und WIDMER 38 ff. Vgl. auch die Ausführungen von SPAHR 219 f. Das Verjährenlassen einer Forderung stellt jedenfalls keinen Vertrag dar, da es einer Übereinkunft der Parteien gebricht (MÜLLER 65).
[322] BGE 70 II 21 ff (zustimmend GUHL ZBJV 1945 466; ebenso aus Gründen der Billigkeit MÜLLER 60); vgl. auch vorn 43.
[323] EITEL (§ 9 Nr. 53 [168 Anm. 132]) geht immerhin davon aus, die Verjährung sei i. c. unabsichtlich eingetreten.

sichtliche Verjährenlassen von Forderungen des Erblassers ohne Mühe unter Art. 626 Abs. 2 ZGB subsumiert werden: In der Tat kann durch die Verjährung einer Forderung ein (wirtschaftlich) identisches Ergebnis erzielt werden wie mittels eines Schulderlasses[324]. Immerhin muss aber mit Nachdruck betont werden, dass mit dem Eintritt der Verjährung die Forderung im Gegensatz zum Schulderlass nicht erlischt und deshalb weiterhin erfüllbar bleibt[325]: Der Ausgleichungspflichtige hat es folglich in der Hand, durch Erfüllung zu *Lebzeiten* des Erblassers den ausgleichungsrelevanten Tatbestand aus der Welt zu schaffen. Er wird dies vor allem dann tun, wenn Gewissheit besteht, dass der Erblasser für den Fall der Nichtrückleistung Ausgleichung durch Anrechnung verfügt hat (Art. 628 Abs. 2 ZGB) und der künftige Erbe mit den Miterben gleichberechtigt an der Teilung partizipieren möchte.

Wird der künftige Erbe rein faktisch begünstigt, indem der Erblasser unabsichtlich oder in der irrigen Meinung, die Ausgleichung finde ohnehin statt, die Verjährungsfrist unbenutzt verstreichen lässt, findet aber weder eine gesetzliche Ausgleichung statt noch kann eine solche vom Erblasser verfügt werden. Zwar ist auch darin eine Zuwendung zu erblicken[326], welche allerdings – da die Verjährung unabsichtlich eintritt – *nicht freiwillig*[327] erfolgt, womit eine Grundvoraussetzung für die spätere Ausgleichungspflicht nicht erfüllt ist[328].

δ) *Liegenschaftsabtretungen?*

Eine sehr grosse Zahl von Judikaten im Bereich von Ausgleichung und Herabsetzung berichtet von lebzeitigen Liegenschaftsabtretungen an Nachkommen[329]. In der Rechtswirklichkeit dürfte die Liegenschaftsabtretung wohl einen der häufigsten Fälle der Gewährung eines Vorempfangs darstellen[330]. Es stellt sich somit die Frage, ob Liegenschaftsabtretungen – objektiv betrachtet – *stets* Ausstattungscharakter zukommt und diese demzufolge mangels gegenteiliger Verfügungen nach Massgabe von Art. 626 Abs. 2 auszugleichen sind. Das Bundesgericht hat die Frage im Grund-

---

[324] Ebenso EITEL § 9 Nr. 55 [169 Anm. 137] m. w. H.; im Ergebnis auch PIOTET SPR IV/1 § 47 I C 2 [308]; ebenso wohl Staudinger/REUSS[12] § 516 N 3; zweifelnd ESCHER/ESCHER, Art. 626 N 33; ohne Stellungnahme TUOR/PICENONI, Art. 626 N 39c.

[325] VON TUHR/ESCHER § 81 III [230 f.].

[326] EITEL § 9 Nr. 54 [169] unter Berufung auf VON TUHR/PETER.

[327] Zum Aspekt der Freiwilligkeit ausführlich EITEL § 9 Nr. 70 ff [177 f].

[328] Ebenso ESCHER/ESCHER, Art. 626 N 33 a. E.; SCHWENDENER 46; im Ergebnis gl. M. PIOTET SPR IV/1 § 47 I C 2 [308], welcher allerdings das Vorliegen einer Zuwendung verneint; a. M. WIDMER 38 ff, für welchen Freiwilligkeit bereits im (blossen) Fehlen objektiven rechtlichen Zwanges besteht, so dass es auf die subjektive Kenntnis eines Gestaltungsfreiraumes nicht ankommt; ihm folgend EITEL § 9 Nr. 56 [169 f].

[329] Vgl. etwa BGE 124 III 102 = Pra 1998 Nr. 102, 120 II 417, 116 II 667 = Pra 1991 Nr. 159, 107 II 119, 128 E. 3, 98 II 352; 89 II 72, 84 II 685, 84 II 338, 77 II 228, 77 II 36, 71 II 69, 69 II 71, 57 II 142, 55 II 163 = Pra 1929 Nr. 89, 54 II 100, 54 II 106, 54 II 93, 52 II 12, 50 II 104, 45 II 513, 45 II 7.

[330] In diese Richtung weisend PICENONI ZBGR 1978 65; vgl. auch MEIER-HAYOZ, Art. 657 N 25 sowie ZGB-LAIM, Art. 657 N 19.

satz bejaht und subsumiert die Liegenschaftsabtretung als regelmässig bedeutsamen Vermögensgegenstand unter die Vermögensabtretung[331].

Richtigerweise muss wohl differenziert werden: Dabei ist stets zu fragen nach dem Verwendungszweck und nach dem Wert. Klarerweise liegt eine Versorgungszuwendung vor, wenn der Erblasser dem künftigen Erben eine Liegenschaft zuwendet, worin dieser ein Gewerbe oder andere Geschäftsaktivitäten betreiben kann. Andererseits ist nicht ohne weiteres ersichtlich, inwieweit der Zuwendung einer Familien- oder Ferienwohnung Versorgungscharakter zukommen kann[332]. Hier kommt nämlich der Versorgungscharakter nur mittelbar zum Ausdruck: So braucht sich der Empfänger keine Wohnung zu mieten, womit ihm Auslagen erspart bleiben. Vor allem aber liegt die Versorgung im wirtschaftlichen Wert der Zuwendung als regelmässig langfristiger Kapitalanlage. Der Eigentümer einer Liegenschaft kann sich durch Aufnahme eines Hypothekardarlehens unter Verpfändung einer vorempfangenen Liegenschaft die notwendigen Mittel zum Aufbau oder zur Verbesserung der Existenz beschaffen. Stets setzt dies allerdings einen gewissen Wert sowie Verpfändbarkeit voraus. Dieser ist bei Liegenschaften eher gegeben als bei Luxusobjekten wie kostspieligen Autos oder grossen Segeljachten, welche eher unsichere Werte darstellen und deren Handelbarkeit oft zweifelhaft ist. Zusammengefasst kann somit dem Bundesgericht – *abgesehen von Ausnahmefällen* – beigepflichtet werden, wenn es Liegenschaftsabtretungen an Nachkommen dem Art. 626 Abs. 2 zuordnet.

ε) *Begünstigung aus Leistungen einer Lebensversicherung?*

αα) *Grundsatz der Ausgleichungsfähigkeit*

Leistungen, welche ein künftiger Erbe aus einer Lebensversicherung[333] erhalten hat, können ausgleichungsrechtliche Relevanz unter der Bedingung erlangen, dass die

---

[331] Ausdrücklich BGE 107 II 119, 131 E. 3 b; allgemein 84 II 338, 349 E. 7 b; implizit auch 116 II 667, 675 E. 3 b bb = Pra 1991 Nr. 159; in der Lehre ausdrücklich ZGB-FORNI/PIATTI, Art. 626 N 15; PIOTET ZSR 1999 I 52; eher verneinend offenbar NÄF-HOFMANN N 2733. In anderen Entscheiden wird auf die Frage nicht eingegangen.

[332] So zu Recht auch EITEL ZSR 1999 I 79.

[333] Zum Begriff der Lebensversicherung H.-P. SCHWINTOWSKI, in: Berliner Kommentar zum VVG, hg. von H. HONSELL (Berlin/Heidelberg u. a. 1999), vor §§ 159 ff N 1 ff.
Lebensversicherungen haben verschiedene Erscheinungsformen (vgl. TUOR, Art. 476 N 6; ESCHER/ESCHER, Art. 476 N 2 f; ZGB-STAEHELIN, Art. 476 N 2; IZZO 14 ff; GEISER 1999 92 f): Von einer *reinen* (im Gegensatz dazu ist die Versicherungsleistung bei der temporären Todesfallversicherung nur dann zu erbringen, wenn der Versicherungsfall während eines bestimmten Zeitraums eintritt) *Todesfallversicherung* wird dann gesprochen, wenn der Versicherungsfall mit dem Tode des Versicherten eintritt, diesfalls sind die Prämien grundsätzlich bis zum Hinschied des Versicherten zu bezahlen.
Bei der sog. *Erlebensfallversicherung* wird die Versicherungsleistung mit dem Erreichen eines bestimmten Alters des Versicherten fällig; scheidet er vorher dahin, werden je nach Ausgestaltung der Police die bereits bezahlten Prämien rückerstattet oder nicht.

Zuwendung durch den Erblasser unter Lebenden unentgeltlich erfolgt. Dies ist zunächst unstreitig dann der Fall, wenn im Rahmen einer Erlebensfallversicherung oder einer gemischten Versicherung der Versicherte den Eintritt des Versicherungsfalls erlebt, seinen Anspruch einem künftigen Erben ganz oder teilweise unentgeltlich abgetreten (Art. 73 VVG)[334] hat oder ihn widerruflich (Art. 77 Abs. 1 VVG) oder unwiderruflich (Art. 77 Abs. 2 VVG) als Begünstigten bezeichnet hat[335] und diesem die Versicherungssumme ausbezahlt worden ist[336].

Unklar ist die Situation freilich dann, wenn die Auszahlung an den künftigen Erben im Rahmen der reinen Todesfallversicherung oder im Falle des Ablebens bei einer gemischten Versicherung erfolgt. Wurde der Anspruch durch Zession[337] abgetreten oder der Empfänger der Versicherungsleistung unwiderruflich begünstigt, so geht die h. L. von einer Zuwendung unter Lebenden aus[338]. Im Falle einer Begünstigung erwirbt der Begünstigte ein eigenes Recht auf die Versicherungsleistung (Art. 78 VVG), die Forderung fällt folglich bereits mit der Bezeichnung des Begünstigten in dessen Vermögen, der Erwerb erfolgt sonach *iure proprio*[339]. Die Versicherungsleistung fällt nicht den Nachlass[340] und bleibt bei dessen Insolvenz dem Zugriff der Gläubiger entzogen.

Nicht anderes gilt – entgegen einem Teil der Lehre[341] – sofern die Begünstigung widerruflich ausgestaltet worden ist[342]. Auch hier erwirbt der Begünstigte seinen Anspruch mit der Be-

---

Bei der sog. *gemischten Versicherung* wird die Versicherungsleistung in jedem Falle mit dem Ableben des Versicherten fällig, darüber hinaus aber auch dann, wenn er ein bestimmtes Alter erreicht hat.

[334] Diesfalls ist der Anspruch dem Zessionar durch Rechtsgeschäft unter Lebenden endgültig übertragen (KOENIG SPR VII/2 § 95 [696 f]).

[335] Vgl. Art. 76 f VVG (dazu detailliert KOENIG SPR VII/2 § 95 [696 ff]): Die Begünstigung ist dem Vertrag zugunsten Dritter (Art. 112 OR; vgl. ROELLI/JAEGER, Art. 76 N 1) nachgebildet. Sie unterscheidet sich von diesem allerdings dadurch, dass im Falle des Beitritts des Dritten dessen Rechte nicht unwiderruflich werden wie beim echten Vertrag zugunsten Dritter (Art. 77 Abs. 1 VVG; vgl. VON TUHR/ESCHER § 83 II [248]). Die Widerruflichkeit fällt erst dann dahin, sofern der Versicherungsnehmer auf der Police unterschriftlich auf den Widerruf verzichtet und dem Begünstigten diese übergeben hat (Art. 77 Abs. 2 VVG; zur Bedeutung und den Voraussetzungen ROELLI/JAEGER, Art. 77 N 19 ff).

[336] Es wird geltend gemacht, die Ausgleichung komme nicht in Frage, da die Zuwendung nicht aus dem Vermögen des Erblassers, sondern aus jenem des Versicherers stamme (ESCHER/ESCHER, Art. 476 N 20, Art. 626 N 31). Dabei wird allerdings übersehen, dass der Erblasser den durch seine Prämienzahlungen begründeten vermögenswerten Anspruch auf die Versicherungsleistung unentgeltlich (durch Zession oder Begünstigung) übertragen hat.

[337] Dazu ESCHER/ESCHER, Art. 476 N 8, 17; ZGB-STAEHELIN, Art. 476 N 3; PIOTET SPR IV/1 § 31 I [199]; in die gleiche Richtung zielend TUOR, Art. 476 N 12. Vgl. auch VOLLENWEIDER 69 ff.

[338] IZZO 97 ff m. w. H.; ESCHER/ESCHER, Art. 476 N 17; ZGB-STAEHELIN, Art. 476 N 4; KOENIG SPR VII/2 § 95 IV [705]; a. M. PIOTET SPR IV/1 § 31 II [200 f], § 65 I [468].

[339] BGE 112 II 157, 159 f E. 1 a = Pra 1987 Nr. 149; ROELLI/JAEGER, Art. 76 N 25 ff; KOENIG SPR VII/2 § 95 III und IV [703 ff].

[340] Ausdrücklich BGE 82 II 94, 98 E. 4 a; vgl. auch 112 II 157, 162 ff E. 1 d = Pra 1987 Nr. 149.

[341] So ausführlich IZZO 88 ff, bes. 95 ff; ferner PIOTET SPR IV/1 § 31 II [200 f], § 65 I [468].

zeichnung durch den Versicherungsnehmer. Freilich steht er bis zum Ableben oder einem anderen Zeitpunkt unter der auflösenden Bedingung des Widerrufes. Bei Eintritt des Versicherungsfalls wird die Begünstigungsklausel allerdings unmittelbar unwiderruflich, der Anspruch wird endgültig erworben und fällt nicht in den Nachlass des Versicherungsnehmers.

Keine Zuwendung unter Lebenden liegt dagegen vor, sofern der Erblasser durch letztwillige Verfügung oder Erbvertrag Verfügungen über seine Versicherungsansprüche (z. B. als Vermächtnis) trifft. Die Versicherungsanspruch fällt in den Nachlass: Daran ändert nichts, dass die Vermächtnisnehmer entgegen allgemeinen Grundsätzen ihren Anspruch unmittelbar gegen den Versicherer geltend machen können (Art. 563 Abs. 2 ZGB)[343].

ββ)   Versorgungscharakter von Versicherungsleistungen?

Leistungen aus Lebensversicherungen sind ein wesentliches Element der Familienvorsorge, womit sich auch die zahlreichen Sonderbestimmungen des VVG erklären lassen[344]. Es handelt sich meistens um grosse Summen, welche objektiv zum Aufbau oder der Verbesserung einer Existenz bestens geeignet sind. Es besteht von daher gesehen keine Mühe, Leistungen aus einer Lebensversicherung in das System der Versorgungskollation einzubetten[345].

2. Schenkungskollation

a)   Begriff

Von einem grundsätzlich abweichenden Ansatz geht die Theorie der Schenkungskollation aus: Ausgangspunkt ist hier nicht ein irgendwie geartetes Versorgungskriterium, sondern einzig die lebzeitige Unentgeltlichkeit der Zuwendung und allenfalls deren Höhe. Im einzelnen weichen allerdings die vertretenen Theorien recht stark voneinander ab, wobei sich im wesentlichen zwei, allenfalls drei Gruppen herauskristallisieren lassen[346]: Danach wird von Schenkungskollation dann gesprochen, wenn entweder sämtliche unentgeltlichen Zuwendungen unter Vorbehalt von

---

[342]   BGE 112 II 157, 165 f E. 1 d = Pra 1987 Nr. 149; ROELLI/JAEGER, Art. 78 N 6; ESCHER/ESCHER, Art. 476 N 17; ebenso wohl ZGB-STAEHELIN, Art. 476 N 4; KOENIG SPR VII/2 § 95 IV [704]; VOLLENWEIDER 76.

[343]   ZGB-STAEHELIN, Art. 476 N 5 m. w. H; ausführlich ROELLI/JAEGER, Art. 76 N 32 ff; ferner KOENIG SPR VII/2 § 95 IV [705 f].
Ebenso fliesst die Versicherungssumme in den Nachlass, sofern der Anspruch auf die Versicherungsleistung weder abgetreten noch ein Begünstigter bezeichnet worden ist oder von Todes wegen darüber verfügt wurde (vgl. IZZO 268).

[344]   Vgl. IZZO 22, 361; dazu auch KOENIG SPR VII/2 § 97 [716]; ferner ROELLI/JAEGER, Art. 76 N 1, 4.

[345]   Zu der umstrittenen Frage, ob die «Begünstigung» einen ausdrücklichen Dispens nach Massgabe von Art. 626 Abs. 2 ZGB darstelle, sowie zur Frage der Bewertung auszugleichender Lebensversicherungen hinten 242 und 141 f.

[346]   Vgl. ausführlich EITEL § 12 Nr. 32 ff [208 ff] mit umfassendem Überblick; zuletzt PIOTET ZSR 1999 I 53 f.

Art. 631 Abs. 1 und 632 ZGB von Gesetzes wegen auszugleichen sind oder doch wenigstens alle Gross- bzw. Kapitalzuwendungen.

b)   Unter die Schenkungskollation fallende Zuwendungen

Von einem Teil der die Schenkungskollation vertretenden Doktrin wird ausgeführt, sämtliche Grosszuwendungen an Nachkommen würden unter Art. 626 Abs. 2 ZGB fallen[347]. Diese können in einmaligen oder periodischen Leistungen bestehen[348]. Ab welcher Höhe von einer Grosszuwendung zu sprechen sei, fällt allerdings nicht leicht[349]: Offensichtlich und unbestritten ist, dass diese Frage nicht anhand absoluter Zahlen, sondern nur aufgrund des konkreten Einzelfalles bestimmt werden kann, namentlich unter Berücksichtigung der Relation der Vermögensverhältnisse des Erblassers zur gemachten Zuwendung[350]. Die Zuwendung muss danach eine Grösse erreichen, bei welcher das «Gleichbehandlungsproblem augenfällig wird»[351]. Fest steht sodann, dass Gelegenheitsgeschenke unberücksichtigt zu bleiben haben, was sich bereits aus dem Wortlaut von Art. 632 ZGB ergibt. Sonstige Kleinzuwendungen, welche nicht Gelegenheitsgeschenke sind, sind nur dann gesamthaft zu betrachten, wenn sie mit einer gewissen Regelmässigkeit ausgerichtet werden[352].

Eine zweite Gruppe – welche sich eng an den französischen Ccfr anlehnt – möchte dagegen unter Vorbehalt von Art. 631 Abs. 1 und 632 ZGB sämtliche lebzeitigen Zuwendungen an Nachkommen der Ausgleichungspflicht unterstellen[353].

Auszugleichen wären demnach konkret – wie erwähnt – jedenfalls sämtliche bzw. sämtlichen *grösseren* unentgeltlichen Zuwendungen an Nachkommen. Dazu zählen selbstverständlich primär jene mit Ausstattungscharakter. Dazu können indes alle weiteren Zuwendungen von Bedeutung kommen (insb. Luxuszuwendungen), und

---

[347] Vgl. EITEL § 14 [231 ff], bes. § 17 [291 ff]; ders. ZSR 1999 I 82 f; DRUEY § 7 N 38; THORENS Considérations 35 ff; ders. FS Bundesgericht 356 ff (dazu die Kritik von VOLLERY N 57 ff, bes. N 61 ff); TUOR/SCHNYDER/SCHMID 580; ähnlich, aber enger TUOR[1], Art. 626 N 40 f («Kapitalzuwendungen»; welche eine *dauerhafte* Vermögensvermehrung beim Empfänger bewirken); unklar TUOR/PICENONI, Art. 626 N 40 f (bes. N 41 a. E.); ebenso ESCHER/ESCHER, Art. 626 N 39, denen das bundesgerichtliche Kriterium zu eng erscheint, welche andererseits auf die Schwierigkeiten hinweisen, ein anderes Kriterium zu finden.
[348] EITEL § 18 Nr. 3 [295]; a. M. TUOR[1], Art. 626 N 41; sehr zurückhaltend TUOR/PICENONI, Art. 626 N 42 a. E.
[349] Ausführlich zu dieser Frage EITEL § 18 Nr. 6 ff [297 ff].
[350] So soll ab einer bestimmten absoluten Grösse (z. B. Fr. 100'000) jede Zuwendung unabhängig vom Umfang des Gesamtnachlasses ausgleichungspflichtig sein, darüber hinaus all jene, welche wenigstens 5% des Gesamtnachlasses ausmachen (so THORENS Considérations 38 f; gleichsinnig, wenn auch differenzierter unter Einbeziehung auch von erbschafts- und schenkungssteuerrechtlichen Aspekten EITEL a. a. O. sowie ders. in ZSR 1999 I 78).
[351] DRUEY § 7 N 38.
[352] Zurückhaltend EITEL § 18 Nr. 16 ff [301 f].
[353] ROSSEL/MENTHA Ziff. 1161; FLÜGEL BJM 1965 124; GUBLER 50 ff, bes. 52 f; GUISAN ZSR 1952 II 506; RÖSLI 83 ff; WIDMER passim.

zwar ohne Rücksicht auf ihren Bestimmungsgrund[354], daneben aber auch Vorteile aus (unentgeltlicher) Leihe, unverzinslichen Darlehen oder unentgeltlichen Arbeitsleistungen.

c) **Begründung**

In der Literatur ist mit verschiedensten Begründungen versucht worden, die Theorie der Schenkungskollation theoretisch zu untermauern.

α) *Wortlaut und Systematik*

Die Befürworter der Theorie der Schenkungskollation stützen sich zur Begründung ihrer Theorie vorab ebenfalls auf Wortlaut und Systematik von Art. 626 Abs. 2 ZGB[355]. Es wird geltend gemacht, dass die Begriffe Vermögensabtretung und Schulderlass – welche aufgrund der Konjunktion «oder» gleichwertig neben Heiratsgut und Ausstattung stünden – das Versorgungskriterium sprengten. Dies indiziere, dass die Aufzählung nur beispielhaften Charakter habe und nicht abschliessend zu verstehen sei[356]. Hätte der Gesetzgeber eine Regelung im Sinne des Prinzips der Versorgungskollation ins Auge gefasst, würde eine verkürzte Konferendenliste hingereicht haben[357]. Freilich wird eingeräumt, dass aufgrund der Aufzählung in Abs. 2 der Schluss naheliege, der Gesetzgeber habe den Kreis der *ex lege* auszugleichenden Zuwendungen begrenzen wollen, zumal sich andernfalls ein gleicher oder ähnlicher Wortlaut wie in Abs. 1 aufgedrängt hätte. Gleichzeitig wird aber auch geltend gemacht, der vorliegende Wortlaut erlaube keinen Rückschluss darauf, dass nur Grosszuwendungen an Nachkommen mit Ausstattungscharakter unter Abs. 2 fielen, vielmehr sei der Schluss zu ziehen, alle Grosszuwendungen würden vom Abs. 2 erfasst[358].

Zentrale Bedeutung wird sodann Art. 632 ZGB (keine Ausgleichung von Gelegenheitsgeschenken) beigemessen: Es wird ausgeführt, diese Bestimmung sei im System der Versorgungskollation vollständig überflüssig, da es sich bei Gelegenheitsgeschenken nie um Zuwendungen mit Versorgungscharakter handle[359]. Im System der Schenkungskollation mache die Bestimmung hingegen Sinn, indem sie Gele-

---

[354] Pointiert WIDMER 85 ff; referierend EITEL § 12 Nr. 47 ff [212 ff].
[355] Sehr pointiert z. B. WIDMER 91, wonach sich die Versorgungskollation « ... nur mit erheblichem Aufwand an systematisierender Phantasie ...» stützen lasse.
[356] So namentlich WIDMER 91 f.
[357] So EITEL ZSR 1999 I 74.
[358] EITEL ZSR 1999 I 73 f: Der abweichende Wortlaut von Abs. 2 im Gegensatz zu Abs. 1 führe auch nicht zwingend zur Versorgungskollation, sondern könne ebensogut als beispielhafte Aufzählung von Grosszuwendungen ausgelegt werden, welche auszugleichen seien.
[359] EITEL § 7 Nr. 12 [123]; ders., allerdings stark relativierend, ZSR 1999 I 74 Anm. 33; FLÜGEL BJM 1965 123; WIDMER 91.

genheitsgeschenke von einer grundsätzlich *umfassenden* Kollationspflicht ausnehme[360].

β) Entstehungsgeschichte

Namentlich EITEL[361] hat sich bemüht, durch eine sehr sorgfältige Analyse der Materialien aus der Entstehungsgeschichte Indizien für die Schenkungskollation herauszulesen. So führt er aus, bereits die Regelung im Teilentwurf 1895 sei in starker Anlehnung an das französische Recht erfolgt, indem dort der Kreis der Subjekte der Ausgleichung mit allen gesetzlichen Erben weit gezogen worden sei, wogegen in bezug auf die Objekte keine eindeutige Aussage erkennbar sei. Die Indizien für ein Einschwenken auf die französische Variante (Schenkungskollation) hätten sich im Verlaufe des weiteren Gesetzgebungsprozesses allerdings verdichtet[362]. Zudem seien keine Hinweise für die Wahl des Systems der Versorgungskollation erkenntlich. Ferner liessen die Arbeiten sowie gewisse Äusserungen des Gesetzesredaktors EUGEN HUBER im Rahmen der Beratungen der grossen Expertenkommission darauf schliessen, diesem habe ein System vorgeschwebt, in welchem die Nachkommen grundsätzlich alle vom Erblasser gemachten Zuwendungen auszugleichen hätten[363]. Freilich können aus den Materialien keine direkten Schlüsse gezogen werden: So ist z. B. EITEL gezwungen, indirekt – durch die Art der Beantwortung der an den Gesetzesredaktor gestellten Fragen[364] – zu argumentieren.

γ) Ungenügende Praktikabilität des Versorgungskriteriums

Begründet wird das System der Schenkungskollation auch unter Hinweis auf das Ungenügen des Versorgungskriteriums[365]. Dieses sei unklar: Nicht erkennbar sei, ob subjektive Umstände seitens des Erblassers oder objektive Gründe aufgrund der äusseren Begleitumstände oder der Natur des Zuwendungsgegenstandes massgebend seien. Überdies werde das Kriterium der Ausstattung sehr weit gezogen, weswegen zumindest tendenziell sämtliche Grosszuwendungen an Nachkommen auszugleichen seien[366]. Dadurch hebe sich das schweizerische System von denjenigen Rechtsordnungen ab, welche erwiesenermassen auf dem Boden der Versorgungskollation stünden, da in diesen Rechtsordnungen der Versorgungsbegriff eng gezogen werde.

---

[360] So ausdrücklich RÖSLI 85; implizit auch WIDMER 91.
[361] § 14 [231 ff]; neuestens auch in ZSR 1999 I 74 ff; ähnlich THORENS Considérations 29 f, 35.
[362] Zu diesem Schluss gelangt er durch eine entsprechende Würdigung des Protokolls der Expertenkommission (280 f), welches Äusserungen von HUBER, MARTIN und MENTHA enthält; sowie durch die Ausführungen des französischsprachigen Kommissionsberichterstatters GOTTOFREY im Nationalrat (StenBull NR 1906 383 ff).
[363] Dazu und zum folgenden EITEL § 14 Nr. 9 f [234 f], § 14 Nr. 27 ff [242 ff], § 14 Nr. 39 ff [247 ff] und § 14 Nr. 47 [251 ff]; ders. ZSR 1999 I 74 ff.
[364] EITEL § 14 Nr. 27 ff [242 f].
[365] Zuletzt EITEL ZSR 1999 I 77 ff.
[366] Vgl. etwa vorn 65 f zur Frage der Ausgleichung von Liegenschaftsabtretungen.

Das weit gezogene Versorgungskriterium verursache Rechtsunsicherheit, zudem werde die Abgrenzung zur Schenkungskollation mehr und mehr verwischt[367].

δ)   Ausgleichung als Ausdruck des Gleichbehandlungsgebotes und der Gerechtigkeitsidee

Auch unter Berücksichtigung des Gleichbehandlungsgebotes wird geltend gemacht, die Schenkungskollation stelle die geeignetere Lösung dar[368]. Hervorgehoben wird, dass der Gesetzgeber – unter Hinwendung zum französischen Ccfr – bei der Ausgleichungspflicht der Nachkommen streng am Gleichbehandlungsgrundsatz festgehalten habe, während er bei Nichtnachkommen weniger strenge Massstäbe gesetzt habe. Das System der Schenkungskollation trage diesen Grundsätzen Rechnung, indem hier – da grundsätzlich alle (grösseren) Zuwendungen auszugleichen seien – die Nachkommen nach dem Umfang der vorempfangenen Vermögenswerte auszugleichen hätten, mithin Gleiches gleich behandelt werde und die Beteiligten per Saldo gleichviel erhalten würden[369].

Anders sehe die Situation aus, sofern auf das Versorgungskriterium abgestellt werde: Hier erhielten die Empfänger – sofern einzelne Zuwendungen nicht Versorgungscharakter besässen – nicht gleichviel. Für diese Ungleichbehandlung bestehe Erklärungsbedarf, welcher indes nicht befriedigt werden könne. Die von PIOTET[370] entwickelte Theorie, wonach es unüblich sei, einem Nachkommen grössere Zuwendungen ohne Versorgungscharakter zu machen, und dass bei Vorliegen dieser (aussergewöhnlichen) Situation von einer Begünstigungsabsicht des Erblassers zu sprechen sei, wird als nicht stichhaltig und lebensfremd verworfen[371].

Massgebend sei vielmehr ein anderer Faktor: Die Eltern beabsichtigten aufgrund ihres mit fortschreitendem Alter abnehmenden Bedarfs den Kindern noch bei Lebzeiten Vermögenswerte zu übertragen[372]. Dabei sei der Versorgungscharakter eher nebensächlich: Entscheidend sei der Wert der Zuwendung, nicht deren Verwendbarkeit. Dem durchschnittlichen Erblasser schwebe nicht primär der Verwendungszweck seiner Zuwendungen vor, sondern vielmehr, dass seine Nachkommen per Saldo alle gleichviel erhielten[373].

---

[367] So im Ergebnis auch TUOR/SCHNYDER/SCHMID 580.
[368] EITEL § 16 Nr. 49 [288]; ders. ZSR 1999 I 79 ff; sehr deutlich auch THORENS FS Bundesgericht 358, wonach das System der Versorgungskollation zu schockierenden Resultaten führe; ähnlich ders. Considérations 36 f.
[369] EITEL § 16 Nr. 42 [285].
[370] Vgl. vorn 60.
[371] So wohl EITEL § 16 Nr. 47 f [286 f].
[372] DRUEY § 7 N 1; EITEL § 16 Nr. 48 [287].
[373] So zuletzt EITEL ZSR 1999 I 79 ff, 82.

Zusammengefasst wird ausgeführt, dass System der Versorgungskollation trage in der Tendenz *elitäre* Züge im Gegensatz zur Schenkungskollation, welche eher *egalitär* aufgezogen sei[374].

C. Sonderfälle

1. Die Behandlung der Ausbildungs- und Erziehungskosten

a) Allgemeines, rechtspolitischer Hintergrund

Art. 631 ZGB regelt die ausgleichungsrechtliche Behandlung der Erziehungs- und Ausbildungskosten der Kinder des Erblassers. In Übereinstimmung mit der deutschen Rechtsordnung[375] bejaht das ZGB unter engen Voraussetzungen eine (gesetzliche) Pflicht zur Ausgleichung solchermassen erlangter Leistungen. Die *rechtspolitische* Begründung dieser etwas aus dem Rahmen der allgemeinen ausgleichungsrechtlichen Regeln fallenden Bestimmung ist darin zu suchen, dass die Motivation zur Finanzierung einer Ausbildung regelmässig identisch ist wie bei jenen Tatbeständen, welche herkömmlicherweise die Ausgleichungspflicht auslösen[376]: Es geht um die Sicherung und Erleichterung des Einstiegs der Kinder in das Berufsleben. Wer eine sorgfältige Ausbildung und Erziehung genossen hat, verfügt im Berufsleben über entscheidende Vorteile. Der historische Gesetzgeber[377] hat sich dieser Einsicht nicht verschlossen und die Konsequenzen aus der Tatsache gezogen, dass die finanziellen Möglichkeiten einer Familie eine gleichermassen sorgfältige und kostspielige Ausbildung aller Kinder häufig nicht zulassen[378]. Zu berücksichtigen ist sodann, dass je nach Begabung und Wünschen der Kinder eine sorgfältige Ausbil-

---

[374] So pointiert EITEL ZSR 1999 I 79.
[375] § 2050 Abs. 2 BGB; anders freilich Art. 852 Ccfr, welcher die ausgleichungsrechtliche Relevanz der Aufwendungen für Ernährung, Unterhalt und Ausbildung ins Auge fasst (dazu FERID/SONNENBERGER 5 D 248 [634]). Immerhin wird teilweise angenommen, auch solche, meist aus den laufenden Einkünften bestrittene Kosten seien zur Ausgleichung zu bringen, wenn sie im Verhältnis zur finanziellen Potenz des Ausrichtenden in einem Missverhältnis stünden (EITEL § 4 Nr. 25 [65 f]).
[376] PIOTET SPR IV/1 § 48 I [338].
[377] Der Vorentwurf nahm Ausbildungs- und Erziehungskosten – nicht ohne Bedenken (vgl. Erl. I 470 f) in seiner Gesamtheit von der Ausgleichungspflicht aus; erst die Expertenkommission (ProtExpkom 282 f) statuierte für «ausserordentliche Auslagen» eine gesetzliche Ausgleichungspflicht, aufgrund eines Antrages in den Kommissionen der Räte (vgl. HUBER StenBull NR 1906 381; GOTTOFREY StenBull NR 1906 384) wurde die Kollationspflicht allerdings nur dann vorgesehen, sofern die Auslagen das gewöhnliche bzw. übliche Mass sprengten (zur Entstehungsgeschichte auch EITEL § 9 Nr. 16 ff [153 ff]; SCHWENDENER 57 und VOLLERY N 71 Anm. 257).
[378] Die Problematik ist seit der Entstehung des ZGB (glücklicherweise) durch die Möglichkeit der Erlangung von Stipendien – welche die Eltern von ihrer Unterhaltspflicht teilweise entlasten sollen – teilweise entschärft worden (HEGNAUER, Art. 277 N 47 f).

dung nur mit verschieden grossen Aufwendungen erzielt werden kann. Schliesslich müssen all jene Fälle gesondert behandelt werden, in welchen einzelne Kinder zum Zeitpunkt des Erbfalls noch in Ausbildung stehen[379]. Genau wie die übrigen ausgleichungsrechtlichen Regeln bezwecken jene über die Ausbildungs- und Erziehungskosten eine möglichst umfassende Verwirklichung des Grundsatzes der Gleichbehandlung, wovon freilich im Einzelfalle abgewichen werden kann.

Die Gesamtkosten für die Ausbildung und Erziehung eines Kindes werden nicht durch Bezahlung einer einzelnen grossen Summe bestritten, sondern bestehen aus einer Vielzahl kleinerer und grösserer Aufwendungen. Das Gesetz – welches eine kleinliche Erbsenzählerei möglichst vermeiden will – lässt eine Ausgleichungspflicht nur entstehen, wenn die Kosten das übliche Mass überstcigen[380].

Trotz seines relativ klaren Hintergrundes stellt Art. 631 ZGB zahlreiche knifflige Fragen:
– Was sind übliche Erziehungskosten?
– Was ist unter Kindern im Rahmen von Art. 631 ZGB zu verstehen? Ist der Begriff «Kinder» wörtlich zu verstehen oder können sämtliche Nachkommen erfasst sein?
– Worin besteht der angemessene Vorausbezug?

b) Objekte der Ausgleichung nach Art. 631 Abs. 1 ZGB

Hätte Art. 631 ZGB nicht Eingang ins Gesetz gefunden, fielen die Auslagen für Ausbildung und Erziehung unter dem Gesichtswinkel der vom Bundesgericht vertretenen Theorie der Versorgungskollation nicht unter Art. 626 Abs. 2 ZGB, da sie dem Empfänger keine dauerhafte Bereicherung verschaffen[381]. Die von Art. 631 ZGB erfassten Aufwendungen des Erblassers umfassen all dass, was er zugunsten des Kindes ausgelegt hat, um diesem eine selbständige Lebensführung sowie die Ausübung eines Berufes zu ermöglichen[382]. Aufgrund der rechtspolitischen Gründe sollen aber diese Auslagen nur soweit ausgleichungspflichtig sein, als sie das «übliche» Mass übersteigen.

---

[379] In Härtefällen schaffen Kinder- und Waisenrenten einen Ausgleich (HEGNAUER, Art. 277 N 49).
[380] ESCHER/ESCHER, Art. 631 N 6; TUOR/SCHNYDER/SCHMID 581.
[381] BGE 51 II 374, 382 E. 1; PIOTET SPR IV/1 § 48 I [338]; ebenso auch TUOR^1, Art. 631 N 5; SCHWENDENER 57 f; a. M. SEEBERGER 261; wohl auch ZGB-FORNI/PIATTI, Art. 631 N 1, 3 und – wenigstens implizit – die auf dem Boden der Schenkungskollation stehende Lehre (ESCHER/ESCHER, Art. 631 N 1; TUOR/PICENONI, Art. 631 N 5a; DRUEY § 7 N 39).
[382] TUOR/PICENONI, Art. 631 N 2; ESCHER/ESCHER, Art. 631 N 5; detailliert GUBLER 83 f und SCHWENDENER 59 f.

Zur Bestimmung der Üblichkeit muss – darin ist sich die Lehre einig[383] – weitgehend auf den Ortsgebrauch, die konkreten Umstände und die individuellen Verhältnisse zum Zeitpunkt der Zuwendung[384] abgestellt werden[385]: Massgebend sind die Herkunft, das gesellschaftliche und soziale Umfeld sowie schwergewichtig die Einkommens- und Vermögensverhältnisse der Eltern; ferner auch die Zahl der Kinder sowie persönliche Anschauungen.

Die Ausgleichung ist darüber hinaus auch in anderer Hinsicht gewichtig eingeschränkt: Eltern sind im Rahmen von Art. 276 ff ZGB zur Bestreitung der anfallenden Unterhaltskosten ihrer Kinder verpflichtet.

Art. 276 f ZGB zielt spezifisch auf das Verhältnis der Eltern zum Kinde ab[386]: Folgerichtig können gestützt auf Art. 276 auch tatsächlich nur die Eltern in Anspruch genommen werden; Alleinerziehende haben für den gesamten Unterhalt der Kinder aufzukommen[387].

Inhaltlich gehört zum Unterhalt des Kindes alles, was für seine körperliche, geistige und sittliche Entfaltung notwendig ist[388]. Dazu zählt die Befriedigung der ordentlichen Bedürfnisse der Kinder (v. a. Existenzsicherung wie Kleidung, Ernährung und Unterkunft, sodann aber auch die Ausbildung und ideelle Betätigung), daneben aber auch Kosten für behördliche Massnahmen und andere Lasten[389]. Den Unterhalt erbringen die Eltern – soweit die Kinder unter ihrer Obhut stehen – durch Pflege und Erziehung, welche naturgemäss teilweise mittelbar durch Geldleistungen finanziert werden muss[390]. Die Unterhaltspflicht entfällt nur, soweit das Kind aus Arbeitserwerb oder anderen Mitteln die Unterhaltskosten selbst aufzubringen vermag[391].

Die Unterhaltspflicht der Eltern dauert regelmässig bis zur Mündigkeit des Kindes, sie kann allerdings noch so lange andauern, bis eine *angemessene*[392] Ausbildung *ordentlicherweise*

---

[383] TUOR/PICENONI, Art. 631 N 11 f; ESCHER/ESCHER, Art. 631 N 9 f; ZGB-FORNI/PIATTI, Art. 631 N 2; PIOTET SPR IV/1 § 48 III [342]; EITEL § 9 Nr. 12 [151]; ROSSEL/MENTHA Ziff. 1168; RÖSLI 89 f; SCHWENDENER 60; VOLLERY N 72; WOLFER 84; teilweise abweichend SEEBERGER 262 f.

[384] So ausdrücklich RGZ 114, 52, 54 zu § 2050 Abs. 2 BGB; anders EITEL § 9 Nr. 12 [151 Anm. 37]; welcher aufgrund der Tatsache, dass die Aufwendungen periodisch geleistet werden, die Relation zum *relictum* vorzieht.

[385] Vgl. dazu beispielhaft die Ausführungen von TUOR/PICENONI, Art. 631 N 11, welche allerdings an der Schwelle zum neuen Jahrhundert etwas antiquiert anmuten; ferner ESCHER/ESCHER, Art. 631 N 9; ZGB-FORNI/PIATTI, Art. 631 N 2; PIOTET SPR IV/1 § 48 III [342]; ROSSEL/MENTHA Ziff. 1168; GUBLER 91 f; RÖSLI 90; SCHWENDENER 60 f; WOLFER 84 und NÄF-HOFMANN N 2774.

[386] ZGB-BREITSCHMID, vor Art. 276 ff N 1 f.

[387] ZGB-BREITSCHMID, Art. 276 N 8 ff.

[388] HEGNAUER, Art. 276 N 32.

[389] HEGNAUER, Art. 276 N 34 ff.

[390] HEGNAUER, Art. 276 N 25.

[391] Art. 276 Abs. 3 ZGB.

[392] Zum Begriff der angemessenen Ausbildung HEGNAUER, Art. 277 N 28 ff: Danach haben die Eltern ihren Verhältnissen entsprechend eine möglichst auf die Fähigkeiten und Neigungen des Kindes zugeschnittene allgemeine und berufliche Ausbildung zu verschaffen, welche das Kind befähigen soll, für seinen eigenen Unterhalt dereinst selber aufzukommen (die Aussage des Kommissionsberichterstatters im Ständerat und späteren Bundesrates

abgeschlossen werden kann[393]. Eine Ausbildung ist zum Zeitpunkt des Eintritts der Mündigkeit nicht angemessen, sofern sich das Kind in einem konkreten Ausbildungsgang befindet[394] oder bisher nur allgemeine[395] bzw. berufsvorbildende Ausbildung genossen hat[396]. Den Eltern können freilich nach Erreichen der Mündigkeit der Kinder nur insoweit Unterhaltspflichten auferlegt werden, als ihnen dies zumutbar ist[397]. Was zumutbar ist, entscheidet sich nach Massgabe von Recht und Billigkeit aufgrund der konkreten wirtschaftlichen Leistungsfähigkeit von Eltern und Kind[398].

Soweit die Kosten für Ausbildung und Erziehung gesetzlich geschuldet sind, fehlt den Zuwendungen der Charakter der Freiwilligkeit und Unentgeltlichkeit; eine Ausgleichung kann nach allgemeinen Grundsätzen nicht stattfinden[399]; diesfalls besteht auch für abweichende Verfügungen kein Raum[400]. Dies muss folgerichtig selbst dann gelten, wenn die ausgelegten Kosten – z. B. für ein Studium – das in den betreffenden Kreisen Übliche überschreitet[401]. Von daher gesehen erscheint die Konstruktion, wonach etwas, was gesetzlich geschuldet sei, niemals unüblich sein könne[402], als zu formalistisch[403]. Dies schliesst freilich nicht aus, dass das gesetzlich Geschuldete dem Üblichen regelmässig entsprechen wird[404]. Häufiger dürfte es hingegen vorkommen, dass das Übliche über das gesetzlich Geschuldete hinausgeht[405]. In einem solchen Falle ist der gesetzlich geschuldete Teil von der Ausgleichungspflicht auszunehmen, der Rest kann jedoch für ausgleichungspflichtig erklärt werden[406]. Übersteigt das Übliche die gesetzlich geschuldeten Leistungen und über-

---

HOFFMANN [StenBull StR 1906 502], wonach die Kosten für den Besuch einer Hochschule stets auszugleichen seien, erscheint sonach als zu absolut).

[393] Art. 277 Abs. 1 und 2 ZGB: Abgeschlossen ist die Ausbildung dann, wenn sie die Aufnahme einer einer angemessenen beruflichen Tätigkeit erlaubt (HEGNAUER, Art. 277 N 62; vgl. auch SEEBERGER 262).

[394] HEGNAUER, Art. 277 N 66.

[395] Dies gilt namentlich beim Besuch von Mittelschulen (HEGNAUER, Art. 277 N 67).

[396] HEGNAUER, Art. 277 N 55 ff: Strebt das Kind eine Zweitausbildung an, können die Eltern nur dann zu weiteren Unterhaltsleistungen verpflichtet werden, sofern diese die Grundausbildung erweitert oder vertieft oder diese zwingend oder alternativ voraussetzt (HEGNAUER a. a. O. N 73).

[397] Art. 277 Abs. 2 ZGB.

[398] Dazu detailliert HEGNAUER, Art. 277 N 88 ff m. w. H.

[399] Vgl. dazu vorn 22; anders BREITSCHMID 1997 66 (anders freilich wieder 70); DRUEY § 7 N 34; ders. FS Piotet 40 ff; GUBLER 81, 88 f; RÖSLI 90 und vor allem EITEL § 9 Nr. 21 ff [155 ff].

[400] BGE 76 II 212, 214 E. 3 = Pra 1951 Nr. 3 (zustimmend GUHL ZBJV 1952 333); ESCHER/ESCHER, Art. 631 N 3, 7; ZGB-FORNI/PIATTI, Art. 631 N 5; PIOTET SPR IV/1 § 48 I [337]; SCHWARZ 21; SCHWENDENER 58 f, 61 ff; SEEBERGER 261; WIDMER 133 ff; ebenso wohl TUOR/PICENONI, Art. 631 N 13; VOLLERY N 73; a. M. TUOR[1], Art. 631 N 13; DRUEY FS Piotet 40 f; GUBLER 81; RÖSLI 90; unklar WOLFER 85.

[401] So auch SEEBERGER 262; anders namentlich EITEL § 9 Nr. 21 [155 f]; welcher allerdings einräumt, dass dieser Punkt vom historischen Gesetzgeber nicht beachtet worden sei.

[402] So z. B. ZGB-FORNI/PIATTI, Art. 631 N 5.

[403] So auch SEEBERGER 262.

[404] In diese Richtung tendieren ESCHER/ESCHER, Art. 631 N 7.

[405] PIOTET SPR IV/1 § 48 I [338]; EITEL § 9 Nr. 27 f [158 f].

[406] Das ergibt sich sehr deutlich aus dem Wortlaut (ESCHER/ESCHER, Art. 631 N 7).

steigen die effektiv angefallenen Kosten das Übliche, so ist der über das Übliche hinausgehende Betrag *von Gesetzes wegen* auszugleichen[407]. In den umgekehrten Fällen, in welchen das Übliche unter der gesetzlich geschuldeten Unterhaltspflicht liegt, sind nur diejenigen Kosten zur gesetzlichen Ausgleichung zu bringen, welche die geschuldete Unterhaltspflicht übersteigen[408].

Dieses Resultat erscheint auf den ersten Blick dann als unbillig[409], wenn Geschwister eine unterschiedlich lange oder kostenintensive Ausbildung genossen haben. Eine Begünstigung der Akademiker wird dann offenkundig, wenn man sich vergegenwärtigt, dass die Eltern von Gesetzes wegen zur Finanzierung eines Hochschulstudiums verpflichtet sein können.

Daneben kann auch eingewandt werden, dass Kinder mit einer qualitativ weniger hochstehenden Ausbildung dies im Erwerbsleben zusätzlich zu entgelten haben, obschon sie bereits in der Ausbildung geringere Leistungen als ihre Geschwister erhalten.

Diesen Einwänden ist nun aber vorweg entgegenzuhalten, dass es als mindestens ebenso unbillig erscheinen müsste, wenn ein Kind eine aufgrund seiner individuellen Neigungen und Fähigkeiten getroffene Berufswahl aufgrund der langen Ausbildungszeit entgelten müsste.

Sodann bestehen weitere Gründe, eine (gesetzliche) Ausgleichungspflicht für Ausbildungs- und Erziehungskosten nur unter Zurückhaltung anzunehmen. Art. 631 ZGB dient dem Familienfrieden[410]. Zwischen der Beendigung der Ausbildung der Kinder und dem Eintritt des Erbfalls liegt aber unter Umständen eine sehr lange Zeit. Es wird oft schwierig sein, nach vielen Jahren noch eine einigermassen exakte Veranschlagung der Ausbildungskosten vorzunehmen[411], ausser diese Kosten seien *peinlichst genau* aufgezeichnet worden. Eine als blosse Folge übertriebener «Gleichmacherei» durchzuführende Ausgleichung könnte also schwierig sein und zu sehr grossen Spannungen unter den beteiligten Miterben führen, welche nach Möglichkeit zu vermeiden sind[412].

Bestehen tatsächlich im Einzelfall eklatante und ungerechte Unterschiede bei den Auslagen für Kinder, so verfügt der Erblasser über ein genügend grosses erbrechtliches Instrumentarium, um dieses auszubalancieren, selbst wenn die Ausgleichung *in concreto* nicht möglich ist. Indirekt kann er mittels Zuwendung einer höheren Erbquote oder durch Aussetzung von Vermächtnissen wirtschaftlich zum gleichen Resultat gelangen[413].

c) **Subjekte der Ausgleichung von Erziehungskosten**[414]

Die überwiegende Lehre unterstellt nur die Kinder als Nachkommen ersten Grades Art. 631 ZGB[415]: Die Begründung liefert sie einerseits mit dem Hinweis auf den von

---

[407] Der Erlass braucht dabei nicht ausdrücklich erklärt zu werden, vgl. hinten 241.
[408] Ähnlich ESCHER/ESCHER, Art. 631 N 8.
[409] Dazu und zum folgenden EITEL § 9 Nr. 22 f [156 f].
[410] ESCHER/ESCHER, Art. 631 N 6; PIOTET SPR IV/1 § 48 I [338 f]; ähnlich auch ZGB-FORNI/PIATTI, Art. 631 N 1.
[411] In diese Richtung auch ESCHER/ESCHER, Art. 631 N 10.
[412] Dahin gehend auch die Ausführungen von PIOTET SPR IV/1 § 48 I [338 f].
[413] Dazu detailliert hinten 260 ff.
[414] Vorliegend stellt sich die Frage nach den Ausgleichungsschuldnern. Zur (umstrittenen) Frage, ob auch der überlebende Ehegatte die Ausgleichung übermässiger Ausbildungs- und Erziehungskosten verlangen kann, hinten 86.

Art. 626 Abs. 2 ZGB abweichenden Wortlaut[416]. Sodann wird weiter darauf hingewiesen, dass die Eltern aufgrund der einschlägigen kindesrechtlichen Bestimmungen zum Unterhalt der Kinder verpflichtet seien, was namentlich bei Grosseltern nicht der Fall sei[417]. Schliesslich wird auf den Grundsatz der Stammesgleichheit hingewiesen, wonach es nicht angehe, dass Enkelkinder von der privilegierten Norm des Art. 631 ZGB profitierten[418].

Diese enge Auslegung ist nicht unbestritten geblieben: PIOTET[419] hat geltend gemacht, der Begriff «Kinder» werde im Erbrecht an anderer Stelle[420] mit «Nachkommen» gleichgesetzt. Im Ausgleichungsrecht Unterschiede zu machen, sei wenig überzeugend. Darüber hinaus könnten auch für Grosseltern gestützt auf Art. 328 ZGB Unterhaltspflichten bestehen.

Dazu ist folgendes zu bemerken: Klarerweise lassen sich Art. 276 f und Art. 328 ZGB nicht ohne weiteres miteinander vergleichen und unterscheiden sich von der Idee des Gesetzgebers wie auch von der systematischen Einordnung.

Art. 328 und 329 statuieren eine allgemeine Verwandtenunterstützungspflicht, welche historisch in der Sippe, d. h. auf dem genossenschaftlichen Zusammenschluss der durch gemeinsame Abstammung miteinander verbundenden Verwandten wurzelt[421] und ein Korrelat zum gesetzlichen Erbrecht darstellt[422]. Die Verwandtenunterstützungspflicht kommt nur subsidiär zum Tragen[423] und setzt neuerdings für Verwandte in auf- und absteigender Linie voraus, dass sich die in Anspruch genommenen in günstigen wirtschaftlichen Verhältnissen befinden[424]. Auch bestehen umfangmässig bedeutsame Unterschiede: Die Verwandtenunterstützungspflicht geht weniger weit als die Unterhaltspflichten der Eltern. Der Unterstützungsberechtigte hat nur Anspruch auf den absolut notwendigen Unterhaltsanspruch, bei Kindern umfasst die

---

[415] ESCHER/ESCHER, Art. 631 N 3 (welche allerdings die Enkel für erhaltene Zuwendungen nach Art. 626 Abs. 2 ZGB ausgleichen lassen); ihnen folgend TUOR/PICENONI, Art. 631 N 5a; BECK § 38 II 4 [168]; GUBLER 85 ff; RÖSLI 90; SCHWENDENER 58; WIDMER 135 ff; unklar ZGB-FORNI/PIATTI, Art. 631 N 3.

[416] ESCHER/ESCHER, Art. 631 N 3.

[417] ESCHER/ESCHER, Art. 631 N 3.

[418] GUBLER 87; RÖSLI 90: Von einem Art. 631 Abs. 1 entspringenden Privileg kann freilich nur dann gesprochen werden, wenn man – wie vorn 74 dargelegt – von der Theorie der Schenkungskollation ausgeht.

[419] SPR IV/1 § 48 II [339 ff]; ihm folgend SEEBERGER 263; VOLLERY N 81; EITEL § 21 Nr. 3 ff [335 ff] und NÄF-HOFMANN N 2772; früher allerdings bereits TUOR[1], Art. 631 N 5 und AGUET 112 ff.

[420] Z. B. im Rahmen von Art. 480 ZGB.

[421] EGGER, Art. 328 N 2; ZGB-KOLLER Art. 328/329 N 3.
Im Rahmen der Anpassung des ZGB an das neue Scheidungsrecht wurde die Unterstützungspflicht der Geschwister aufgehoben und die Voraussetzungen für die Inanspruchnahme von Verwandten in auf- und absteigender Linie erhöht (dazu B. SCHNYDER, Die ZGB – Revision 1999/2000, Supplement zu TUOR/SCHNYDER/SCHMID [Zürich 1999], 10; BBl 1996 I 166 f).

[422] HEGNAUER, Art. 276 N 12; BBl 1996 I 166 f.

[423] HEGNAUER, Art. 276 N 12.

[424] Bislang galt diese Voraussetzung für die in die Pflicht genommenen Geschwister. Die Unterstützungsleistungen müssen ohne wesentliche Beeinträchtigung einer *wohlhabenden* Lebensführung aufgebracht werden können (ZGB-KOLLER, Art. 328/329 N 16 m. w. H.).

Pflicht freilich auch Aufwendungen für Erziehung und Ausbildung[425]. Andererseits ist die Unterstützungspflicht der Verwandten in zeitlicher Hinsicht nicht begrenzt.

Die Unterschiede rechtfertigen allerdings nach meinem Dafürhalten dennoch keine Beschränkung der (gesetzlichen) Ausgleichungspflicht auf Fälle, in welchen Kinder ihre Ausbildung von ihren Eltern finanziert bekommen haben. Würde so verfahren, wären Kinder, welche nicht von ihren Eltern aufgezogen werden, vorbehältlich abweichender Verfügungen für empfangene Ausbildungs- und Erziehungskosten überhaupt nicht ausgleichungspflichtig. Dadurch würde der Grundsatz, wonach man erbrechtlich den Tod einer Person nicht zu entgelten hat, konterkariert. Auch rechtspolitische Überlegungen führen zu keinem anderen Ergebnis, da die auf dem Spiele stehenden Interessen stets die gleichen bleiben. Dies führt dazu – wie bereits von PIOTET postuliert[426] – Enkelkinder für übermässige Ausbildungs- und Erziehungskosten von Gesetzes wegen ausgleichen zu lassen, wobei an die Übermässigkeit die gleichen Kriterien angelegt werden müssen, als würden die Kosten von den Eltern selbst erbracht.

Immerhin ist zuzugeben, dass der erblasserische Spielraum für eine von Art. 631 Abs. 1 abweichende Regelung grösser wird, da die den Grosseltern aufgebürdete Verwandtenunterstützungspflicht umfangmässig geringer ist als die Unterhaltpflicht der Eltern. Dennoch ist an der hier gefundenen Lösung festzuhalten, da sie über den Vorteil verfügt, dass für den Fall, dass keine abweichenden Verfügungen ergehen, Kinder nicht besser oder schlechter fahren, wenn ihre Ausbildungskosten von den Grosseltern ausgelegt werden.

d) Der angemessene Vorausbezug

Die Regelung von Art. 631 Abs. 2 ZGB – welche redaktionell im Rahmen der Eherechtsrevision 1984 neu gefasst worden ist – beruht auf dem Gedanken der Familienfürsorge[427]. Sie trägt einerseits dem Umstand Rechnung, dass die noch in Ausbildung stehenden Kinder – zumindest dann, wenn kein Elternteil mehr lebt – ihren Unterhalt aus dem Erbanteil finanzieren müssen[428]. Bei gebrechlichen Kindern, welche durch körperliche oder geistige Mängel benachteiligt sind, wird eine Gleichbehandlung nicht angestrebt. Hier geht es darum, mit Hilfe des Vorausbezuges eine Kompensation für die zu erwartenden Widerwärtigkeiten des Lebens zu schaffen: Aus diesem Grunde ist es auch gleichgültig, ob das gebrechliche Kind bereits volljährig und/oder ausgebildet ist[429].

---

[425] TUOR/SCHNYDER/SCHMID 365.
[426] SPR IV/1 § 48 II [341 f].
[427] So ausdrücklich ESCHER/ESCHER, Art. 631 N 13 für gebrechliche Kinder. In die gleiche Richtung zielt auch § 792 ABGB (dazu Klang/WEISS §§ 790 bis 794 I B 6 [946]).
[428] ESCHER/ESCHER, Art. 631 N 12; TUOR/PICENONI, Art. 631 N 14; ZGB-FORNI/PIATTI, Art. 631 N 9; PIOTET SPR IV/1 § 15 I [72]; GUBLER 97.
[429] SJZ 1960 144 (Kantonsgericht Freiburg); ESCHER/ESCHER, Art. 631 N 14; TUOR/PICENONI, Art. 631 N 16; ZGB-FORNI/PIATTI, Art. 631 N 10; PIOTET SPR IV/1 § 15 I [72]; ROSSEL/MENTHA Ziff. 1169; GUBLER 101.

Die Bestimmungen über den angemessenen Vorausbezug stellen zwingendes Recht dar[430]. Bei noch in der Ausbildung stehenden Kindern bemisst sich der angemessene Vorausbezug nach den mutmasslich bis zur Beendigung der Ausbildung anfallenden Kosten[431]. Bei gebrechlichen Kindern ist jener Betrag in Anschlag zu bringen, welchen die Eltern zur Kompensation für die verminderte Erwerbsfähigkeit ausgelegt hätten[432]. Auch hier ist für die individuelle Berechnung sehr stark auf den Einzelfall abzustellen, wobei auf dieselben Massstäbe wie bei Art. 631 Abs. 1 ZGB abgestellt werden kann. Der Vorausbezug wird von der Erbschaft abgezogen, wodurch sich die Höhe der Pflichtteile und der verfügbaren Quote vermindern[433].

2. Einseitige Zuwendungen (einseitiger Verzicht auf beschränkte dingliche Rechte, Verjährenlassen von Forderungen)

a) Allgemeines

Es wurde bereits erwähnt[434], dass das absichtliche Verjährenlassen von Forderungen eine ausgleichungsrechtliche Relevanz erhält. Dasselbe gilt auch für andere einseitige Zuwendungen, vorausgesetzt, diese erfolgten *freiwillig*. Darunter fällt vornehmlich der Verzicht auf beschränkte dingliche Rechte oder von Vormerkungen im Immobiliarsachenrecht, welche zugunsten des Zuwendenden bestanden haben. Zu denken ist dabei etwa an den Verzicht einer Nutzniessung[435] oder eines Pfandrechts, bei Grundstücken im speziellen an den Verzicht auf eine Bauverbots- oder Baubeschränkungsdienstbarkeit oder auf ein Kaufs-, Vorkaufs- oder Rückkaufsrecht. Der Verzicht auf diese Rechte erfolgt generell durch einseitige Verzichtserklärung des Berechtigten[436], bei Grundstücken gestützt auf Art. 964 Abs. 1 ZGB durch schriftliche Erklärung der aus dem Eintrage *berechtigten* Personen. Der Verzicht erfolgt einseitig ohne Mitwirkung des betroffenen Eigentümers, was als vertretbar erscheint, erfährt dieser doch durch die Löschung eine Verstärkung seiner Rechtsstellung[437].

Erfolgt ein derartiger Verzicht gegenüber Nachkommen ohne ausdrückliche Befreiung von der Ausgleichungspflicht, so muss nach der herrschenden Ansicht unter-

---

[430] ESCHER/ESCHER, Art. 631 N 16 f; ZGB-FORNI/PIATTI, Art. 631 N 7; PIOTET SPR IV/1 § 15 I [73]; unklar GUBLER 103 ff.
[431] ZGB-FORNI/PIATTI, Art. 631 N 11.
[432] ESCHER/ESCHER, Art. 631 N 14; TUOR/PICENONI, Art. 631 N 19; ZGB-FORNI/PIATTI, Art. 631 N 11. Möglich ist die Ausrichtung des angemessenen Vorausbezugs sowohl in Form einer Kapitalabfindung als auch in Gestalt einer Rente (OGer Zürich ZR 1929 Nr. 22; GUBLER 102 f).
[433] ZGB-FORNI/PIATTI, Art. 631 N 7 m. w. H.; VONRUFS 58: Eine Verweigerung des angemessenen Vorausbezugs unter Rekurs auf verletzte Pflichtteilsrechte geht mithin fehl.
[434] Vgl. vorn 64.
[435] Vgl. denn Fall des Verzichts auf die Nutzniessung in BGE 84 II 338, 340.
[436] So ausdrücklich ZOBL, Syst. Teil N 620, vor Art. 888 ff N 32 für das Fahrnispfandrecht.
[437] BGE 82 I 36; 67 I 124; ZGB-SCHMID Art. 964 N 7.

sucht werden, ob diesem Verzicht Ausstattungscharakter zukommt. Dies lässt sich freilich nur aufgrund des Einzelfalles feststellen, wird allerdings gerade beim Verzicht auf Rechte an Grundstücken (z. B. Pfandrechte) regelmässig bejaht werden können. Hingegen ist bei der Theorie der Schenkungskollation zur Beantwortung der Frage der Ausgleichungspflicht lediglich danach zu fragen, ob sich die Verstärkung der Rechtsstellung des Eigentümers wertmässig auswirkt.

b) Überlassung von Wohnräumen und Verrichtung von Arbeitsdiensten

Es kommt häufig vor, dass Nachkommen vom künftigen Erblasser unentgeltlich oder stark vergünstigt Räumlichkeiten zu Wohn- oder anderen Zwecken überlassen werden. Je nach Beschaffenheit, Lage und Grösse der Räumlichkeiten sowie der Zeitdauer der Überlassung erwachsen den dadurch Begünstigten grosse Einsparungsmöglichkeiten. Fraglich ist, inwieweit solche Ersparnisse in bezug auf die Ausgleichung in Anschlag gebracht werden können[438]. Die gleichen Fragen stellen sich *mutatis mutandis* auch bei unentgeltlichen Arbeitsleistungen des Erblassers zugunsten des künftigen Erben.

α) *Vorliegen einer Zuwendung*

Ein Teil der Lehre bestreitet hier eine ausgleichungsrechtliche Relevanz von vornherein, da eine blosse Gebrauchsüberlassung – zumindest dann, wenn die Sache nicht einem beliebigen Dritten hätte entgeltlich überlassen werden können – keine Zuwendung darstelle[439]. Mit dieser Argumentation folgen sie VON TUHR[440], wonach eine Zuwendung nur dann aus dem Vermögen des Zuwendenden erbracht worden ist, wenn ihm dadurch ein nach dem gewöhnlichen Lauf der Dinge zu erwartender Ertrag entgangen ist und dem Empfänger eine Ausgabe erspart geblieben sei.

PIOTET[441] lehnt diese Betrachtungsweise ab, da sie wirtschaftlicher und nicht rechtlicher Natur sei; darüber hinaus falle es in der Praxis ausserordentlich schwer, zu bestimmen, wann Räumlichkeiten unvermietbar seien oder nicht. Entscheidend sei deshalb einzig und allein der tatsächliche Vorteil des Begünstigten bzw. die fehlende Nutzungsmöglichkeit des Erblassers.

---

[438] Dazu das illustrative Beispiel in BGE 76 II 188, 195 ff E. 6.

[439] ESCHER/ESCHER, vor Art. 626 ff N 13; OSER/SCHÖNENBERGER, Art. 239 N 6; MÜLLER 41; vgl. auch PIOTET SPR IV/1 § 47 I C 1 [301] m. w. H.

[440] AT BGB § 75 I 2 [156], ebenso den Zuwendungscharakter von Arbeitsleistungen – da nicht aus dem Vermögen des Dienstleistenden stammend – negierend ders. a. a. O. [156 f]; dazu (kritisch) EITEL § 2 Nr. 29 [29 Anm. 114] m. w. H.

[441] SPR IV/1 § 47 I C 1 [301 f]; ders. ZBJV 1972 293: Er führt aus, dass, sofern das unentgeltliche Überlassen eines Gegenstandes generell nicht als Zuwendung qualifiziert würde und demnach nie zur Ausgleichung kommen könnte, dies zu unbilligen Resultaten führte. Dem Benützer stünde es nämlich frei, den Gegenstand weiter zu vermieten und dadurch einen Ertrag zu erzielen. Vermiete andererseits der Eigentümer selbst und zediere die Mietzinsforderungen einem Erben, so liege selbstverständlich eine Zuwendung vor.

PIOTET ist insoweit beizupflichten, als die effektive, allerdings im nachhinein stets hypothetisch bleibende Abklärung, ob einem Gegenstand oder einer Dienstleistung ein Marktwert zukomme, tatsächlich sehr schwierig sein kann. Indessen kommt man um diese Abklärung ohnehin nie herum, wenn der *objektive* Vorteil des Begünstigten betragsmässig ermittelt werden soll: Dazu muss naturgemäss das marktgängige Entgelt für den Gegenstand oder die Dienstleistung ermittelt werden.

Der solchermassen erlangte Vorteil stellt jedoch zweifellos eine Zuwendung im hier besprochenen Sinne dar: Das erblasserische Vermögen wäre ohne die Überlassung *mutmasslich* grösser, worin die Entreicherung zu erblicken ist; dasjenige des Begünstigten dagegen mutmasslich um denselben Betrag kleiner, was eine Bereicherung bedeutet. Die Ausgleichungsfähigkeit solcher Leistungen ist mithin zu bejahen. Hat jedoch der überlassene Gegenstand keinen Marktwert[442], so steht der Bereicherung des Begünstigten keine Entreicherung gegenüber, m. a. W. fehlt es eben an der Zuwendung. Es ist einsichtig, dass eine solche Begünstigung niemals ausgleichungsrechtlich relevant werden kann, da es an der Grundvoraussetzung der lebzeitigen Vermögens*entäusserung* des Erblassers gebricht.

β)   *Keine Zuwendung nach Art. 626 Abs. 2 im System der Versorgungskollation*

Es stellt sich die Frage, ob die unentgeltliche Überlassung von Räumlichkeiten an Nachkommen kraft Gesetzes auszugleichen sei oder nicht. Das Bundesgericht hat die Frage verneint, da eine solche «Leistung» dem *laufenden Verbrauch* diene und der Begünstigte kein Kapital anlegen könne[443]. Unter dem Gesichtswinkel der Versorgungskollation kann dem vorbehaltlos zugestimmt werden. Orientiert man sich dagegen am System der Schenkungskollation, so müsste das Problem anhand einer – wie oben skizzierten – eingehenden Analyse des Einzelfalles gelöst werden.

II. Subjekte der Ausgleichung

In der Ausgleichung stehen sich Erben gegenüber: Dies bedeutet, dass nur ausgleichungspflichtig- bzw. ausgleichungsberechtigt sein kann, wer als Erbe an der erbrechtlichen Auseinandersetzung teilnimmt[444]. Dies sind vorab die Nachkommen des

---

[442] Im Falle von Liegenschaften ist diese Konstellation allerdings schwer vorstellbar; möglicherweise könnte sie aber gegeben sein bei stark renovationsbedürftigen oder baufälligen Gebäuden.

[443] BGE 76 II 188, 196 f E. 6; dazu auch EITEL § 12 Nr. 6 [194 Anm. 24]; a. M. wohl PIOTET SPR IV/1 § 47 I B [299].

[444] Statt aller ZGB-FORNI/PIATTI, Art. 626 N 2. Wer also ausschlägt, braucht nicht auszugleichen, seine lebzeitige Zuwendung unterliegt aber der Herabsetzung, sofern dadurch Pflichtteile tangiert werden (illustrativ BGE 52 II 12 und dazu die Besprechung von GUHL ZBJV

Erblassers, welche als Erben berufen sind und mit welchen sich Art. 626 Abs. 2 ZGB im Rahmen der gesetzlichen Ausgleichung befasst. Besondere Fragen wirft dabei ihr Verhältnis zum überlebenden Ehegatten auf, welcher kraft gesetzlichen Erbrechts als Nichtnachkomme zu den Nachkommen in Konkurrenz tritt.

Sodann können weitere gesetzliche Erben Parteien der Ausgleichung sein, sofern sie Zuwendungen auf Anrechnung an den Erbteil erhalten haben (Art. 626 Abs. 1 ZGB; freiwillige oder gewillkürte Ausgleichung).

Unsicher ist sodann – trotz unlängst ergangenem bundesgerichtlichen Judikat[445] – die Stellung von eingesetzten Erben. Unklar ist ferner, ob die Erbenstellung bereits im Zeitpunkt der Zuwendung oder erst bei Eintritt des Erbfalls gegeben sein muss.

Schliesslich ist nach dem (ausgleichungsrechtlichen) Schicksal jener Zuwendungen abzuklären, deren Empfänger aus irgendwelchen Gründen keine Erbenstellung erlangt und somit nicht ausgleichungspflichtig wird.

A. Die Rechtsstellung des überlebenden Ehegatten

1. Allgemein im Erbrecht

Die Rechtsstellung des überlebenden Ehegatten im Erbrecht stellt den Gesetzgeber stets vor knifflige Fragen und gehört zu den schwierigsten Fragen dieses Rechtsgebiets überhaupt[446]. Er soll seinen bisherigen Lebensstil beibehalten können und durch den Hinschied des Lebenspartners nicht in Not geraten[447]. Diese Vorgaben kollidieren naturgemäss mit dem durch das Parentelensystem festgesetzten ehernen Grundsatz «nächst dem Blut, nächst dem Gut»[448]. Die Kollision wird vor allem dann manifest, wenn der überlebende Ehegatte in Konkurrenz mit Nachkommen aus früheren Ehen des Erblassers steht. Hier ist der auf den Ehegatten entfallende Anteil für die nicht von ihm abstammenden Nachkommen endgültig verloren, da sie ihn von Gesetzes wegen nicht beerben[449]. Aber auch sonst besteht für die Nachkommen eine Gefahr, da sie nicht verhindern können, dass der überlebende Ehegatte seinen Anteil verzehrt oder ihre Anwartschaft durch Wiederverheiratung, Geburt weiterer Kinder oder durch Verfügungen von Todes wegen schmälert[450].

1927 442; aus der neueren kantonalen Judikatur ferner KGer Graubünden PKG 1988 Nr. 4; vgl. auch BENN/HERZOG ZBJV 1999 771).
[445] BGE 124 III 102 = Pra 1998 Nr. 102.
[446] WEIMAR ZSR 1980 I 380; KIPP/COING § 5 I [38].
[447] WEIMAR ZSR 1980 I 380 f.
[448] So auch ESCHER/ESCHER, vor Art. 457 ff N 5.
[449] So in spezifisch ausgleichungsrechtlichem Zusammenhang EITEL ZBJV 1998 745.
[450] WEIMAR ZSR 1980 I 379.

Es besteht also ein veritabler *erbrechtlicher* Interessenkonflikt zwischen dem Ehegatten und den Nachkommen. Hier einen vernünftigen Ausgleich zu finden, muss das Ziel jeder Rechtsordnung sein. Die Teilrevision des Ehe- und Erbrechts in den achtziger Jahren hat die Position des überlebenden Ehegatten *massiv* gestärkt[451]. Dies wurde deshalb möglich, da der Zeitgeist dem überlieferten Familiensinn nicht unbedingt wohlgesonnen ist, was ermöglicht, die Interessen des «Partners» vermehrt ins Zentrum zu rücken[452].

Die Begünstigung des überlebenden Ehegatten erfolgt dabei nicht alleine über das Erbrecht: Im Bereich der beruflichen Vorsorge kommen die Hinterlassenenrenten bzw. Kapitalabfindungen dem überlebenden Ehegatten allein zugute, ohne dass er sich erbrechtlich etwas daran anrechnen lassen muss[453].

Daneben bestehen auch Möglichkeiten, über eine von der Regelung des ZGB abweichenden Vorschlagsbeteiligung eine güterrechtliche Begünstigung des überlebenden Ehegatten herbeizuführen[454].

2. In der Ausgleichung im besonderen

a) Ausgleichung nach Massgabe von Art. 626 Abs. 1 ZGB

Erhält der Ehegatte vom Erblasser eine unentgeltliche Zuwendung, welche auf Anrechnung an den Erbteil gegeben worden ist, so ist der überlebende Ehegatte gleich wie die übrigen Erben zur Ausgleichung verpflichtet und berechtigt (Art. 626 Abs. 1 ZGB)[455]; wobei keine Rolle spielt, ob er mit Nachkommen oder anderen gesetzlichen Erben konkurrenziert.

b) Ausgleichung nach Massgabe von Art. 626 Abs. 2 ZGB

Unbestritten ist, dass der Ehegatte niemals gestützt auf Art. 626 Abs. 2 ZGB ausgleichungspflichtig werden kann[456]. Kontrovers ist hingegen, ob der Erblasser in seiner Eigenschaft als gesetzlicher Erbe von den Nachkommen die Ausgleichung jener Zuwendungen verlangen kann, welche gestützt auf die eingangs erwähnte Bestimmung der Ausgleichung unterliegen.

---

[451] TUOR/SCHNYDER/SCHMID 444; vgl. auch HAUSHEER/AEBI-MÜLLER 1999 5 und LANGE/KUCHINKE § 12 I 2 [231].
[452] Vgl. zuletzt die Hinweise bei AEBI-MÜLLER ZBJV 1999 493, 510 ff; zum Diskussionsstand in Deutschland Staudinger/OTTE vor §§ 1922 ff N 120.
[453] AEBI-MÜLLER ZBJV 1999 496 f.
[454] Art. 216, 241 ZGB; dazu hinten 108, 117.
[455] TUOR/SCHNYDER/SCHMID 582; ferner PICENONI SJZ 1962 49; RÖSLI 34; SCHWENDENER 86 und NÄF-HOFMANN N 2728, 2748.
[456] ESCHER/ESCHER, Art. 626 N 6; PIOTET ZSR 1964 I 16, 21; GUINAND FS Piotet 64; SCHWARZ 28; WILDISEN 193; WOLFER 39; EITEL ZBJV 1998 744; KUNZ SJZ 1929 305 f; NÄF-HOFMANN N 2728, 2749 f; a. M. noch ROSSEL/MENTHA Ziff. 1161; AGUET 34 f.

α) *Die vertretenen Standpunkte*

Die ältere und (wohl noch) h. L. – namentlich jene, welche dem Gedanken der Schenkungskollation[457] anhängt[458] – vertritt die Auffassung, die *Gegenseitigkeit* von Ausgleichungspflicht und Ausgleichungsrecht beherrsche Abs. 1 und Abs. 2 von Art. 626. Sie befindet sich damit in Übereinstimmung mit dem deutschen Recht[459]. Dies würde konkret bedeuten, dass der überlebende Ehegatte im Verhältnis zu den Nachkommen nicht berechtigt ist, die Ausgleichung zu fordern. Somit entstünden bei der Nachlassteilung (rechnerisch) zwei Teilungsmassen: Zunächst wären aufgrund des vorhandenen *relictum* die gesetzlichen Erbansprüche des überlebenden Ehegatten zu berechnen; anschliessend wären zum verbliebenen *relictum* die Vorempfänge mit einzubeziehen und auf dieser Grundlage die Ansprüche der Nachkommen zu bestimmen[460].

Dagegen stehen das Bundesgericht[461] und die vorwiegend jüngere Lehre[462] auf dem Standpunkt, dass Wort *gegenseitig* beziehe sich nicht bloss auf Erben gleicher Stufe. Vielmehr bestehe die Ausgleichungspflicht *aller* Nachkommen stets gegenüber *allen* anderen gesetzlichen Erben. Diese Auffassung folgt den Intentionen des französischen Ccfr[463].

---

[457] Vgl. dazu die Aufstellung von EITEL § 20 Nr. 4 [312 Anm. 9 und 10].

[458] ESCHER/ESCHER, Art. 626 N 8 ff; TUOR/PICENONI, Art. 626 N 35a; ROSSEL/MENTHA Ziff. 1161; TUOR ZBJV 1925 9 f; PICENONI SJZ 1962 49 ff; SCHWENDENER 93 ff; RÖSLI 43; GUBLER 132 f; GAUTSCHI ZBGR 1928 9 f; KUNZ SJZ 1929 308 f; VONRUFS 67; ebenso wohl BECK § 38 II [165 f]; in neuerer Zeit allerdings auch EITEL § 20 Nr. 46 ff [332 f]; ders. ZBJV 1998 746 und ZSR 1999 I 83 ff; WIDMER 106 Anm. 328 und ZGB-FORNI/PIATTI, Art. 626 N 7.

[459] BGE 77 II 228, 234 E. 3 c. In der Tat unterwirft § 2050 Abs. 1 BGB nur Abkömmlinge der gesetzlichen Ausgleichungspflicht (statt aller RGRK-KREGEL § 2050 N 1). Im österreichischen Recht ist die Frage strittig: Gemäss der h. L. kann der Ehegatte von der gesetzlichen Ausgleichungspflicht der Nachkommen profitieren, ohne selbst von Gesetzes wegen ausgleichungspflichtig zu werden (Nachweise bei EITEL § 4 Nr. 12 [55 Anm. 59]; a. M. dagegen Klang/WEISS §§ 790 bis 794 I B 4 [945], wonach sich auch der Ehegatte Zuwendungen in gleichem Masse wie Nachkommen anrechnen lassen müsse).

[460] Ähnlich TUOR/PICENONI, Art. 626 N 36; ESCHER/ESCHER, Art. 626 N 12; ebenso die Vorgehensweise in Deutschland; dazu Staudinger/WERNER § 2055 N 4.

[461] BGE 77 II 228 (zustimmend GUHL ZBJV 1953 300), 107 II 119, 126 E. 2 c (obiter), offengelassen allerdings in 89 II 72, 76 E. 1 und 51 II 374, 381 E. 1; für Ausgleichungsberechtigung des überlebenden Ehegatten auch Cour de Justice Genf SJZ 1939/40 66.

[462] PIOTET SPR IV/1 § 47 III [313 ff]; ders. ZSR 1964 I 16 ff; TUOR/SCHNYDER/SCHMID 582 f; THORENS Considérations 34; MÜLLER 75, 81; VOLLENWEIDER 32; STOUDMANN 27; DRUEY § 7 N 27 f; ders. FS Piotet 34 ff; BREITSCHMID 1997 76 f; SEEBERGER 258; VOLLERY N 178; WEIMAR FS Schnyder 853 ff; WILDISEN Anm. 152, 193 f; ZOLLER 63 ff; BRÜCKNER Erbteilungsklage N 175; NÄF-HOFMANN N 2751 ff; in die gleiche Richtung weisend SPAHR 164 und WOLFER 53; ferner aus der güterrechtlichen Doktrin HAUSHEER/REUSSER/GEISER, Art. 208 N 55.

[463] BGE 77 II 228, 234 E. 3 c. Allerdings geht das französische Recht weiter, indem es alle gesetzlichen Erben der gesetzlichen Ausgleichungspflicht unterwirft (vgl. vorn 36 Anm. 193).

Was die Ausgleichung von (übermässigen) Ausbildungs- und Erziehungskosten betrifft, hat sich das Bundesgericht dagegen in einem Entscheid aus dem Jahre 1925 auf den Standpunkt gestellt, der Ehegatte könne die Ausgleichung solcher Kosten nicht begehren[464]: Insbesondere könnten diese nicht mit den Zuwendungen nach Art. 626 Abs. 2 verglichen werden, da jene meistens im Erbfall noch vorhanden, Ausbildungs- und Erziehungskosten dagegen stets verbraucht seien[465]. Bei der Ausgleichung nach Massgabe von Art. 631 Abs. 1 ZGB gehe es folglich nur darum, nicht beabsichtigte Ungleichheiten *zwischen den Kindern* zu glätten[466].

β) Begründungen

αα) Entstehungsgeschichte

Die Lehrmeinung, welche die Ansicht verficht, überlebende Ehegatten seien gegenüber den Nachkommen nicht berechtigt, die Ausgleichung zu verlangen, beruft sich dafür auf den Willen des historischen Gesetzgebers: Aus den Materialien könne geschlossen werden, dass die Beteiligten im Gesetzgebungsverfahren den überlebenden Ehegatten eher von der Ausgleichungsberechtigung ausgenommen haben wollten[467]. Dies zeige sich schon darin, dass zunächst ein Ehegattenerbrecht neben den Nachkommen überhaupt nicht vorgesehen war und stattdessen einzig Nutzniessungsansprüche bestehen sollten[468]. Darüber hinaus lasse sich dem Vorentwurf entnehmen, dass die Ausgleichungspflicht der Nachkommen in einem besonderen Gesetzesartikel hätte geregelt werden sollen. Wäre dies geschehen, wäre die vorliegende Frage zweifelsfrei durch den Wortlaut entschieden worden[469]. Da im weiteren Verfahren der Gesetzgebung bzgl. dieser Frage offensichtlich materiell keine Veränderungen vorgenommen worden seien, stelle die definitive Fassung bloss noch eine redaktionelle Bereinigung des Vorentwurfs dar. Endlich sei HUBER ganz entschieden auf diesem Standpunkt gestanden, wie aus privaten Äusserungen hervorgehe[470].

Freilich müssen die Materialien – deren Bedeutung ohnehin durch die lange Zeitdauer seit Inkrafttreten des ZGB etwas relativiert ist – in diesem Punkte mit besonderer Vorsicht zu Rate gezogen werden[471]: Dies zunächst einmal *gerade* deshalb, weil der überlebende Ehegatte nach den ursprünglichen Absichten im Gesetzgebungsverfahren einzig durch eine Nutzniessung abgefunden werden sollte. Es scheint daher der Schluss näher zu liegen, dass man sich mit der

---

[464] BGE 51 II 374, 381 ff E. 1; zustimmend GUHL ZBJV 1926 446 und offenbar BECK § 38 II 1 [166]; sehr kritisch dagegen TUOR und PICENONI, welche die Unterscheidung zwischen Art. 626 Abs. 2 und 631 Abs. 1 in diesem Punkte zu Recht als sachfremd ablehnen (TUOR/PICENONI, Art. 626 N 35a; ähnlich bereits TUOR[1], Art. 626 N 35). In die gleiche Richtung weisend (freilich ohne Begründung) PIOTET SPR IV/1 § 48 II [339].
[465] BGE a. a. O. 382 E. 1.
[466] BGE a. a. O. 382 f E. 1.
[467] Ausführlich EITEL § 20 Nr. 8 ff [314 ff].
[468] Vgl. Vorentwurf Art. 489 Abs. 1; Erl. I 234. Zum Gesetzgebungsverfahren TUOR, aArt. 462 N 31; WEIMAR ZSR 1980 I 395.
[469] EITEL § 20 Nr. 10 [315 f].
[470] Dies belegt (wenn auch undeutlich) ein im Jahre 1913 von HUBER für TUOR erstattetes Gutachten (Besprechung des Gutachtens bei EITEL § 20 Nr. 15 ff [318 f]).
[471] Dies belegt eindrücklichst auch die jüngste Kontroverse zwischen PIOTET und EITEL über die Würdigung der Materialien (ZSR 1999 I 57 f, 84).

Frage gar nicht näher befasst hat[472]. Durch die Revision des Eherechts ist sodann das Ehegattenerbrecht einer tiefgreifenden Reform unterzogen worden. Vor 1988 hatte der überlebende Ehegatte bei Konkurrenz mit Nachkommen die Wahl, als Erbe (Universalsukzessor) einen Viertel zu Eigentum zu wählen oder die Hälfte des Nachlasses zur Nutzniessung (als Singularsukzessor[473]) zu beanspruchen[474]. Das Wahlrecht konnte indes durch Verfügung von Todes wegen ausgeschlossen oder verkürzt werden[475]. Pflichtteilsgeschützt war aber in jedem Falle der Eigentumsviertel[476]. Zu dessen Berechnung waren gemäss einhelliger Lehre die Vorempfänge an Nachkommen hinzuzuzählen[477]. Dies bedeutete, dass zumindest dann, wenn der Ehegatte durch Wahl oder erblasserischen Willen den Eigentumsviertel erhielt, durch Gleichlauf zwischen gesetzlichem Erbrecht und Noterbrecht der Streitfrage eher theoretische Bedeutung zukam[478]. Wurde hingegen Nutzniessung gewählt, lagen die Verhältnisse ohnehin anders, belastete diese doch – anderweitige Verfügung von Todes wegen vorbehalten – bloss den reinen Nachlass[479].

Unter geltendem Recht ist die Nutzniessung des überlebenden Ehegatten nach aArt. 462 ZGB weggefallen. Der gesetzliche Erbanspruch des überlebenden Ehegatten beträgt nunmehr in Konkurrenz mit Nachkommen die Hälfte der Erbschaft zu Eigentum[480], hingegen – und das ist vorliegendenfalls von Bedeutung – beträgt der Pflichtteil «bloß» noch die Hälfte des gesetzlichen Erbanspruchs[481]. Es besteht somit kein Gleichlauf mehr zwischen gesetzlichem Erbanteil und Pflichtteil. Damit *steigt* die Bedeutung der Frage, ob die Vorempfänge an Nachkommen bereits zur Berechnung des gesetzlichen Erbanspruchs einzubeziehen sind[482].

ββ) Wortlaut und Systematik

Die h. L. beruft sich neben der Entstehungsgeschichte auch auf Wortlaut und Systematik von Art. 626 ZGB: Gemäss Abs. 1 dieser Bestimmung sind die gesetzlichen Erben «gegenseitig» zur Ausgleichung verpflichtet. Der Ausgleichungspflicht stehe als Korrelat das Recht gegenüber, von den Miterben die Ausgleichung zu fordern.

---

[472] Weder die Expertenkommission noch die eidgenössischen Räte haben sich bei ihren Beratungen der erbrechtlichen Ausgleichung mit dieser Frage auseinandergesetzt.
[473] TUOR, aArt. 462 N 20.
[474] aArt. 462 Abs. 1 ZGB; dazu TUOR/SCHNYDER/SCHMID 446 ff.
[475] TUOR, aArt. 462 N 34; ESCHER/ESCHER, aArt. 462 N 26.
[476] aArt. 471 Ziff. 4 ZGB.
[477] PIOTET SPR IV/1 § 47 III [314 f]; dies in konsequenter Durchführung der sog. objektiven Theorie (dazu vorn 47 f).
[478] ESCHER/ESCHER, Art. 626 N 11; TUOR/PICENONI, Art. 626 N 37; EITEL § 20 Nr. 21 [320]; PIOTET ZSR 1999 I 61; BRUHIN 133 f; SCHWENDENER 81; ähnlich auch MÜLLER 79. Bedeutsam war die Frage diesfalls somit einzig bei der Abwicklung, wenn die Frist zur Geltendmachung des Herabsetzungsanspruchs unbenutzt verstrichen war (dazu PIOTET ZSR 1964 I 17, 38 f).
[479] TUOR, aArt. 462 N 23 ff, bes. N 26; ESCHER/ESCHER, aArt. 462 N 17, 26; a. M. PIOTET SPR IV/1 § 47 III [315]; ders. ZSR 1999 I 67 f; ebenso SCHWENDENER 82 f.
[480] Art. 462 Ziff. 1 ZGB.
[481] Art. 471 Ziff. 3 ZGB.
[482] EITEL § 20 Nr. 21 [320].

Die h. L. spricht von der *Symmetrie* der Ausgleichung[483]. Nur diejenigen, welche potentiell zur Ausgleichung verpflichtet seien, wären auch berechtigt, diese zu fordern, und umgekehrt. Sie macht geltend, dass dieses Prinzip auch auf Abs. 2 anwendbar sei. Entscheidend ist diese Frage für die Rechtslage des überlebenden Ehegatten: Gilt die Symmetrie, hat er kein Recht, von seinen Miterben die Ausgleichung zu fordern. Vielmehr wären aufgrund der besonderen Anordnung nur die Nachkommen – da Abs. 2 nur an sie ausgerichtete Zuwendungen behandelt – zur Ausgleichung berechtigt und verpflichtet[484].

Das Bundesgericht – welches in einem Entscheid aus dem Jahre 1959[485] dem überlebenden Ehegatten die Gläubigerstellung im Verfahren der erbrechtlichen Ausgleichung zuerkannt hat – begründet seine Haltung ebenfalls mit Argumenten formeller Natur.

Nach seiner Auffassung gilt Art. 626 Abs. 1 *auch* für Nachkommen. Absatz 2 enthält danach (nur) eine besonders starke Willensvermutung mit beschränkter Möglichkeit des Gegenbeweises, dass bestimmte Zuwendungen an Nachkommen auszugleichen sind[486]. Behandelt werde also nur die Ausgleichungs*pflicht*. Absatz 2 sage aber nichts dazu aus, wer berechtigt sei, die gestützt auf diese Bestimmung zu konferierenden Zuwendungen zu verlangen: Zur Frage der Ausgleichungsberechtigung habe man sich demnach ausschliesslich an Absatz 1 zu halten[487].

Zur Untermauerung seiner Ansicht stützt sich das Bundesgericht sodann in rechtsvergleichender Hinsicht auf das französische Recht, welches in diesem Punkt angeblich unser System beeinflusst hat[488].

γγ) *Ansatz* PIOTET: *Ausstattung des Ehegatten ist nicht gebräuchlich*

Für die Einräumung der Gläubigerstellung des überlebenden Ehegatten stark gemacht hat sich PIOTET[489]: Dieser – konsequent auf dem Boden der *Versorgungskollation* stehend – führt aus, dass es nicht gebräuchlich sei, einen Ehegatten auszustatten. Geschehe es doch, so liege die Vermutung nahe, der Erblasser habe ihn begünstigen wollen[490]. Andernfalls – um den Gedankengang PIOTETS weiterzuspinnen – stehe es ihm natürlich frei, die Zuwendung nur unter der Bedingung, dass sie später ausgeglichen werden müsse, auszurichten. Daneben sei aber auch nicht erfindlich, weshalb der Ehegatte von einer einseitig verfügten oder vereinbarten Ausgleichungs-

---

[483] Vgl. etwa ESCHER/ESCHER, Art. 626 N 3, 16; TUOR/PICENONI, Art. 626 N 1; DRUEY § 7 N 26; implizit auch EITEL § 20 Nr. 37 f [327 f]; relativierend freilich CURTI-FORRER, Art. 626 N 2.
[484] Vgl. EITEL ZSR 1999 I 83: Aufgrund des Wortlautes ist *sowohl* ein Analogie- wie auch ein Umkehrschluss denkbar.
[485] BGE 77 II 228.
[486] BGE 77 II 228, 230 ff E. 3 a: Vgl. die scharfe Kritik an dieser Qualifikation von Art. 626 Abs. 2 bei PICENONI SJZ 1962 35.
[487] BGE 77 II 228, 230 f E. 3 a, 233 f E. 3 c.
[488] BGE 77 II 228, 234 f E. 3 c.
[489] SPR IV/1 § 47 III [313 ff]; ders. ZSR 1964 I 15 ff und zuletzt ZSR 1999 I 57 ff und darauf die Replik von EITEL (ZSR 1999 I 86 ff).
[490] PIOTET SPR IV/1 § 47 III [314]; ders. ZSR 1964 I 20.

pflicht profitieren soll, nicht aber von der gesetzlichen[491]. Freilich räumt PIOTET[492] ein, dass die Gewährung der Gläubigerstellung zugunsten des überlebenden Ehegatten dann als stossend erscheine, sofern vom Prinzip der *Schenkungskollation* ausgegangen werde und tatsächlich jede grössere Zuwendung an *Nachkommen* unabhängig vom Verwendungszweck auszugleichen sei: Hiervon würde logischerweise der Ehegatte in unverhältnissmässigem Ausmass profitieren.

Neben diesem Hauptargument weist PIOTET[493] auf weitere Unebenheiten – namentlich rechnerischer Natur – hin, sofern dem überlebenden Ehegatten die Gläubigerstellung im Ausgleichungsrecht verweigert wird.

δδ) *Aspekte der Gleichbehandlung und Billigkeit*

Aus dem Gleichbehandlungsgrundsatz wird regelmässig geschlossen, dass sich Rechte und Pflichten regelmässig decken. Daraus folgert EITEL als Befürworter jener Linie, welche dem Ehegatten die Gläubigerstellung in der Ausgleichung versagt, dass die Gewährung eines solchen Privilegs einer besonderen Rechtfertigung bedürfe[494]. Die Ehegattenstellung und damit die erbrechtliche Konkurrenz mit Nachkommen allein rechtfertige noch keine Privilegierung. EITEL[495] macht geltend, durch die Vornahme ausgleichungsrelevanter Zuwendungen an Nachkommen werde Familienvermögen im Rahmen einer vorgezogenen Familienerbfolge an die nächste Generation weitergegeben, was nach einer Wiederherstellung des Gleichgewichts innerhalb *dieser* Generation rufe. Sei der Ehegatte nun Ausgleichungsgläubiger, so werde der Vorgang in gewisser Weise rückgängig gemacht, wobei indes keineswegs sicher sei, ob die Nachkommen beim Ableben des zweitversterbenden Ehegatten am Rückfluss partizipierten[496]. Diese Konstellation stelle kaum die übliche Intention des Erblassers dar und sei wohl eher als Ausnahme zu betrachten. Vielmehr würden Vorempfänge nur dann ausgerichtet, wenn der Ausrichtende in guten Treuen davon ausgehen könne, der zurückbleibende Gatte bedürfe der zugewendeten Gegenstände nicht mehr[497]. Diese Argumentation ergänzt sich mit der Ansicht, die gesetzliche Ausgleichung sei kein Instrument zur Begünstigung des Ehegatten, sondern diene der Gleichbehandlung der Nachkommen[498].

Sodann wird eingewandt, dass die Gewährung der Gläubigerstellung des überlebenden Ehegatten vor allem dann unbillig sei, sofern es sich um eine Zweitehe handle. Der Ehegatte käme dannzumal bei der Berechnung seines Erbteils in den «Genuss»

---

[491] PIOTET ZSR 1964 I 22; ders. ZSR 1999 I 63 f; ebenso EITEL ZBJV 1998 745 f.
[492] SPR IV/1 § 47 III [314].
[493] SPR IV/1 § 47 III [314 ff]; ders. ZSR 1964 I 22 ff und ZSR 1999 I 64 ff; referiert bei EITEL § 20 Nr. 26 f [322 f].
[494] EITEL § 20 Nr. Nr. 37 [328]; ders. ZSR 1999 I 89.
[495] § 20 Nr. 39 ff [328 f].
[496] Z. B. dann nicht, wenn es sich um eine Zweitehe des Erblassers gehandelt hat oder der überlebende Ehegatte erneut geheiratet hat.
[497] EITEL § 20 Nr. 41 [329]; ders. ZSR 1999 I 90.
[498] TUOR/PICENONI, Art. 626 N 35b; ähnlich ESCHER/ESCHER, Art. 626 N 8 ff.

von Zuwendungen, welche je nach Konstellation lange Zeit vor seiner Eheschliessung ausgerichtet worden seien, was als stossend empfunden werde[499]. In diese Richtung hat sich auch andeutungsweise das Bundesgericht in einem älteren Entscheid geäussert[500].

Aus diesem Grunde postuliert SEEBERGER, der überlebende Ehegatte solle die Ausgleichung jener Zuwendungen nicht verlangen dürfen, welche vor seiner Eheschliessung ausgerichtet worden sind[501].

Schliesslich wird geltend gemacht, dass durch die Hingabe einer Zuwendung an einen Nachkommen der überlebende Ehegatte insoweit betroffen sei, als die finanzielle Basis der Ehepartner geschmälert werde und dieser Mittelabfluss (bei Zustimmung des Gatten) auch nicht im Zuge der güterrechtlichen Auseinandersetzung kompensiert werden könne[502].

γ) Stellungnahme

Nach hier vertretener Meinung sprechen die vorgebrachten Argumente wie auch allgemeine Grundsätze, welche dem schweizerischen Erbrecht zugrunde liegen, für die Annahme, der überlebende Ehegatte nehme in Konkurrenz mit Nachkommen gleichberechtigt an der erbrechtlichen Ausgleichung teil. Dies bedeutet, dass er in allen Fällen der gesetzlichen Ausgleichung (Art. 626 Abs. 2 und Art. 631 Abs. 1 ZGB)[503] diese fordern kann. Die gegenteilige h. L. vermag aus mehreren Gründen nicht zu überzeugen:

Zunächst einmal ist die Bedeutung der Materialien – mögen sie auch noch so stark in die andere Richtung weisen – gering. Viel wesentlicher erscheint aber der Rückgriff auf allgemeine Grundsätze: Vorab muss hervorgehoben werden, dass das Ehegattenerbrecht einen zentralen Pfeiler des schweizerischen Erbrechts darstellt. Der überlebende Ehegatte ist gesetzlicher und pflichtteilsgeschützter Erbe mit allen sich daraus ergebenden Konsequenzen. Sollte dieser bei einem erbrechtlichen Institut eine gesonderte Behandlung erfahren, müsste dies als Ausnahme vom Grundsatz mit einer *gewissen* Deutlichkeit aus dem Wortlaut oder der Systematik der entsprechenden

---

[499] ESCHER/ESCHER, Art. 626 N 9; SCHWENDENER 98 ff; PICENONI SJZ 1962 51 f; Nachweise bei EITEL § 20 Nr. 36 [326].
[500] BGE 51 II 374, 380 E. 1: I. c. ging es allerdings nur um die Feststellung des mutmasslichen Willens des Erblassers im Rahmen einer Testamentsauslegung.
[501] SEEBERGER 259. Auch SCHWENDENER (101 f) versucht nach diesem Kriterium zu differenzieren, wobei er allerdings in beiden Fällen die Ausgleichungsberechtigung des Gatten ablehnt.
[502] SEEBERGER 258. Vgl. auch hinten 107 ff.
[503] Die Auffassung des Bundesgerichts (BGE 51 II 374, 381 ff E. 1), dass in Fällen der Ausgleichung übermässiger Ausbildungs- und Erziehungskosten anders vorgegangen werden soll als bei «gewöhnlichen» Ausstattungen, weil die Auslagen stets schon verbraucht sind, gibt für diese Ansicht keine überzeugende Begründung.

Bestimmungen hervorgehen. Dies ist im ZGB – im Gegensatz etwa zu § 2050 Abs. 1 BGB[504] – nicht der Fall.

Auch der Grundsatz der Symmetrie führt zu keinem anderen Ergebnis: Dieses allgemeine Prinzip besagt einzig, dass sämtliche gesetzlichen Erben, welche eine – kraft Gesetzes oder Parteiwillens – ausgleichungspflichtige Zuwendung erhalten haben, gegenüber *allen* anderen gesetzlichen Erben zur Ausgleichung verpflichtet sind[505].

Sodann müssten bei einem System, welches dem Ehegatten die Gläubigerstellung bei der Ausgleichung versagt, die gesetzlichen Erbanteile verändert werden[506], mithin wäre von *verschiedenen* Nachlässen auszugehen. Die Kommentatoren[507] machen zwar geltend, dass die Bildung verschiedener Massen (Inventare) rechnerisch keine Probleme bilde. Das schweizerische Erbrecht steht allerdings auf dem Boden der *Nachlasseinheit*[508]. Es gibt nur einen Nachlass, zu welchem die Zuwendungen hinzugerechnet werden[509]. Ein anderes Vorgehen erscheint somit aus grundsätzlichen Erwägungen unzulässig und ist überdies aus praktischen Gründen nicht empfehlenswert.

Auch der Wortlaut sowie der Aufbau von Art. 626 ZGB sprechen keinesfalls dagegen, dem überlebenden Ehegatten die Gläubigerstellung in der erbrechtlichen Ausgleichung zuzugestehen. Tatsächlich gelangt man bei unvoreingenommener Lektüre von Art. 626 ZGB zum Schluss, dass der erste Absatz den Grundsatz der Ausgleichung statuiert, wogegen im zweiten Absatz eine gesetzliche Ausgleichungspflicht für bestimmte Zuwendungen an Nachkommen festgehalten wird. Etwas anderes scheint dem Text nicht entnommen werden zu können. Teilweise wird mit beachtlichen Argumenten noch weitergegangen und bereits die grundsätzliche Gegenseitigkeit von Ausgleichungsrecht- und pflicht in Zweifel gezogen[510], wobei ein derartiges Abrücken vom Gesetzeswortlaut wohl etwas weit geht.

Nicht zu überzeugen vermag der Vorschlag, dem überlebenden Ehegatten für all jene ausgleichungspflichtigen Zuwendungen die Gläubigerstellung einzuräumen, welche nach seiner Eheschliessung an Nachkommen ausgerichtet worden sind. Zunächst wird hier unter Umständen wieder mit verschiedenen Massen gearbeitet. Sodann ist auch nicht einzusehen, weshalb der Zeitpunkt der Eheschliessung von Relevanz sein sollte, wenn es um die Ausgleichung geht. Unbestritten ist nämlich, dass ein Nach-

---

[504] Dazu vorn 84.
[505] So entschieden BGE 77 II 228, 230 f E. 3 a; PIOTET ZSR 1964 I 32 f; ders. ZSR 1999 I 60 f: Eine Unterscheidung zwischen Erben verschiedener Stufen wird folglich nicht gemacht.
[506] Dazu ausführlich und mit Beispielen PIOTET SPR IV/1 § 47 III [314 ff].
[507] TUOR/PICENONI, Art. 626 N 36; ESCHER/ESCHER, Art. 626 N 12.
[508] So auch entschieden WEIMAR FS Schnyder 854; ZOLLER 67; implizit auch DRUEY § 7 N 28; ders. FS Piotet 36.
[509] WEIMAR FS Schnyder 854.
[510] So WEIMAR FS Schnyder 853 ff (These 10).

komme die Ausgleichung von Zuwendungen an andere Nachkommen verlangen kann, welche vor seiner Geburt ausgerichtet worden sind[511].

Freilich muss damit eine sehr starke Begünstigung des überlebenden Ehegatten hingenommen werden. Im Erbrecht kann er also – trotz des seit der Revision 1988 bereits hohen gesetzlichen Erbanteils – an der Ausgleichung teilnehmen. Darüber hinaus kann er vom Erblasser *erbrechtlich* dahin gehend begünstigt werden, dass ihm dieser die frei verfügbare Quote zuwendet oder nach Massgabe von Art. 473 ZGB vorgeht[512].

B. Rechtsfragen bei gewillkürter Erbfolge (eigentliche/uneigentliche Ausgleichung)

Die Ausgleichung als erbrechtliches Institut, welches mutmasslich der Wahrung der *Erbenparität* dient, ist auf das gesetzliche Erbrecht zugeschnitten[513]. Rechtsprechung und Doktrin sprechen deshalb auch von der «eigentlichen[514]» Ausgleichung. Auf eingesetzte Erben finden dagegen die ausgleichungsrechtlichen Bestimmungen nach der h. L. grundsätzlich keine Anwendung[515]. Fraglos zulässig erscheint aber eine einseitige oder kraft Vereinbarung erwirkte Unterstellung eingesetzter Erben unter Art. 626 ff ZGB; man spricht dann gemeinhin von der «uneigentlichen[516]» Ausgleichung.

In einem solchen Fall gelangen die Ausgleichungsbestimmungen nur analog zur Anwendung. Funktionell sind sie als Teilungsvorschriften zu qualifizieren, welche das Objekt der Erbein-

---

[511] EITEL § 20 Nr. 36 [327]; ders. ZBJV 1998 746; PIOTET ZSR 1964 I 36 f.
[512] In Konkurrenz mit Nachkommen – sofern diese auf den Pflichtteil gesetzt werden – kann er dem Ehegatten zu dessen gesetzlichen Erbanteil ($^1/_2$) einen weiteren Achtel zuwenden. Zu Art. 473 ZGB hinten 272 f.
[513] ESCHER/ESCHER, vor Art. 626 ff N 1(«Sicherheitsventil des gesetzlichen Erbrechts»), 5, Art. 626 N 16; TUOR/PICENONI, Art. 626 N 1; ZGB-FORNI/PIATTI, Art. 626 N 1; PIOTET SPR IV/1 § 46 II [292 f]; BECK § 38 I 1 und 2 [164 f]; TUOR/SCHNYDER/SCHMID 582; WIDMER 15 f; a. M. THORENS Considérations 39 ff; WEIMAR FS Schnyder 851 ff; in die gleiche Richtung weisend DRUEY § 7 N 28; ders. FS Piotet 26 ff, 36 ff.
[514] BGE 124 III 102, 104 E. 4 a = Pra 1998 Nr. 102; TUOR/PICENONI, vor Art. 626 ff N 9 ff, PIOTET SPR IV/1 § 52 II [366] m. w. H.; SPAHR 163; ähnlich ESCHER/ESCHER, vor Art. 626 ff N 5, Art. 626 N 16; VOLLERY N 80.
[515] TUOR/PICENONI, Art. 626 N 1a; ESCHER/ESCHER, vor Art. 626 ff N 5; ZGB-FORNI/PIATTI, Art. 626 N 7; PIOTET SPR § 52 II [367]; BECK § 38 I 2 [165]; RÖSLI 36; SCHWARZ 20; STOUDMANN 23; VOLLERY N 12, 126; anders (zumindest postulierend) DRUEY § 7 N 28.
[516] BGE 124 III 102, 104 E. 4 a = Pra 1998 Nr. 102, 53 II 202, 205 E. 2; TUOR/PICENONI, vor Art. 626 ff N 9 ff, Art. 626 N 5a; BREITSCHMID 1997 74; SCHWARZ 20; SEEBERGER 276; SPAHR 163; ZOLLER 21; EITEL ZBJV 1998 743; GUBLER 27; GUINAND/STETTLER N 324; kritisch PIOTET SPR IV/1 § 52 II [366 ff] m. w. H.; WIDMER 17; VOLLERY N 12, 130 ff; WOLFER 31.

setzung genauer umschreiben[517]. Da die Wirkungen der Ausgleichung aber in beiden Fällen die gleichen sind, mutet die Differenzierung eher gekünstelt an[518].

Es stellt sich die Frage, ob eine solche Anordnung bereits in der Verfügung von Todes wegen erblickt werden kann, welche die gesetzliche Erbfolge bestätigt oder zumindest – bei anderweitigen Bestimmungen über die verfügbare Quote – die gesetzlichen Erbanteile unberührt lässt.

1. Bestätigung der gesetzlichen Erbfolge bzw. Bestehenlassen unveränderter Quoten

a) Grundsatz

Bestätigt der Erblasser die gesetzliche Erbfolge[519] oder lässt er zumindest das Verhältnis der Quoten unberührt, so gelangen nach ganz herrschender Auffassung die ausgleichungsrechtlichen Regeln in analoger Anwendung von § 2052 BGB[520] vollumfänglich zur Anwendung[521]. Dies ist unbestritten. Nachkommen sind folglich aufgrund von Art. 626 Abs. 2 zur gesetzlichen Ausgleichung verpflichtet; andere gesetzliche Erben haben dasjenige auszugleichen, was ihnen nach Massgabe von Art. 626 Abs. 1 ZGB auf ihren Erbanteil zugewendet worden ist. Diesem Ansatz liegt der Gedanke zugrunde, der Erblasser habe in solchen Fällen in aller Regel an der Gleichbehandlung der Nachkommen festhalten wollen.

---

[517] Vgl. WIDMER 17; ferner TUOR/PICENONI, vor Art. 626 ff N 11, Art. 626 N 5a; ESCHER/ESCHER, Art. 626 N 16; ZGB-FORNI/PIATTI, Art. 626 N 7; MÜLLER 83; offenbar anders PIOTET SPR IV/1 § 52 II [367].

[518] So auch PIOTET SPR IV/1 § 52 II [366 ff]; ders. ZBJV 1972 277 ff; in die gleiche Richtung weisend WEIMAR FS Schnyder 851 ff.

[519] In diesem Fall erscheint die Verfügung – sofern sie keine weiteren Anordnungen enthält – als bedeutungslos (WEIMAR FS Schnyder 853 Anm. 58; anders freilich die Regelung in § 790 ABGB, wonach in solchen Fällen keine gesetzliche Ausgleichung stattfindet, vgl. dazu Klang/WEISS §§ 790 bis 794 I B 4 [942]).

[520] Nach dieser Bestimmung wird vermutet, dass die Abkömmlinge nach dem Willen des Erblassers zur Ausgleichung verpflichtet seien, wenn er sie auf dasjenige einsetzt, was sie als gesetzliche Erben erhalten würden oder wenn ihre Anteile in demselben Verhältnis stehen wie bei der gesetzlichen Erbfolge (KIPP/COING § 120 III 2 [648]). Dies gilt grundsätzlich auch bei der Einräumung wirtschaftlicher Vorteile zugunsten einzelner Erben (RGZ 90, 419, 422 E. 1; Staudinger/WERNER § 2052 N 4). Die Vermutung kann andererseits gerade durch die Einräumung wirtschaftlicher Vorteile (z. B. Vorausvermächtnisse) entkräftet werden (RGZ a. a. O. 421 f E. 1; Staudinger/WERNER a. a. O.).

[521] BGE 124 III 102, 104 f E. 4 b = Pra 1998 Nr. 102, ESCHER/ESCHER, vor Art. 626 ff N 6; TUOR/PICENONI, Art. 626 N 8; ZGB-FORNI/PIATTI, Art. 626 N 7; PIOTET SPR IV/1 § 52 I [365 f]; DRUEY § 7 N 24; BECK § 38 I 2 [165]; EITEL ZBJV 1998 743; BRÜCKNER Erbteilungsklage N 177; MÜLLER 85 f; SCHWENDENER 74; SPAHR 162; STOUDMANN 23; VOLLERY N 128; WIDMER 15; WOLFER 34 ff; a. M. BREITSCHMID 1997 74 f.

b) **Behandlung eingesetzter Erben neben gesetzlichen Erben**

Bleibt das Verhältnis der Erbquoten der Intestaterben zwar unberührt, haben sie aber mit eingesetzten Erben zu teilen, so stellt sich die Frage, ob letztere berechtigt sind, an der Ausgleichung zu partizipieren. § 2052 BGB hilft nicht weiter, da nach deutschem Recht stets nur die Abkömmlinge unter sich auszugleichen haben. Die Lehre ist – soweit sie zur Frage überhaupt Stellung nimmt – gespalten: Einige Autoren vollziehen diesfalls die Teilung in zwei Schritten, wobei nur die gesetzlichen Erben unter sich abrechnen[522]; nach einem anderen Teil der Lehre kommt dagegen die Ausgleichung allen Erben zugute[523]. Diese Meinung verdient aus zweierlei Gründen den Vorzug: Zum einen ist eine gewisse Ähnlichkeit mit der Ausgleichungsberechtigung des überlebenden Ehegatten nicht von der Hand zu weisen. Zudem gebietet das Prinzip der Nachlasseinheit auch in diesem Falle, dass sich die Erbteilung aus einer einzigen Teilungsmasse vollzieht.

2. Abweichungen von der gesetzlichen Erbfolge

a) Komplette Neufestlegung der Quoten

α) *Auswirkungen auf die gesetzliche Ausgleichung (Art. 626 Abs. 2 ZGB)*

Weicht der Erblasser in seiner Verfügung von Todes wegen von der gesetzlichen Erbfolge ab, d. h. verändert er die gesetzlichen Erbteile, so wird mehrheitlich davon ausgegangen, es bestünden keine (gesetzlichen) Ausgleichungspflichten[524]. Begründet wird dies damit, dass mit Festlegung der Quoten durch den Erblasser der Zweck der gesetzlichen Ausgleichung – die Verwirklichung des präsumptiven Erblasserwillens – nicht erreicht werde, da dieser selbst bereits alles geregelt habe. Dadurch wird

---

[522] Ausführlich SPAHR 165 f mit Rechenbeispiel; ferner ESCHER/ESCHER, vor Art. 626 ff N 6, Art. 626 N 16; TUOR/PICENONI, Art. 626 N 12; PIOTET SPR IV/1 § 52 I [365 f]; MÜLLER 92 f; SCHWENDENER 75 f; VOLLERY N 127, 180; ebenso wohl *de lege lata* DRUEY § 7 N 28. In einem Punkt lassen aber auch diese Autoren die eingesetzten Erben bei der Auseinandersetzung von den an die gesetzlichen Erben ausgerichteten Vorempfängen profitieren: Setzt der Erblasser die letzteren auf ihre Pflichtteile, so wird das bereits Empfangene auf die Pflichtteile angerechnet, was jenen zugute kommt, welche die verfügbare Quote zugewendet erhalten (SCHWENDENER a. a. O.).

[523] WEIMAR FS Schnyder 853 ff; ihm folgend BREITSCHMID 1997 74 f; ZOLLER 26 f sowie *de lege ferenda* DRUEY § 7 N 28.

[524] BGE 124 III 102, 105 ff E. 5 a = Pra 1998 Nr. 102, 53 II 202, 205 E. 2; ESCHER/ESCHER, vor Art. 626 ff N 6; TUOR/PICENONI, Art. 626 N 8; ZGB-FORNI/PIATTI, Art. 626 N 7; (andeutungsweise) PIOTET SPR IV/1 § 47 III [313]; EITEL ZBJV 1998 744; SCHWENDENER 74; SPAHR 162; STOUDMANN 23; VOLLERY N 125 f; WIDMER 15, 20 Anm. 56.

angenommen, dass durch die Verfügung den grundsätzlich ausgleichungspflichtigen Zuwendungen bereits Rechnung getragen worden sei[525].

Dessen ungeachtet hat das Bundesgericht verschiedentlich auch bei gewillkürter Erbfolge infolge Zurücksetzung einzelner pflichtteilsgeschützter Erben auf ihr Noterbrecht untersucht, ob Ausgleichungspflichten gestützt auf Art. 626 Abs. 2 ZGB bestehen[526]. Unter strikter Einhaltung seiner eigenen Praxis erscheint dieses Vorgehen nicht korrekt. Es hätte nur prüfen dürfen, ob sich der Erblasser jeweils die Anwendung der Ausgleichungsregeln vorbehalten hat.

Die Nichtanwendung von Art. 626 Abs. 2 ZGB wird von einem Teil des Schrifttums kritisiert[527]: Grundlage der Ausgleichungspflicht sei die Erbenstellung; welche durch eine vom Gesetz abweichend angeordnete Erbfolge nicht tangiert werde[528]. Darüber hinaus sei in der gewillkürten Erbfolge kein ausdrücklicher Dispens zu erblicken[529].

Tatsächlich führt die gewillkürte Erbfolge nicht zu einer Beeinträchtigung der Erbenstellung, welche die ausgleichungsrechtliche Grundlage darstellt. Allerdings wird das Ziel der *gesetzlichen* Ausgleichung, nämlich die Herstellung der Erbengleichheit aufgrund des vermuteten Erblasserwillens, durch den Erblasser durch seine Verfügung regelmässig durchkreuzt. Eine analoge Anwendung von Art. 626 Abs. 2 ZGB erscheint somit nicht sinnvoll, da der Zweck dieser Bestimmung durch die Handlungsweise des Erblassers konterkariert wird. Deswegen bedarf es auch keiner Prüfung, ob die gewillkürte Erbfolge einen ausdrücklichen Dispens nach Massgabe von Art. 626 Abs. 2 ZGB darstellt[530], da diese Bestimmung durch die erblasserische Verfügung selbst derogiert wird. Freilich steht es dem Erblasser frei, durch eine entsprechende Verfügung an Art. 626 Abs. 2 festzuhalten[531], sofern ihm diese Möglichkeit nicht aufgrund einer vertraglichen Übereinkunft mit dem Empfänger verwehrt bleibt.

Die Bedeutungslosigkeit eines Ausgleichungsdispenses im Rahmen von Art. 626 Abs. 2 ZGB zeigt sich mit aller Klarheit im BGE 124 III 102 = Pra 1998 Nr. 102: 1987 hatte der Erblasser in Erfüllung einer Scheidungskonvention seinen beiden Töchtern verschiedene Wertpapiere und Guthaben sowie einen Anteil an einer Liegenschaft übertragen. Für die Liegenschaftsabtretung wurde die Ausgleichungspflicht erlassen, während für die Wertpapiere und Guthaben nichts verfügt worden war.

---

[525] BGE 124 III 102, 105 ff E. 5 a = Pra 1998 Nr. 102, ESCHER/ESCHER, vor Art. 626 ff N 6; WIDMER 16 f; implizit TUOR/PICENONI, Art. 626 N 8; SCHWENDENER 74; aus der deutschen Rechtsprechung BGHZ 40, 60, 65.
[526] BGE 89 II 72, 77 II 228 (dort ergibt sich die Zurücksetzung der Tochter auf den Pflichtteil freilich erst aus einer unveröffentlichten Sachverhaltserwägung) sowie 76 II 188; andeutungsweise auch im BGE vom 29. 10. 1996 (teilweise veröffentlicht in AJP 1997 1551) unveröffentl. E. 4.
[527] SEEBERGER 273 f; GUINAND/STETTLER N 339; THORENS Considérations 40 und DRUEY FS Piotet 36 ff; ebenso MÜLLER 85 (ohne Begründung).
[528] WEIMAR FS Schnyder 852; ihm folgend (etwas unklar) ZOLLER 26 f.
[529] MÜLLER 86.
[530] BGE 124 III 102, 106 E. 5 a = Pra 1998 Nr. 102; vgl. auch STOUDMANN 23 Anm. 71.
[531] BGE 124 III 102, 104 E. 4 a = Pra 1998 Nr. 102, 53 II 202, 205 E. 2: Zur Frage, wie und in welcher Form dies zu geschehen habe, vgl. hinten 217.

1991 verheiratete sich der Erblasser erneut, setzte zur selben Zeit seine neue Gattin testamentarisch auf den Pflichtteil und verstarb 1992.

Im Prozess auf Ausgleichung und Herabsetzung verneinte das Bundesgericht nach Massgabe des Ausgeführten eine Ausgleichungspflicht der Töchter *in toto*, wobei der Erlass der Ausgleichungspflicht für die Liegenschaftsabtretung offenbar *belanglos* blieb.

β) Auswirkungen auf die freiwillige Ausgleichung

Unklar bleibt, wie sich die Anordnung einer gewillkürten Erbfolge auf vor- oder nachgängig *angeordnete* oder *vereinbarte* Ausgleichungspflichten auswirkt.

Für die vorgängig statuierte Ausgleichungspflicht erscheint die Annahme zutreffend, in diesem Falle erzeuge die gewillkürte Erbfolge nur dann eine Aufhebung aller Ausgleichungspflichten, sofern aufgrund der Auslegung der erblasserischen Verfügung ein Dispenswille (welcher keiner Ausdrücklichkeit bedarf) angenommen werden kann. Dies kann freilich nicht generell bejaht werden: Die Argumentation, wonach eine gewillkürte Erbfolge die freiwillige Ausgleichung «kassiere», weil dadurch der Erblasser den auf Anrechnung gegebenen Vorempfängen durch eine gewillkürte Festlegung der Quoten bereits habe Rechnung tragen wollen, erscheint nicht zwingend[532]. Das genaue Gegenteil dürfte viel eher zutreffen: Der Erblasser verändert die Quoten unter *Berücksichtigung* der bestehenden Ausgleichungspflichten.

Wird dagegen eine Ausgleichungspflicht erst anschliessend an eine Neufestlegung der Erbteile verfügt oder vereinbart, so versteht sich von selbst, dass beide Institute im Erbfall nebeneinander Bestand haben[533].

b) Sonderfall: Veränderung der Quoten unter Beachtung der Stammesgleichheit

Einen Sonderfall stellt die Situation dar, wo der Erblasser zwar die Erbquoten der am Nachlass Beteiligten verändert; diese Veränderung allerdings die Gleichheit der Stämme nicht tangiert:

Dieser Sachverhalt liegt dem BGE 67 II 207 zugrunde[534]. Der Erblasser hinterliess vier Kinder, von welchen er eine Tochter auf den Pflichtteil setzte, um den Rest des auf sie entfallenden Erbanteils deren Kindern zu gleichen Teilen zuzuwenden. Nachdem nach abgeschlossener Teilung entdeckt worden war, dass der Erblasser an zwei seiner anderen Kinder Vorempfänge

---

[532] In diesem Sinne namentlich WEIMAR FS Schnyder 852.
[533] In die gleiche Richtung tendierend, aber weitergehend (da für den Fall der gesetzlichen Ausgleichung annehmend) DRUEY AJP 1999 1112 (Besprechung von BGE 124 III 102 = Pra 1998 Nr. 102).
[534] Besprochen von GUHL ZBJV 1942 500 ff und GUISAN JdT 1942 136 ff; vgl. auch die Ausführungen von MÜLLER 88 ff.

ausgerichtet hatte, erhob der Ehemann der auf den Pflichtteil gesetzten Tochter in ihrem sowie dem Namen seiner Kinder Klage auf Ausgleichung der nunmehr entdeckten Vorempfänge[535].

Das Bundesgericht hat – ohne sich explizit mit der Frage auseinanderzusetzen, ob überhaupt angesichts der gewillkürten Erbfolge eine gesetzliche Ausgleichung vorzunehmen sei – diese bejaht und erklärt, die Ansprüche der Enkel aus gesetzlichem Erbrecht könnten mit einer analogen Anwendung der Regeln über die Enterbung begründet werden. Sei nichts anderes verfügt worden, falle diesfalls der Anteil und die damit verbundenen Rechte des Ausgeschlossenen gemäss Art. 478 Abs. 2 und 3 ZGB seinen Nachkommen zu[536].

Einhellig wird die diesem Entscheid zugrundeliegende analoge Anwendung der Grundsätze über die Enterbung verworfen[537].

Darüber hinaus wird eine extensive analoge Anwendung von § 2052 BGB von der überwiegenden Doktrin abgelehnt, da nicht bloss die globalen Stammesanteile, sondern zudem die effektiven Anteile der gesetzlichen Erben durch die Verfügung unberührt zu bleiben hätten[538]. Dieser Auffassung ist beizupflichten: Sie deckt sich nicht bloss mit den herrschenden deutschen Auffassungen[539] zum herangezogenen § 2052 BGB, sondern vermeidet weitere Unsicherheiten. Würde die Wahrung der Stammesgleichheit bereits zum Eintritt der gesetzlichen Ausgleichung genügen, wäre aufgrund des vorliegenden einzigen Entscheides unklar, ob der Erblasser innerhalb des Stammes die Quoten nach Belieben ordnen könnte oder ob er die durch die Verfügung Begünstigten so zu stellen hätte, als wären die Zurückgesetzten vorverstorben.

Daran ändert nichts, dass dem Entscheid BGE 67 II 207 aus Gründen der Billigkeit im Ergebnis durchaus zugestimmt werden kann.

---

[535] BGE 67 II 207, 208 f.
[536] BGE 67 II 207, 211 f E. 4.
[537] ESCHER/ESCHER, vor Art. 626 ff N 6; MÜLLER 88 ff; ausführlich GUISAN JdT 1942 141 f: Erstens liegt in der Zurücksetzung eines Pflichtteilsberechtigten auf den Pflichtteil keine Enterbung. Darüber hinaus können die Kinder des auf den Pflichtteil gesetzten keinerlei Ansprüche aus gesetzlichem Erbrecht geltend machen; ihre Erbenstellung verdanken sie einzig der erblasserischen Verfügung.
[538] PIOTET SPR IV/1 § 52 I [365 Anm. 2]; STOUDMANN 23; WIDMER 20 Anm. 56; weniger eindeutig ESCHER/ESCHER, vor Art. 626 ff N 6; MÜLLER 88 ff. Gegenteilig hat sich – soweit ersichtlich – einzig GUISAN geäussert (JdT 1942 141).
[539] Danach müssen die Anteile der Testamentserben im genau gleichen Verhältnis zueinander stehen wie bei der gesetzlichen Erbfolge, andernfalls die Ausgleichung nur unter jenen Abkömmlingen stattfindet, bei welchen dies zutrifft (RGZ 90, 419, 420 E. 1; Staudinger/WERNER § 2052 N 2; RGRK-KREGEL § 2052 N 2).

C. Notwendigkeit der Erbenstellung im Zeitpunkt der Zuwendung für die gesetzliche Ausgleichung?

1. Problemstellung

Es fragt sich, ob Zuwendungen an Empfänger, welche im Zeitpunkt der Zuwendung keine Erbenstellung besessen haben, zur Ausgleichung gebracht werden können. Solche Fragestellungen sind vor allem relevant bei Zuwendungen an Nachkommen – namentlich Enkel des präsumptiven Erblassers –, wenn der vorgesehene Erbe später vorverstirbt oder aus einem sonstigen Grunde nicht Erbe wird und der Empfänger nachrückt, oder sofern letzterer vom Erblasser adoptiert wird. Diesfalls ist zu fragen, ob die gesetzliche Ausgleichung für die der Erlangung der Erbenstellung zeitlich vorangehenden – von ihrem Charakter her von Gesetzes wegen ausgleichungspflichtigen – Zuwendungen stattfinden könne.

Stellt sich die Frage andererseits im Zusammenhang mit den übrigen gesetzlichen Erben, bedarf die Ausgleichung einer dahin gehenden Verfügung oder Vereinbarung. In diesem Zusammenhang ist dann aber die Frage in den grösseren Kontext zu stellen, ob überhaupt nach erfolgter Zuwendung eine Ausgleichung angeordnet werden dürfe[540]. Wird dies wie hier im Grundsatz bejaht, so wird die Frage auch bei dieser Konstellation relevant.

2. Meinungsstand

Im gemeinen Recht spielte der Zeitpunkt der Zuwendung keine Rolle; die Enkel hatten bei der Teilung des Nachlasses ihrer Grosseltern auch das zu konferieren, was sie zu Lebzeiten ihrer vorverstorbenen Eltern erhalten hatten[541]. Diese Ansicht hat nicht einheitlich auf die modernen Kodifikationen durchgeschlagen, und das ZGB gibt – im Gegensatz zu § 2053 BGB (verneinend)[542] oder Art. 846 sowie 857 Ccfr (bejahend)[543] – auf diese nicht unbedeutende Frage keine Antwort[544]. Auch die Leh-

---

[540] Dazu hinten 246 ff.
[541] Vgl. vorn 15.
[542] Diese Bestimmung regelt die Verhältnisse bei natürlichen entfernteren Abkömmlingen und für Adoptivkinder, welche die Zuwendung vor der Adoption erhalten haben. Unstreitig besteht nach deutschem Recht eine Ausgleichungspflicht für entferntere Abkömmlinge für jene ausgleichungspflichtigen Zuwendungen, welche sie erhalten haben, nachdem die näheren Abkömmlinge bereits von der gesetzlichen Erbfolge (z. B. durch Enterbung) ausgeschlossen waren (RGZ 149, 129, 134; Staudinger/WERNER § 2053 N 3; RGRK-KREGEL § 2053 N 1).
[543] Vgl. EITEL § 4 Nr. 30 [69] m. w. H.; DRUEY FS Piotet 27; ebenso § 790 ABGB (dazu Klang/WEISS §§ 790 bis 794 I B 4 [942 f]; Rummel/WELSER §§ 790–793 N 2).
[544] EITEL § 22 Nr. 1 [339]; TUOR/PICENONI, Art. 627 N 26; VOLLERY N 92.

re vermag keine einheitliche Auffassung zu vermitteln[545], und es fehlt an Judikaten: Ein Teil stellt – wie der Ccfr – auf die Situation bei Eintritt des Erbfalles ab[546]. Begründet wird dies u. a. damit, der Gesetzgeber hätte eine Abweichung ausdrücklich normieren müssen[547], sodann unter Berücksichtigung des Gleichbehandlungsgrundsatzes, dessen relevanter Zeitpunkt erst der Eintritt des Erbfalles sei[548] sowie damit, dass die Ausgleichungsregeln entsprechend den überkommenen Ansichten und Gebräuchen auszulegen seien[549].

Ein anderer Teil der Lehre[550] – welcher dem BGB folgt – verlangt eine präsumptive Erbenstellung im Zeitpunkt der Zuwendung. Die Begründung wird darin gegeben, dass eine Zuwendung an jemanden ohne präsumptive Erbenstellung nie eine solche im Sinne von Art. 626 Abs. 2 ZGB sein könne, welche von Gesetzes wegen eine Ausgleichungspflicht nach sich ziehe[551].

Eine vermittelnde Ansicht vertritt WOLFER[552]: Danach besteht nur dann keine gesetzliche Ausgleichungspflicht, sofern der Empfänger im Moment der Zuwendung noch nicht Nachkomme des Erblassers gewesen ist: Dies führte zur Ausgleichungspflicht der Enkelkinder, nicht aber der Adoptivverwandten, sofern die Adoption der Zuwendung zeitlich nachfolge.

3. Stellungnahme

a) Grundsatz

Ohne hier auf die Kontroversen um die Rechtsnatur der Ausgleichung generell und von Art. 626 Abs. 2 ZGB im besonderen näher einzugehen, müssen m. E. doch Zuwendungen, welche unter die letztgenannte Bestimmung subsumiert werden, im Zuwendungszeitpunkt an präsumptive Erben ausgerichtet werden. Nur so lässt sich die *ratio* dieser Bestimmung erklären, welche darin besteht, dem mutmasslichen Erblasserwillen nach Gleichbehandlung der erbberechtigten Nachkommen zum Durchbruch zu verhelfen: Der Erblasser wird sich die Frage der Gleichbehandlung bei der Zuwendung an einen Nichterben regelmässig gar nicht stellen, da die entsprechende Problematik zu jenem Zeitpunkt noch gar nicht aktuell wird. Vielmehr erscheint die Zuwendung als gewöhnliche Liberalität, welche nicht anders zu behan-

---

[545] Dazu ausführlich EITEL § 22 [339 ff]; ohne Stellungnahme auch ZGB-FORNI/PIATTI, Art. 626 N 2.
[546] TUOR/PICENONI, Art. 627 N 26; PIOTET SPR IV/1 § 47 II A 3 [310 f]; EITEL § 22 Nr. 3 ff [339 ff]; BRUHIN 111 f; RÖSLI 40; WIDMER 76 f; GUISAN ZSR 1952 II 506 Anm. 37.
[547] So EITEL § 22 Nr. 3 [340] unter Berufung auf WIDMER 76; als zu formalistisches Argument jedoch zurückgewiesen bei PIOTET SPR IV/1 § 47 II A 3 [310].
[548] TUOR/PICENONI, Art. 627 N 26; ebenso wohl EITEL § 22 Nr. 5 [341].
[549] PIOTET SPR IV/1 § 47 II A 3 [311].
[550] ESCHER/ESCHER, Art. 626 N 15; STOUDMANN 21; nicht einreihbar, da von anderen Voraussetzungen ausgehend, WEIMAR FS Schnyder 848 und ZOLLER 27 f.
[551] So ausdrücklich ESCHER/ESCHER, Art. 626 N 15.
[552] 40 ff; gefolgt von ROSSEL/MENTHA Ziff. 1161 und RÖSLI 35 f (Adoptivnachkommen), 40 (leibliche Nachkommen).

deln ist, als wäre sie einem beliebigen Dritten ausgerichtet worden. Eine *gesetzliche* Ausgleichung kann folglich nur stattfinden, wenn der Empfänger im Zeitpunkt des Empfangs bereits präsumptiver Erbe war.

b) Möglichkeit der nachträglichen Anordnung der Ausgleichung

Eine nachträgliche Veränderung der Verhältnisse hindert freilich den Erblasser in aller Regel nicht, aufgrund der veränderten Verhältnisse nachträglich die Ausgleichung der Zuwendung vorzuschreiben, sofern er nicht durch eine entsprechende Vereinbarung mit dem Empfänger daran gehindert ist. Ebenfalls können die Parteien vereinbaren, dass eine Zuwendung auf den Erbteil des Empfängers angerechnet wird, sollte der Empfänger den Zuwendenden dereinst beerben[553]. Daraus ist zu schliessen, dass die freiwillige Ausgleichung keine präsumptive Erbenstellung des Empfängers im Zuwendungszeitpunkt voraussetzt.

D. Wegfall eines (ausgleichungspflichtigen) Erben (Art. 627 ZGB)

1. Gesetzgeberischer Gedanke

Um zur Ausgleichung angehalten werden zu können, muss der Zuwendungsempfänger Erbe werden. Art. 627 ZGB regelt den Sachverhalt, wo diese Voraussetzung nicht eintrifft. Gleichgültig sind dabei die Gründe des Ausfalls des Zuwendungsempfängers: Vorabsterben, Ausschlagung, Unwürdigkeit, Enterbung etc[554].

Art. 627 Abs. 1 ZGB legt für diese Konstellation fest, dass anstelle des eigentlich Pflichtigen *dessen* Erben die Ausgleichung erdulden müssen. Er stellt somit eine Ausnahme von der allgemeinen Regel dar, wonach nur der Zuwendungsempfänger selbst ausgleichungspflichtig sein kann[555].

Darin liegt auch die *ratio* dieser Sonderbestimmung. Bestünde sie nicht, könnte nach allgemeinen Grundsätzen der Empfänger der Zuwendung sich der Erbenstellung durch Ausschlagung entziehen und damit die Zuwendung behalten[556]; wogegen

---

[553] So auch WEIMAR FS Schnyder 848 und ZOLLER 27 f (Zuwendung als aufschiebend bedingter Vorempfang); ebenso bereits MÜLLER 48 (welcher allerdings von einer Auflage spricht).
[554] TUOR/PICENONI, Art. 627 N 5; ESCHER/ESCHER, Art. 627 N 3; ZGB-FORNI/PIATTI, Art. 627 N 1; CURTI-FORRER, Art. 627 N 2; PIOTET SPR IV/1 § 47 II B [311 f], § 51 III C [363]; EITEL § 23 Nr. 1 [343]. Gleichgültig ist der Zeitpunkt des Wegfalls (TUOR/PICENONI a. a. O.).
[555] TUOR/PICENONI, Art. 627 N 3 f; ZGB-FORNI/PIATTI, Art. 627 N 1; RÖSLI 37; SPAHR 163.
[556] Eine Rückforderung der Zuwendung aufgrund ungerechtfertigter Bereicherung durch die Erbengemeinschaft müsste erfolglos bleiben, da der Rechtsgrund der lebzeitigen Zuwen-

seine künftigen Universalsukzessoren an seine Stelle treten würden *ohne* Ausgleichungspflicht. Es liegt auf der Hand, dass eine solche Lösung für die ausgleichungsberechtigten Miterben des Wegfallenden eine grosse Unbilligkeit darstellen würde. In der Behebung dieser Unbilligkeit, in der Wiederherstellung des durch Wegfall des Pflichtigen gestörten Gleichgewichtes der Stämme liegt die ratio von Art. 627[557]. Entsprechend dem dispositiven Charakter des Ausgleichungsrechts ist Art. 627 freilich nicht zwingender Natur; seine Anwendbarkeit unterliegt mithin dem Parteiwillen[558].

2. Die Ausgestaltung von Art. 627 ZGB im einzelnen

a) Anwendungsbereich

Art. 627 ZGB ist auf die Fälle der *eigentlichen* Ausgleichung zugeschnitten. Dies bedeutet, dass ein eingesetzter Ersatzerbe nicht darunter fallen kann[559]. Ansonsten ist aber die Bestimmung auf alle gesetzlichen Erben des Wegfallenden anwendbar, handle es sich dabei um dessen Nachkommen oder Seitenverwandte[560]. Dabei besteht die Besonderheit, dass gegebenenfalls mehrere Erben für eine einzige Zuwendung ausgleichungspflichtig werden, und zwar im Verhältnis des Zuwachses ihres Anteils infolge Wegfalls des Empfängers[561].

Wenn dagegen alle ausgleichungsberechtigten Miterben *direkt* – d. h. unabhängig vom Wegfall als Erben berufen sind, gelangt Art. 627 nicht zur Anwendung, da die den Miterben anfallenden Rechte und Pflichten sich gegenseitig aufheben[562].

Bsp: Der Erblasser scheide dahin unter Hinterlassung eines reinen Nachlasses von 9'000. Gesetzliche Erben sind seine drei Geschwister A, B und C. Letzterer hat vom Erblasser eine ausgleichungspflichtige Zuwendung von 3'000 erhalten; schlägt allerdings, da ihm die zu erwartenden Schwierigkeiten bei der Teilung und die zu erwartenden Auseinandersetzungen

---

dung unabhängig von der erbrechtlichen Ausgleichungspflicht Bestand hat (ähnlich RÖSLI 36; ZOLLER 69).

[557] TUOR/PICENONI, Art. 627 N 3, 10; PIOTET SPR IV/1 § 47 II B [312]; ders. ASR 591 N 50; SPAHR 163 f; für Deutschland Staudinger/WERNER § 2051 N 1.

[558] ZGB-FORNI/PIATTI, Art. 627 N 2; VOLLERY N 154; ebenso ESCHER/ESCHER, Art. 627 N 15: Denkbar erscheint allerdings lediglich ein nachträglicher einseitiger Dispens durch den Erblasser.

[559] TUOR/PICENONI, Art. 627 N 4; ESCHER/ESCHER, Art. 627 N 2 (anders freilich noch ESCHER^1 345); BECK § 38 IV 4 [171]; anders PIOTET SPR IV/1 § 52 III B [370 f]; EITEL § 13 Nr. 1 [343 Anm. 4]; ZOLLER^1 60; VOLLERY N 171 ff; RÖSLI 40 f; WOLFER 50 f. Auch das BGB unterscheidet nicht zwischen gesetzlichen und eingesetzten Ersatzerben (§ 2051 Abs. 2).

[560] PIOTET SPR IV/1 § 51 III C [363]; ebenso die Rechtslage in Deutschland (Staudinger/WERNER § 2051 N 2).

[561] TUOR/PICENONI, Art. 627 N 21; WOLFER 46.

[562] TUOR/PICENONI, Art. 627 N 7 f; ESCHER/ESCHER, Art. 627 N 4; ZGB-FORNI/PIATTI, Art. 627 N 4; PIOTET SPR IV/1 § 47 II B [312]; EITEL § 23 Nr. 2 [343]; RÖSLI 41.

mit seinen Geschwistern zuwider sind, aus. Würde die Ausgleichung durchgeführt, betrüge die Teilungsmasse 12'000 (9'000 *relictum* + 3'000 Vorempfang). Der auf C entfallende Anteil von 4'000 (12'000 * $^1/_3$) würde hältig auf A und B übergehen, ebenso die Ausgleichungspflicht infolge Vorempfang. Dies ergäbe für beide einen Anteil von 4'500 ([12'000 * ½] – [3'000 * ½]).

Zum gleichen Ergebnis gelangt man einfacher, indem man das vorhandene *relictum* unter die beiden verbleibenden Geschwister verteilt.

Art. 627 ZGB stellt somit eine spezifisch erbrechtliche Bestimmung dar, welche verhindern soll, dass Ungleichheiten zwischen den einzelnen Stämmen durch den Wegfall eines Erben entstehen[563].

b) Rechtsfolgen des Nichtübergangs der Zuwendung auf den Ersatzpflichtigen

Der zweite Absatz von Art. 627 hält für *Nachkommen* eines wegfallenden Erben ausdrücklich fest, dass diese selbst dann auszugleichen haben, wenn die Zuwendung nicht auf sie übergegangen ist. Daraus könnte geschlossen werden, dass für andere ersatzweise Berufene eine Ausgleichungspflicht *regelmässig* nicht entstünde. Die ganz herrschende Lehre sieht in Art. 627 Abs. 2 allerdings einen allgemeinen Grundsatz, welcher nicht nur auf Nachkommen, sondern auf *alle* ersatzweise Berufenen anwendbar sei[564]. Verantwortlich für den unklaren Gesetzeswortlaut wird eine im Gesetzgebungsverfahren unsorgfältige Gesetzesredaktion gemacht, war doch zunächst vorgesehen, die beiden Absätze von Art. 627 in getrennten Artikeln zu ordnen[565].

---

[563] ESCHER/ESCHER, Art. 627 N 1; EITEL § 23 Nr. 2 [343 f]; RÖSLI 40.

[564] ESCHER/ESCHER, Art. 627 N 1; TUOR/PICENONI, Art. 627 N 2, 15 f; ZGB-FORNI/PIATTI, Art. 627 N 3, 7; PIOTET SPR IV/1 § 51 III C [364]; MÜLLER 81; VOLLERY N 165; ebenso bereits CURTI-FORRER, Art. 627 N 6 f und RÖSLI 37 f; anders dagegen (einzig aus systematischen und entstehungsgeschichtlichen Gründen) EITEL § 23 Nr. 16 [350]; ebenso bereits ROSSEL/MENTHA Ziff. 1162; AGUET 45 ff; WOLFER 52 f. Auch in Deutschland ist der Übergang der Zuwendung für die Ausgleichungspflicht in Vertretung ohne Belang (Staudinger/WERNER § 2051 N 2).

[565] Zur Entstehungsgeschichte ausführlich EITEL § 23 Nr. 3 ff [345 ff]; TUOR/PICENONI, Art. 627 N 2; ferner ESCHER/ESCHER, Art. 627 N 1 und VOLLERY N 165: Der Vorentwurf von 1900 statuierte eine Ausgleichungspflicht entfernterer Nachkommen, sofern ihre Vorfahren für deren Vorempfänge nicht zur Ausgleichung herangezogen werden konnten (vgl. Erl. I 469). Dabei blieb (entsprechend dem heutigen Art. 627 Abs. 2) gleichgültig, ob die Vorempfänge auf die Nachkommen übergegangen waren. Um Klarheit zu schaffen, dass nicht nur Nachkommen, sondern generell alle gesetzlichen Erben zur Ausgleichung herangezogen werden können, fügte die Expertenkommission einen zweiten Artikel ein, welcher dem heutigen Art. 627 Abs. 1 entspricht (vgl. ProtExpkom 279 f). Die beiden Artikel wurden allsdann vereinigt, ohne dass man sich des unklaren Wortlauts bewusst war (letzteres wird allerdings von EITEL a. a. O. Nr. 10 ff [347 f] unter Hinweis auf die Beratungen in den Räten – namentlich aufgrund der Äusserungen von Ständerat HOFFMANN [StenBull StR 1906 502] – mit ausführlicher Darlegung bestritten).

c) Rechnerische Bewältigung im allgemeinen

Grundsätzlich bietet die rechnerische Bewältigung von Art. 627 ZGB keine besonderen Schwierigkeiten. Anstelle des Wegfallenden treten dessen Erben, welche für dessen Vorempfänge auszugleichen haben.

Bsp: Kind A, Enkel C und D, Kinder des vorverstorbenen B. Relictum 12'000, Vorempfang des B 4'000. Letzterer hat infolge unglücklicher Umstände zu Lebzeiten sein ganzes Vermögen eingebüsst, so dass der Vorempfang nicht auf seine Kinder übergegangen ist. Dennoch haben sich C und D den Vorempfang ihres Vorfahren vollumfänglich anrechnen zu lassen. Diese Vorgaben ergeben eine Teilungsmasse von 16'000 (12'000 + 4'000 Vorempfang), so dass auf jeden Stamm 8'000 entfallen, wobei sich allerdings die beiden Enkel den Vorempfang hälftig anrechnen lassen müssen.

d) Sonderfall: Vorempfang des Wegfallenden übersteigt dessen Erbanteil

α) Problemstellung

Art. 627 ZGB dient der Aufrechterhaltung der Gleichheit der Erbenstämme. Wird dieser Grundsatz konsequent durchgeführt, so kann dies für die Miterben des *gleichen* Stammes zu Härten führen, wenn der Wert des zur Ausgleichung gelangenden Vorempfangs grösser ist als der Zuwachs an Erbanteil[566]. Diese Konstellation kann sich ergeben, wenn der Vorempfang des Wegfallenden dessen Erbanteil übersteigt und er auch den Überschuss zur Ausgleichung bringen müsste[567]. Im Extremfall kann sogar der Pflichtteil des vertretungsweise Pflichtigen tangiert sein, wodurch dieser gegen den Wegfallenden zur Wahrung seines Noterbrechts Herabsetzungsklage erheben muss.

Bsp I (ohne Pflichtteilsverletzung): Kind A, Enkel C und D, Kinder des vorverstorbenen B. Relictum 8'000, Vorempfang des D 3'000, für welchen aufgrund *ausdrücklicher* Verfügung auch im Rahmen eines allfälligen Überschusses die Ausgleichungspflicht besteht. Träte D die Erbschaft an, würde folgendermassen geteilt: Teilungsmasse 11'000 (8'000 *relictum* + 3'000 Vorempfang), davon entfielen auf jeden Stamm die Hälfte (5'500) bzw. auf C und D je ein Viertel (je 2'750). D hätte somit 250 einzuwerfen, weshalb er ausschlägt.

Dies konsequente Umsetzung des Gedankens der Ausgleichungspflicht in Vertretung führte nunmehr dazu, dass die Ausgleichungspflicht des D vollumfänglich dem C überbunden würde, welcher nunmehr allein den Stamm des B repräsentierte. Sein Teilungsanspruch ginge mithin bloss noch auf 2'500 ([11'000 * ½] – 3'000). Immerhin bliebe sein Pflichtteil gewahrt (2'750 * ¾ < 2'500).

Bsp II (mit Pflichtteilsverletzung): Gleiche Ausgangslage wie oben, Vorempfang des D allerdings 4'000. Würde er ausgleichen, hätte er 1'000 einzuwerfen: Teilungsmasse 12'000 (8'000 *relictum* + 4'000 Vorempfang); Teilungsanspruch des D 3'000 (12'000 * ½ * ½) abzüglich 4'000 Vorempfang. Fiele D weg, trüge C die gesamte Ausgleichungslast. Sein Teilungsan-

---

[566] TUOR/PICENONI, Art. 627 N 17; ESCHER/ESCHER, Art. 627 N 8; ZGB-FORNI/PIATTI, Art. 627 N 6; VOLLERY N 231.
[567] Zu dieser Problematik im einzelnen hinten 130 ff.

spruch ginge bloss auf 2'000 ([12'000 * ½] – 4'000). Sein Pflichtteil in Höhe von 2'250 (3'000 * ¾) wäre somit nicht gewahrt.

β) Lösungsvorschläge

αα) Die Ansicht von TUOR und PICENONI

Für diese Konstellationen postulieren TUOR und PICENONI[568] eine analoge Anwendung von § 1935 BGB[569]: Danach sind zwar der ursprüngliche und der angewachsene Erbteil untrennbar verbunden, werden allerdings in Ansehung der mit ihnen verbundenen Lasten getrennt behandelt[570]. Dies bedeutet, dass die Ausgleichungspflichtigen in Vertretung – vorbehältlich des Noterbrechts – durch den Wegfall des Miterben nicht schlechter gestellt werden dürfen. Daraus folgt, dass die Pflichtigen niemals eine höhere Belastung durch zusätzliche Ausgleichungspflichten erdulden müssten, als ihr Zuwachs an Erbanteil ausmacht.

ββ) H. L.: Ausgleichungspflichtige in Vertretung müssen Schmälerung hinnehmen

Die h. L. lehnt dagegen eine solche Begünstigung der Ausgleichungspflichtigen in Vertretung aus systematischen und Billigkeitserwägungen ab: Die Behandlung der anwachsenden Portion als selbständiger Erbteil sei dem ZGB – welches die Stammesgleichheit hochhalte – fremd[571]. Zudem sei § 1935 BGB im Einklang mit § 2056 BGB zu sehen, wonach der Ausgleichungspflichtige niemals zu einer Rückerstattung verhalten werden könne[572]. Endlich wird geltend gemacht, dass der Ausgleichungsschuldner – sofern er pflichtteilsgeschützt sei – seinen Pflichtteil auf jeden Fall geltend machen könne[573].

γγ) Stellungnahme

Aus zwei Gründen erscheint eine analoge Anwendung von § 1935 BGB auf die vorliegende Problematik ausgeschlossen: Vorweg einmal deshalb, weil dem ZGB die teilweise selbständige Behandlung des angewachsenen Erbteils fremd scheint[574]. Sodann liegt Art. 627 ZGB der Gedanke der Stammesgleichheit zugrunde, welche durch die analoge Anwendung von § 1935 BGB tangiert würde. Sodann bleibt fest-

---

[568] TUOR[1], Art. 627 N 18; ihm folgend TUOR/PICENONI, Art. 627 N 18.
[569] Inhaltlich deckt sich § 1935 BGB, welcher die gesetzliche Erbfolge anspricht, mit § 2095 BGB für die gewillkürte Erbfolge (Staudinger/WERNER § 1935 N 9).
[570] Staudinger/WERNER § 1935 N 8; KIPP/COING § 45 III und IV [271].
[571] ESCHER/ESCHER, Art. 627 N 9; PIOTET SPR IV/1 § 47 II [312]; RÖSLI 42; VOLLERY N 232; ähnlich ZOLLER 72.
[572] PIOTET SPR IV/1 § 47 II B [312 f]. Zu § 2056 BGB auch hinten 133 und 139 f.
[573] Namentlich PIOTET SPR IV/1 § 47 II B [313], besonders § 68 IV [500 ff]; ferner ESCHER/ESCHER, Art. 627 N 9a und VOLLERY N 232.
[574] So entschieden ESCHER/ESCHER, Art. 627 N 9.

zuhalten, dass die Pflichtteilsansprüche des vertretungsweise Ausgleichungspflichtigen nicht geschmälert werden.

Endlich ist festzuhalten, dass vorliegend behandelte Sachverhalte durch eine sachgerechte Auslegung von Art. 629 Abs. 1 ZGB[575] im Regelfall nicht eintreten sollten, da kaum Anreize für eine Ausschlagung bestehen sollten[576].

γ) *Rechnerische Bewältigung der Pflichtteilsansprüche*

In der Lehre herrscht Einmütigkeit darüber, dass der Ausgleichungsschuldner in Vertretung – sofern er von der Zuwendung nicht profitiert – durch seine Ausgleichungspflicht in seinem Pflichtteilsansprüchen nicht geschmälert werden darf[577]. Gegebenenfalls stehen ihm dafür Herabsetzungsansprüche zur Verfügung. Schwierigkeiten bereitet die Frage, gegen wen sich diese Ansprüche richten und in welchem Verfahren sie durchgesetzt werden können.

Die Kommentatoren[578] schlagen vor, den Herabsetzungsanspruch gegen den Zuwendungsempfänger geltend zu machen, ohne dies jedoch näher zu erläutern. In zahlreichen Fällen führt dies allerdings – wie verschiedentlich nachgewiesen worden ist[579] – zu keinem befriedigenden Ergebnis.

Die Kommentatoren lassen unberücksichtigt, dass ihre Rechenmethode ein Total an Herabsetzungsansprüchen ergibt, welches kurioserweise den *globalen* Pflichtteil übersteigen kann. Der Grund dafür liegt darin, dass nach ihrer Methode die berechtigten Erbenstämme ihren vollen Erbanteil (*über* ihren Pflichtteil hinaus) *und* der Ausgleichungsschuldner in Vertretung seinen vollen Pflichtteil beanspruchen können. Es ist einsichtig, dass somit der globale Pflichtteil überschritten werden kann, und zwar um so stärker, als ausgleichungsberechtigte Erbenstämme vorhanden sind. Dies führt im Ergebnis zu einer *unzulässigen* Ausweitung des Noterbrechts und zu einer Schlechterstellung des der Ausgleichung Entgehenden, welcher höchstens bis zur Wiederherstellung des Noterbrechts belangt werden darf.

Zwei Beispiele mögen dies verdeutlichen: In einem ersten Fall hinterlässt der Erblasser das Kind A und die Enkel C und D, Kinder des vorverstorbenen B. Der reine Nachlass betrage 0, jedoch erhielt D eine auch ihm Rahmen des Überschusses (Art. 629 ZGB) ausgleichungspflichtige Ausstattung von 20'000. Dieser schlägt aus, weswegen sein Erbanspruch und die damit verbundene Ausgleichungspflicht auf C übergehen. Teilungs- und Pflichtteilsberechnungsmasse betragen je 20'000; der globale Pflichtteil beträgt gestützt auf Art. 471 Ziff. 1 ZGB 15'000 (20'000 * ¾). C hat A 10'000 auszugleichen; in Ansehung seines Noterbrechts von 7'500 (20'000 * ½ * ¾) hat er von D 17'500 zu fordern ($^7/_8$ von 20'000).

---

[575] Welche im Ergebnis einer § 2056 BGB analogen Lösung nahekommt, wonach Überschüsse von der Ausgleichung dispensiert sind.
[576] Vgl. hinten 134 ff.
[577] PIOTET SPR IV/1 § 68 IV [500]; EITEL § 23 Nr. 17 [345]; ZOLLER 72.
[578] TUOR/PICENONI, Art. 627 N 19 f; ESCHER/ESCHER, Art. 627 N 9a, 12.
[579] Vgl. PIOTET SPR IV/1 § 68 IV [501]; EITEL § 23 Nr. 18 [351 f] und ZOLLER 73 f.

Für einen zweiten Fall wird unterstellt, der Erblasser scheide dahin ohne Vermögenswerte, aber unter Hinterlassung der Kinder A, B, C sowie der Enkel E und F des vorverstorbenen D. F hat eine wiederum auch im Rahmen des Überschusses (Art. 629 Abs. 1 ZGB) ausgleichungspflichtige Ausstattung von 20'000 vorempfangen und schlägt demzufolge aus. Seine Rechte und Pflichten gehen auf E über. Der globale Pflichtteil beträgt wiederum 15'000. E hat A, B, und C je 5'000 auszugleichen, der Pflichtteil des E beträgt 3'750 (5'000 * ¾). E hat von F somit 18'750 zu fordern ($^{15}/_{16}$ von 20'000).

Zur Behebung dieser Unebenheiten hat PIOTET[580] vorgeschlagen, den aus der Ausgleichung resultierenden Erbanspruch der Ausgleichungsgläubiger *ebenfalls* der Herabsetzung zu unterstellen, soweit er den Pflichtteil übersteigt, und zwar *vor* der auszugleichenden Zuwendung unter Lebenden. Er begründet seine Vorgehensweise anhand der unterschiedlichen Funktionen des gesetzlichen Erbrechts und des Pflichtteilsschutzes: Das gesetzliche Erbrecht diene der Gleichheit der Stämme, während das Pflichtteilsrecht einen individuellen Schutz gewähre[581]. Die Ausgleichungspflicht besteht sodann nurmehr im Umfang des Pflichtteils der (Ausgleichungs-) Gläubiger, wofür in diesem Falle die Herabsetzungsansprüche der Ausgleichungsschuldner gegen die Wegfallenden in diesem Umfange ansteigen: Man kann folglich von einer Delegation der Herabsetzungsansprüche der Ausgleichungsgläubiger an die Ausgleichungsschuldner sprechen, welche erstere hätten, müssten letztere nicht ausgleichen[582]. Diese Lösung ist jener der Kommentatoren vorzuziehen, weil sie die frei verfügbare Quote bzw. die Höhe der Pflichtteilsrechte nicht berührt[583].

Auf das obige erste Beispiel bezogen bedeutet dies, dass A gegen C nur die Ausgleichung im Umfange seines Pflichtteils von 7'500 begehren kann (20'000 * ½ * ¾). Der Herabsetzungsanspruch des C gegen D besteht einerseits in der Erstattung der Ausgleichungsschuld sowie der Herstellung des eigenen Pflichtteils von 7'500, gesamthaft also 15'000. Dem D verbleiben 5'000 (disponible Quote). Der genau gleich grosse Betrag verbleibt dem wegfallenden F im zweiten Beispiel: Ausgleichungsschuld des E an A, B und C je 3'750 (20'000 * ¼ * ¾); Herabsetzungsanspruch des E gegen F somit viermal 3'750 (dreimal die Ausgleichungsschuld plus die Auffüllung des eigenen Pflichtteils [20'000 − 4 * 3'750 = 5'000]).

---

[580] SPR IV/1 § 68 IV [501 f]; zustimmend EITEL § 23 Nr. 20 [352 f] und grundsätzlich auch ZOLLER 74.
[581] PIOTET SPR IV/1 § 68 IV [502].
[582] PIOTET SPR IV/1 § 68 IV [502]: Dies erachtet ZOLLER (74) zutreffend als ungerecht, weil das Risiko einer Uneinbringlichkeit der Herabsetzungsansprüche einseitig dem Ausgleichungsschuldner in Vertretung aufgebürdet wird. Deshalb schlägt er vor, auf eine Anwendung von Art. 627 ZGB überhaupt zu verzichten. Dieser durchaus begrüssenswerte Vorschlag hat indessen *de lege lata* zurückzutreten.
[583] So auch ZOLLER 74.

§ 2 Die Durchführung der Ausgleichung

I. Güterrechtliche Vorfragen

A. Überblick; Problemstellung

Im Regelfall erfolgt die Ausrichtung von Vorempfängen an die Kinder des Zuwendenden, um ihnen die Begründung eines Haushalts oder Gewerbes zu ermöglichen oder sonst irgendwie ihre wirtschaftliche Lage zu verbessern. Die zugewendeten Aktiven stammen dabei häufig aus Vermögen, welche der Zuwendende im Verlaufe seiner Ehe erworben hat. Da der erbrechtlichen Teilung stets gedanklich die güterrechtliche Auseinandersetzung voranzugehen hat[584], stellt sich anlässlich der güter- und erbrechtlichen Abwicklung des Nachlasses des Zuwendenden die Frage nach der güterrechtlichen Behandlung der ausgleichungspflichtigen lebzeitigen Zuwendungen. Die Beantwortung erfolgt je nach dem Güterstand der Eheleute verschieden.

B. Ordentlicher Güterstand der Errungenschaftsbeteiligung

1. Eigentums- und Vertretungsverhältnisse

Sämtliches Vermögen beider Ehegatten ist im Recht des ordentlichen Güterstandes der Errungenschaftsbeteiligung anlässlich der Auflösung von Relevanz. Der ordentliche Güterstand kennt kein Sondergut mehr[585]. Art. 196 Abs. 1 ZGB unterscheidet zwischen dem jeweiligen Eigengut und der jeweiligen Errungenschaft der Eheleute. Zum Eigengut zählen namentlich die in die Ehe eingebrachten Güter, während der Ehe angefallene Erbschaften und sonst erhaltenen unentgeltlichen Zuwendungen sowie Ersatzanschaffungen für Eigengut[586]. Die Errungenschaft umfasst dagegen den entgeltlichen Erwerb während der Dauer der Ehe, namentlich den Arbeitserwerb sowie die Erträge des Eigengutes[587].

---

[584] PIOTET SPR IV/1 § 11 III [48 ff]; DRUEY § 13 N 8 ff; TUOR/SCHNYDER/SCHMID 445; PORTMANN recht 1997 10.
[585] Differenzierend PIOTET Errungenschaftsbeteiligung 22 ff.
[586] Art. 198 Ziff. 2 und 4 ZGB.
[587] Art. 197 ZGB.

Unter dem Vorbehalt, dass ein Vermögenswert im Miteigentum beider Ehegatten steht[588], verwaltet und verfügt jeder Ehegatte über sein Eigengut und seine Errungenschaft allein[589]: Der ordentliche Güterstand der Errungenschaftsbeteiligung kennt folglich auch kein eheliches Vermögen mehr[590]. Auch ist die Trennung in Eigengut und Errungenschaft grundsätzlich *nur gedanklicher Natur* und erfolgt bloss im Hinblick auf den Abrechnungsmodus im Rahmen der Auseinandersetzung[591].

2. Auseinandersetzung bei Auflösung der Ehe

Mit dem Tod eines Ehegatten wird der ordentliche Güterstand aufgelöst. Die Auseinandersetzung erfolgt mit dem Ziel, einerseits die beiden Vermögenskomplexe zu bereinigen[592] und andererseits durch die Ausscheidung von Eigengut und Errungenschaft die Höhe der während der Ehe von den Gatten erarbeiteten Errungenschaft zu ermitteln, damit diese (gedanklich) mit jener des anderen soweit als möglich verrechnet und der verbleibende Überschuss geteilt werden kann[593]. An einem allfälligen Vorschlag ist – sofern nicht im Sinne einer Mehrbegünstigung des überlebenden Gatten durch Ehevertrag etwas anderes vereinbart worden ist[594] – nach Art. 215 Abs. 1 ZGB jeder Gatte zur Hälfte beteiligt. Die Beteiligungsforderung ist obligatorischer Natur[595]; beim Tod eines Gatten entsteht insofern eine Nachlassforderung oder eine Nachlassschuld.

Diese Regelung stellt sicher, dass der haushaltführende und sich um die Erziehung allfälliger Kinder kümmernde Ehegatte an der dadurch geschaffenen Möglichkeit des anderen, durch die für ihn eintretende Entlastung einer Erwerbstätigkeit nachzugehen, von dessen Vermögensbildung profitiert[596]. Rechtspolitisch geht es somit um eine Gleichstellung der Haushaltsarbeit mit der Erwerbstätigkeit.

---

[588] Art. 201 Abs. 2 ZGB; näheres dazu bei ZOBL Grundbuchrecht N 472 ff.
[589] Art. 201 Abs. 1 ZGB.
[590] HAUSHEER/REUSSER/GEISER, Art. 196 N 16.
[591] So sehr klar PIOTET Errungenschaftsbeteiligung 35, ansatzweise auch 25; differenzierend HAUSHEER/REUSSER/GEISER, Art. 196 N 16; ZGB-HAUSHEER, Art. 196 N 5.
[592] Art. 205 f ZGB: Dies geschieht durch Rücknahme der eigenen Vermögenswerte, die sich im Besitze des anderen befinden, durch Ermittlung der gegenseitigen Forderungen und allfälligen Mehrwertanteile.
[593] ZGB-HAUSHEER, Art. 215 N 10.
[594] Art. 216 ZGB: Im Extremfall kann also dem überlebenden Ehegatten der gesamte Vorschlag zugewiesen werden. Die Rechtfertigung der Zurücksetzung der gemeinsamen Nachkommen besteht im gesetzlichen Erbrecht beim Hinschied des Begünstigten (dazu detailliert WILDISEN 198 ff; PORTMANN recht 1997 10 ff sowie auch HAUSHEER/AEBI-MÜLLER 1999 8 ff).
[595] HAUSHEER/REUSSER/GEISER, Art. 215 N 16; ZGB-HAUSHEER, Art. 215 N 5.
[596] AEBI-MÜLLER ZBJV 1999 499.

3. Behandlung unentgeltlicher Zuwendungen aus Mitteln der Errungenschaft ohne Zustimmung des überlebenden Ehegatten (Art. 208 ZGB)

a) Gesetzgeberischer Gedanke

Wie dargelegt, sind die Ehegatten während der Dauer der Ehe in der Verwaltung und Verfügung über ihr Eigengut und ihre Errungenschaft weitgehend frei. Diese Freiheit *beider* Gatten birgt bei wirtschaftlich unvernünftigem Handeln naturgemäss gewisse Gefahren für die *güterrechtliche Anwartschaft* des andern bei Auflösung der Ehe. Zu diesem Zwecke stellt das ZGB zwar bereits für die Dauer der Ehe dem Schutzbedürftigen ein relatives breites Abwehrdispositiv zur Verfügung[597]. Dennoch kann er grundsätzlich nichts dagegen unternehmen, dass der andere gegen seinen Willen – etwa bei nichtgemeinsamen Nachkommen – *aus der Errungenschaft* unentgeltliche Zuwendungen vornimmt[598], sei es als reine Liberalität oder als ausgleichungspflichtiger Vorempfang. Dem Schutze der güterrechtlichen Anwartschaft des nicht zustimmenden Gatten dient Art. 208 Abs. 1 ZGB, der innerhalb einer beschränkten Frist die rechnerische Hinzufügung[599] gewisser Transaktionen zur Errungenschaft anlässlich der Auflösung des Güterstandes vorsieht[600].

Keine Hinzurechnung erfolgte unter dem altrechtlichen ordentlichen Güterstand der Güterverbindung. Die Ehefrau besass nach bundesgerichtlicher Rechtsprechung[601] keine Handhabe gegen Schmälerungen ihres Vorschlagsanteils, wenn ihr Ehemann unentgeltliche Zuwendungen an künftige Erben oder Dritte ausrichtete. Immerhin konnte sie – wie das auch heute noch der Fall ist – je nach Art der Zuwendung und dem Empfänger gegebenenfalls die Ausgleichung oder Herabsetzung verlangen.

b) Von Art. 208 Abs. 1 Ziff. 1 ZGB erfasste Zuwendungen

Der güterrechtlichen Hinzurechnung unterliegen «unentgeltliche Zuwendungen, die ein Ehegatte während der letzten fünf Jahre vor Auflösung des Güterstandes ohne Zustimmung des andern Ehegatten gemacht hat, ausgenommen die üblichen Gelegenheitsgeschenke». Auf den Begriff der unentgeltlichen Zuwendung sowie der Gelegenheitsgeschenke wurde bereits hingewiesen[602]. Die Lehre betont die Ver-

---

[597] HAUSHEER/REUSSER/GEISER, Art. 208 N 7 ff; GUINAND FS Piotet 57.
[598] GUINAND FS Piotet 57.
[599] War die Zuwendung allerdings so hoch, dass die Beteiligungsforderung des überlebenden Gatten aus dem vorhandenen Vermögen nicht gedeckt werden kann, so gibt Art. 220 ZGB gegen den Zuwendungsempfänger einen den Regeln über die Herabsetzung nachgebildeten Rückgewährsanspruch.
[600] HAUSHEER/REUSSER/GEISER, Art. 208 N 5; NÄF-HOFMANN N 1665 ff; GUINAND FS Piotet 58 f; VOLLERY N 235.
[601] BGE 107 II 119, 126 ff E. 2 d; freilich entgegen der überwiegenden Lehre (Nachweise bei HAUSHEER/REUSSER/GEISER, Art. 208 N 3 und PIOTET Errungenschaftsbeteiligung 95 Anm. 15; vgl. auch WILDISEN 95 f).
[602] Zum Begriff der Zuwendung vorn 21; zu den Gelegenheitsgeschenken vorn 61.

wandtschaft zu Art. 527 ZGB und subsumiert demzufolge die dort erwähnten Zuwendungen unter Art. 208 Abs. 1 Ziff. 1: Nebst klassischen, zur Ausgleichung führenden Zuwendungen wie Heiratsgut, Ausstattung[603] etc. auch die reinen Schenkungen[604], Erbabfindungen, versicherungsrechtlichen Begünstigungen, Stiftungserrichtungen usw[605]. Zweifellos sind auch gemischt-unentgeltliche Zuwendungen unter diese Bestimmung subsumierbar[606].

Damit eine Zuwendung hinzugerechnet werden kann, muss sie stets an einen Dritten erfolgen; Zuwendungen an den anderen Ehegatten können von Art. 208 ZGB nicht erfasst werden[607]: Dies muss auch für Zuwendungen an einen Ehegatten auf Anrechnung an seinen Erbteil (Art. 626 Abs. 1 ZGB) gelten, welche aus Errungenschaftsmitteln finanziert werden.

Hinzugerechnet werden können nur Zuwendungen, welche innerhalb der letzten fünf Jahre vor Auflösung des Güterstandes ausgerichtet worden sind[608]. Das Gesetz legt nicht eindeutig fest, ob die Frist mit Abschluss des Verpflichtungs- oder des Verfügungsgeschäftes zu laufen beginnt. Obschon allgemeine Grundsätze[609] ein Abstellen auf das Verpflichtungsgeschäft nahelegen würden, wird aus Gründen der Transparenz hier auf den Vollzug abgestellt[610]: Andernfalls hätte der nicht zustimmende Gatte nur unter erschwerten Bedingungen eine Chance, von der Zuwendung Kenntnis zu erlangen. Der Zuwendende und der Empfänger könnten ansonsten den Vollzug des Verpflichtungsgeschäfts bis zum Fristablauf aufschieben und so der Hinzurechnung von vornherein entgehen.

Damit besteht im übrigen Übereinstimmung mit dem Beginn des Fristenlaufs zur Hinzurechnung der reinen Schenkungen zur Pflichtteilsberechnungsmasse (Art. 527 Ziff. 3 ZGB)[611].

---

[603] HAUSHEER/REUSSER/GEISER (Art. 208 N 22) grenzen diese Zuwendungen von den als Erbvorbezug qualifizierten ab.
[604] Von Art. 208 ZGB werden auch die Zuwendungen in Erfüllung einer sittlichen Pflicht erfasst (ZGB-HAUSHEER, Art. 208 N 15 m. w. H.).
[605] HAUSHEER/REUSSER/GEISER, Art. 208 N 22.
[606] GUINAND FS Piotet 56.
[607] NÄF-HOFMANN N 1690; GUINAND FS Piotet 64: Die Entgegennahme der Zuwendung schliesst logischerweise das Einverständnis mit ein.
[608] Art. 208 Abs. 1 Ziff. 1 ZGB; kritisch dazu PIOTET Errungenschaftsbeteiligung 96, welcher geltend macht, der Gleichlauf mit Art. 527 Ziff. 3 ZGB sei fragwürdig, da die güterrechtliche Anwartschaft stärker als die erbrechtliche sei. Nach Ablauf der Frist kann zwar die güterrechtliche Hinzurechnung nicht mehr stattfinden; unberührt bleibt davon aber die Frage der erbrechtlichen Ausgleichung (so auch WILDISEN 98 f).
[609] EITEL § 30 Nr. 19 [455].
[610] HAUSHEER/REUSSER/GEISER, Art. 208 N 27.
[611] Dazu ausführlich EITEL § 30 Nr. 16 ff [453 ff]; ESCHER/ESCHER, Art. 527 N 18; TUOR, Art. 527 N 11; ZGB-FORNI/PIATTI, Art. 527 N 7; PIOTET SPR IV/1 § 63 II D [448].

c) **Güterrechtliche Zuordnung der unentgeltlichen Zuwendung**

Aus güterrechtlicher Sicht ist gegen die unentgeltliche Weggabe von Eigengut nichts einzuwenden. Problematisch ist die Weggabe nur bei Errungenschaftsmitteln, da der zu teilende Vorschlag geschmälert wird: Aus diesem Grunde muss die Zuwendung zugeordnet werden. Keine Probleme stellen sich selbstredend dann, wenn der Zuwendende zum Zeitpunkt des Eheschlusses mittellos gewesen war. In allen anderen Fällen geht die Doktrin von folgenden Vermutungen aus:

- War der Zuwendungsgegenstand eine unvertretbare[612] Sache, so wird jene Vermögensmasse belastet, zu welcher der Gegenstand gehört[613].
- Erfolgt die Zuwendung in Form von vertretbaren Sachen (namentlich Geld), so ist – da die Zuordnung sonst kaum möglich wäre – auf den Willen des Zuwendenden abzustellen[614]: Kann dieser nicht ermittelt werden, ist im Zweifel auf eine Zuwendung aus dem Eigengut zu schliessen, da nicht anzunehmen ist, der Zuwendende hätte die güterrechtlichen Ansprüche seines Gatten unterlaufen wollen[615].

d) **Rechtsfolge der fehlenden Zustimmung: Hinzurechnung zur Errungenschaft und zur erbrechtlichen Teilungs- oder Berechnungsmasse**

Sind die Voraussetzungen für eine Hinzurechnung erfüllt, so geschieht diese in vollem Umfange zum Wert im Zeitpunkt der Zuwendung (Art. 214 Abs. 2 ZGB)[616]. Darüber hinaus schliesst die güterrechtliche Hinzurechnung eine erbrechtliche Hinzurechnung nicht aus, im Gegenteil: Die unentgeltliche Zuwendung ist – je nachdem ob sie zur Ausgleichung gelangt oder wenigstens herabsetzbar ist, der Teilungs- oder der Pflichtteilsberechnungsmasse zum Wert im Zeitpunkt des Todes (Art. 630 Abs. 1 bzw. 475 i. V. m. 527 ZGB)[617] des Zuwendenden zuzuschlagen[618]. Kommt es zur Ausgleichung, profitiert der überlebende Ehegatte als Ausgleichungsgläubiger folglich ein zweites Mal von der Hinzurechnung.

Bsp: Eheleute A und B, Kinder C und D. A und B waren zu Beginn der Ehe mittellos; es gibt keinen Ehevertrag. A stirbt unter Hinterlassung einer Errungenschaft von 7'000, hat aber vier

---

[612] Zur Unterscheidung zwischen vertretbaren und unvertretbaren Sachen hinten 128.
[613] HAUSHEER/REUSSER/GEISER, Art. 208 N 17.
[614] HAUSHEER/REUSSER/GEISER, Art. 208 N 17; ZGB-HAUSHEER, Art. 208 N 11: Gleiches gilt für Kapitalabfindungen einer Vorsorgeeinrichtung oder infolge Arbeitsunfähigkeit nach Art. 207 Abs. 2 ZGB.
[615] Kritisch dazu ZGB-HAUSHEER, Art. 208 N 10.
[616] HAUSHEER/REUSSER/GEISER, Art. 208 N 18; NÄF-HOFMANN N 1675 ff: Die Entäusserung wird folglich weder nichtig noch anfechtbar.
[617] Dazu vorn 46 ff und hinten 141 ff.
[618] HAUSHEER/REUSSER/GEISER, Art. 208 N 55; ZGB-HAUSHEER, Art. 208 N 25; GUINAND FS Piotet 62; WILDISEN 96 ff; anders PIOTET Errungenschaftsbeteiligung 98, welcher – da der Gatte bereits von der güterrechtlichen Hinzufügung profitiert habe – nur noch *zur Hälfte* erbrechtlich zu veranschlagen sei.

Jahre zuvor gegen den Willen von B D mit 1'000 ausgestattet. B verfügt über keine nennenswerten Mittel.

Unter Berücksichtigung der Ausstattung beträgt der Vorschlag 8'000, welcher hälftig zu teilen ist.

In der (gedanklichen) anschliessenden Erbteilung ist von einem reinen Nachlass von 3'000 (7'000 − [8'000 * ½]) auszugehen. Die Teilungsmasse beläuft sich infolge erneutem Einbezugs der Ausstattung auf 4'000; an welcher B zu ½ (Art. 462 Ziff. 1 ZGB), C und D zu je ¼ (½ * ½) partizipieren. Da D sich – sofern er nicht Realkollation wählt – seine Ausstattung anrechnen lassen muss und bei der Teilung leer ausgeht, teilen sich B und C den reinen Nachlass im Verhältnis 2 : 1 (B 2'000, C 1'000).

Die Korrektheit dieser Lösung lässt sich m. E. daraus herleiten, dass der nicht zustimmende Gatte hier grundsätzlich im Resultat so gestellt wird, als hätte die Zuwendung überhaupt nicht stattgefunden. Damit wird dem gesetzgeberischen (Schutz-) Gedanken von Art. 208 ZGB angemessen Rechnung getragen.

Ein Teil der Lehre fordert sodann, dass im Falle einer Wertsteigerung der Zuwendung bis zur Eröffnung des Erbganges dieser Rechnung getragen werden müsse, da der nicht zustimmende Gatte bereits in der güterrechtlichen Auseinandersetzung den Mehrwert hätte fordern können[619]. Diese Forderung erscheint vom Standpunkt aus betrachtet, dass im Falle der fehlenden Zustimmung der andere Ehegatte nicht schlechter gestellt werden sollte, als zutreffend. Angesichts des Schweigens des Gesetzes, der komfortablen Situation des überlebenden Ehegatten[620] im Erbrecht sowie des komplizierten Rechnungsmodus[621] erscheint sie allerdings übertrieben.

---

[619] HAUSHEER/REUSSER/GEISER, Art. 208 N 55; ZGB-HAUSHEER, Art. 208 N 26.
[620] Hohe gesetzliche Erbquote, Gläubigerstellung in der Ausgleichung.
[621] Dem überlebenden Ehegatten müsste in der Höhe des fehlenden Vorschlagsanteils eine Forderung gegen den Nachlass zugestanden werden.
Bsp: Eheleute A und B, Kind C. Beide Gatten haben mittellos den Ehebund geschlossen und auch niemals einen Ehevertrag abgeschlossen. Beim Tod des A betragen dessen Güter 20'000, jene von B 0. A hat C drei Jahre vor seinem Ableben gegen den Willen seines Gatten mit 4'000 ausgestattet; der Wert der Zuwendung betrage zum Zeitpunkt des Erbfalls 8'000.
Wird *herkömmlich* gerechnet, ergibt sich unter Berücksichtigung der lebzeitigen Zuwendung aus der güterrechtlichen Auseinandersetzung eine obligatorische Forderung von B in Höhe von 12'000 ([20'000 + 4'000] * ½). Der reine Nachlass betrüge 8'000 (20'000 − 12'000), die Teilungsmasse 16'000 (8'000 reiner Nachlass + 8'000 Ausstattung zum Wert Todestag); woran B nochmals mit ½ (8'000) beteiligt wäre. B erhielte also 20'000; C ginge infolge Anrechnung der Ausstattung leer aus.
Wird der Wertsteigerung zugunsten des überlebenden Ehegatten Rechnung getragen, ist wie folgt vorzugehen: Der Mehrwert der Zuwendung beträgt 4'000 (8'000 − 4'000). An diesem ist B zur Hälfte beteiligt, weshalb ihm in Höhe von 2'000 eine Forderung gegen den Nachlass zusteht (4'000 * ½). Die Teilungsmasse betrüge dann noch 14'000 (8'000 reiner Nachlass + 8'000 Ausstattung − 2'000 [Forderung B]). B hätte allsdann aus der Teilung noch 7'000 zugute, C hätte aus dem reinen Nachlass noch 1'000 zu fordern, wäre aber andererseits mit der Forderung in Höhe von 2'000 belastet.

Die erbrechtliche Hinzurechnung unterbleibt freilich in jenem Rahmen, als der Empfänger bereits nach Massgabe von Art. 220 ZGB güterrechtlich zur Rückerstattung verpflichtet wird[622].

4. Behandlung unentgeltlicher Zuwendungen aus Mitteln der Errungenschaft mit Zustimmung des überlebenden Ehegatten

a) Grundsatz: Keine güterrechtliche, dafür aber erbrechtliche Hinzurechnung

Hat der andere Ehegatte der Zuwendung zugestimmt[623], so bleibt sie bei der güterrechtlichen Auseinandersetzung ausser Ansatz[624]. In der Zustimmung darf aber weder ein Verzicht auf die Geltendmachung von Ausgleichungs- oder Herabsetzungsansprüchen erblickt werden; die Geltendmachung dieser Ansprüche bleibt vorbehalten[625]. Strittig ist der Umfang der erbrechtlichen Hinzurechnung: Entsprechend den allgemeinen Grundsätzen über die Ausgleichung und Herabsetzung sollte sie zum vollen Wert erfolgen[626].

Demgegenüber tritt die Doktrin[627] dafür ein, die Zuwendung nur in jenem Umfang erbrechtlich zu berücksichtigen, als sie im Falle ihrer Nichtvornahme in den Nachlass gefallen wäre: Es wird geltend gemacht, dass der andere Teil güterrechtlich dem anderen Gatten dannzumal hätte zugeordnet werden müssen[628]. Andernfalls werde der überlebende Ehegatte schlechtergestellt, sofern er erbrechtlich begünstigt werde.

Der Grund für die Befürchtung der Doktrin liegt in folgendem: Werden einzelne Erben maximal begünstigt, so berechnen sich die Pflichtteilsansprüche der Nichtbegünstigten aufgrund der Berechnungsmasse unter Einbeziehung sämtlicher unter Art. 475 bzw. 527 ZGB fallender Zuwendungen. Je höher also die Zuwendung veranschlagt wird, um so grösser wird die Masse und damit die Pflichtteilsansprüche bzw. in entsprechendem Masse verkleinert sich der Begünstigungseffekt.

Dazu folgendes Bsp: Der Erblasser, welcher zwei Jahre vor seinem Tode unter Zustimmung seiner Gattin einem ihm nahestehenden Dritten 16'000 zugewendet hat, hinterlässt seine Witwe (welche kein eigenes Vermögen besitzt) und ein Kind aus einer früheren Ehe nebst

---

[622] HAUSHEER/REUSSER/GEISER, Art. 220 N 64 f m. w. H. zu Detailfragen; ZGB-STAEHELIN, Art. 475 N 11; WILDISEN 101 ff, 157 ff.
[623] Die Zustimmungserklärung ist an keine besondere Form gebunden und kann auch nachträglich abgegeben werden oder sich aus den Umständen ergeben (HAUSHEER/REUSSER/GEISER, Art. 208 N 33; NÄF-HOFMANN N 1717).
[624] HAUSHEER/REUSSER/GEISER, Art. 208 57; GUINAND FS Piotet 61.
[625] HAUSHEER/REUSSER/GEISER, Art. 208 N 33; a. M. GUINAND FS Piotet 61.
[626] So auch – freilich zum alten Recht – BGE 107 II 119, 126 ff E. 2 d.
[627] HAUSHEER/REUSSER/GEISER, Art. 208 N 59; ZGB-STAEHELIN, Art. 475 N 12 NÄF-HOFMANN N 1697.
[628] Wäre die Zuwendung nicht erfolgt, hätte im Regelfall der überlebende Ehegatte kraft Güterrechts die Hälfte zu beanspruchen gehabt.

einer Errungenschaft von 128'000. Testamentarisch hat er sein Kind auf den Pflichtteil gesetzt, um die Witwe maximal zu begünstigen. Die Errungenschaft wird hälftig geteilt (128'000 * ½ = 64'000 [Art. 215 Abs. 1 ZGB]). Die Berechnungsmasse, von welcher das Kind $^3/_8$ (½ * ¾ [Art. 462 Ziff. 1 i. V. m. Art. 471 Ziff. 1 ZGB]) als Pflichtteil zu fordern hat, beträgt bei voller Einberechnung der Zuwendung 80'000 (64'000 + 16'000 [Hinzurechnung nach Art. 527 Ziff. 3 ZGB]). Sonach hat das Kind 30'000 (80'000 * $^3/_8$) zu beanspruchen und die Witwe 34'000 (80'000 − 16'000 − 30'000). Wird dagegen die Zuwendung nur zur Hälfte einbezogen, zählt die Berechnungsmasse 72'000 (64'000 + [16'000 * ½]), der Pflichtteilsanspruch des Kindes 27'000 (72'000 * $^3/_8$), und es entfallen auf die Witwe 37'000 (72'000 − 8'000 − 27'000). Freilich würde der umgekehrte Effekt eintreten, hätte das Kind anstelle des Dritten die Zuwendung als ausgleichungspflichtigen Vorempfang erhalten, welcher auf den Erbteil anzurechnen wäre.

Aus mehreren Gründen ist sonach der Doktrin nicht zu folgen: Art. 208 ZGB ändert nichts an der Tatsache, dass jeder Ehegatte zivilrechtlich frei über seine Vermögenswerte verfügen kann. Es geht lediglich darum, *gewissen* Unbilligkeiten innert bestimmter Frist entgegenzuwirken. Die Bestimmung ist somit eher eng auszulegen. Eine Ausweitung ihres Anwendungsbereichs auf das Erbrecht erscheint folglich nicht zweckmässig. Zudem könnte sich der Zweck der nur reduzierten erbrechtlichen Hinzurechnung − die Begünstigung des überlebenden Ehegatten − als Bumerang erweisen, sofern die Zuwendung an einen pflichtteilsgeschützten Erben als ausgleichungspflichtiger Vorempfang gegeben wird, den er sich auf den Pflichtteil anrechnen lassen muss[629]. Diesfalls hat der überlebende Ehegatte im Gegenteil alles Interesse daran, dass die Zuwendung in vollem Umfange zur Berechnungsmasse gezogen wird.

Schliesslich führt die von der Doktrin vorgeschlagene Methodik zu einer (unnötigen) Verkomplizierung der Berechnung, für deren Berechtigung keine genügende Begründung besteht.

b) Ausnahme: Zuwendung an den anderen Ehegatten

Hingegen ist den Überlegungen der Doktrin bei der erbrechtlichen Erfassung lebzeitiger Zuwendungen unter den Ehegatten *selbst* aus Mitteln der Errungenschaft zu folgen. Wie erwähnt, werden solche Zuwendungen nie von Art. 208 ZGB erfasst. Wird der überlebende Gatte erbrechtlich begünstigt, so wirkt sich eine volle Hinzurechnung fatal aus, da diesfalls die Pflichtteile über den Betrag hinaus vergrössert würden, den sie bei Nichtvornahme der Zuwendung gehabt hätten[630].

Bsp: Der Erblasser verstirbt ohne Hinterlassung von Vermögenswerten. Als gesetzliche Erben hinterlässt er seine Gattin und ein Kind, welches testamentarisch auf den Pflichtteil gesetzt wird. Vor drei Jahren hat er der Witwe 100'000 aus Errungenschaftsmitteln zugewendet.

---

[629] Dies wird von der Doktrin (HAUSHEER/REUSSER/GEISER, Art. 220 N 68; ZGB-STAEHELIN, Art. 475 N 12) erkannt, weshalb − freilich systemwidrig − aus Gründen der Gleichbehandlung der Erben die volle Hinzurechnung stattzufinden habe.

[630] HAUSHEER/REUSSER/GEISER, Art. 208 N 59 mit Beispiel; GUINAND FS Piotet 65 f.

Erfolgt die vollumfängliche erbrechtliche Einbeziehung, so beträgt die Berechnungsmasse 100'000 (*relictum* 0) und der Pflichtteil des Kindes 37'500 ($^3/_8$ von 100'000 entsprechend ½ * ¾ [Art. 462 Ziff. 1 i. V. m. Art. 471 Ziff. 1 ZGB]).

Wird dagegen nur jener Teil veranschlagt, welcher im Falle der Nichtvornahme in den Nachlass gefallen wäre, so beträgt die Berechnungsmasse bloss 50'000 (die anderen 50'000 hätten der Witwe als Vorschlagsanteil zugestanden), und der Pflichtteilsanspruch des Kindes reduziert sich auf 18'750. Das Ergebnis ist somit das Gleiche, wie wenn die Zuwendung nicht vorgenommen worden wäre.

Ein vollständige Hinzurechnung würde dem Zweck von Art. 208 ZGB nicht gerecht: Der überlebende Ehegatte führe günstiger, hätte er lebzeitig nichts erhalten. Aus diesem Grunde erscheint es für diesen Fall angezeigt, im Sinne der einhelligen Doktrin nur jenen Betrag erbrechtlich zu veranschlagen, welcher im Falle der Nichtvornahme der Zuwendung hätte einberechnet werden müssen. Gleiches muss gelten, sofern dem Ehegatten die Zuwendung auf Anrechnung an den Erbteil (Art. 626 Abs. 1 ZGB) gegeben worden ist[631].

C. Gütergemeinschaft

1. Das eheliche Vermögen

Im Recht der allgemeinen Gütergemeinschaft[632] kommt der Gedanke der Schicksalsgemeinschaft der Gatten am augenfälligsten zum Ausdruck[633]. Das Vermögen der Ehegatten besteht hier aus drei Massen: Den beiden Eigengütern der Ehegatten sowie dem Gesamtgut[634], welches beiden zur gesamten Hand zusteht[635]. Dem Gesamtgut kommt überragende Bedeutung zu, da das Eigengut wesentlich enger umschrieben wird als bei der Errungenschaftsbeteiligung[636].

---

[631] HAUSHEER/REUSSER/GEISER, Art. 220 N 68; NÄF-HOFMANN N 1694 ff.
[632] Daneben besteht auch die Möglichkeit, das Gesamtgut vertraglich auf die Errungenschaft (Errungenschaft hier verstanden im Sinne des Rechts des ordentlichen Güterstandes) oder anderweitig zu beschränken (Art. 223 f ZGB).
[633] HAUSHEER/REUSSER/GEISER, vor Art. 221 ff N 34.
[634] Art. 221 f ZGB.
[635] HAUSHEER/REUSSER/GEISER, vor Art. 221 ff N 19 ff, Art. 222 N 44 ff.
[636] Art. 225 ZGB: Von Gesetzes wegen umfasst das Eigengut nur die persönlichen Gegenstände eines Ehegatten sowie Genugtuungsansprüche. Damit fällt grundsätzlich selbst das in die Ehe eingebrachte Vermögen ins Gesamtgut.

2. Vertretungsverhältnisse, Schutz gutgläubiger Dritter

a) Vertretungsverhältnisse

Gewöhnlich kann über Gesamtgut nur *gemeinschaftlich verfügt* werden. Dies würde sich aber für die Ehegatten im Verkehr mit Dritten als zu schwerfällig erweisen. Aus diesem Grunde differenziert das ZGB in Art. 227 Abs. 2 und Art. 228 Abs. 1 zwischen *ordentlicher* und *ausserordentlicher* Verwaltung, zudem bleibt Art. 166 ZGB stets vorbehalten. In den Bereich der ordentlichen Verwaltung fallen alle Handlungen, welche eine gewissenhafte Vermögensverwaltung nach allgemeiner Lebenserfahrung erfordert, wobei den individuellen Verhältnissen Rechnung zu tragen ist[637]. Im Bereich der ordentlichen Verwaltung kann jeder Ehegatte allein handeln, muss aber andererseits auch die Handlungen des andern gegen sich gelten lassen[638].

Zur ausserordentlichen Verwaltung zählen all jene Vorgänge, welche nicht unter die ordentliche subsumiert werden können. Dazu zählen auch unentgeltliche Zuwendungen aus dem Gesamtgut[639]. Hier müssen die Ehegatten gemeinsam vorgehen, andernfalls die Verfügung nichtig ist. *Verpflichtungsgeschäfte* unter Nichtbeachtung dieser Grundsätze sind hingegen stets vollgültig, vermögen allerdings nur eine *Eigenschuld*[640] des alleine handelnden Ehegatten zu begründen[641].

b) Schutz gutgläubiger Dritter

Da unter geltendem Recht kein Güterrechtsregister mehr besteht, ist es Dritten kaum möglich, die güterrechtlichen Verhältnisse eines in Gütergemeinschaft lebenden Ehepaares zu erkennen. Aus diesem Grunde wird ihr guter Glaube in die Verfügungsbefugnis des alleine handelnden Ehegatten unter Umständen bei Verfügungsgeschäften geschützt. So ist bei der Übertragung von Grundstücken ein gutgläubiger Erwerb möglich, sofern bei zum Gesamtgut gehörenden Grundstücken (noch) nicht beide Ehegatten als Eigentümer eingetragen sind[642]; oder bei Fahrnis, wenn die Voraussetzungen von Art. 933 ZGB zutreffen[643]. In allen anderen Fällen kann nur Art. 228 Abs. 2 ZGB Schutz bieten, sofern der Dritte gutgläubig von der Zustim-

---

[637] HAUSHEER/REUSSER/GEISER, Art. 227/228 N 22 ff mit zahlreichen Beispielen.
[638] HAUSHEER/REUSSER/GEISER, Art. 227/228 N 25; ZGB-HAUSHEER, Art. 227/228 N 11 f.
[639] HAUSHEER/REUSSER/GEISER, Art. 240 N 5.
[640] Art. 234 ZGB.
[641] HAUSHEER/REUSSER/GEISER, Art. 227/228 N 40.
[642] HAUSHEER/REUSSER/GEISER, Art. 227/228 N 39; allgemein zum gutgläubigen Erwerb im Immobiliarsachenrecht ZOBL Grundbuchrecht N 123 ff.
[643] Diese Voraussetzungen sind beim Mit-, nicht aber beim Gesamtbesitz gegeben (ZOBL, Art. 884 N 788; STARK, Art. 933 N 39; HAUSHEER/REUSSER/GEISER, Art. 227/228 N 39; WILDISEN 117).

mung des anderen Ehegatten ausgegangen ist oder er in guten Treuen von der ausschliesslichen Verfügungsberechtigung des alleine Handelnden ausgehen durfte[644].

Verpflichtungsgeschäfte führen in jedem Fall wenigstens zu einer Eigenschuld des allein handelnden Gatten. Strittig ist, ob unter gewissen Voraussetzungen beim Dritten eine Vollschuld nach Art. 233 ZGB entstehen kann[645].

3. Folgerungen für unentgeltliche Zuwendungen

Es erscheint als ausgeschlossen, dass ein künftiger Erbe aufgrund seines guten Glaubens gültig eine lebzeitige unentgeltliche Zuwendung aus dem ehelichen Gesamtgut erhalten kann. Art. 239 Abs. 1 OR setzt für eine gültige Schenkung eine Zuwendung aus dem *eigenen* Vermögen voraus. Dies ist bei einer Schenkung aus dem Gesamtgut ohne Zustimmung des anderen Gatten allerdings (klarerweise) nicht der Fall. Damit ist die *causa* für die Schenkung unwirksam, womit unabhängig von der Gut- oder Bösgläubigkeit des Empfängers[646] eine *Vindikation* oder *Kondiktion* möglich ist[647]. Findet eine solche nicht statt, weil der andere Ehegatte – um Schlimmeres zu verhüten – nachträglich zustimmt, so wird der allein Handelnde gestützt auf Art. 231 Abs. 1 ZGB wie ein Beauftragter haftbar[648]. Eine Hinzurechnung – entsprechend Art. 208 ZGB – ist allerdings ausgeschlossen[649].

Ausgleichungspflichtige Zuwendungen können hingegen problemlos durch beide Gatten gemeinsam aus dem Gesamtgut erfolgen. Da das Gesamtgut vorbehältlich einer abweichenden ehevertraglichen Vereinbarung[650] bei der Auflösung des Güterstandes durch Tod jedem Gatten hälftig zusteht (Art. 241 Abs. 1 ZGB), muss entsprechendes auch für die Zurechnung der Zuwendung gelten: Somit wäre – entsprechend § 2054 Abs. 1 BGB – beim Tode jedes Ehegatten die Hälfte der Zuwendung auszugleichen. Dies kann bei Zweitehen zum kuriosen Ergebnis führen, dass nur die

---

[644] HAUSHEER/REUSSER/GEISER, Art. 227/228 N 43; ZGB-HAUSHEER, Art. 227/228 N 21.
[645] Dazu ausführlich HAUSHEER/REUSSER/GEISER, Art. 227/228 N 44: Einig ist man sich allerdings darin, dass unter diesen Voraussetzungen eine Vollschuld nur dann entstehen kann, wenn die Verpflichtung im Rahmen der Verwaltung des Gesamtgutes eingegangen wurde.
[646] Gutgläubigkeit wird in solchen Fällen (beim Empfänger dürfte es sich regelmässig um einen Familienangehörigen handeln, dem die Gutgläubigkeit abgeht) ohnehin meist zu verneinen sein.
[647] OR-VOGT, Art. 239 N 42; VON TUHR/PETER § 52 IX 2 [497 f Anm. 143], § 54 II 1 [516]; offenbar anders HAUSHEER/REUSSER/GEISER, Art. 240 N 5; ZGB-HAUSHEER, Art. 240 N 5.
[648] HAUSHEER/REUSSER/GEISER, Art. 231 N 16; GUINAND FS Piotet 59.
[649] HAUSHEER/REUSSER/GEISER, Art. 240 N 5.
[650] Zu den Voraussetzungen der im Vergleich zum entsprechenden Gestaltungsspielraum bei der Errungenschaftsbeteiligung (rechtspolitisch allerdings noch fragwürdigeren) weitergehenden Begünstigungsmöglichkeiten HAUSHEER/REUSSER/GEISER, Bem. zu Art. 241; ferner HAUSHEER/AEBI-MÜLLER 1999 15 ff.

Hälfte der Zuwendung der gesetzlichen Ausgleichungspflicht (Art. 626 Abs. 2 ZGB) unterliegt[651].

D. Gütertrennung

Gemäss Art. 247 ZGB nutzt und verwaltet in der Gütertrennung jeder Gatte sein Vermögen selbst. Die Ehegatten stehen sich somit wie Dritte gegenüber. Bei Auflösung der Ehe durch Tod stellen sich keine güterrechtlichen (Vor-) Fragen.

II. Art der Ausgleichung

Art. 628 Abs. 1 ZGB hält fest, dass die Ausgleichung mittels zweier Möglichkeiten verwirklicht werden kann: Die Verpflichteten haben grundsätzlich die Wahl, ob sie die empfangenen Gegenstände in natura in den Nachlass einwerfen wollen (Realkollation) oder ob sie eine Anrechnung dem Werte nach bevorzugen (Idealkollation). Nach Art. 628 Abs. 2 ZGB bleibt es dem Erblasser vorbehalten, abweichende Anordnungen zu erlassen.

Weiter wird in Art. 630 Abs. 1 ZGB bestimmt, dass im Falle der Idealkollation der für die Berechnung massgebende Wert jener im Zeitpunkt des Erbganges sei.

A. Begriffliches

1. Realkollation (Naturalausgleichung, Einwerfung in Natur)

Realkollation bedeutet Ausgleichung durch Einwerfung in Natur. Der verpflichtete Erbe erstattet der Erbengemeinschaft die vorempfangenen Gegenstände mittels der jeweils notwendigen Übertragungsweise[652]. Das *relictum* erfährt einen effektiven

---

[651] Anders § 2054 Abs. 1 BGB, wo für den Fall, dass der Empfänger nur von einem Gatten abstammt, die Zuwendung als von diesem *allein* ausgerichtet fingiert wird (dazu RGZ 94, 262; RGRK-KREGEL § 2054 N 4; KIPP/COING § 120 IV 6 [651]).

[652] TUOR/PICENONI, Art. 628 N 2; ESCHER/ESCHER, Art. 628 N 2; ZGB-FORNI/PIATTI, Art. 628 N 3; PIOTET SPR IV/1 § 47 IV A [317]; RÖSLI 120; SPAHR 168 f; WOLFER 91: In der Praxis sieht man meistens von einer Übertragung vor der Teilung ab (Kosten), vielmehr erfolgt sie direkt an jenen Erben, der den Gegenstand zugeteilt erhält. Die neuere Lehre ge-

Zuwachs[653]. Die Naturalausgleichung setzt grundsätzlich voraus, dass die (Original-) Zuwendung im Zeitpunkt der Rückerstattung noch vorhanden ist[654]. Der Begriff der Originalzuwendung ist dabei eng zu verstehen: Bei Zuwendungen zum Zwecke des Erwerbs einer bestimmten Sache gilt diese nicht als Originalzuwendung[655]. Ebenfalls ausgeschlossen ist die Realkollation nach Auffassung der Doktrin bei gemischt-unentgeltlichen Zuwendungen[656].

Der Ausgleichungspflichtige partizipiert bei der Teilung im Rahmen seines Erbanteils gleichberechtigt mit seinen Miterben[657]. Durch die Realkollation wird der Vorempfang rückgängig gemacht[658].

2. Idealkollation (Wertausgleichung, Wertanrechnung)

Die Idealkollation unterscheidet sich von der Realkollation dadurch, dass hier die Vorempfänge nicht in natura in die Erbmasse eingebracht, sondern dem betreffenden Erben an seinen Erbanteil angerechnet werden[659]. Die Durchführung der Ausgleichung beschränkt sich also auf eine blosse *Rechenoperation*. Diese kann mittels zweier verschiedener Verfahren erfolgen:

Nach dem ersten Verfahren werden die vorempfangenen Werte der Hinterlassenschaft hinzugerechnet und auf dieser Basis die Erbteile der einzelnen Erben berechnet. Dem Ausgleichungspflichtigen wird von seinem Treffnis der Vorempfang in Abzug gebracht[660]. Der ganze Vorgang mutet relativ simpel an.

Bsp: Erblasser E, Kinder A und B. *Relictum* 20'000, B hat von E seinerzeit eine Ausstattung von 12'000 erhalten. Zur Berechnung der Erbanteile ist die Teilungsmasse zu bilden (20'000 *relictum* + 12'000 Ausstattung) und durch zwei zu teilen, dem B wird von seinem Treffnis in

---

3tattet dieses Vorgehen sogar im Falle der richterlichen Erbteilung (SEEBERGER 282 m. w. H.).
[653] SEEBERGER 282.
[654] Dazu sogleich hinten 123 ff.
[655] SEEBERGER 284; ebenso wohl ESCHER/ESCHER, Art. 628 N 9; BRUHIN 119; AppH Bern SJZ 1934/35 253 = ZBJV 1936 292 ; anders OGer Zürich ZR 1940 Nr. 117.
[656] Zu dieser Frage hinten 130.
[657] TUOR/PICENONI, Art. 628 N 2; DRUEY § 7 N 7; SPAHR 169.
[658] WEIMAR FS Schnyder 840; PFAMMATTER 84; SEEBERGER 282; in diese Richtung weisend auch ESCHER/ESCHER, Art. 628 N 2 sowie bereits AGUET 119.
[659] TUOR/PICENONI, Art. 628 N 3; ESCHER/ESCHER, Art. 628 N 3; PIOTET SPR IV/1 § 47 IV A [316]; DRUEY § 7 N 4 f; SEEBERGER 285; SPAHR 171 ff; RÖSLI 121; WOLFER 91 f.
[660] TUOR/PICENONI, Art. 628 N 4, 7; ESCHER/ESCHER, Art. 628 N 6 f; ZGB-FORNI/PIATTI, Art. 628 N 4; PIOTET SPR IV/1 § 47 IV B [318 ff]; GUINAND/STETTLER N 343; NÄF-HOFMANN N 2703 ff; WEIMAR FS Schnyder 840; PFAMMATTER 84; RÖSLI 121; SPAHR 172 f mit Rechenbeispiel; WOLFER 92; SEEBERGER 285 Variante 1. Diesem Vorgang entspricht auch die Praxis in Deutschland (RGRK-KREGEL § 2055 N 3) sowie in Österreich (entgegen dem Wortlaut von § 793 ABGB; vgl. Klang/WEISS §§ 790 bis 794 II A [949]; Rummel/WELSER §§ 790–793 N 10 und EITEL § 4 Nr. 11 [54]).

Höhe von 16'000 ([20'000 + 12'000] * ½) die Ausstattung in Abzug gebracht. A erhält aus der Teilungsmasse 16'000, B 4'000 (16'000 – 12'000).

Nach dem zweiten Verfahren erhalten dagegen die Miterben bzw. deren Stämme vorweg aus dem Nachlass Werte in der Höhe, welche dem Vorempfang des oder der Ausgleichungspflichtigen entsprechen[661]: Der Teilung geht also eine reale *Vorwegnahme* voraus. Der Rest wird nach allgemeinen Grundsätzen geteilt.

Bsp: Erblasser E, Kinder A, B und C. *Relictum* 20'000; Vorempfänge des A 2'000, des B 3'000 und des C 5'000. C hat den höchsten Vorempfang erhalten. Um dies zu kompensieren, nehmen A und B soviel aus dem *relictum* vorweg, bis der Vorempfang des C egalisiert wird (A 3'000 [5'000 – 2'000]; B 2'000 [5'000 – 3'000]). Der verbleibende reine Nachlass in Höhe von 15'000 (20'000 – 3'000 – 2'000) wird gleichmässig unter die drei Kinder verteilt.

Komplizierter werden die Verhältnisse, wenn nicht alle ausgleichungspflichtigen Erben der gleichen Generation angehören. Hier ist in zwei Schritten vorzugehen, indem zunächst alle Stämme gleichzustellen sind und anschliessend das analoge Verfahren nochmals innerhalb der betroffenen Stämme zu wiederholen ist[662].

Die Methode der Idealkollation mittels Vorwegnahme erhält sowohl im Berner wie auch im Zürcher Kommentar den Vorrang, da sie bei der Teilung die Losbildung überhaupt erst ermögliche, indem durch die Vorwegnahme bereits vor der eigentlichen Teilung die Parität zwischen den Erben bzw. den Stämmen wiederhergestellt werde[663]. Dagegen wird freilich zu Recht eingewandt, dieser Vorzug treffe nur dann zu, wenn die Erbanteile aller Beteiligten (z. B. wenn nur Kinder erben) gleich gross sind; zudem stelle die Vorwegnahme ihrerseits eine partielle Teilung dar und könne überaus kompliziert sein[664]. Sodann setzt sie voraus, dass im *relictum* überhaupt genügend Mittel vorhanden sind, um diese Vorwegnahmen zu ermöglichen[665]. Es kann somit nicht generell einer Methode der Vorrang zugebilligt werden, vielmehr ist aufgrund des konkreten Einzelfalles stets die jeweils sachgerechteste Variante zu wählen[666].

---

[661] TUOR/PICENONI, Art. 628 N 5, 8 ff; ESCHER/ESCHER, Art. 628 N 4 f; ZGB-FORNI/PIATTI, Art. 628 N 4; PIOTET SPR IV/1 § 47 IV B [318 ff]; GUINAND/STETTLER N 342; RÖSLI 121; SPAHR 173 ff mit Rechenbeispiel; WOLFER 91, ausführlich 94 ff; SEEBERGER 282 Variante 2. Diese Vorgehensweise entspricht dem Wortlaut von § 793 ABGB (Klang/WEISS §§ 790 bis 794 II A [949] und I B 3 [941]).

[662] Vgl. die schwierig anmutenden Beispiele bei TUOR/PICENONI, Art. 628 N 8 ff.

[663] TUOR/PICENONI, Art. 628 N 6; zurückhaltender ESCHER/ESCHER, Art. 628 N 4, welcher auf die Kompliziertheit dieser Methode hinweist: Erfolgt die Teilung durch Losbildung, wäre die Wahl dieses Vorgehens allerdings zwingend.

[664] PIOTET SPR IV/1 § 47 IV B [319]; SEEBERGER 286. Auch die französische Praxis gibt offenbar der Methode der blossen Anrechnung den Vorzug (vgl. FERID/SONNENBERGER 5 D 250 [635]).

[665] SEEBERGER 286. Eine Vorwegnahme ist in allen jenen Fällen nicht möglich, in welchen Überschüsse (Art. 629 ZGB) auszugleichen sind.

[666] So auch PIOTET SPR IV/1 § 47 IV B [319].

3. Ausgleichung in Geld

In der Lehre[667] anerkannt ist sodann die Möglichkeit der Ausgleichung in Geld. Diese vom Gesetz nicht vorgesehene Variante drängt sich namentlich dann auf, wenn die Zuwendung den Erbanteil des Empfängers übersteigt, der Überschuss nicht von der Ausgleichung dispensiert ist (Art. 629 ZGB)[668] und Idealkollation stattfindet, die Zuwendungsgegenstände physisch nicht mehr vorhanden sind, die Zuwendung mit beschränkten dinglichen Rechten belastet oder der Pflichtige mit Schadenersatzansprüchen konfrontiert ist[669].

Die Durchführung der Ausgleichung vollzieht sich dabei in der Weise, dass der Erbschaft auf dem Wege der *Singularsukzession* die erforderliche Summe übertragen wird; als Wertmassstab gilt dabei die ursprüngliche Zuwendung[670].

B. Problemlagen

1. Umfang des Wahlrechts

a) Rechtsnatur des Wahlrechts

Die Wahl der Ausgleichungsart steht grundsätzlich dem Erben zu[671]. Das Wahlrecht des Ausgleichungspflichtigen wird in der Doktrin als empfangsbedürftige, einseitige Willenserklärung, mithin als ein dem Art. 72 OR (Wahlobligation) *nachgebildetes* Gestaltungsrecht qualifiziert[672]. Es handelt sich – da das alternative Angebot auf eine Leistung konkretisiert wird – um ein *änderndes* Gestaltungsrecht[673]. Das Wahlrecht

---

[667] Ausdrücklich ZGB-FORNI/PIATTI, Art. 628 N 1; PIOTET SPR IV/1 § 47 IV A [316 ff]; RÖSLI 122; SEEBERGER 287 ff; implizit auch TUOR/PICENONI, Art. 628 N 20 f; ESCHER/ESCHER, Art. 628 N 13 und SPAHR 170.

[668] TUOR/PICENONI, Art. 628 N 20; ESCHER/ESCHER, Art. 628 N 13; ZGB-FORNI/PIATTI, Art. 628 N 1; SEEBERGER 288; zustimmend PIOTET SPR IV/1 § 47 IV A [317], VII C [337].

[669] SEEBERGER 288.

[670] PIOTET SPR IV/1 § 47 IV A [317].

[671] BGE 118 II 264, 272 E. 4 b; ESCHER/ESCHER, Art. 628 N 8 f; TUOR/PICENONI, Art. 628 N 13; ZGB-FORNI/PIATTI, Art. 628 N 1; PIOTET SPR IV/1 § 47 IV C [320]; NÄF-HOFMANN N 2721 f; PFAMMATTER 85 f; SEEBERGER 291, 293; BECK § 38 IV [170]; BRUHIN 115; GUINAND/STETTLER N 340; SPAHR 176; WOLFER 93; BENN/HERZOG ZBJV 1999 783; Erl. I 470: Art. 628 Abs. 1 ZGB meint mit «Erben» stets die Ausgleichungspflichtigen.

[672] ESCHER/ESCHER, Art. 628 N 10 f; PIOTET SPR IV/1 § 47 IV C [320]; SPAHR 176; ders. FS Steinauer 61; VOLLERY N 209; WOLFER 93; BENN/HERZOG ZBJV 1999 783; allgemein WEBER, Art. 72 N 37 ff m. w. H.

[673] WEBER, Art. 72 N 29; OR-LEU, Art. 72 N 2; VON TUHR/PETER § 3 II 2 [24].

ist nicht höchstpersönlicher Natur, vielmehr ist es vererbbar[674], im Falle der Ausgleichung allerdings nicht veräusserlich. Die Ausübung des Wahlrechts ist ferner nach allgemeinen Grundsätzen an *keine* besondere Form gebunden[675]. Jedoch ist eine einmal getroffene Wahl – vorbehältlich der Geltendmachung von Willensmängeln – unwiderruflich[676].

Bei der analogen Anwendung der obligationenrechtlichen Grundsätze über die Wahlobligationen ist freilich bereits vorweg zu beachten, dass das «Schuldverhältnis» erst mit dem Erbfall entsteht, andererseits aber durch Ereignisse vor Eintritt des Erbfalles[677] präjudiziert sein kann.

b) Rechtslage, sofern keine Wahl erfolgt

Die Ausübung des Wahlrechts hat spätestens im Zeitpunkt der Teilung zu erfolgen[678]. Was gilt, wenn keine Wahl getroffen wird? Die Regeln des Art. 72 OR können hier z. T. ebenfalls analog herangezogen werden. Der Ausgleichungspflichtige ist mit der Teilungsklage zur Abgabe der Wahl anzuhalten[679], sofern mit der Weigerung die Teilung verhindert werden soll. Bietet der Pflichtige indessen grundsätzlich Hand zur Teilung, weigert er sich indessen, die Wahl zu treffen, so muss ebenfalls Klage erhoben werden mit der Androhung, dass im Falle des Verstreichenlassens einer angesetzten Frist das Wahlrecht auf den Richter oder – in Analogie zu § 264 Abs. 1 BGB[680, 681] – auf die Ausgleichungsberechtigten übergehe[682].

---

[674] ESCHER/ESCHER, Art. 628 N 10; ZGB-FORNI/PIATTI, Art. 628 N 1; SEEBERGER 291.
[675] WEBER, Art. 72 N 40; aus der erbrechtlichen Doktrin SPAHR 177.
[676] ZGB-FORNI/PIATTI, Art. 628 N 2; PIOTET SPR IV/1 § 47 IV C [320 f]; ROSSEL/MENTHA Ziff. 1163; SEEBERGER 291; SPAHR 177; VOLLERY N 210 Anm. 690; ebenso wohl ESCHER/ESCHER, Art. 628 N 11; allgemein MERZ SPR VI/1 § 8 II 4 [81]; VON TUHR/PETER § 11 II [80].
[677] Z. B. Veräusserung oder Untergang der zugewendeten Gegenstände.
[678] ZGB-FORNI/PIATTI, Art. 628 N 2; CURTI-FORRER, Art. 628 N 2; SEEBERGER 293; SPAHR 177.
[679] ESCHER/ESCHER, Art. 628 N 12; ZGB-FORNI/PIATTI, Art. 628 N 2; PIOTET SPR IV § 47 IV C [321]; SEEBERGER 293; SPAHR 177; anders ZOLLER (16), wonach stets Idealkollation eintreten soll. Zur prozessualen Durchsetzung des Ausgleichungsanspruchs hinten 156 ff.
[680] «Nimmt der wahlberechtigte Schuldner die Wahl nicht vor dem Beginne der Zwangsvollstreckung vor, so kann der Gläubiger die Zwangsvollstreckung nach seiner Wahl auf die eine oder die andere Leistung richten; der Schuldner kann sich jedoch, solange nicht der Gläubiger die gewählte Leistung ganz oder zum Teil empfangen hat, durch eine der übrigen Leistungen von seiner Verbindlichkeit befreien».
[681] WEBER, Art. 72 N 48; VON TUHR/PETER § 11 II [80], je unter Berufung auf das gemeine Recht; vgl. auch MERZ SPR VI/1 § 13 II 2 [137].
[682] ESCHER/ESCHER, Art. 628 N 12; ZGB-FORNI/PIATTI, Art. 628 N 2; PIOTET SPR IV/1 § 47 IV C [321]; ebenso in der Tendenz CURTI-FORRER, Art. 628 N 2; zurückhaltend BRÜCKNER Erbteilungsklage N 186; anders SEEBERGER 293, welcher in diesem Falle stets Idealkollation kraft richterlicher Anordnung, allenfalls verbunden mit der Ausgleichung in Geld anordnet.

c) **Differenziertes Wahlrecht?**

α) Meinungsstand

Es besteht Einmütigkeit darüber, dass der ausgleichungspflichtige Erbe für das Total seiner Vorempfänge gesamthaft Real- oder Idealkollation wählen kann[683]. Unklar ist dagegen, inwieweit der Ausgleichungspflichtige die verschiedenen Ausgleichungsarten *kombinieren* kann. Dabei muss differenziert werden, ob für nur einen Vorempfang die Ausgleichungsarten vermischt werden sollen oder ob bei mehreren Vorempfängen für jede Zuwendung separat gewählt werden darf.

Die Kommentatoren[684] verneinen ein differenziertes Wahlrecht *generell*: Allgemein wird argumentiert, dass es der Ausgleichungspflichtige ansonsten in der Hand hätte, diejenigen Gegenstände, welche seit Eintritt des Erbfalles an Wert verloren haben, in natura auszugleichen, währenddem im umgekehrten Falle Idealkollation gewählt würde. Zudem müssten sich die Miterben die dadurch entstehenden Umtriebe nicht gefallen lassen. Auch würden zusätzliche rechnerische Probleme entstehen[685]. Schliesslich sei bereits das Bestehen des Wahlrechts *an sich* ein Privileg, welches nicht ausdehnend interpretiert werden dürfe[686].

Demgegenüber betrachtet eine starke Minderheit jede Zuwendung streng isoliert und erblickt dannzumal in der kombinierten Wahl keine Schwierigkeiten[687]. Freilich gilt auch nach dieser Ansicht das differenzierte Wahlrecht nur für *verschiedene* Zuwendungen: Danach wäre es dem ausgleichungspflichtigen Erben nicht gestattet, für eine *einzelne* Zuwendung sowohl Real- als auch Idealkollation zu wählen.

β) Stellungnahme

Richtigerweise ist von der *Stossrichtung* her der zweiten Lösung der Vorzug zu geben. Zuzustimmen ist beiden Theorien sicherlich insoweit, als die Kombination der beiden Ausgleichungsarten beim Vorliegen nur *eines* Vorempfanges auf jeden Fall dann strikt abzulehnen ist, wenn durch die damit verbundene Teilung Werteinbussen zu befürchten sind oder wenn generell der real konferierte Teil gegenüber dem beim Wählenden verbleibenden Teil als minderwertig erscheint[688]. Entschei-

---

[683] Statt aller ZGB-FORNI/PIATTI, Art. 628 N 1.
[684] TUOR/PICENONI, Art. 628 N 14; ESCHER/ESCHER, Art. 628 N 8; in die gleiche Richtung weisend ZGB-FORNI/PIATTI, Art. 628 N 1, welche ausführen, ein solchermassen differenziertes Wahlrecht (wohl mit Blick auf die Spekulationsmöglichkeiten) führe zu unbilligen Ergebnissen.
[685] ESCHER/ESCHER, Art. 628 N 8; ähnlich TUOR/PICENONI, Art. 628 N 14; SCHWENDENER 55.
[686] So ESCHER/ESCHER, Art. 628 N 8.
[687] PIOTET SPR IV/1 § 47 IV C [320]; RÖSLI 122; SEEBERGER 291 f; SPAHR 178; ders. FS Steinauer 61.
[688] Ähnlich auch – obwohl in anderem Zusammenhang – Art. 612 Abs. 1 ZGB.

dend erscheint somit, ob die Erbschaft durch die Ausübung des differenzierten Wahlrechts geschädigt werden *könnte*.

Soweit allerdings eine Gefahr der (finanziellen) Schädigung der Miterben ausgeschlossen werden kann, gibt es nach hier favorisierter Auffassung keinen triftigen Grund, ein solches Recht zu versagen[689]. Es liegt auf der Hand, dass der Ausgleichungspflichtige durch die dadurch eröffneten Gestaltungsmöglichkeiten als stark begünstigt erscheint. Andererseits muss aber stets betont werden, dass diese Begünstigung (wohl) dem mutmasslichen Willen des Erblassers entspricht, ergibt sich doch eine solche Absicht bereits durch die Tatsache der Gewährung eines Vorempfangs. Zudem darf nicht ausser acht gelassen werden, dass der Erblasser durch entsprechende Verfügungen von Todes wegen das Wahlrecht des Ausgleichungsschuldners seinem Wunsche gemäss modifizieren kann[690].

Wird differenziert nach der einzelnen Zuwendung gewählt, so ist ferner zu beachten, dass eine Benachteiligung der Miterben bzgl. allfälliger Wertveränderungen dadurch minimiert werden kann, indem die Erbteilung *zügig* an die Hand genommen wird. Dieses Recht kann von jedem Miterben mit Erhebung der Teilungsklage geltend gemacht werden[691]. Auch ist nicht ersichtlich, inwieweit den Miterben durch eine differenzierte Wahl zusätzliche Umtriebe entstehen sollten; die differenzierte Wahl verändert lediglich den Teilungsanspruch des Wählenden.

Abzulehnen wäre hingegen die Variante, welche es dem Pflichtigen ermöglichen würde, beim Vorhandensein der ursprünglichen Zuwendung diese zu behalten und den Wert «real» in Geld oder Ersatzstücken auszugleichen[692]. Hier wären die Vorteile für den Wählenden im Verhältnis zu seinen Miterben tatsächlich zu gross: Nicht nur könnte er eine für ihn allenfalls bedeutsame Zuwendung behalten, sondern darüber hinaus mit der durch die Einwerfung der Geldsumme erhöhten Teilungsanspruch verstärkt darauf hoffen, aus der Teilungsmasse die «Rosinen» herauspicken zu können.

---

[689] Denkbar ist z. B. eine nur teilweise reale Einwerfung vertretbarer Sachen (vgl. BENN/HERZOG ZBJV 1999 784). In diese Richtung weist denn auch SPAHR (178), welcher dem Pflichtigen ohne Einschränkung erlaubt, bei nur teilweiser Weggabe der Zuwendung teils real und teils durch Wertanrechnung zu konferieren.
[690] Art. 628 Abs. 2 ZGB, dazu hinten 266 f.
[691] Art. 604 ZGB (dazu SEEBERGER passim).
[692] Ebenso TUOR/PICENONI, Art. 628 N 18. Zur Frage der Ausgleichung vertretbarer Sachen hinten 128 f.

2. Verlust, Veräusserung oder Surrogation der Zuwendungsgegenstände[693]

a) Allgemein

Bei (vollständig) veräusserten, verlorenen oder vernichteten Gegenständen ist nach h. L. eine Realkollation mittels «dinglicher Surrogation»[694] oder eine Ausgleichung in Geld grundsätzlich ausgeschlossen[695]. Ebenfalls als unzulässig wird – wie bereits erwähnt – betrachtet, die «Originalzuwendung» zu behalten und der Erbengemeinschaft statt dessen Ersatzgegenstände zur Verfügung zu stellen. Will der Ausgleichungsschuldner die Zwendung behalten, ist nur eine Ausgleichung dem Werte nach möglich.

Richtigerweise muss differenziert werden: Ist die (Original-) Zuwendung noch vorhanden, erscheinen die oben dargelegten Grundsätze als angemessen und billig. Befindet sich dagegen die Zuwendung nicht mehr im Eigentum des Empfängers[696], so ist vorab entscheidend, wer diesen Umstand zu verantworten hat. Massgebend ist ferner, ob der Gegenstand vor Eintritt des Erbfalls, nach Eintritt des Erbfalls, aber vor der Wahl, oder aber erst nach erfolgter Wahl aus dem Vermögen des Empfängers ausgeschieden ist.

b) Ausscheiden ist vom Pflichtigen zu vertreten

Ist die (Original-) Zuwendung nicht mehr vorhanden und ist dieser Umstand dem Pflichtigen zuzurechnen, so tritt bei analoger Anwendung von Art. 72 OR nach allgemeinen (schuldrechtlichen) Grundsätzen Konzentration auf die Wertanrechnung ein[697]: Die Lage der Berechtigten darf durch das Verhalten des Pflichtigen nicht verschlechtert werden. Ist die Realkollation diesfalls bereits von Anfang an unmöglich, weil die Zuwendung schon zum Zeitpunkt des Erbfalles nicht mehr vorhanden bzw. nicht mehr im Eigentum des Ausgleichungspflichtigen steht, so ist der Bestand

---

[693] Für Fragen bzgl. des diesfalls zu veranschlagenden Wertes hinten 141 ff.
[694] Zum Begriff PIOTET SPR IV/2 § 95 IV B [760].
[695] So kategorisch AppH Bern SJZ 1934/35 253 = ZBJV 1936 292; ebenso PIOTET SPR IV/1 § 47 V E [328]; TUOR/PICENONI, Art. 628 N 2, 18; ESCHER/ESCHER, Art. 628 N 9; CURTI-FORRER, Art. 628 N 3; RÖSLI 120 f; SPAHR 170, 178; VONRUFS 53 Anm. 46; prinzipiell zustimmend, allerdings anders für den Fall der Ausgleichung in Vertretung ohne Übergang der Zuwendung sowie beim Vorliegen einer Ersatzleistung in Geld SEEBERGER 282 f, 290, 302. Die Frage wird von EITEL (ZBJV 1998 748 f) ausdrücklich offengelassen. Dazu auch sogleich hinten 126 f.
[696] Z. B. infolge Veräusserung, Schenkung oder Untergang.
[697] VON TUHR/PETER § 11 III 2 [81]; OR-LEU, Art. 72 N 4; MERZ SPR VI/1 § 13 II 2 [138]; unklar PIOTET SPR IV/1 § 47 VI [332].

einer Wahlobligation überhaupt zu verneinen[698]: Ausgeglichen wird dann durch Wertanrechnung, evtl. kombiniert mit einer Ausgleichung in Geld[699].

c) Ausscheiden durch Zufall

Geht hingegen die Zuwendung durch Zufall unter, so gilt folgendes: Geht die Zuwendung vor Eintritt des Erbfalls unter und erhält der Pflichtige kein Surrogat[700], so ist der «Wert» der Zuwendung im Zeitpunkt des Erbfalls null und es findet überhaupt keine Ausgleichung statt. Geht die Sache andererseits nach Eintritt des Erbfalls unter, so könnte durch analoge Anwendung von Art. 72 OR die nunmehr unmögliche Leistung gewählt werden und der Schuldner würde nach Art. 119 OR frei[701]. Im Ergebnis wäre dann ebenfalls nicht auszugleichen[702]. Dies erscheint durchaus angemessen. Es wäre unbillig, nach Eintritt des Erbfalls dem Schuldner einseitig das Risiko des zufälligen Untergangs aufzubürden, trifft doch Nutzen und Gefahr des zufälligen Untergangs einzelner Erbschaftsgegenstände – welche sich in der Masse befinden – auch die Erbengemeinschaft als Ganzes[703].

d) Vorliegen einer Ersatzleistung

Offen bleiben indes all jene Fälle, in welchen die Zuwendung durch Umstände, die der Pflichtige nicht zu verantworten hat, untergegangen ist, er aber andererseits anstelle der nicht mehr vorhandenen Zuwendung eine Ersatzleistung[704] (z. B. eine Versicherungs- oder Schadenersatzleistung, Enteignungsentschädigung etc.[705]) erhalten hat. Nach allgemeinen schuldrechtlichen Grundsätzen kann der Gläubiger die Herausgabe des Ersatzes bzw. die Abtretung des Ersatzanspruches verlangen[706].

---

[698] WEBER, Art. 72 N 55 f; BECKER, Art. 72 N 13; MERZ SPR VI/1 § 13 II 2 [137 f].
[699] Zu den Bewertungsfragen hinten 141 ff.
[700] Z. B. Versicherungsleistungen oder Schadenersatzzahlungen Dritter. Allerdings besteht aus erbrechtlicher Sicht keine Verpflichtung (der Empfänger ist Eigentümer), wertvolle Vorempfänge angemessen zu versichern.
[701] Vgl. WEBER, Art. 72 N 58 f mit Hinweisen auf abweichende Ansichten; ferner MERZ SPR VI/1 § 13 II 2 [138].
[702] So auch PIOTET SPR IV/1 § 47 VI [331 f]; DRUEY 1997; im Ergebnis wohl gl. M. TUOR/PICENONI, Art. 630 N 17; ESCHER/ESCHER, Art. 630 N 14a; AGUET 129; SEEBERGER 301 f; SPAHR 192; VOLLERY N 211; VONRUFS 60; anders KELLER 47 f, 55 f; SCHILLER 87 ff und offenbar auch BECK § 38 III 1 [169].
Wurde andererseits zum Zeitpunkt des zufälligen Untergangs bereits Idealkollation gewählt, so trägt der Pflichtige allein das Risiko des zufälligen Untergangs, die Wertanrechnung bleibt folglich bestehen (PIOTET a. a. O. [331]; SPAHR 191).
[703] So ausdrücklich für Grundstücke Art. 617 ZGB; ferner PIOTET SPR IV/2 § 106 I [855].
[704] Sog. *stellvertretendes commodum* (zum Begriff BECKER, Art. 99 N 26; VON TUHR/ESCHER § 71 I 2 [131]).
[705] Weitere Beispiele bei VON TUHR/ESCHER § 71 I 2 [131 ff].
[706] VON TUHR/ESCHER § 71 I 2 [131].

Geht im Falle des Vorliegens einer Wahlobligation eine Leistung solcherart unter, so kann sie trotzdem gewählt werden und die Ersatzleistung tritt an ihre Stelle[707].

Fraglich ist, ob diese schuldrechtlichen Grundsätze sich auch auf die erbrechtliche Ausgleichung übertragen lassen. Erhält der Ausgleichungsschuldner aufgrund des Untergangs einer Zuwendung – gleichgültig ob vor oder nach Eröffnung des Erbganges –, welchen er nicht zu vertreten hat, ein *stellvertretendes commodum*, so kann dieses real in die Erbschaft eingeworfen werden, was unbestritten sein dürfte[708]. Ist es aber auch zulässig, eine nicht in Geld erhaltene Ersatzleistung *real* einzuwerfen? Hält man sich an den Grundsatz, dass wenn immer möglich, nicht ohne Not von einem analog angewendeten System abgewichen werden sollte, muss die Frage bejaht werden. Ein Abgehen wäre nur dann angezeigt, sofern die Realkollation für die Berechtigten bei sorgfältiger Abwägung aller Interessen eine Unbilligkeit bedeuten würde. Dies ist hier indessen nicht der Fall: Wäre die Zuwendung nicht ausgerichtet worden, hätten die Gegenstände ebensogut durch Zufall untergehen können und die Erbengemeinschaft hätte sich mit einer Ersatzleistung bescheiden müssen. Würde folglich einzig die Idealkollation zugelassen, so müsste im Ergebnis der Pflichtige die Folgen des zufälligen Untergangs tragen, obschon er sie nicht zu vertreten hat. Grundsätzlich bestehen deshalb keine Bedenken, die Realkollation einer Ersatzleistung zuzulassen[709].

Freilich sind Fälle denkbar, wo die reale Einwerfung einer Ersatzleistung den Berechtigten gegenüber als unzumutbar erscheint: Dies trifft zu bei der Ausgleichung untergegangener Zuwendungsgegenstände, welche für die betroffene Familie einen hohen Affektionswert gehabt haben und deren Ersatzwert nicht in Geld oder *kuranter* Ware besteht[710]. Jedoch wird man auch in diesen Fällen dem Pflichtigen billigerweise gestatten müssen, neben der Idealkollation *wahlweise* in Geld auszugleichen.

e) Untergang nach Ausübung des Wahlrechts

Mit Ausübung des Wahlrechts wird die Obligation zum *einfachen* Schuldverhältnis[711]: Die eintretende Unmöglichkeit ist – je nach Verursachung – nunmehr nach Art. 97 ff oder 119 OR zu behandeln[712]. Dies bedeutet in kollationsrechtlichem Zusammenhang, dass der Ausgleichungsschuldner frei wird, sofern er den Untergang

---

[707] Staudinger/SELB § 265 N 6; ENNECCERUS/LEHMANN § 9 III 1 [41].
[708] TUOR/PICENONI, Art. 630 N 15; ESCHER/ESCHER, Art. 630 N 12; ZGB-FORNI/PIATTI, Art. 630 N 9; PIOTET SPR IV/1 § 47 V E [330]; GUINAND/STETTLER N 348; SEEBERGER 298; SPAHR 202; VOLLERY N 220.
[709] Offenbar gleichsinnig VOLLERY N 220 Anm. 724.
[710] In Betracht fallen hier namentlich die unter Art. 613 Abs. 2 ZGB fallenden Gegenstände, sofern sie auch einen wirtschaftlichen Wert besitzen.
[711] Vgl. WEBER, Art. 72 N 66; ausdrücklich § 263 Abs. 2 BGB (dazu Staudinger/SELB § 263 N 8 ff). Umstritten ist freilich die Frage, ob Geld nominal oder entsprechend der seit der Vornahme der Zuwendung eingetretenen Geldentwertung auszugleichen sei, dazu hinten 151 f.
[712] Kritik bei Staudinger/SELB § 265 N 10.

nicht zu vertreten hat, was allein schon aufgrund der gemeinsamen Tragung von Nutzen und Gefahr als angemessen und billig erscheint. Erhält er eine Ersatzleistung, so ist diese gemäss den soeben dargelegten Grundsätzen auszuliefern.

Unklarheit herrscht, sofern der Pflichtige den Untergang zu vertreten hat. Namentlich ist zu fragen, ob die allgemeinen Grundsätze von Art. 97 ff OR zur Anwendung gelangen und ob der Pflichtige wertmässig nach den Grundsätzen der Idealkollation (d. h. Wert zum Zeitpunkt des Erbganges) auszugleichen hat oder nach dem Werte des Gegenstandes im Zeitpunkt des Untergangs.

Richtigerweise hat der Ausgleichungsschuldner den Wert im Zeitpunkt des Untergangs in Geld zu ersetzen. Dies folgt aus allgemeinen Grundsätzen, wonach mit der Wahl der Leistungsgegenstand konkretisiert ist und ein einfaches Schuldverhältnis vorliegt. Hat er in spekulativer Absicht Realkollation gewählt, so dürfte der Wert der Zuwendung seit Eintritt des Erbfalles regelmässig gesunken sein, womit auch der zu leistende Schadenersatz wertmässig geringer ist, als wenn Idealkollation gewählt worden wäre. Auch diese Lösung erscheint sachgerecht. Geht die Zuwendung durch vom Pflichtigen zu vertretende Umstände vor der Wahl unter, so erfolgt zwar stets Konzentration auf die Idealkollation. Andererseits muss berücksichtigt werden, dass mit der Wahl eine unwiderrufliche Entscheidung getroffen worden ist, womit eine weitere Spekulationsmöglichkeit entfällt. Konsequenterweise muss deshalb auch der Schadenersatz gestützt auf diese Wahl erfolgen.

f) Bei Geld und anderen vertretbaren Sachen

Besteht der Vorempfang in einer *Geldsumme*, so wird einhellig und zu Recht als selbstverständlich angenommen, dass eine Einwerfung in natura möglich und der Ausgleichungspflichtige in seiner Wahl nicht beschränkt sei[713]. Die Wahl der Realkollation wird hier vor allem dann sinnvoll sein, wenn der Ausgleichungspflichtige beabsichtigt, in quantitativer Hinsicht in gleichem Umfange wie seine Miterben Anspruch auf die Erbschaftsgegenstände zu erheben[714].

Wie präsentiert sich die Rechtslage bei anderen vertretbaren Sachen (welche im Verkehr nach Mass, Zahl oder Gewicht bestimmt zu werden pflegen[715], z. B. börsenkotierten Wertpapieren), welche vor Eintritt des Erbfalls veräussert worden sind? Hat hier der Ausgleichungspflichtige sein Wahlrecht verwirkt oder kann er sich vor der Teilung *eindecken* und die so erlangten Gegenstände in natura einwerfen? Ein solcher Fall kann z. B. dann praktische Bedeutung erlangen, wenn der Pflichtige die (vertretbaren) Zuwendungsgegenstände vor Eintritt des Erbfalls *wohlfeil* verkauft hat und diese inzwischen an Wert eingebüsst haben. In einem solchen Fall wäre es für

---

[713] PIOTET SPR IV/1 § 47 IV A [317]; TUOR/PICENONI, Art. 628 N 18; ESCHER/ESCHER, Art. 628 N 9; SPAHR 170; zustimmend für Geld auch SEEBERGER 283.
[714] TUOR/PICENONI, Art. 628 N 18; SEEBERGER 289; MOSER 80.
[715] Vgl. § 91 BGB; zum Begriff ENNECCERUS/NIPPERDEY § 122 II [773]; LARENZ/WOLF § 30 N 20 ff; VON TUHR /PETER § 8 I [53 f]; MEIER-HAYOZ, Syst. Teil N 175 ff.

ihn sehr ungünstig, wenn er sich den (hohen) Erlös auf den Erbteil anrechnen lassen müsste. Besser wäre es für ihn, sich anlässlich der Teilung billig einzudecken und real auszugleichen.

Bsp: Der Erblasser hat einem Abkömmling 100 Aktien der börsenkotierten Gesellschaft X zum damaligen Kurswerte von 1'000 unentgeltlich zugewendet und die Parteien haben einvernehmlich die Ausgleichung dieser Zuwendung vereinbart. Vorübergehend sind die Papiere im Kurswert stark gestiegen und der Abkömmling hat sie vor Eintritt des Erbfalls zum Wert 3'000 verkauft. Inzwischen ist der Erbfall eingetreten, gleichzeitig haben auch die Papiere der Gesellschaft X einen (kursmässig) ungünstigen Verlauf genommen; zum Zeitpunkt des Eintritts des Erbfalls beträgt ihr Wert noch 1'200, zu jenem der Teilung gar nur noch 500.

Wird einzig Idealkollation zugelassen, so hätte der Abkömmling 300'000 auszugleichen. Lässt man statt dessen auch Realkollation zu, kann er sich für 50'000 eindecken und real einwerfen.

In der Literatur wird zu diesem Problem nur *ansatzweise* Stellung genommen. Teilweise wird die Realkollation von gleichwertigen Gegenständen generell zugelassen[716], während SEEBERGER[717] sie – unter strikter Anwendung allgemeiner Grundsätze – nur dann zulässt, wenn die *Originalzuwendung* rückgängig gemacht wird.

Richtigerweise besteht kein Anlass, dem Pflichtigen die Realkollation mittels gleichwertigen Gegenständen zu verbieten. Insbesondere besteht keine Gefahr der unstatthaften Bevorzugung: Da es sich um *vertretbare* Sachen handelt, ist ausgeschlossen, das diese für irgendwelche Berechtigten einen hohen Affektionswert besitzen, welche die Einwerfung der Ersatzgegenstände als unzumutbar erscheinen lassen. Da vertretbare Sachen in aller Regel markt- oder börsengängig sind, besteht darüber hinaus die jederzeitige Möglichkeit, die Ware zu versilbern. Schliesslich erschiene es als unbillig, den Pflichtigen weitgehend um die Früchte für ein vor dem Erbfall getätigtes günstiges Geschäft zu bringen.

Was die Durchführung der Realkollation anbelangt, wird man sinnvollerweise – da die Berechtigten regelmässig nur ein geringes oder gar kein Interesse an den vertretbaren Sachen haben – dem Pflichtigen aufgrund einer abstrakten Berechnung des *Marktpreises* im Zeitpunkt der Teilung auch eine Ausgleichung in Geld gestatten müssen[718].

---

[716] ZGB-FORNI/PIATTI, Art. 628 N 3; PIOTET SPR IV/1 § 47 IV A [317], beide indes ohne nähere Begründung; vorsichtig auch SPAHR 169 f.
[717] 283 f, 289; ebenfalls ablehnend DRUEY § 7 N 9, allerdings ohne Begründung.
[718] Dies hat im Grundsatz bereits SEEBERGER (289; prinzipiell zustimmend SPAHR [170 Anm. 103]; vgl. ferner KELLER 69 und SCHILLER 85) vorgeschlagen, wobei er aber als massgebenden Stichtag zur betragsmässigen Fixierung der einzuwerfenden Geldsumme denjenigen der Ausrichtung der Zuwendung betrachtet (SEEBERGER 307 f).
Die Wichtigkeit der genauen Festlegung des massgebenden Stichtags zwecks Festlegung der einzuwerfenden Geldsumme zeigt sich eindrücklich an obigem Beispiel (es wären 100'000 [100 * 1'000] anstatt bloss 50'000 [100 * 500] zu konferieren gewesen). Wäre der Eintritt des Erbfalls massgebend, wären 120'000 einzuwerfen (100 * 1'200).

3. Sonderfälle

a) Im Falle des Art. 627 Abs. 2 ZGB (Ausgleichung für Dritte)

Art. 627 ZGB sieht – sofern die entsprechenden Voraussetzungen gegeben sind[719] – eine Ausgleichung in Vertretung auch dann vor, wenn die Zuwendung nicht auf den Ausgleichungsschuldner übergegangen ist. Es ist einsichtig, dass hier eine Realkollation im engeren Sinne von vornherein nicht in Frage kommt. Zu Recht wird indessen in der Literatur dem Pflichtigen gestattet, in diesem Falle nebst der Idealkollation auch Ausgleichung in Geld zu wählen, um seine Rechte im Teilungsverfahren wahrnehmen zu können[720].

b) Gemischt-unentgeltliche Zuwendungen

Unklar ist, welche Gestaltungsmöglichkeiten dem Pflichtigen offenstehen bei der Ausgleichung einer gemischt-unentgeltlichen Zuwendung. Mehrheitlich schliessen Rechtsprechung und Doktrin eine Realkollation aus[721]. Darüber hinaus sind die Auffassungen im Schrifttum allerdings geteilt: PIOTET[722] lässt kategorisch – freilich ohne Begründung – einzig die Idealkollation zu, während MOSER[723] regelmässig auch eine Ausgleichung in Geld zulässt.

Es ist nicht ersichtlich, warum die Ausgleichung einer gemischt-unentgeltlichen Zuwendung zu einer Verkürzung der Wahlrechte führen sollte. Gründe der mangelnden Praktikabilität sprechen jedenfalls nicht gegen eine Einwerfung in Natur. Dem Ausgleichungsschuldner stehen sowohl Real- als auch Idealkollation zur Verfügung. Entscheidet er sich für ersteres, erhält er Ersatz nach Massgabe der Quotenmethode für das einst geleistete Entgelt. Der Anspruch des Konferenden stellt dabei nichts anderes als eine gewöhnliche Nachlassverbindlichkeit dar. Die Situation lässt sich somit mit jener vergleichen, in welcher der Pflichtige Anspruch auf Ersatz werterhaltender oder wertvermehrender Investitionen hat[724].

c) Im Falle von Art. 629 (Vorempfang übersteigt Erbanteil)

α) *Bei Ausgleichung auch des Überschusses*

Art. 629 ZGB behandelt jenen Fall, bei welchem die unentgeltlichen lebzeitigen Zuwendungen des Erblassers den Erbanteil des Pflichtigen übersteigen. Auch in

---

[719] Dazu vorn 100 ff.
[720] SEEBERGER 282 f, 290 und 302.
[721] BGE 98 II 352, 363 f E. 6; PIOTET SPR IV/1 § 47 IV A [317]; MOSER 81 f; PICENONI ZBGR 1978 74; SPAHR 169; a. M. allerdings OGer Zürich ZR 1958 Nr. 42.
[722] SPR IV/1 § 47 IV A [317].
[723] 81.
[724] Dazu ausführlich hinten 145 ff.

diesem Falle ist eine vollständige Ausgleichung möglich, obschon das Vorliegen eines Dispenses für den Überschuss zu vermuten ist[725]. Für diesen Sachverhalt hält Art. 628 Abs. 1 ZGB ausdrücklich fest, dass das Wahlrecht des Pflichtigen unverändert bestehen bleibe[726]. Konkret umgesetzt bedeutet diese Aussage folgendes:

Grundsätzlich stehen die üblichen Varianten zur Verfügung[727]: Der Pflichtige kann Realkollation wählen, den Vorempfang rückgängig machen und gleichberechtigt an der Teilung teilnehmen. Er wird – wie bereits erwähnt – diese Variante wählen, sofern die Erbschaft attraktive Vermögensstücke enthält, welche er sich zu sichern wünscht[728]. Auch wird er die erste Variante wählen müssen, sofern er die für die Ausgleichung des Überschusses aufzubringende Summe nicht zu beschaffen vermag.

Idealkollation – stets *verbunden* mit der Kollation in Geld – wird er dagegen wählen, sofern er die erhaltenen Zuwendungen unbedingt behalten möchte[729]; dies ist zudem dann die einzige denkbare Form der Ausgleichung, sofern sich der Zuwendungsgegenstand gar nicht mehr beim Empfänger befindet. In solchen Konstellationen muss der Überschuss in Geld erstattet werden; aus der Teilung hat der Pflichtige keine weiteren Ansprüche.

Ergibt sich der Überschuss aus einer Summierung mehrerer ausgleichungspflichtiger Zuwendungen, so muss es in Anlehnung an die neuere Lehre überdies gestattet sein, für die einzelnen Zuwendungen Ideal- und Realkollation zu kombinieren, wobei den real eingeworfenen Gegenständen u. U. kein entsprechender Teilungsanspruch gegenüber steht[730]. Resultiert der Überschuss aus nur einer Zuwendung, sollte die Kombination dann gestattet sein, wenn keine wertmässige Benachteiligung der Miterben zu befürchten ist.

β)   *Im Falle der Befreiung von der Ausgleichung des Überschusses*

Auch für den Fall, dass der Überschuss nicht ausgeglichen werden muss, gelten *mutatis mutandis* die gleichen Überlegungen. Die dem Überschussdipens innewohnende Begünstigungsabsicht darf nicht durch eine Einschränkung der Wahlrechte unterlaufen werden[731]: Zu beachten ist freilich, dass dem Pflichtigen im Falle der

---

[725] Dazu hinten 134 ff.
[726] ESCHER/ESCHER, Art. 628 N 13; TUOR/PICENONI, Art. 628 N 20; ROSSEL/MENTHA Ziff. 1163; BENN/HERZOG ZBJV 1999 783; RÖSLI 122; anders AGUET 122, welcher nur Realkollation zulässt.
[727] So auch SEEBERGER 304; vgl. ebenfalls BENN/HERZOG ZBJV 1999 783 f.
[728] TUOR/PICENONI, Art. 628 N 18, vgl. auch vorn 118 f.
[729] Dies wird von der Doktrin ausdrücklich für zulässig erachtet (TUOR/PICENONI, Art. 628 N 20 f; ESCHER/ESCHER, Art. 628 N 13, ZGB-FORNI/PIATTI, Art. 629 N 2; PIOTET SPR IV/1 § 48 VII C [337]; RÖSLI 122; SEEBERGER 304 und SPAHR 169).
[730] Dazu und zum folgenden bereits vorn 124.
[731] Vgl. BENN/HERZOG ZBJV 1999 783 f.

vollständigen oder u. U. auch nur teilweisen Realkollation ein höherer Teilungsanspruch als seinen Miterben zusteht, damit er nicht zu Schaden kommt.

d) **Wahlrecht bei Vorliegen wertvermehrender Investitionen in die Zuwendung oder bei teilweiser Veräusserung, Belastung mit beschränkten dinglichen Rechten oder Beschädigung**

Wird der Zuwendungsgegenstand vom Ausgleichungspflichtigen vor Eintritt des Erbfalls mit einem beschränkten dinglichen Recht belastet oder nimmt er wertvermehrende Investitionen vor, so hat dies auf seine Wahlrechte keinen Einfluss[732]: Beide Ausgleichungsarten bleiben dennoch wählbar[733].

III. Abwicklung von Ausgleichungspflichten, welche den Erbanteil übersteigen (Art. 629 ZGB)

A. Ausgangslage

Im Zeitpunkt der Ausrichtung von Vorempfängen herrscht meist völlige Unklarheit über den Zeitpunkt des späteren Erbanfalls. Für diesen Zeitraum ist ungewiss, wie sich die spätere Erbanwartschaft des Empfängers quantitativ entwickelt. Einerseits kann sich die Zahl der künftigen Nachlassberechtigten verändern (etwa durch Eheschliessung und/oder Geburt von Nachkommen), aber auch die Vermögensverhältnisse des künftigen Erblassers sind Schwankungen unterworfen. Im für den Empfänger ungünstigsten Fall kann es sich ergeben, dass das von ihm zu beanspruchende Erbtreffnis geringer ist als seine Ausgleichungspflicht. Lässt man ihn vollumfänglich ausgleichen, so gelangt man zum eigenartigen Ergebnis, dass die Pflichten des Erben in der Teilung grösser werden als seine Rechte. Mit dieser Problematik befasst sich Art. 629 ZGB.

---

[732] So ausdrücklich TUOR/PICENONI, Art. 628 N 19; PIOTET SPR IV/1 § 47 IV A [317]; CURTI-FORRER, Art. 628 N 3; a. M. SPAHR 178 f, welcher aber interessanterweise (205 Anm. 289) bei wertvermehrenden Investitionen nur Realkollation zuzulassen scheint.
[733] Zu den Problemen der Bewertung hinten 141 ff.

B. Art. 629 Abs. 1 ZGB im System des schweizerischen Ausgleichungsrechts

1. Grundsatz: Ausgleichung auch des Überschusses ist möglich

Art. 629 Abs. 1 ZGB hält fest, dass für den Fall, wo die Zuwendungen den Erbanteil des Empfängers übersteigen, der Überschuss nicht ausgeglichen werden müsse, sofern *nachweislich* der Erblasser den Erben begünstigen wollte. Aus dieser Bestimmung kann zunächst herausgelesen werden, dass eine Ausgleichung auch des Überschusses möglich und zulässig ist[734]. Auf den ersten Blick scheint sie gar die Regel zu bilden. Das ZGB räumt offenbar der Gleichberechtigung der Erben einen grösseren Stellenwert ein als die deutsche und österreichische Rechtsordnung[735], welche die Ausgleichung des Überschusses explizit ausschliessen.

Im folgenden muss gefragt werden, in welchem Verhältnis zur ausgleichungsrechtlichen Grundnorm die vorliegende Bestimmung gesehen werden muss. Namentlich interessieren sodann die zu erfüllenden Voraussetzungen, damit auch der Überschuss von der Ausgleichung befreit ist.

2. Verhältnis zu Art. 626 Abs. 1 ZGB: Kein normativer Gewinn

Wird die Überschussproblematik bei Zuwendungen an andere Erben als an Nachkommen aktuell, vermag Art. 629 Abs. 1 ZGB keinen normativen Gewinn zu verschaffen. Im Bereich der freiwilligen Ausgleichungspflicht bemisst sich ihr Umfang allein nach dem Erblasser- oder dem übereinstimmenden Parteiwillen. Die Auslegung der auf die Ausgleichungspflicht gerichteten Willenserklärungen hat darüber Aufschluss zu geben, wie weit die Ausgleichungspflicht reicht[736].

---

[734] Auf die Konsequenz dieser Feststellung wurde im Rahmen der Behandlung der Ausgleichungsart bereits kurz hingewiesen, vgl. vorn 130 f.

[735] § 2056 BGB (dazu Staudinger/WERNER § 2056 N 1; SCHOLZ JherJahrb 1934 293); § 793 ABGB (dazu Klang/WEISS §§ 790 bis 794 I B 3 [941], II A [950]).

[736] Gleichsinnig die h. L. und Rechtsprechung, vgl. BGE 77 II 228, 233 E. 3 c; TUOR/PICENONI, Art. 629 N 5; ESCHER/ESCHER, Art. 629 N 3 (anders noch ESCHER², Art. 629 N 5); ZGB-FORNI/PIATTI, Art. 629 N 1; PIOTET SPR IV/1 § 51 I [358] und zuletzt BENN/HERZOG ZBJV 1999 768; a. M. ZOLLER 57 f. So wäre die erblasserische Anordnung in einer Ausgleichungsverfügung, sein Bruder solle durch die Ausgleichung nicht zu Schaden kommen, so zu verstehen, dass der Bruder höchstens im Umfang seines Erbanteils auszugleichen habe (BENN/HERZOG a. a. O.).
Zum umgekehrten Ergebnis müsste man wohl gelangen, wenn verfügt worden wäre, sämtliche ausgleichungspflichtigen Zuwendungen dürften die Rechte der Miterben nicht schmälern.

3. Verhältnis zu Art. 626 Abs. 2 ZGB: Art. 629 Abs. 1 ZGB als Sonderbestimmung *in favorem heredis*

Zuwendungen mit Ausstattungscharakter an Nachkommen sind von Gesetzes wegen zur Ausgleichung zu bringen. Von der Ausgleichungspflicht besteht nur im Falle eines ausdrücklichen Dispenses eine Befreiung[737]. Von diesem strengen Erfordernis sieht Art. 629 Abs.1 ZGB teilweise ab, da keine Ausdrücklichkeit, sondern nur die blosse Nachweisbarkeit der Begünstigungsabsicht vorausgesetzt wird[738]. Entsprechend gering sind denn auch die von der Praxis an diese Absicht gestellten Anforderungen[739]. Namentlich wird eine solche Absicht bereits in der Ausrichtung einer gemischt-unentgeltlichen Zuwendung erblickt[740].

Diese im Verhältnis zu Art. 626 Abs. 2 ZGB erleichterten Anforderungen können für den Bereich des Überschusses dazu führen, dass ein Dispens, welchem die Ausdrücklichkeit abgeht, wenigstens für den Überschuss gerettet werden kann: Art. 629 Abs. 1 ZGB erscheint somit als Minus zu Art. 626 Abs. 2 ZGB[741].

4. Zeitgemässe Auslegung von Art. 629 Abs. 1 ZGB: Vermutung des (Ausgleichungs-) Dispenses

a) Zweck von Art. 629 Abs. 1 ZGB: Sicherung der wirtschaftlichen Verselbständigung

Müsste der Empfänger eine seinen Erbteil übersteigende Zuwendung vollumfänglich zur Ausgleichung bringen, würde er durch den Erbschaftsantritt verarmen[742]. Um dieser misslichen Lage zu entgehen, würde er wohl regelmässig die Erbschaft ausschlagen. Durch Art. 629 Abs. 1 ZGB wird dies verhindert, womit hier sehr deutlich

---

[737] Dazu ausführlich hinten 240 ff.
[738] BENN/HERZOG ZBJV 1999 769.
[739] Vgl. aus der bundesgerichtlichen Rechtsprechung etwa BGE 84 II 338, 349 E. 7 c, 77 II 228, 232 E. 3 b, 50 II 104, 106 f sowie 45 II 513, 523 f E. 3: Danach darf an die Begünstigungsabsicht keine zu hohe Schranke gelegt werden; insbesondere kann sie sich bereits aus dem Zuwendungsgeschäft oder dessen Zweck ergeben. Der Nachweis kann grundsätzlich auf beliebige Art und Weise erbracht werden. Ausreichend ist somit bereits, wenn eine *irgendwie geartete* Begünstigungsabsicht festgestellt werden kann.
[740] BGE 84 II 338, 349 E. 7 c, 50 II 104, 106 f; BENN/HERZOG ZBJV 1999 769; MOSER 51.
[741] So ausdrücklich BENN/HERZOG ZBJV 1999 771; ähnlich ESCHER/ESCHER, Art. 629 N 6; TUOR/PICENONI, Art. 629 N 12; ROSSEL/MENTHA Ziff. 1164; vgl. auch TUOR/SCHNYDER/SCHMID 581.
[742] So treffend PIOTET SPR IV/1 § 47 VII B [334]; ders. SJZ 1971 186; ebenso das Bundesgericht im unveröffentl. Entscheid vom 14. 11. 1991 i. S. W. L. gegen G. G. und J. G., E. 2 a; ferner BENN/HERZOG ZBJV 1999 771; SEEBERGER 260 und SPAHR 352 f; anders THORENS 47 und ZOLLER 60 Anm. 434.

die Aussage erhärtet wird, das ZGB sei bestrebt, Ausschlagungen möglichst zu vermeiden[743].

Im grösseren Zusammenhang betrachtet, dient die Befreiung von der Ausgleichungspflicht des Überschusses der Sicherung der wirtschaftlichen Verselbständigung des Empfängers, welche angesichts der erhöhten Lebenserwartung und des gestiegenen Wohlstands weiter Kreise auch volkswirtschaftlich sehr erwünscht ist[744]. Regelmässig bezweckt die Ausrichtung eines Vorempfangs den Einstieg oder Absicherung der wirtschaftlichen Existenz des Empfängers, welcher die empfangenen Mittel langfristig investiert. Dieser Zweck würde unterlaufen, müsste mit einer latenten Gefahr der (teilweisen) Rückerstattungspflicht gegenüber den Miterben gerechnet werden.

b) Konsequenz: Ausweitung des Anwendungsbereichs dieser Norm

Den triftigen Gründen, welche für eine möglichst breite Anwendung von Art. 629 Abs. 1 ZGB sprechen, widerstreitet allerdings die h. L. mit der überkommenen Auslegung dieser Norm[745]: Diese sieht Art. 629 mit beiden Absätzen als Ganzes. In Absatz 2 wird für die den Nachkommen anlässlich ihrer Heirat in üblichem Umfange mit in die Ehe gegebenen Ausstattungen ein Ausgleichungsdispens für den Überschuss ausdrücklich vermutet. Mittels Umkehrschlusses wird daraus gefolgert, dass in allen anderen Fällen vermutungsweise von der Ausgleichungspflicht auch des Überschusses auszugehen sei.

Diese Lehre scheint freilich die Bedeutung des zweiten Absatzes zu überschätzen, welcher wohl nur beispielhaften Charakter besitzt[746]. Es ist schwerlich einzusehen, weswegen ein Dispenswille sich gerade durch die Natur des Zuwendungsgegenstandes manifestieren soll. Dazu kommt, dass die Bedeutung der Heiratsgüter seit der Entstehung des ZGB wohl stark rückläufig ist, so dass eine Begünstigungsvermutung nur noch in ganz peripheren Ausnahmefällen vermutet werden dürfte. Es erscheint somit nicht als zweckmässig, die beiden Absätze von Art. 629 ZGB gegeneinander auszuspielen.

Wie erwähnt, erblickt das Bundesgericht in der Vornahme einer gemischt-unentgeltlichen Zuwendung eine Begünstigung im Sinne von Art. 629 Abs. 1 ZGB. Folgerichtig muss eine Begünstigungsabsicht bei vollumfänglich unentgeltlichen Zuwendungen erst recht anzunehmen sein, denn es ist schwerlich einzusehen, weshalb sich die lebzeitig *weitergehende* Liberalität in der Ausgleichung ungünstiger auswirken sollte[747]. Diesen auf Wertungsstimmigkeit zielenden Gedanken konse-

---

[743] BENN/HERZOG ZBJV 1999 771; GUINAND/STETTLER N 345; wohl auch PIOTET SJZ 1971 186; für das BGB SCHOLZ JherJahrb 1934 293.
[744] Dazu und zum folgenden BENN/HERZOG ZBJV 1999 771; vgl. auch ZGB-BREITSCHMID, vor Art. 467 N 27.
[745] Vgl. EITEL ZBJV 1998 747 (bes. Anm. 126); implizit auch DRUEY § N 41; GUBLER 71; VONRUFS 59 und WIDMER 166 ff.
[746] Dazu und zum folgenden BENN/HERZOG ZBJV 1999 772 f.
[747] Vgl. BENN/HERZOG ZBJV 1999 772.

quent vollendend, gelangt man zum Ergebnis, dass grundsätzlich *jeder* zur Ausgleichung führenden Zuwendung eine Begünstigungsabsicht im Sinne von Art. 629 Abs. 1 ZGB eigen ist. Eine dahin gehende Absicht ist folglich zu vermuten. Diese Vermutung kann selbstredend durch eine andersgeartete Willenserklärung – Ausdrücklichkeit wird nicht vorausgesetzt – umgestossen werden. Allerdings haben jene Erben, welche vom Pflichtigen die Ausgleichung auch des Überschusses begehren, hierfür – entsprechend allgemeinen Grundsätzen – den Beweis zu erbringen (Art. 8 ZGB). Diese Lösung scheint auch dem Anspruch des gesamten Ausgleichungsrechts auf grösstmögliche Umsetzung des mutmasslichen Erblasser- oder Parteiwillens[748] am konsequentesten entgegenzukommen.

Die so gefundene Auslegung führt zu einer Annäherung an die deutsche und österreichische Rechtsordnung, welche in § 2056 BGB sowie § 793 ABGB die Ausgleichung einer den Erbanteil des Empfängers übersteigenden Zuwendung ausschliessen[749]: Die Begründung für beide Bestimmungen wird darin gesehen, dass es als unbillig betrachtet wird, den Empfänger einer ausgleichungspflichtigen Zuwendung nach vielen Jahren und unter der Tatsache des möglicherweise bereits erfolgten Verbrauchs mit einem Rückerstattungsanspruch zu belasten. Zentraler Gesichtspunkt ist demzufolge auch hier die Absicherung der vorweggenommenen Erbfolge.

C. Rechnerische Abwicklung beim Vorliegen eines Ausgleichungsdispenses für den Überschuss

Steht die Dispensation fest, so muss sie rechnerisch bewältigt werden. Eine uneinheitliche Lehre[750] bietet hierfür eine ganzen Palette von Lösungsmöglichkeiten. Zwei (Haupt-) Fragen sind klärungsbedürftig: Zunächst müssen anhand einer fiktiven Rechnung, welche die Überschussproblematik weglässt, die Erbteile der Beteiligten ermittelt werden, denn erst dadurch lässt sich klären, wer überhaupt Zuwendungen in einer Höhe erhalten hat, die seinen Erbanteil sprengen. Sodann werden in Kenntnis der Dispensierten und der Höhe ihrer Überschüsse die betragsmässigen Treffnisse der verbleibenden Erben ermittelt.

---

[748] Dazu vorn 11.
[749] Vgl. vorn 133. Gleiches wurde für das schweizerische Recht bereits von WOLFER (103) postuliert.
Nach deutscher Rechtsordnung wird der Empfänger selbst dann nicht leistungspflichtig, wenn durch die Zuwendung die Miterben in ihrem Noterbrecht tangiert werden (dazu BGH NJW 1965 1526 f; sehr kritisch hierzu Staudinger/BOEHMER[11] Einleitung § 20 N 6 ff).
[750] Übersichten bei BENN/HERZOG ZBJV 1999 774 ff und EITEL ZBJV 1998 747 f. Das Bundesgericht hat in einem nicht publizierten Entscheid vom 14. 11. 1991 i. S. W. L. gegen G. G. und J. G. die Theorien der Kommentatoren und von PIOTET geprüft, ohne dazu Stellung nehmen zu müssen (E. 2 c).

1. Vorgehensweise der Kommentatoren

a) TUOR/PICENONI[751]

Diese Autoren gehen vom Grundsatz aus, dass der Ausgleichungspflichtige aus der Teilungsmasse gedanklich seinen Anteil erhält, wie er ihm bei Ausgleichung der *gesamten* Zuwendung zukäme. Allerdings bestehen keine Rückerstattungspflichten, da der Überschuss in jedem Fall von der Ausgleichung dispensiert ist. Daraus folgt, dass der Begünstigte gedanklich an der Teilung partizipiert, obgleich sein effektiver Erbanspruch durch die Kollation vollständig aufgezehrt wird.

Den Rest der Teilungsmasse verteilen sich die verbleibenden Erben nach Massgabe ihres quotalen Verhältnisses unter Berücksichtigung etwaiger Ausgleichungspflichten[752].

Sind dagegen mehrere Generationen am Nachlass berechtigt, so soll der effektiv unter den Erben zu teilende Nachlass so verteilt werden, dass die Parität der Stämme unangetastet bleibt[753].

b) ESCHER/ESCHER

ESCHER/ESCHER[754] gehen rechnerisch ähnlich wie TUOR/PICENONI vor. Soweit allerdings mehrere Erbenstämme am Nachlass partizipieren, wird eine Aufteilung unter Berücksichtigung des Verhältnisses der verschiedenen Erbteile vorgezogen[755].

c) Rechnungsbeispiele[756]

Bsp I (alle Erben auf gleicher Stufe): Drei Kinder A, B und C. Das *relictum* betrage 14'000 und der Vorempfang des C 10'000. Unter Ausblendung der Überschussproblematik erhält man eine rechnerische Teilungsmasse von 24'000, wovon auf jeden Erben 8'000 entfallen. Der Überschuss des C beträgt 2'000 (10'000 – 8'000) und die effektive Teilungsmasse 22'000. C hat vollständig auszugleichen und nichts mehr zu fordern. Den verbleibenden Betrag teilen sich A und B, so dass auf jeden 7'000 entfallen ([22'000 – 8'000] * ½).

Bsp II (mit verschiedenen Stämmen): Kind A, Enkel C und D des vorverstorbenen B. *Relictum* 15'000; Vorempfang des D 6'000. Die rechnerische Teilungsmasse (unter Ausblendung der Überschüsse) beliefe sich auf 21'000 und die Anteile der Beteiligten auf 10'500 bzw. 5'250 (21'000 * ½ bzw. ¼). Der Überschuss des D beträgt 750 (6'000 – 5'250).

---

[751] Art. 629 N 15 ff; ebenso NÄF-HOFMANN N 2768; anders allerdings noch TUOR ZBJV 1925 18 f.
[752] Die Operation bleibt relativ einfach, sofern alle Erben der gleichen Generation angehören oder als Alleinerben ihren weggefallenen Vorfahren vertreten.
[753] TUOR/PICENONI, Art. 629 N 19 f; ebenso GUINAND/STETTLER N 345.
[754] Art. 629 N 11.
[755] Vgl. ESCHER/ESCHER, Art. 629 N 10.
[756] Vgl. dazu auch ausführlich BENN/HERZOG ZBJV 1999 775 f.

Ist – entsprechend TUOR/PICENONI – der Stammesgleichheit Rechnung zu tragen, so muss von einer effektiven Teilungsmasse von 20'250 (21'000 – 750) ausgegangen werden, welche hälftig auf die beiden Stämme zu verteilen ist (20'250 * ½ = 10'125). Auf A entfallen demnach 10'125. Im Stamm des B wird D ein Treffnis von 5'250 zugewiesen, welches er vollumfänglich auszugleichen hat. Den Rest (10'125 – 5'250 = 4'875) erhält C. Die Pflichtteile sind gewahrt (21'000 * ½ bzw. ¼ multipliziert mit ¾ [Art. 471 Ziff. 1 ZGB] > 10'125 bzw. 4'875).

Würde statt dessen die Methode von ESCHER/ESCHER vorgezogen, so erhielte D aus der effektiven Teilungsmasse von 20'250 wiederum 5'250. Den Rest von 15'000 verteilten sich A und C im Verhältnis ihrer Erbanteile (2 : 1). Auf A entfielen 10'000 ($^2/_3$), auf C 5'000 ($^1/_3$). Pflichtteile wären wiederum nicht tangiert[757].

2. Vorgehensweise gemäss PIOTET[758] und der deutschen Doktrin

a) Kritik am Vorgehen der Kommentatoren

PIOTET hält der Vorgehensweise der Kommentatoren den Einwand entgegen, sie berechneten Überschuss und Erbanteile nicht korrekt, da der Anteil des Begünstigten unter Ausklammerung der Überschussproblematik, jene der Nichtbegünstigten allerdings aufgrund der effektiven Teilungsmasse bestimmt werde, woraus eine Ungleichheit der gesetzlichen Erbanteile resultiere[759].

b) Rechnungsvorgang[760]

PIOTET postuliert, die Erbanteile der Nichtbegünstigten aufgrund des vorhandenen relictum und der Vorempfänge der Nichtbegünstigten zu bestimmen. Die so bestimmte Summe wird unter jene nach Massgabe des Verhältnisses ihrer Erbanteile aufgeteilt. Indirekt kann damit auch der Erbanteil der Begünstigten und die Höhe ihrer Überschüsse bestimmt werden. Die Höhe des Überschusses kann im Falle einer Pflichtteilsverletzung relevant werden, da die Begünstigung selbstredend am Noterbrecht der Nichtbegünstigten ihre Grenze finden muss[761].

Da dieser gedankliche Vorgang eine Ausklammerung der Begünstigten verlangt, kommt auch PIOTET nicht darum herum – entsprechend der Vorgehensweise der

---

[757] Zu beachten ist, dass das Beispiel II von ESCHER/ESCHER (Art. 629 N 12 a. E.) in Vorgehensweise und Ergebnis von ihren selbst dargelegten Grundsätzen abweicht, was teilweise übersehen wird (Nachweise bei BENN/HERZOG ZBJV 1999 776).

[758] Einen vom *Ergebnis* her gleichen Rechnungsmodus schlägt VOLLERY (N 229) vor. Seine komplizierte Vorgehensweise kann für sich – da *iterativ* vorgehend – in Anspruch nehmen, die *mathematische* Korrektheit des von PIOTET vorgeschlagenen Modus nachzuweisen (vgl. dazu BENN/HERZOG ZBJV 1999 777 f).

[759] PIOTET SPR IV/1 § 47 VII B [334 f]; ebenso SPAHR 354, 356.

[760] PIOTET SPR IV/1 § 47 VII B [336]; ihm folgend SEEBERGER 304 f.

[761] ESCHER/ESCHER, Art. 629 N 8; TUOR/PICENONI, Art. 629 N 2.

Kommentatoren – unabhängig von ihrer Höhe vorfrageweise zu klären, ob überhaupt Überschüsse vorliegen.

Bsp: Kind A, Enkel C und D, Kindes des vorverstorbenen B. *Relictum* 17'000, Vorempfang des A 1'000, des D 8'000. Ein erster Rechenvorgang zeigt, dass D lebzeitig eine seinen Erbanteil (ohne deren exakte Höhe bereits zu kennen) übersteigende Zuwendung erhalten hat ([17'000 + 1'000 + 8'000] * ½ * ½ < 8'000).

Somit werden 18'000 (17'000 *relictum* + 1'000 Vorempfang des A) zur Bestimmung der Erbanteile unter A und C im Verhältnis 2 : 1 aufgeteilt (auf A entfallen sonach 12'000 [inkl. Vorempfang], auf C 6'000). Da der Erbanteil des D demjenigen des C entsprechen muss, beträgt dieser ebenfalls 6'000 und die Höhe des Überschusses sonach 2'000 (8'000 – 6'000)[762].

c) Deutsche Lehre und Rechtsprechung

Die deutsche Doktrin und Praxis geht von § 2056 BGB aus, wonach die Begünstigten niemals zur Erstattung des Überschusses verhalten werden können. Die Vorgehensweise von § 2056 BGB zeigt Berührungspunkte zu dem von PIOTET favorisierten Verfahren.

Auch nach der Vorgehensweise des BGB kommt man zunächst nicht um die Fragestellung herum, ob überhaupt Überschüsse vorliegen[763]. Hierfür ist entsprechend den bereits dargelegten Verfahren eine erste Rechnung notwendig. Da § 2056 BGB allerdings nicht nur zwingend ausgestaltet ist, sondern auch Verletzungen des Pflichtteilsrechts in Kauf nimmt, ist die Kenntnis der betragsmässigen Höhe der Überschüsse von untergeordneter Bedeutung.

In einer zweiten Rechnung fallen die Begünstigten – ohne ihrer Erbenstellung verlustig zu gehen[764] – ausser Ansatz. Diese Operation erfordert eine Anpassung der Teilungsquotienten, deren Verhältnis zueinander aber nicht verändert werden darf[765]. Zeigt diese Rechnung einen (aufgrund der reduzierten Teilungsmasse) Überschuss eines bisher verbliebenen Miterben, so scheidet auch dieser aus. Die Rechnung muss so oft wiederholt werden, bis sich keine Überschüsse mehr einstellen[766].

Bsp (ohne wiederholte Rechnung): Kind A, Enkel C und D, Kinder des vorverstorbenen B. Relictum 24'000, Vorempfang des D 14'000. Eine erste Rechnung zeigt einen Überschuss des

---

[762] Zu beachten ist, dass der Überschuss gemäss der von PIOTET favorisierten subjektiven Methode (dazu vorn 47 ff.) als Schenkung gemäss Art. 527 Ziff. 3 ZGB zu qualifizieren ist und demzufolge nur innert 5 Jahren seit erfolgter Zuwendung herabsetzbar ist.
[763] Vgl. MünchKomm/DÜTZ § 2056 N 2; implizit auch RGRK-KREGEL § 2056 N 2; Staudinger/WERNER § 2056 N 6 f und Soergel/WOLF § 2056 N 5.
[764] Staudinger/WERNER § 2056 N 5.
[765] Es erfolgt somit eine Anpassung im Nenner, nicht aber im Zähler (MünchKomm/DÜTZ § 2056 N 7; RGRK-KREGEL § 2056 N 2; Staudinger/WERNER § 2056 N 6 und Soergel/WOLF § 2056 N 4; ebenso für das schweizerische Recht noch ESCHER[1] 350 [Beispiel II]).
[766] MünchKomm/DÜTZ § 2056 N 9; implizit auch RGRK-KREGEL § 2056 N 4; Staudinger/WERNER § 2056 N 7 und Soergel/WOLF § 2056 N 5 a. E.

D ([24'000 + 14'000] * ½ * ½ < 14'000). Demzufolge scheidet dieser aus und das *relictum* wird unter A und C im Verhältnis 2 : 1 – d. h. zu $^2/_3$ bzw. $^1/_3$ – aufgeteilt (auf A entfallen sonach 16'000 und auf C 8'000). Die Ähnlichkeit mit dem Vorgehen von PIOTET ist augenfällig.

Bsp II (mit mehreren Rechnungsschritten): Kind A, Enkel D und E, Kinder des vorverstorbenen B, Enkel F, G und H, Kinder des vorverstorbenen C. *Relictum* 28'000, Vorempfang des A 9'000, des E 9'000 und des H 8'000. Eine erste fiktive Rechnung ergäbe eine Teilungsmasse von 54'000 (28'000 + 9'000 + 9'000 + 8'000). Davon entfielen auf die drei Stämme je $^1/_3$, auf die Erben des B sonach je $^1/_6$ und jene des C $^1/_9$. Der so ermittelte Anteil des H ist kleiner als sein Vorempfang (54'000 * $^1/_9$ < 8'000), es liegt ein Überschuss vor und er scheidet aus.

In der zweiten Rechnung teilen sich die verbliebenen Erben die reduzierte Masse von 46'000 (54'000 – 8'000) im Verhältnis 6 : 3 : 3 : 2 : 2. Auf A kommen $^6/_{16}$, auf D und E je $^3/_{16}$ und auf F und G je $^2/_{16}$. Aufgrund des nunmehr ermittelten Erbanteils scheidet auch E aus, da sein Treffnis betragsmässig unter seinem Vorempfang von 9'000 verbleibt (46'000 * $^3/_{16}$ = 8'625).

In der dritten Rechnung, wo die nunmehrige (definitive) Teilungsmasse von 37'000 (46'000 – 9'000) im Verhältnis 6 : 3 : 2 : 2 geteilt wird, erhalten A $^6/_{13}$ (17'076.92, woran der Vorempfang von 9'000 anzurechnen ist), D $^3/_{13}$ (8'538.46) sowie F und G je $^2/_{13}$ (5'692.31).

3. Stellungnahme[767]

Problematisch an der Vorgehensweise der Kommentatoren erscheint zunächst die (rechnerische) Einbeziehung der Begünstigten, da diese ohnehin leer ausgehen und dies zu widersprüchlichen Schlüssen bzgl. der Erbteile verleiten kann. Sodann erzeugt die von TUOR/PICENONI postulierte Stammesgleichheit Unbehagen, weil es kaum angängig ist, einzelne Erben für übergrosse Vorempfänge ihrer Stammesgenossen stärker zu belasten als andere Miterben. Dies rührt daher, dass die Relation der Erbquoten zueinander in der Ausgleichung verändert wird. Dazu kommt, dass sich die Stammesgleichheit in Extremfällen rechnerisch nicht aufrechterhalten lässt[768].

Aus diesem Grunde wird hier dafür eingetreten, für die rechnerische Problematik der von PIOTET vorgeschlagenen Methode zu folgen, welche (abgesehen von der Berechnung der Höhe des Überschusses) der gesetzlichen Lösung des BGB folgt[769]. Diese Vorgehensweise ergibt zufriedenstellende Ergebnisse; darüber hinaus lässt sich anhand der Feststellung der Höhe des Überschusses auch im Falle von Pflichtteilsverletzungen der herabsetzbare Betrag ermitteln.

---

[767] Vgl. auch BENN/HERZOG ZBJV 1999 780 ff.
[768] Dazu PIOTET SJZ 1971 189 (linke Spalte). Darüber hinaus wird auch kein Aufschluss gegeben, wie vorzugehen ist, wenn sich aufgrund der effektiven Teilungsmasse weitere Überschüsse einstellen.
[769] Ebenso BENN/HERZOG ZBJV 1999 781.

IV. Fragen der Bewertung

A. Allgemein, Bewertungszeitpunkt

Fragen der Bewertung stellen sich theoretisch nur im Falle der Idealkollation. Bei der Realkollation wird die Zuwendung an die Erbengemeinschaft übertragen und somit rückgängig gemacht[770].

Als massgebender Wert der Zuwendungen gilt bei der Idealkollation der *Verkehrswert* im Zeitpunkt des Erbganges, bei vorheriger Veräusserung ist jener Zeitpunkt entscheidend (Art. 630 Abs. 1 ZGB). Die *Begründung* für diese gesetzgeberische Wahl fällt verschieden aus: Vorerst wird die systematische Übereinstimmung mit Art. 537 Abs. 2 ZGB hervorgehoben, sodann wird geltend gemacht, der Ausgleichungspflichtige könnte – sofern der Zeitpunkt der Teilung massgeblich wäre – den für ihn günstigsten Zeitpunkt auswählen[771]; zudem wird die enge Verbindung zwischen Ausgleichung und Herabsetzung hervorgehoben[772] und schliesslich wird vorgetragen, es handle es sich bei den vorempfangenen Werten gedanklich um Nachlassobjekte, so dass die Chance von Nutzen und Gefahr bis zur Eröffnung auch diesem zukommen müsse[773].

Nicht einheitlich beantwortet wird die Frage, ob zur Ausgleichung gelangende Leistungen aus Lebensversicherungen mit ihrem vollen Wert, d. h. mit der ganzen Versicherungssumme oder – entsprechend den speziellen Vorschriften über die Wertbestimmung im Falle von Pflichtteilsverletzungen (Art. 476 bzw. 529 ZGB) – bloss mit dem *reduzierten* Rückkaufswert[774] in Anschlag kommen[775]. Richtigerweise gelangt die vollständige Versicherungsleistung zur Ausgleichung: Zum einen kann nur so dem Gleichbehandlungsgrundsatz Rechnung getragen werden[776]; zudem erscheint es nicht sinnvoll, die *rechtspolitisch* (es ist schwerlich einzusehen, warum gerade fällige Leistungen aus einer Lebensversicherung nicht mit ihrem Marktwert in

---

[770] Vgl. vorn 118 f.
[771] ESCHER/ESCHER, Art. 630 N 1; kritisch PIOTET SPR IV/1 § 47 V A 2 [321]; VOLLERY N 207 Anm. 684.
[772] ESCHER/ESCHER, Art. 630 N 2; PIOTET SPR IV/1 § 47 V A 2 [321 f]; RÖSLI 124; SPAHR 185 f.
[773] DRUEY § 7 N 6; KELLER 51; RÖSLI 124; VONRUFS 59; WOLFER 106: Freilich ist gegen diese Ansicht einzuwenden, dass es bei diesem Ansatz konsequenter wäre, auf den Zeitpunkt der Teilung abzustellen (so auch SPAHR 185, vor allem 189). Detailliert zu den Vor- und Nachteilen der möglichen Bewertungszeitpunkten SPAHR 180 ff, welcher *de lege ferenda* entschieden eine Bewertung zum Zeitpunkt der Teilung postuliert.
[774] Zum Begriff und zur Bedeutung KOENIG SPR VII/2 § 96 II 2 [711 f]; aus der erbrechtlichen Literatur ESCHER/ESCHER, Art. 476 N 14 ff; TUOR, Art. 476 N 16 ff; ZGB-STAEHELIN, Art. 476 N 8; PIOTET SPR IV/1 § 65 III [470 f]; vgl. auch IZZO 268 ff sowie Art. 90 ff VVG.
[775] Für den vollen Wert PIOTET SPR IV/1 § 47 V C [325 f]; IZZO 362 f; VOLLENWEIDER 86 f; für den Rückkaufswert dagegen ZGB-STAEHELIN, Art. 476 N 15; differenzierend ROELLI/ JAEGER, Art. 78 N 42.
[776] Überzeugend IZZO 362.

die Berechnungsmasse aufgenommen werden sollen) höchst fragwürdige Regelung von Art. 476 bzw. 529 ZGB extensiv anzuwenden[777].

B. Wertmässige Behandlung gemischt-unentgeltlicher Vorempfänge

Wurde die Zuwendung als gemischte Schenkung ausgerichtet, so wird der ausgleichungspflichtige Betrag anhand der sog. Quoten- oder Proportionalitätsmethode ermittelt[778]. Danach wird aufgrund des Wertes der Sache im Zeitpunkt der Zuwendung und des damals ausgelegten Betrages die Höhe der Liberalität ermittelt. Die Höhe des zur Ausgleichung zu bringenden Wertes bemisst sich so, dass das Verhältnis des Werts im Zeitpunkt der Zuwendung zum Wert im Zeitpunkt des Erbfalls gleich sein muss wie das Verhältnis der damaligen Liberalität zu jener rechnerischen, welche nunmehr zur Ausgleichung zu bringen ist.

C. Wertbestimmung bei veräusserten und dinglich belasteten Zuwendungen

1. Veräusserte Objekte

Werden Objekte aus Zuwendungen, welche der Ausgleichungspflicht unterliegen, vor Eintritt des Erbfalls veräussert, so sind diese Objekte mit dem dafür erzielten *Erlös* zur Ausgleichung zu bringen[779]. Diese Regelung hat indessen nur denjenigen Fall im Auge, wo eine Veräusserung zum Marktwert erfolgt, welcher als massgebliches Kriterium ins Auge gefasst wird. Hingegen lässt das Gesetz die Frage unbeantwortet, wie die Wertbestimmung zu erfolgen habe, wenn der Ausgleichungspflichtige sich von den zugewendeten Gegenständen ganz oder teilweise unentgeltlich trennt. Ebenfalls unbeantwortet bleibt die Frage, ob der Verkaufserlös auch dann zu

---

[777] Vgl. PIOTET SPR IV/1 § 65 III [471 ff]. Der dagegen vorgebrachte Einwand, diesfalls würden gesetzliche Erben schlechtergestellt als beliebige Dritte (ZGB-STAEHELIN, Art. 476 N 15), vermag nicht zu überzeugen.

[778] Dazu vorn 27; BGer AJP 1997 1551, E. 5 a; ZGB-FORNI/PIATTI, Art. 630 N 3; PIOTET SPR IV/1 § 47 V B [322 ff]; GUINAND/STETTLER N 347; NÄF-HOFMANN N 2736 f; KELLER 52 ff; MOSER 56; SEEBERGER 302 f; SCHILLER 90; VOLLERY N 213 f; als illustrative Beispiele BGE 120 II 417, 422 E. 4 a, 116 II 667, 675 ff E. 3 b cc = Pra 1991 Nr. 159 und grundlegend 98 II 352, 359 ff E. 5. Zu den früher ebenfalls angewandten Subtraktions- und Konstantenmethoden detailliert MOSER 54 ff.

[779] Art. 630 Abs. 1 ZGB; kritisch dazu BREITSCHMID 1997 83 Anm. 118. Gleiches gilt auch im Falle der Enteignung oder des Tausches (zu letzterem SPAHR 213 ff). Beim Tausch ist der Wert des weggegebenen Gegenstandes massgebend (KELLER 54 f).

gelten habe, wenn der Ausgleichungspflichtige eine objektiv *über* dem Verkehrswert liegende Gegenleistung erhalten hat, was z. B. dann vorliegt, wenn das Verkaufsobjekt Gegenstand einer von der Gegenpartei vorgenommenen gemischten Schenkung bildet.

Zur Beantwortung dieser Fragen ist zunächst festzuhalten, dass der Ausgleichungspflichtige als Volleigentümer zivilrechtlich im Grundsatz frei über die Zuwendung verfügen darf. Er kann also vorempfangene Gegenstände beliebig veräussern, verschenken oder mit beschränkten dinglichen Rechten belasten[780]. Lediglich im Verhältnis zu seinen Miterben ist er im Rahmen der Erbteilung insoweit gebunden, als sich diese die durch den Pflichtigen verursachten Schmälerungen ihrer Rechte nicht gefallen lassen müssen.

Aus dem Gesagten ergibt sich, dass im Falle der Veräusserung stets das *Verkehrswertprinzip* zur Anwendung gelangen muss, um eine Benachteiligung der Miterben auszuschliessen[781]: Art. 630 Abs. 1 ZGB ist deshalb so zu verstehen, dass stets der *objektive* Marktwert im Zeitpunkt der Weggabe durch den Ausgleichungspflichtigen massgebend sein muss[782]. In der Regel wird der erzielte Erlös mit diesem Werte deckungsgleich sein, wodurch sich auch der nicht ganz geglückte Gesetzeswortlaut erklären lässt. Das Verkehrswertprinzip kommt in erster Linie den Miterben zugute, zu deren Gunsten in jedem Falle der Verkehrswert in einem bestimmten Zeitpunkt zwischen der Zuwendung des Erblassers an den Pflichtigen und dem Eintritt des Erbfalls zur Ausgleichung zu bringen ist. Anderseits kann auch der Pflichtige profitieren[783]: Erzielt er – aus welchen Gründen auch immer – einen höheren Erlös als den objektiven Verkehrswert, so muss er sich bloss diesen anrechnen lassen. Ebenso wie der Pflichtige stets zur Ausgleichung des objektiven Wertes verpflichtet ist, haben seine Miterben nicht mehr als diesen zu fordern.

2. Belastung des Gegenstandes mit beschränkten dinglichen Rechten

Schwierigkeiten ergeben sich, wenn der Gegenstand der Zuwendung mit einem beschränkten dinglichen Recht belastet wird. Klar ist, dass der Pflichtige eine von

---

[780] Dazu sogleich hinten 145 f.
[781] So auch SEEBERGER 301; ebenfalls in diese Richtung deutend Erl. I 470.
[782] TUOR/PICENONI, Art. 630 N 13 f; ZGB-FORNI/PIATTI, Art. 630 N 5; CURTI-FORRER, Art. 630 N 4; PIOTET SPR IV/1 § 47 V E [328]; GUINAND/STETTLER N 348; KELLER 46 f; MOSER 75 f; SPAHR 211 f; SEEBERGER 300; RÖSLI 126; unklar WOLFER 107; anders ESCHER/ESCHER, Art. 630 N 10 f, welche bei unentgeltlichen Veräusserungen den Marktwert zum Zeitpunkt des Eintritts des Erbfalls zugrunde legen.
[783] Vgl. PIOTET SPR IV/1 § 47 V E [329]; SEEBERGER 301 Anm. 284.

ihm verursachte Belastung des Zuwendungsgegenstandes entweder abzuschütteln oder seine Miterben hierfür zu entschädigen hat[784].

Keine Berechnungsprobleme entstehen bei der Verpfändung der Zuwendung in schweizerischer Währung, da die Höhe der Belastung nominal stets unverändert bleibt. In allen anderen Fällen muss aber danach gefragt werden, zu welchem Zeitpunkt und in welchem Verhältnis zum Wert der Zuwendung ohne Belastung das beschränkte dingliche Recht zu veranschlagen sei. SEEBERGER schlägt vor, solche Wertfragen mittels einer doppelten Schätzung zu klären[785]: Dabei wäre einerseits der Wert der belasteten Zuwendung im Zeitpunkt des *Erbganges* zu bestimmen, und andererseits die Werteinbusse durch die Einräumung des beschränkten dinglichen Rechts im Zeitpunkte der *Errichtung*. Auszugleichen wären somit sowohl[786] bei der Real- wie auch bei der Idealkollation die im Zeitpunkt der Errichtung entstandene Wertdifferenz; bei der Idealkollation wäre zusätzlich der Wert der Zuwendung mit Belastung zum Zeitpunkt des Erbgangs in Anschlag zu bringen.

Ebenfalls denkbar wäre es, dem Pflichtigen den Wert der Zuwendung ohne Belastung anzurechnen oder ihm bei der Naturalausgleichung zusätzlich eine Entschädigungspflicht für den Wertverlust im Zeitpunkt des Eintritts des Erbfalls aufzubürden. Diese Methode würde die Miterben so stellen, als wäre die Belastung nie erfolgt.

Bsp: Der Erblasser überträgt einem seiner Kinder eine Baulandparzelle zum Werte von 100'000. Dieses errichtet zugunsten des Nachbarn eine Dienstbarkeit (partielles Bauverbot), wofür es mit 50'000 entschädigt wird. Zum Zeitpunkt des Eintritts des Erbfalls (20 Jahre später) hätte die Parzelle – infolge der starken Nachfrage nach Bauland – ohne Berücksichtigung der Servitut einen Wert von 500'000, unter Einbezug des Bauverbots jedoch bloss einen realen Wert von 300'000.

Wird entsprechend der Methode von SEEBERGER gerechnet, hat sich der Pflichtige entweder 350'000 anrechnen zu lassen (300'000 Verkehrswert mit Belastung + 50'000 Erlös aus Dienstbarkeitserrichtung) oder nebst dem Zuwendungsobjekt 50'000 in Geld einzuwerfen.

Wäre hingegen nach der zweiten Variante zu rechnen, müsste sich der Pflichtige entweder 500'000 anrechnen lassen (Wert ohne Belastung) oder hätte neben dem Einwurf des Grundstücks noch 200'000 (500'000 – 300'000) in Geld zu erstatten.

Keine Unterschiede bei der Anwendung der Berechnungsmethoden ergäben sich, wenn das Grundstück seinerzeit mit einem Grundpfandrecht von 50'000 belastet worden wäre. Nach dem SEEBERGERSCHEN Ansatz wären 500'000 anzurechnen (450'000 Wert der Parzelle unter Berücksichtigung des Pfandrechts [500'000 – 450'000] + 50'000 Erlös aus Errichtung Pfandrecht) oder 50'000 (Erlös aus Pfandrecht) nebst dem Grundstück einzuwerfen. Nach der zweiten Methode sind dem Pflichtigen entweder 500'000 anzurechnen (Wert Grundstück ohne Belastung) oder er hat 50'000 in Geld einzuwerfen (Entschädigung für Wertverlust infolge darauf lastenden Pfandrechts).

---

[784] Detailliert SPAHR 206 f; TUOR/PICENONI, Art. 630 N 16; ESCHER/ESCHER, Art. 630 N 14; PIOTET SPR IV/1 § 47 V E [329]; ROSSEL/MENTHA Ziff. 1166; VOLLERY N 218; WOLFER 108.
[785] SEEBERGER 301.
[786] Bei der Realkollation durch Geldzahlung, bei der Idealkollation durch Anrechnung.

Die Lösung von SEEBERGER überzeugt: Sie trägt dem Umstand Rechnung, dass der Ausgleichungspflichtige als Eigentümer vollumfänglich über die zugewendeten Objekte verfügen kann und darf. Würde anders gerechnet, könnte dies – wie das Beispiel anschaulich zeigt – den Betroffenen unverhältnismässig schwer belasten und führte zu einer ungerechtfertigten Bevorzugung seiner Miterben.

D. Behandlung von Verwendungen, Schäden und bezogenen Früchten

1. Problemstellung

Der Ausgleichungspflichtige erlangt mittels der Zuwendung des Erblassers Volleigentum an den Zuwendungsgegenständen. Bis zum Eintritt des Erbfalls bleibt allerdings unklar, ob er überhaupt je ausgleichungspflichtig sein wird, da er sich der Ausgleichungspflicht durch Ausschlagung der Erbschaft entziehen kann. Indessen muss der Empfänger wenigstens damit rechnen, dass die erhaltene Zuwendung im Erbfall möglicherweise zur Ausgleichung oder zur Herabsetzung gelangen könnte.

Daran ändert allerdings nichts, dass er im Zeitraum zwischen Vorempfang und Erbfall nach freiem Ermessen über die Zuwendung verfügen kann und darf: Neben den bereits angesprochenen Möglichkeiten der Veräusserung oder der Belastung mit beschränkten dinglichen Rechten kann er auch die Nutzungen aus der Zuwendung ziehen oder Investitionen tätigen[787]. Andererseits ist es ihm kraft seiner Eigentümerstellung grundsätzlich nicht verwehrt, die Zuwendungsgegenstände so zu behandeln oder zu *übernutzen*, dass sie Schaden nehmen oder gar untergehen[788]. Durch diese Tätigkeiten des Empfängers wird der Wert der Zuwendungen indes erheblich beeinflusst. Da der für die Ausgleichung massgebende Wert erst mit Eintritt des Erbfalls bestimmt wird, muss der Gesetzgeber bzgl. einer allfälligen Abgeltung oder der Leistung von Schadenersatz eine Regelung vorsehen, andernfalls die Ausgleichungspflicht unschwer unterlaufen werden könnte.

2. Analoge Anwendung von Art. 938 – 940 ZGB als gesetzgeberischer Missgriff

Das ZGB versucht, mittels analoger Anwendung der Bestimmungen über den gutbzw. bösgläubigen Besitzer[789] eine befriedigende Antwort auf die sich in diesem

---

[787] TUOR/PICENONI, Art. 630 N 7 f; ESCHER/ESCHER, Art. 630 N 15; PIOTET SPR IV/1 § 47 V D [326]; DRUEY § 7 N 42; WOLFER 108 f.
[788] Allgemein zum Inhalt des Eigentums MEIER-HAYOZ, Syst. Teil N 331 ff.
[789] Art. 938–940 ZGB.

Zusammenhang stellenden Fragen zu geben. Dies vermag allerdings nicht zu überzeugen, da der Ausgleichungspflichtige (als Volleigentümer) nur schwer mit einem unberechtigten bzw. nicht mehr berechtigten Besitzer verglichen werden kann[790], hat derselbe doch definitionsgemäss kein Eigentum erlangt[791].

Art. 938 – 940 ZGB knüpfen an die Gut- bzw. Bösgläubigkeit unterschiedliche Rechtsfolgen an. Schutzwürdig ist dabei der gutgläubige unrechtmässige Besitzer, welcher – da in Unkenntnis der Herausgabepflicht – nicht mit Schadenersatzansprüchen konfrontiert werden soll, da er ja *vermeintlicherweise* eine eigene Sache vernachlässigt hat[792]. Der (virtuell) Ausgleichungspflichtige ist hingegen als Volleigentümer weder gut- noch bösgläubig im strengen Sinne des Besitzesrechts. Er muss *einzig* mit der Möglichkeit *rechnen*, dereinst ausgleichen zu müssen. Es zeigt sich somit, dass die beiden verschiedenartigen Ausgangslagen *dogmatisch* nicht recht zusammenpassen[793]. Es muss deshalb stets die sachgerechteste Lösung gefunden werden, um sowohl für den Ausgleichungspflichtigen wie auch für seine Miterben angemessene Lösungen zu finden[794]. Eine besondere Betrachtung erfordern dabei die Vorgänge nach Eintritt des Erbfalls.

3. Vor Eintritt des Erbfalls

a) Nutzungen (Bezogene Früchte)

Für die ordentliche, regelmässig wiederkehrende Nutzung der Zuwendung erachtet die einhellige Lehre die analoge Anwendung der entsprechenden Regelung über den gutgläubigen Besitzer für anwendbar[795]. Somit sind die Nutzungen, welche der Ausgleichungspflichtige bezogen hat, nicht zu ersetzen. Zu den Nutzungen gehören neben natürlichen und zivilen Früchten auch sonstige Vorteile, welche die Sache durch ihren Gebrauch gewährt[796]. Diese Lösung erscheint sach- und wertungsge-

---

[790] SPAHR 194 f, 199 ff mit ausführlichen Vorschlägen *de lege ferenda*; ZGB-FORNI/PIATTI, Art. 630 N 6; PIOTET SPR IV/1 § 47 V D [326]; SCHILLER 86; SEEBERGER 297; VOLLERY N 205; in diese Richtung weisend auch TUOR/PICENONI, Art. 630 N 8; ESCHER/ESCHER, Art. 630 N 15; DRUEY § 7 N 43 f.

[791] Statt vieler HINDERLING SPR V/1 § 84 I 3 [509]: Der Besitz ist stets ungerechtfertigt.

[792] Staudinger/GURSKY vor §§ 987 ff N 4; ähnlich STARK, vor Art. 938 ff N 5; HINDERLING SPR V/1 § 85 I [511].

[793] PIOTET SPR IV/1 § 47 V D [327]; ähnlich TUOR/PICENONI, Art. 630 N 8.

[794] PIOTET SPR IV/1 § 47 V D [326]; SEEBERGER 297; SPAHR 195.

[795] SJZ 1940/41 109 = ZBGR 1940 177 (AppH Freiburg); TUOR/PICENONI, Art. 630 N 9; ESCHER/ESCHER, Art. 630 N 15; ZGB-FORNI/PIATTI, Art. 630 N 8; PIOTET SPR IV/1 § 47 V D [327 f]; DRUEY § 7 N 44; RÖSLI 126; SCHILLER 86 f; SCHWENDENER 50; SEEBERGER 297; SPAHR 198; VOLLERY N 216; VONRUFS 61.

[796] DRUEY § 7 N 44; STARK, Art. 938 N 11: Dabei ist es gleichgültig, ob die Früchte noch in natura vorhanden sind oder nicht. SPAHR (198) und MOSER (77) vergleichen die Stellung des Ausgleichungspflichtigen mit jener eines Nutzniessers.

recht: Was (bereits) für den unrechtmässigen, aber gutgläubigen Besitzer gilt, kann für den Eigentümer nicht ungünstiger ausfallen.

Hingegen verlangt der Schutz der Ausgleichungsberechtigten eine abweichende Lösung im Falle von Übernutzungen[797]. Der gutgläubige Besitzer wird für Übernutzungen nicht ersatzpflichtig, sofern sich die Nutzung im Rahmen des vermeintlichen Rechts hält[798]. Der Ausgleichungsschuldner greift dagegen – trotz Kenntnis der möglichen Ausgleichungspflicht[799] – in die Substanz der Zuwendung ein. Für den dadurch eintretenden Wertverlust hat er billigerweise Ersatz zu leisten[800]. Als Ergänzung zur Realkollation ist diesfalls eine Ausgleichung in Geld zuzulassen[801].

b) Verwendungen

Die Abgeltung von Verwendungen erfolgt nach der h. L. unter analoger Anwendung des Art. 939 ZGB[802]. Der Ausgleichungspflichtige kann demnach für notwendige und nützliche Verwendungen[803] Realersatz beanspruchen. Für andere Verwendungen (d. h. für solche, die weder notwendig noch nützlich sind, wie namentlich Luxusverwendungen[804]) kann er keinen Ersatz beanspruchen, darf sie jedoch anlässlich der Herausgabe wieder wegnehmen (*ius tollendi*)[805], soweit dies ohne Beschädigung der Sache selbst geschehen kann (Art. 939 Abs. 2 ZGB). Dem Pflichtigen steht also ein

---

Selbstverständlich nicht zu den Nutzungen im vorliegenden Kontext gehört der Veräusserungsgewinn, wie dies die bundesgerichtliche Rechtsprechung und ein Teil der Sachenrechtslehre für das Besitzesrecht (BGE 84 II 369, 378 E. 4 a = Pra 1958 Nr. 137; STARK, Art. 938 N 8, 18; a. M. jedoch ZOBL, Art. 884 N 879 ff; HINDERLING SPR V/1 § 85 I [512 f]) annehmen.

[797] Zur Abgrenzung zwischen ordentlicher Nutzung und Übernutzung MEIER-HAYOZ, Art. 643 N 9 ff m. w. H.
[798] STARK, Art. 938 N 10; HINDERLING SPR V/1 § 85 I [511].
[799] Hat er keine Kenntnis seiner bevorstehenden erbrechtlichen Pflichten, kann er allerdings in Analogie zu Art. 528 ZGB nur noch im Umfange der vorhandenen Bereicherung zur Ausgleichung verpflichtet werden (MÜLLER 47, 109).
[800] TUOR/PICENONI, Art. 630 N 9; ESCHER/ESCHER, Art. 630 N 15; ZGB-FORNI/PIATTI, Art. 630 N 8; DRUEY § 7 N 43; MOSER 78; SCHILLER 86; SCHWENDENER 50; SEEBERGER 297; SPAHR 199; VOLLERY N 216; WOLFER 108 Anm. 269; implizit auch VONRUFS 61: Andernfalls hätte es der Pflichtige in der Hand, die Ansprüche seiner Miterben mutwillig zu unterlaufen.
[801] TUOR/PICENONI, Art. 628 N 19; PIOTET SPR IV/1 § 47 IV A [317]; SEEBERGER 288.
[802] TUOR/PICENONI, Art. 630 N 11; ESCHER/ESCHER, Art. 630 N 17; ZGB-FORNI/PIATTI, Art. 630 N 7; PIOTET SPR IV/1 § 47 V D [327 f]; DRUEY § 7 N 45 f; MOSER 79; RÖSLI 126; SCHWENDENER 51; SEEBERGER 297; WOLFER 109.
[803] Zu den Begriffen STARK, Art. 939 N 8 ff; HINDERLING SPR V/1 § 85 II [513]; VON TUHR/PETER § 17 [130 ff]: Notwendig sind danach jene Aufwendungen, welche im Rahmen einer ordnungsgemässen Verwaltung und Bewirtschaftung getätigt werden; als nützliche Aufwendungen werden hingegen jene bezeichnet, welche aufgrund einer umsichtigen Bewirtschaftung, d. h. zur Steigerung des Wertes und/oder des Ertrages erfolgen.
[804] Zu Begriff und Abgrenzung STARK, Art. 939 N 11 ff.
[805] Statt vieler WOLFER 109 f. Allgemein zum ius tollendi STARK, Art. 939 N 35.

Ersatzanspruch für sämtliche werterhaltenden Aufwendungen und wertsteigernden Investitionen zu[806].

Bei Vornahme wertvermehrender Investitionen partizipiert der Pflichtige in analoger Anwendung der Proportionalitätsmethode im Falle einer Wertsteigerung des Zuwendungsgegenstandes entsprechend[807]. Hat diese zum Zeitpunkt der Übereignung beispielsweise einen Wert von 10'000 und investiert der Empfänger wertvermehrend 5'000 und beträgt der Wert im Zeitpunkt der Eröffnung des Erbgangs 30'000, so beläuft sich sein Ersatzanspruch gegen die Erbengemeinschaft auf 10'000 (5'000 * 2).

Die h. L. wendet auch Art. 939 Abs. 3 ZGB analog an, wonach sich der Ersatzanspruch für die Verwendungen um den bezogenen Nutzen reduziert[808]. Anzurechnen wären diesfalls – entgegen dem Wortlaut von Art. 939 Abs. 3 ZGB – nicht nur die gezogenen Früchte, sondern auch derjenige Nutzen, welcher nicht unter die zivilen oder natürlichen Früchte subsumiert werden kann[809]. Indessen verkennt diese Ansicht, dass der Ausgleichungspflichtige *Volleigentümer* der zugewendeten Gegenstände geworden ist: Als Volleigentümer wäre es für ihn unbillig, wenn die Nutzungen vollständig gegen die Verwendungen aufgerechnet würden. Art. 939 Abs. 3 ZGB sucht gerade unter dem Aspekt, dass der gutgläubige Besitzer *eben nicht* Eigentümer geworden ist, einen Ausgleich zwischen ihm, der eigene Vermögenswerte für die Erhaltung oder Verbesserung der Sache aufgewendet hat, und dem Eigentümer, der nicht zur Vergütung von Massnahmen gezwungen sein möchte, welche er nicht selbst in Auftrag gegeben hat und die für ihn möglicherweise nutzlos sind[810]. Die Analogiebasis fehlt hier allerdings: Der Empfänger der ausgleichungspflichtigen Zuwendung wird Volleigentümer; die analoge Anwendung der Art. 938 ff ZGB zielt nicht darauf ab, diese Tatsache in Frage zu stellen. Vielmehr geht es darum, für den Fall der Idealkollation den anrechenbaren Wert zu bestimmen, für jenen der Realkollation dem Ausgleichungspflichtigen gewisse Ersatzansprüche zuzugestehen und andererseits ein Unterlaufen der Ausgleichungspflicht zu verhindern. Es kann nicht darum gehen, die Miterben auf Kosten des Pflichtigen zu begünstigen. Unter Zugrundelegung dieser Grundsätze erscheint es billig, nur die werterhaltenden Aufwendungen gegen die Nutzungen aufzurechnen, nicht dagegen die wertvermehrenden Investitionen. Dadurch wird auch die Attraktivität eines Vorempfanges gesichert, welche vor allem darin besteht, die Nutzungen möglichst ungeschmälert behalten zu dürfen.

---

[806] ROSSEL/MENTHA Ziff. 1166; SPAHR 204 f; VONRUFS 59 Anm. 84; a. M. CURTI-FORRER, Art. 628 N 3.
[807] Vgl. SPAHR 204 f.
[808] TUOR/PICENONI, Art. 630 N 11; ZGB-FORNI/PIATTI, Art. 630 N 7; PIOTET SPR IV/1 § 47 V D [327]; AGUET 127 f; RÖSLI 126; SEEBERGER 297; SPAHR 195; VONRUFS 61; WOLFER 110; ebenso wohl ESCHER/ESCHER, Art. 630 N 17; unklar DRUEY § 7 N 46.
[809] STARK, Art. 939 N 16 m. w. H.
[810] Staudinger/GURSKY vor §§ 994 N 22.

c) **Schaden und Untergang**

Aus der Tatsache, dass der *gutgläubige* Besitzer für die Dauer seines Besitzes so behandelt wird, wie wenn er berechtigt gewesen wäre, erhellt, dass der Eigenbesitzer – der sich gutgläubig für den Eigentümer gehalten hat – für absichtliche Abnützung, Beschädigung, Vernichtung oder Verlust der Sache nicht haftbar gemacht werden kann[811].

Naheliegenderweise ist eine unmodifizierte Übernahme dieser Regelung für die erbrechtliche Ausgleichung *ausgeschlossen*. Der Schutz der Miterben erfordert zwingend eine abweichende Regelung. Aus diesem Grunde befürworten die älteren Kommentatoren eine vollkommen[812] oder teilweise[813] analoge Anwendung der entsprechenden Bestimmungen über den bösgläubigen Besitzer (Art. 940 ZGB), während die jüngere Literatur einer Heranziehung der Bestimmungen über den bösgläubigen Besitzer eher kritisch gegenübersteht[814].

Unbestritten ist aber eine Entschädigungspflicht bei Vorliegen von absichtlicher Zerstörung oder Beschädigung des zugewendeten Gegenstandes zu Lasten der Ausgleichungsgläubiger. ESCHER/ESCHER[815] wollen die Entschädigungspflicht allerdings auf diesen Fall beschränken. SEEBERGER[816] klammert eine Haftung des Pflichtigen bei nur leichter Fahrlässigkeit aus, was mit der Unsicherheit, ob überhaupt jemals eine Ausgleichungspflicht aktuell werde, begründet wird. Demgegenüber möchte die h. L. den Ausgleichungspflichtigen für *jede* verschuldete Wertminderung haften lassen[817].

Nach hier vertretener Auffassung ist der Ansicht von ESCHER/ESCHER der Vorzug zu geben. Sie geht von der vorgesehenen Stellung des Ausgleichungspflichtigen als Volleigentümer aus. Deshalb sollte die folgerichtige Konsequenz dahin gehen, dass auch unter Berücksichtigung der Ausgleichungspflicht davon nur insoweit abgewichen werden sollte, als dies der Erbenschutz zwingend erfordert. Zweifellos liegt darin eine *gewisse* Begünstigung des Pflichtigen. Diese erscheint aber durch die Ausgestaltung des Ausgleichungsrechts gewollt. Die Miterben haben sich mit der Eigentümerposition des Pflichtigen und den daraus für sie entstehenden Unzukömmlichkeiten abzufinden.

---

[811] STARK, Art. 938 N 4.
[812] TUOR/PICENONI, Art. 630 N 10.
[813] ESCHER/ESCHER, Art. 630 N 16.
[814] PIOTET SPR IV/1 § 47 V D [327 f]; ZGB-FORNI/PIATTI, Art. 630 N 9; vgl. auch SEEBERGER 297.
[815] Art. 630 N 16; ihnen folgend MOSER 78; SCHILLER 87 und SCHWENDENER 50 f.
[816] SEEBERGER 297.
[817] ZGB-FORNI/PIATTI, Art. 630 N 9; TUOR/PICENONI, Art. 630 N 10; PIOTET SPR IV/1 § 47 V D [327]; GUINAND/STETTLER N 348; RÖSLI 125; SPAHR 197; ebenso WOLFER 107.

4. Nach Eintritt des Erbfalls

a) Grundsatz

Mit dem Eintritt des Erbfalls aktualisiert sich die Ausgleichungspflicht. Sie trifft den Zuwendungsempfänger vorbehältlich einer Ausschlagung definitiv. Erfolgt Wertanrechnung, so wird der ihm anzurechnende Betrag spätestens auf den Zeitpunkt des Erbfalls rückwirkend festgelegt und er allein trägt alle später auftretenden Risiken[818].

Erfolgt Naturalausgleichung, so wird er zur Rückerstattung des Gutes an die Erbschaft verpflichtet. Eine solche braucht aber nicht unmittelbar zu geschehen: Einerseits kann bis zur Teilung geraume Zeit verstreichen, andererseits kann von einer Übertragung an die Erbengemeinschaft ganz abgesehen werden (besonders bei Grundstücken), sofern vereinbart wird, die Gegenstände seien den Empfängern entsprechend dem Ergebnis des Teilungsverfahrens direkt auszuhändigen.

Es stellt sich die Frage nach der Rechtsstellung des Pflichtigen in der Zwischenzeit. Da der Ausgleichungsfall eingetreten ist, verbietet sich eine analoge Anwendung der besitzesrechtlichen Bestimmungen[819].

b) In bezug auf die Haftung für Schaden und Untergang

Unklar ist vorweg, unter welchen Voraussetzungen der Pflichtige seinen Miterben für Schäden oder den Untergang der Zuwendungsobjekte haftbar wird. Dabei divergieren die Lehrmeinungen einmal mehr weit auseinander: TUOR/PICENONI[820] lassen den Pflichtigen nunmehr auch für Zufall haften, PIOTET[821] für jegliches schuldhaftes Verhalten (Art. 97 ff OR), während ESCHER/ESCHER[822] an der (blossen) Haftung für *dolus* festhalten. Richtigerweise besteht kein Anlass, den Pflichtigen nach Eintritt des Erbfalles *bis zur Erklärung seiner Wahl* anders zu behandeln als vorher. Seine Möglichkeit, zwischen Real- und Idealkollation zu wählen, kann durch Erhebung der Teilungsklage[823] abgekürzt werden. Gegen vorsätzliches Handeln sind die Miterben also geschützt. Die unbestrittenermassen günstige Lage des Ausgleichungspflichtigen erscheint als vom Gesetzgeber gewollt und ist *de lege lata* hinzunehmen.

Grundsätzlich anders präsentiert sich die Situation, *nachdem* sich der Pflichtige definitiv für die Realkollation ausgesprochen hat. Ab diesem Moment steht endgültig fest, dass die Zuwendung auf die Erbengemeinschaft oder einen Miterben zu übertragen ist bzw. sein wird, sofern sie nicht im Rahmen der Teilung an den Pflich-

---

[818] BGer AJP 1997 1551 f; PIOTET SPR IV/1 § 47 VI [331]; DRUEY § 7 N 7; SEEBERGER 295 f; STUDER 1997 97; VONRUFS 61.
[819] PIOTET SPR IV/1 § 47 VI [331].
[820] Art. 630 N 10; offenbar unter Anwendung gemeinrechtlicher Grundsätze.
[821] SPR IV/1 § 47 VI [331]; ebenso SEEBERGER 298 und VOLLERY N 220.
[822] Art. 630 N 18.
[823] Art. 604 ZGB.

tigen zurückfällt. Es erscheint nunmehr folgerichtig und angemessen, dem Ausgleichungsschuldner eine Haftung für jegliches Verschulden (Art. 97 ff OR) aufzuerlegen[824].

c) In bezug auf Früchte und Verwendungen

Für die den Zuwendungsgegenständen abgewonnenen Früchte und sonstigen Nutzungen nach Eintritt des Erbfalls wendet die Lehre – soweit sie sich dazu äussert[825] – die Bestimmungen über die Auslieferungspflichten der beschwerten Erben beim Vermächtnis analog an[826]. Danach hat der Pflichtige den Berechtigten die Früchte auszuliefern. Freilich besteht Unklarheit, ab welchem Zeitpunkt den Beschwerten diese Pflicht trifft. Zwei Varianten stehen gedanklich zur Verfügung: Nach der ersten haben die Berechtigten bereits vom Zeitpunkt des Erbfalls einen Anspruch auf die Früchte, nach der zweiten dagegen erst ab dem Zeitpunkt der Wahlerklärung des Pflichtigen[827]. In der neueren Lehre zu den Modalitäten der Auslieferung von Vermächtnissen und nunmehr auch in der Judikatur hat sich die Ansicht durchgesetzt, dass die Früchte von der Eröffnung des Erbganges an geschuldet seien[828].

Eine unmodifizierte Übernahme dieser Regelung auf das Ausgleichungsverfahren erscheint freilich diskutabel. Die Vermächtnisforderung des Vermächtnisnehmers besteht bereits vom Eintritt des Erbfalls an, jene der Ausgleichungsgläubiger dagegen erst vom Moment der Wahlerklärung. Es erscheint deshalb sachgerechter, den Pflichtigen bis zu diesem Zeitpunkt im Genuss der Nutzungen zu belassen[829].

E. Berücksichtigung der Geldentwertung?

Erfolgt die ausgleichungspflichtige Zuwendung in Geld, so stellt sich die Frage, ob einer zwischen der Zuwendung und dem Eintritt des Erbfalls eingetretenen Geldentwertung Rechnung zu tragen sei. Das Bundesgericht und die praktisch einstimmige Doktrin lehnen eine Anpassung ab und lassen den Pflichtigen nur für den empfangenen Nominalbetrag ausgleichen[830].

---

[824] Zur Rechtslage beim Untergang durch Zufall vorne 126.
[825] Die Kommentare schweigen sich zu dieser Frage aus.
[826] PIOTET SPR IV/1 § 47 VI [331]; implizit auch SEEBERGER 298.
[827] Die Frage war bereits im gemeinen Recht strittig (vgl. RGZ 11, 245; DERNBURG § 141 1 d [276]; WINDSCHEID/KIPP § 610 5 [525 Anm. 22]).
[828] OGer Zürich ZR 1997 Nr. 27; ZGB-HUWILER, Art. 485 N 27 ff mit umfassender Begründung; PIOTET SPR IV/1 § 22 V A [140]; anders allerdings noch BGE 83 II 427, 441 E. 2; VONRUFS 62.
[829] Vgl. auch SJZ 1948 244 = ZBJV 1946 144 (Entscheid des OGer Luzern), wonach eine Verzinsung des Vorempfangs auch nach Eintritt des Erbfalls ausgeschlossen sei.
[830] BGer AJP 1997 1551 f; ZGB-FORNI/PIATTI, Art. 630 N 4; DRUEY § 7 N 9; BRUHIN 119 f; SEEBERGER 306; SPAHR 216 f; ESCHER/ESCHER, Art. 630 N 4a, implizit auch N 10 und 12;

Doktrin und Rechtsprechung befinden sich in Einklang mit dem Grundsatz des *geldschuldrechtlichen Nominalismus*, welcher einem allgemeinen Rechtsprinzip entspricht[831]: Danach kann sich der Schuldner durch Bezahlung des ursprünglich festgelegten Betrages gültig befreien, selbst wenn die Währung allmählich (schleichende Inflation) an Wert verliert.

Gleiches gilt für Veränderungen der Kaufkraft zwischen dem Eintritt des Erbfalls und der Teilung: Hier wird allerdings zusätzlich geltend gemacht, dass eine Berücksichtigung des Kaufkraftschwundes die vom Gesetzgeber unterschiedlich festgesetzte Wertbemessung zwischen Real- und Idealkollation verwischen würde[832].

Eine wesentlich grössere Bedeutung geniesst die Frage in der deutschen Praxis. Gemäss § 2055 BGB bestimmt sich der für die Ausgleichung massgebliche Betrag nach dem Werte des Gegenstandes im Zeitpunkt der Zuwendung; anschliessend eintretende Wertschwankungen bleiben unberücksichtigt. Daraus folgt, dass das Problem der schleichenden Geldentwertung jeder Zuwendung – auch wenn sie in einer Sachleistung besteht[833] – eigen ist. Ausgehend von der Überlegung, dass die Ausgleichung bezweckt, alle Beteiligten so zu stellen, als befänden sich die weggegebenen Vermögenswerte mit ihrem *damaligen* Geld*wert* noch im Nachlass, wird dem eingetretenen Kaufkraftschwund durch eine Anpassung nach Massgabe des Preisindex für die Lebenshaltung[834] Rechnung getragen[835]. Damit meint man dem Erblasserwillen gerecht zu werden, welcher mutmasslich seine Abkömmlinge gleichbehandelt wissen will.

---

ebenso TUOR/PICENONI, Art. 630 N 13; PIOTET SPR IV/1 § 47 IV A [317]; BRÜCKNER Erbteilungsklage N 187 sowie implizit NÄF-HOFMANN N 2720.

[831] WEBER, Art. 84 N 195 ff; OR-LEU, Art. 84 N 5; VON TUHR/PETER § 9 III 2 [62 f]: Eine Abkehr vom Nominalismus ist danach nur – abgesehen von gesetzlichen Ausnahmen – im Falle eines abnormen Währungszerfalls geboten, wo ein Festhalten am Nominalwertprinzip gegen Treu und Glauben verstiesse (WEBER a. a. O. N 271 ff).

[832] BGer AJP 1997 1551 f; ZGB-FORNI/PIATTI, Art. 630 N 4; SPAHR 217; anders SEEBERGER 306 f; der die in diesem Zeitraum eingetretenen Veränderungen der Kaufkraft berücksichtigen möchte.

[833] BGHZ 65, 75, 78; EITEL § 4 Nr. 20 [61].

[834] Zur Berechnung Staudinger/WERNER § 2055 N 7 f.

[835] BGHZ 65, 75, 77 f, BGH WM 1975, 1179, 1181; ähnlich bereits RG JW 1933 167; zustimmend RGRK-KREGEL § 2055 N 5 f; Soergel/WOLF § 2055 N 3; KIPP/COING § 120 VI 3 [653 f]; weitergehend Staudinger/WERNER § 2055 N 8; vgl. auch EITEL § 4 Nr. 20 [61].
Gleiches gilt in Österreich unter der Bedingung, dass die Geldentwertung so wesentlich würde, dass durch sie der Zweck der Ausgleichung – die Gleichstellung der in Frage kommenden Personen – vereitelt würde (Klang/WEISS §§ 790 bis 794 II B [950 f]).

F. Auswirkungen (konjunktureller) Wertveränderungen des reinen Nachlasses nach Eintritt des Erbfalls auf die Teilungsansprüche bei der Idealkollation

1. Problemstellung

Erfolgt die Ausgleichung durch Anrechnung[836], wird der massgebende Wert auf den Zeitpunkt des Erbfalls hin festgelegt (Art. 630 Abs. 1 ZGB). Bis zur Anhandnahme der Teilung verstreicht allerdings aus vielerlei Gründen – wegen erblasserischer Verfügungen, aufgrund von Gesetzesvorschriften, Zusammensetzung des Nachlasses oder infolge des Verhaltens der Beteiligten – oft geraume Zeit. Es ist einsichtig, dass der Nachlass in dieser Zeit grössereren oder kleineren Wertschwankungen unterliegt, wogegen der Anrechnungsbetrag unverändert bleibt. Es stellt sich somit die (grundsätzliche) Frage, ob und wie solchen Wertveränderungen bei der Auseinandersetzung Rechnung getragen werden soll.

2. Lösungsvarianten

Denkbar sind zwei Möglichkeiten: Dabei hat man entweder den Wert des reinen Nachlasses zum Zeitpunkt des Erbfalles oder jenen zur Zeit der Auseinandersetzung zu Grunde zu legen. Massgebend ist, ob man den Zweck der Abwicklung der Ausgleichung darin erblickt, die (blossen) Auseinandersetzungsguthaben der Beteiligten zu ermitteln, oder ob mit der Ausgleichung nicht vielmehr die Festsetzung des Verteilungsschlüssels zum Stichtag des Erbfalls bezweckt wird[837]. Im Falle der Wertsteigerung des *relictum* begünstigt dieses Vorgehen die Ausgleichungsgläubiger, im umgekehrten Falle die Schuldner.

Die Problematik sei an folgendem Beispiel veranschaulicht[838]. Der Erblasser hinterlasse zwei Kinder (A und B); das *relictum* – welches überwiegend aus spekulativen Werten bestehe – betrage zur Zeit des Erbfalls 80'000; B habe zwei Jahre zuvor einen ausgleichungspflichtigen Vorempfang von 20'000 erhalten. Bis zur Teilung steige der Wert des *relictum* infolge günstiger Umstände auf 120'000.

Begnügt man sich damit, unter Zugrundelegung des Vorempfangs die Guthaben der beiden Kinder zum Zeitpunkt der Teilung zu bestimmen, so beträgt die Teilungsmasse 140'000, welche unter Berücksichtigung der vorempfangenen 20'000 unter die beiden Kinder zu gleichen Teilen verteilt wird (A erhält demnach 70'000, B 50'000).

---

[836] Wird Realkollation gewählt, wird der Vorempfang rückgängig gemacht und der Pflichtige partizipiert gleichberechtigt an der Teilung (vgl. vorn 118 f), die vorliegende Fragestellung bleibt also ohne Belang.
[837] MEINCKE AcP 1978 50.
[838] Für weitere Beispiele MEINCKE AcP 1978 48 f.

Wird hingegen gestützt auf den Eintritt des Erbfalls der Teilungsschlüssel festgelegt, so muss *hypothetisch* davon ausgegangen werden, die Teilung finde bereits zu jenem Zeitpunkt statt. Aufgrund dieser Rechenoperation wird die verhältnismässige Verteilung des *relictum unbeschadet aller weiteren Wertschwankungen* ein für allemal festgelegt. Bezogen auf das vorliegende Beispiel bedeutete dies, dass von einer fiktiven Teilungsmasse von 100'000 (80'000 + 20'000) auszugehen wäre, welche zu gleichen Teilen auf A und B entfallen würde. Infolge der Anrechnung des Vorempfangs erhielte B aus dem *relictum* 30'000 ([100'000 * ½] – 20'000) und A 50'000, dieses würde folglich nach dem Verteilungsschlüssel 3 : 5 aufgeteilt. Effektiv hätte somit B in der Teilung 45'000 zu fordern und A 75'000 (120'000 * $^3/_8$ bzw. 120'000 * $^5/_8$).

Würde anderseits das *relictum* bis zur Teilung im Wert um die Hälfte zurückgehen (auf 40'000), wäre wie folgt zu rechnen: Nach der ersten Methode wäre eine Teilungsmasse von 60'000 zu verteilen, so dass B aus dem relictum 10'000 (60'000 * ½ – 20'000) und A 30'000 zu fordern hätte, nach der zweiten Methode wäre anderseits das *relictum* im Verhältnis 3 : 5 aufzuteilen. Es entfielen also auf B 15'000 und auf A 25'000.

Die schweizerische Praxis scheint *stillschweigend* von der ersten Methode auszugehen und legt die Verhältnisse im Moment der Teilung zugrunde[839], ohne einen eintretenden Wertzuwachs oder –verfall in Rechnung zu stellen. In Deutschland – wo die Ausgleichung nur unter Abkömmlingen nach dispositiver Anordnung auf der Basis der Idealkollation stattfindet nach Massgabe des Wertes im Zeitpunkt der Zuwendung – ermittelt der BGH[840] die Treffnisse unter Anwendung der zweiten Methode.

Er führt dabei u. a. folgende Gründe ins Feld[841]: Zunächst könnten zufriedenstellende Ergebnisse erzielt werden. Sodann werde ein Gleichlauf mit dem Pflichtteilsrecht geschaffen, da auch für dieses die Verhältnisse beim Erbfall massgebend seien. Zudem seien bei Geldzuwendungen keine weiteren Anpassungen infolge Veränderung der Geldwertverhältnisse zwischen dem Eintritt des Erbfalls und der Teilung notwendig[842].

3. Ergebnis: Keine Berücksichtigung der Wertänderungen

Das hierzulande angewandte System hat den Vorzug, dass schwierige Rechnungen mit möglicherweise komplizierten Teilungsbrüchen vermieden werden können. Allerdings ist entgegenzuhalten, dass der Nachlass infolge des zwingenden Noterbrechts zur Feststellung allfälliger Pflichtteilsansprüche per Stichtag des Eintritts des Erbfalls ohnehin zu bewerten ist. So oder anders wird für die Teilung eine erneute

---

[839] Vgl. TUOR/PICENONI, Art. 628 N 3 ff; ESCHER/ESCHER, Art. 628 N 3 ff; PIOTET SPR IV/1 § 47 IV B [318 ff]; BECK § 38 IV [170]; unklar ZGB-FORNI/PIATTI, Art. 628 N 4; DRUEY § 7 N 4 f. In die gleiche Richtung weist auch der nicht amtlich publizierte BGE vom 29. 10. 1996 (teilweise wiedergegeben in AJP 1997 1551 f) E. 5 b, welcher den Unterschied in der Wertberechnung zwischen real eingeworfenen und nicht real eingeworfenen Zuwendungen hervorhebt.

[840] BGHZ 96, 174, 180 f unter Berufung auf MEINCKE; zustimmend KIPP/COING § 120 VI 2 [653 Anm. 28]; anders Soergel/WOLF § 2055 N 1.

[841] BGHZ 96, 174, 181.

[842] Zu dieser Frage – welche die schweizerische Ausgleichungspraxis grundlegend anders beantwortet, vorn 151 f.

Bewertung des reinen Nachlasses notwendig. Allfälligen Spekulationsmöglichkeiten kann nach hiesigem Ausgleichungsrecht aufgrund der Wahlmöglichkeiten weder mit dem einen noch mit dem anderen System vollkommen wirkungsvoll begegnet werden[843].

Für die Lösung des BGH spricht allenfalls aus schweizerischer Sicht der Umstand, dass bei einer Wertsteigerung des *relictum* (relativ) häufig davon ausgegangen werden kann, auch der Vorempfang habe an Wert zugelegt. Wäre dem tatsächlich so, erschiene es tatsächlich unbillig, den Pflichtigen an der Wertsteigerung voll teilhaben zu lassen, die Gläubiger aber andererseits keinen Anspruch auf den Mehrwert am Vorempfang hätten. Indessen ist dieser Schluss keineswegs zwingend, und andererseits erscheint mit veränderten Vorzeichen genau das gegenteilige Ergebnis, so dass nicht gesagt werden kann, die schweizerische Lösung bevorzuge einseitig den Ausgleichungspflichtigen. Es besteht folglich in grundsätzlicher Hinsicht kein Handlungsbedarf, die schweizerische Lösung zu modifizieren.

G. Behandlung (konjunktureller) Wertschwankungen der Zuwendungen nach Eintritt des Erbfalls

Der Ausgleichungspflichtige muss die Wahl der massgebenden Ausgleichungsart erst im Zeitpunkt der Erbteilung treffen[844]. Wie wirken sich Wertveränderungen der Zuwendungsgegenstände auf diesen Umstand aus? Ein Teil der Lehre bürdet einen Wertzerfall nach Eintritt des Erbfalls dem Pflichtigen unabhängig davon auf, ob dieser Real- oder Idealkollation wählt[845]. Daraus folgt, dass er bei Wahl der Realkollation eine Kompensationszahlung leisten müsste, sofern die Zuwendung inzwischen an Wert verloren hat. Konsequenterweise tritt PIOTET[846] bei Übernahme dieser Ansicht dafür ein, dass andererseits im Falle eines Wertzuwachses dem Pflichtigen eine Entschädigung auszurichten wäre. Folgte man dieser Meinung, so hätte dies den unbestreitbaren Vorteil, dass jede Möglichkeit der Spekulation ausgeschlossen wäre.

Dagegen ist vorweg einzuwenden, dass diese Lösung dogmatisch mit dem Konzept der analogen Anwendung der Regeln über die Wahlobligation bei der Wahl der Ausgleichungsart kaum zu vereinbaren ist[847]. Zusätzlich erscheint es nicht als sachgerecht, dem Ausgleichungsschuldner ohne irgendwelches Verschulden das Risiko

---

[843] Dazu sogleich hinten 156.
[844] Vgl. vorn 121 ff.
[845] SCHILLER 87 f und KELLER 47 f; anders entschieden allerdings die Kommentatoren (TUOR/PICENONI, Art. 630 N 17; ESCHER/ESCHER, Art. 630 N 14a) und PIOTET (SPR IV/1 § 47 VI [331 f]).
[846] SPR IV/1 § 47 VI [331 f]; ihm folgend SPAHR 190 f.
[847] Dazu vorn 121 f.

des Wertzerfalls der Zuwendung aufzubürden und ihn gegebenenfalls zu Entschädigungszahlungen an den Nachlass zu verpflichten.

Die h. L. steht dagegen auf dem Standpunkt, dass der Wert der Zuwendung beim Stande des Eintritts des Erbfalls lediglich für den Fall der Idealkollation massgebend sei[848]. Wird diese gewählt, so wird dieser Wert dem Ausgleichungsschuldner auf seinen Teilungsanspruch angerechnet. Somit bleibt der Pflichtige vom Risiko einer Wertveränderung zumindest teilweise befreit. Verliert die Zuwendung an Wert, so wird diese real eingeworfen, sofern der Zuwendungsgegenstand für den Pflichtigen nicht einen derart hohen Affektionswert besitzt, dass er diesen trotz Wertverlust behalten möchte und den hohen Anrechnungswert in Kauf nimmt. Indessen muss aber auch betont werden, dass bei Wertzerfall und anschliessender Realkollation das eingeworfene Gut zum verminderten Wert zur Teilungsmasse gezogen wird, woduch sich naturgemäss die Teilungsansprüche *aller* Miterben verkleinern. Im Rahmen dieser (engen) Vorgaben erlauben freilich die beiden Varianten dem Pflichtigen, seine Wahl in spekulativer Absicht hinauszuzögern; seine Gewinnmöglichkeiten sind dabei um so höher, je grösser der Vorempfang im Verhältnis zum quotalen Erbanteil ist.

V. Exkurs: Prozessuale Durchsetzung der Ausgleichung

A. Informationspflichten der Miterben über ausgleichungsrechtlich relevante Tatbestände

Da die lebzeitige Komponente ausgleichungsrechtlich relevanter Tatbestände bei Eintritt des Erbfalls regelmässig sehr lange zurückliegt und sich die Handlungen vielfach in informellem Rahmen zugetragen haben, befinden sich die Miterben der Vorempfänger nicht selten in einem eigentlichen Informationsnotstand. Zur Behebung dieses Mankos statuieren Art. 607 Abs. 3 sowie vor allem Art. 610 Abs. 2 ZGB (gegenseitige) Auskunftspflichten und Informationsrechte der Miterben untereinander, was den Besitz von Erbschaftssachen sowie überhaupt alle Vorgänge umfasst, welche sich auf die Teilung auswirken könnten[849].

---

[848] Vgl. ESCHER/ESCHER, Art. 630 N 14a; PIOTET SPR IV/1 § 47 VI [332]; PFAMMATTER 86 und SPAHR 196 f.

[849] Den Auskunftspflichten haben die Erben unaufgefordert nachzukommen, selbst wenn dies dem erblasserischen Willen widerstreitet (TUOR/PICENONI, Art. 607 N 9; ESCHER/ESCHER, Art. 607 N 11; PIOTET SPR IV/2 § 105 II [850]; JOST 71; detailliert auch J. N. DRUEY, Der Anspruch des Erben auf Information, BJM 1988 113 ff). Diese Rechte und Pflichten bestehen aber auch im Verhältnis zu Dritten, welche an der Teilung mitzuwirken haben wie etwa einem Willensvollstrecker (BGE 90 II 365, 372 f E. 3 b [dazu die Besprechung von MERZ

Die Auskunftspflicht beschlägt schwergewichtig Transaktionen, welche zu Ausgleichungs- oder Herabsetzungsansprüchen führen können, wie lebzeitige Schenkungen, Vorempfänge auf Anrechnung an den Erbteil, gemischt-unentgeltliche Zuwendungen etc[850]. Die Verletzung der Auskunftspflichten kann zu Schadenersatzansprüchen der Geschädigten führen[851].

Wird dagegen über den Nachlass ein Sicherungsinventar nach Massgabe von Art. 553 ZGB erstellt, sind ausgleichungspflichtige Vorgänge nicht aufzuzeichnen, da dies den Zweck eines solchen Inventars – Feststellung des Bestandes der Erbschaft und Verhinderung des Verschwindens von Aktiven zwischen Erbanfall und Teilung – überbeanspruchen würde[852].

B. Ausgleichungsklage als besonders geartete Teilungsklage

Die Ausgleichung bildet Bestandteil des Erbteilungsverfahrens, woraus sich – ebenso wie beim Teilungsanspruch an sich – die Unverjährbarkeit des Anspruchs ergibt[853]. Dieser ist prozessual primär im Rahmen des Erbteilungsverfahrens durchzufechten; er kann aber auch zum Gegenstand eines eigenen Verfahrens gemacht werden[854]. Das Ausgleichungsbegehren ist sonach Bestandteil der Teilungsklage selbst oder erscheint als besonders geartete Teilungsklage[855].

Als Teilungsklage ist die Klage am letzten Wohnsitz des Erblassers zu erheben (Art. 538 Abs. 2 ZGB). Aktiv- und passivlegitimiert sind in jedem Falle die gesetzlichen Erben, ferner –

ZBJV 1965 389]; PIOTET a. a. O.; DRUEY § 13 N 13). Auskunftsrechte bestehen sodann nach der Praxis *in gewissem Umfang* auch gegenüber *weiteren* Dritten wie Anwälten oder Kreditinstituten (DRUEY a. a. O. N 14; detailliert BRÜCKNER Erbteilungsklage N 90 ff).

[850] BGE 90 II 365, 372 E. 3 a; ESCHER/ESCHER, Art. 610 N 2; TUOR/PICENONI, Art. 610 N 5; ZGB-SCHAUFELBERGER, Art. 610 N 18; PIOTET SPR IV/2 § 105 II [850]; BRÜCKNER Erbteilungsklage N 86; BRUHIN 102 f. Vgl. rechtsvergleichend auch § 2057 BGB und dazu BGHZ 33, 373 m. w. H.

[851] ZGB-SCHAUFELBERGER, Art. 607 N 12 m. w. H; PIOTET SPR IV/2 § 105 II [851]; JOST 71 f.

[852] BGE 118 II 264, 269 ff E. 4 b bb (zustimmend besprochen von SCHNYDER ZBJV 1994 173); ZGB-KARRER, Art. 553 N 3; a. M. OGer Zürich ZR 1970 Nr. 6.

[853] ESCHER/ESCHER, vor. Art. 626 ff N 16; TUOR/PICENONI, vor. Art. 626 ff N 7; ZGB-FORNI/PIATTI, Art. 626 N 20; GAUTSCHI ZBGR 1928 8; SEEBERGER 245; VONRUFS 50.

[854] BGE 123 III 49, 50 E. 1 a; ZGB-FORNI/PIATTI, Art. 626 N 20; BRÜCKNER Erbteilungsklage N 7; JOST 129; SEEBERGER 245 f; SPAHR 166.

[855] So bereits BGE 6 389, 398 f E. 4 und 23 40, 48 ff E. 4, zuletzt 123 III 49, 51 E. 1 a; aus der kantonalen Judikatur KGer Graubünden PKG 1988 Nr. 4 sowie SJZ 1922/23 281 (AppG Basel Stadt); ESCHER/ESCHER, vor Art. 598 ff N 14, vor Art. 626 ff N 16; TUOR/PICENONI, Art. 626 N 2d m. w. H., Art. 538 N 9, 14; ZGB-SCHAUFELBERGER, Art. 604 N 5; SEEBERGER 245 f.
Zu den Anforderungen an die Klageschrift, die Begründung sowie den Verteidigungsmöglichkeiten des Empfängers ausführlich JOST 131 ff m. w. H: Beweispflichtig für das Bestehen der lebzeitigen unentgeltlichen *und* der Ausgleichungspflicht unterliegenden Zuwendung ist grundsätzlich der Kläger; handelt es sich allerdings um Zuwendungen nach Massgabe von Art. 626 Abs. 2 ZGB, so obliegt dem Beklagten für einen allfälligen Dispens der Beweis. Vermerke über die Ausgleichungspflicht schaffen eine faktische Vermutung für die Richtigkeit der darin niedergelegten Tatsachen (dazu ausführlich LUTZ SJZ 1940/41 328 f).

sofern sie ebenfalls auszugleichen haben oder von der Ausgleichung profitieren – auch eingesetzte nicht – gesetzliche Erben oder gesetzliche Erben als Testamentserben, welche nicht entsprechend den gesetzlichen Quoten zur Erbschaft gelangen[856]. Im eidgenössischen Berufungsverfahren berechnet sich der Streitwert aufgrund der Auswirkung der evtl. stattfindenden Ausgleichung auf das Treffnis des Ansprechers[857].

Unklar erscheint dagegen die Rechtsnatur der Ausgleichungsklage: Während die Erbteilungsklage in der prozessrechtlichen Literatur im allgemeinen als Gestaltungsklage qualifiziert wird[858], wird die Ausgleichungsklage als selbständiges Begehren eher als Leistungs- oder Feststellungsklage qualifiziert[859].

C. Klage auf Feststellung der Ausgleichungspflicht?

Allgemeinen Grundsätzen zufolge ist eine Klage auf Feststellung eines bestimmten Rechtes oder eines Rechtsverhältnisses (Feststellungsklage) nur soweit zulässig, als ein Feststellungsinteresse besteht: Danach ist erforderlich die Ungewissheit der Rechtsstellung des Klägers, welche als unzumutbar erscheint und die Unmöglichkeit der Beseitigung der Ungewissheit durch die Erhebung einer Leistungs- oder Gestaltungsklage[860]. Diese Voraussetzungen gelten auch bei begehrter Feststellung des Bestehens oder des Nichtbestehens der Ausgleichungspflicht. Andernfalls könnte nicht verhindert werden, dass ein Erbteilungsprozess ungezwungenermassen in zwei selbständigen Verfahren abgewickelt würde, was aus prozessökonomischen Grundsätzen unzweckmässig erscheint[861].

Im Regelfall ist mithin ein Feststellungsinteresse am Bestehen oder Nichtbestehen der Ausgleichungspflicht zu verneinen. Dies gilt besonders dann, wenn der Pflichtige sich im Rahmen des allgemeinen Teilungsprozesses über die zu wählende Ausgleichungsart noch nicht erklärt hat (Art. 628 Abs. 1 ZGB) und dieser mittels eines alternativen Leistungsbegehrens zur Abgabe der entsprechenden Erklärung verhalten werden kann[862]. Allerdings mag es Fälle geben, in denen ein Feststellungsinte-

---

[856] BRÜCKNER Erbteilungsklage N 175 ff m. w. H.
[857] Unveröffentl. E. 1 b von BGE 118 II 282 m. w. H.; vgl. auch R. FRANK/ H. STRÄULI/G. MESSMER, Kommentar zur zürcherischen Zivilprozessordnung (3. A., Zürich 1997) § 18 N 10.
[858] VOGEL § 7 N 23, 38; ferner ZGB-SCHAUFELBERGER, Art. 604 N 2; ausführlich BRÜCKNER Erbteilungsklage N 134 ff und JOST 38 ff.
[859] Ausdrücklich für Feststellungsklage JOST 131; BRÜCKNER Erbteilungsklage N 184 und WIDMER 77; eher in Richtung Leistungsklage weisend BGE 123 III 49, 51 E. 1 a, 84 II 685, 692 f E. 3 sowie 67 II 207, 210 f E. 2.
[860] VOGEL § 7 N 23.
[861] BGE 123 III 49, 52 f E. 1 b (zustimmend die Besprechungen von VOGEL ZBJV 1998 375 und BREITSCHMID AJP 1997 1550), 84 II 685, 693 f E. 3; anders ESCHER/ESCHER, vor Art. 626 ff N 17a.
[862] BGE 123 III 49, 53 E. 1 b, 84 II 685, 694 f E. 3; JOST 131 f, 136; vgl. die Beispiele für Klagebegehren bei BRÜCKNER Erbteilungsklage N 181 ff.

resse zu bejahen wäre, so etwa bei einer Klage auf Feststellung des Bestehens der Ausgleichungspflicht in einer fortgesetzten Erbengemeinschaft, da hier notwendigerweise *nicht* geteilt wird[863].

---

[863] BGE 123 III 49, 53 E. 1b; BECK § 38 VI [172]; SEEBERGER 291.

4. Kapitel

Ausgleichungsrechtlich relevante Verfügungen von Todes wegen

§ 1 Einordnung der Anordnungen betreffend die erbrechtliche Ausgleichung in das System der Verfügungen von Todes wegen

I. Einführung

Anordnungen bzgl. der erbrechtlichen Ausgleichung sind als Verfügungen von Todes wegen zu qualifizieren[864]. Als solche enthalten sie besondere, von den Rechtsgeschäften unter Lebenden abweichende Gültigkeitserfordernisse[865]: Diese betreffen vor allem die Anforderungen an die Geschäftsfähigkeit und die Willensbildung; sodann gelten auch besondere Formvorschriften. Schliesslich folgt die Auslegung der Verfügungen von Todes teilweise eigenen Regeln.

Analysiert man die Verfügungen von Todes wegen unter dem Aspekt der Ausgleichung, so ist stets zu untersuchen, ob die Ausgleichung als Institut an der Schnittstelle zwischen Schuld- und Erbrecht gegebenenfalls eine Anpassung der allgemeinen – auf die Verfügung von Todes wegen zugeschnittenen – Regeln erfordert.

II. Grundsätzliches zu den Verfügungen von Todes wegen

A. Verfügungen von Todes wegen als Ausdruck der Privatutonomie im Erbrecht

Verfügungen von Todes wegen sind das Instrument zur Durchsetzung der gewillkürten Erbfolge. Sie dienen der Verwirklichung der Privatautonomie im Erbrecht. Diese geht in materieller wie in formeller Hinsicht *bedeutend* weniger weit als im Schuldrecht:

In *materieller* Hinsicht gelten vorab besondere Vorschriften in bezug auf Testierfähigkeit und die Fähigkeit, Parteistellung bei Abschluss eines Erbvertrages zu erlangen.

---

[864] Vgl. vorn 43 ff.
[865] Vgl. statt aller ESCHER/ESCHER, Die Verfügung von Todes wegen, N 3.

Sodann besteht ein *numerus clausus* bzgl. Art und Inhalt solcher Verfügungen[866]. Das ZGB lässt zwei Arten von Verfügungen von Todes wegen zu: Letztwillige Verfügungen[867] und Erbverträge[868]. Die beiden Arten unterscheiden sich – stark vereinfacht ausgedrückt – in der Einseitigkeit[869] und Widerruflichkeit bei der letztwilligen Verfügung auf der einen, in der Zweiseitigkeit und Unwiderruflichkeit des Erbvertrages auf der anderen Seite[870]. Gewisse Inhalte[871] sind sodann aufgrund ihrer absoluten Höchstpersönlichkeit der Regelung in einem Erbvertrag entzogen; dem Erblasser muss bis zu seinem Ableben stets die Möglichkeit verbleiben, diese Anordnungen zu revidieren.

Ferner ist der Erblasser umfangmässig an das Pflichtteilsrecht[872] gebunden, d. h., seine Verfügungsfreiheit geht nur soweit, als sie sich im Rahmen der verfügbaren Quote bewegt.

Generell sind Verfügungen von Todes wegen aufgrund ihres höchstpersönlichen Charakters vertretungsfeindliche Geschäfte[873], wobei diese Höchstpersönlichkeit sowohl die formelle (Verbot der Stellvertretung) wie auch die materielle Seite (Inhalt der Verfügung ist vom Erblasser *selbst* zu bestimmen) umfasst.

In *formeller* Hinsicht ist der Erblasser in der Weise beschränkt, als er sich den für die letztwilligen Verfügungen bzw. den für die Erbverträge vorgegebenen Formvorschriften zu bedienen hat[874]. Die Formvorschriften – welche gleichermassen für Testament und Erbvertrag Geltung beanspruchen – beschlagen wegen der grossen Bedeutung für den Erblasser sowie aus Gründen der Beweissicherung die Errichtung als auch den Widerruf der Verfügungen.

---

[866] PIOTET SPR IV/1 § 16 I [83], § 16 III [87]; zu den inhaltlichen Grenzen detailliert W. SCHLÜTER, Grenzen der Testierfreiheit – Grenzen einer «Herrschaft aus dem Grabe», in: Festgabe Zivilrechtslehrer 1934/1935 (Berlin/New York 1999), 575 ff.
[867] Art. 498 ff ZGB. Das ZGB stellt drei Formen zur Verfügung: Das öffentliche Testament mit Haupt- und Nebenform, das eigenhändige Testament mit qualifizierten Anforderungen an die Schriftlichkeit sowie das Nottestament mit qualifizierten Anforderungen an die Mündlichkeit (Art. 499 ff, 505 sowie 506 ff ZGB; dazu hinten 204 ff).
[868] Art. 494 ff, 512 ZGB.
[869] PIOTET SPR IV/1 § 16 I [83]; VON TUHR/PETER § 20 III [145].
[870] PICENONI 17 f.
[871] So namentlich die Einsetzung eines Willensvollstreckers; die Errichtung einer Stiftung auf den Todesfall sowie die Kindesanerkennung (TUOR/SCHNYDER/SCHMID 492); umstritten ist die Zulässigkeit der vertraglichen Enterbung (vgl. ZGB-BESSENICH, Art. 477 N 8; PIOTET SPR IV/1 § 28 II A 3 [177 f]).
[872] Art. 470 ff ZGB.
[873] Dazu hinten 177 f.
[874] Art. 498 ff ZGB.

B. Abgrenzung zu den Rechtsgeschäften unter Lebenden

1. Notwendigkeit der Abgrenzung

Verfügungen von Todes wegen sind Anordnungen, welche auf den Tod des Erblassers gestellt sind[875]. Der Tod ist demnach ein notwendiges Tatbestandselement. Aufgrund der von den Rechtsgeschäften unter Lebenden abweichenden Voraussetzungen und Wirkungen ist eine Abgrenzung vonnöten. Im Einzelfalle kann sich diese als sehr heikel erweisen. Aufgrund der eingangs angesprochenen Gründe (Geschäftsfähigkeit, Geltendmachung von Willensmängeln, Form und Auslegung) ist sie aber unbedingt geboten.

2. Die massgeblichen Kriterien

Zentrales Unterscheidungskriterium ist der Zeitpunkt, in welchem das Geschäft seine wesentlichen Wirkungen entfaltet; massgebend sind dabei schliesslich aber nicht abstrakte Kriterien, sondern das *effektiv* von den Beteiligten angestrebte Ergebnis unter Berücksichtigung aller Umstände[876]. Die Doktrin diskutiert verschiedene Abgrenzungskriterien[877]: Verabredung einer Gegenleistung unter Lebenden, die Nichtbeachtung erbrechtlicher Formvorschriften und das Weglassen *erbrechtlicher Terminologie*, ein nicht ausschliesslicher persönlicher Charakter der Zuwendung sowie die synallagmatische Natur eines Geschäftes.

Im Zweifel ist nach dem Grundsatz des *favor negotii* eher ein gültiges Rechtsgeschäft unter Lebenden anzunehmen als ein ungültiges von Todes wegen[878]. Freilich darf dieser Grundsatz nicht dazu missbraucht werden, Umgehungsgeschäfte aufgrund dieser «Begünstigungsklausel» zu retten.

3. In bezug auf Ausgleichungsanordnungen und -vereinbarungen

Die praktischen Probleme, welche sich aus diesen Abgrenzungsfragen ergeben, sind mit Bezug auf die erbrechtliche Ausgleichung eher gering. Der Grund dafür ist, dass

---

[875] ZGB-BREITSCHMID, vor Art. 467 ff N 20; ähnlich DRUEY § 8 N 34.
[876] ZGB-BREITSCHMID, vor Art. 467 ff N 29 m. w. H.
[877] Dazu ausführlich H. HAUSHEER, Die Abgrenzung der Verfügungen von Todes wegen von den Verfügungen unter Lebenden, in: P. BREITSCHMID (Hg.), Testament und Erbvertrag (Bern/Stuttgart 1991) 79 ff; BREITSCHMID 1999 71 Anm. 77; ZGB-BREITSCHMID, vor Art. 467 ff N 29 ff; DRUEY § 8 N 35 ff; TUOR/SCHNYDER/SCHMID 451 f.
[878] Vgl. dazu statt vieler den *«leading case»* BGE 99 II 268 (Besprechung von MERZ ZBJV 1975 59); sodann 113 II 270, 272 f E. 2 b m. w. H., ausführlich auch ZGB-BREITSCHMID, vor Art. 467 ff N 29 ff m. w. H.; ferner DRUEY § 8 N 31 ff; TUOR/SCHNYDER/SCHMID 452; kritisch HAUSHEER (zit. Anm. 877) 92.

eine Ausgleichung zwingend bereits eine lebzeitige, mindestens teilweise unentgeltliche Zuwendung voraussetzt. Die Zuwendung muss also noch zu Lebzeiten vollzogen worden sein. Diese Voraussetzung liegt stets vor, unabhängig davon, ob die Zuwendung und die Verfügung bzw. Vereinbarung der Ausgleichung zeitlich auseinanderfallen oder nicht. Aufgrund der hier vertretenen Theorie hat man es stets mit einem vollkommenen Rechtsgeschäft unter Lebenden (Zuwendung) sowie einem vollkommenen Rechtsgeschäft von Todes wegen (gewillkürte Ausgleichung) zu tun. Die ausgleichungsrechtlichen Tatbestände unterscheiden sich folglich massgeblich von den Schenkungen, deren Vollziehbarkeit auf den Tod des Schenkers gestellt sind[879].

C. Grundsätzliche Konsequenzen und Reflexwirkungen aus der Rechtsnatur mit Bezug auf Anordnung und Erlass der Ausgleichung

1. Kein Erfordernis eines irgendwie auf die Ausgleichung gerichteten (Partei-) Willens

a) Grundsatz: Ausgleichung verwirklicht sich von Gesetzes wegen

Aus ihrer Rechtsnatur folgt, dass die Ausgleichung (*zumindest für die Intestaterbfolge*) ein Institut des gesetzlichen Erbrechts ist. Daraus folgt, dass sie beim Vorliegen der entsprechenden Voraussetzungen auch dann eingreift, *ohne* dass sich die Parteien des Zuwendungsgeschäfts über die (möglichen) Konsequenzen Rechenschaft gegeben haben. Anordnungen und Vereinbarungen über die Ausgleichung sind somit stets *fakultativ* und bleiben für die Gültigkeit des lebzeitigen Zuwendungsgeschäfts *ohne Belang*.

b) Kein Schutzbedürfnis der Beteiligten

Für eine notwendige Einigung oder einseitige Anordnung der Ausgleichung besteht denn auch weder zum Schutze des künftigen Erblassers noch zum Schutze des Empfängers ein zwingender Bedarf. Dem künftigen Erblasser steht lebzeitig (regelmässig) das (schenkungsrechtliche) Instrumentarium der Rückforderung bzw. des Widerrufs und der Hinfälligkeit der Liberalität (Art. 249 f OR) zur Verfügung. Darüber hinaus bleibt er in seiner Verfügungsfreiheit unbeschränkt und kann somit regelmässig auch nachträglich noch Einfluss auf die Ausgleichung nehmen[880]. Unterlässt er

---

[879] Art. 245 Abs. 2 OR. Charakteristikum dieser Schenkung ist, dass die Liberalität auf Kosten des Nachlasses geht (ESCHER/ESCHER, Die Verfügung von Todes wegen, N 7).
[880] Dazu hinten 246 ff.

dies, so sichern Art. 626 ff ZGB, dass seine Zuwendung erbrechtlich entsprechend seinem mutmasslichen Willen und unter Berücksichtigung des Gleichbehandlungsgrundsatzes behandelt wird.

Aber auch für den Empfänger besteht regelmässig kein Bedarf, dass die erbrechtlichen Folgen der von ihm empfangenen Zuwendung bereits abschliessend geklärt würden. Für ihn bringt die Zuwendung grundsätzlich nur Vorteile: Nicht nur erlangt er *Volleigentum* an den Zuwendungsgegenständen, sondern kann darüber hinaus – sollte es zur Ausgleichung kommen – auch die Früchte und Nutzungen behalten. Dies führt dazu, dass es dem Empfänger in vielen Konstellationen gleichgültig sein wird, wie sich der Vorempfang auf seine Position bei der Nachlassabwicklung des Zuwendenden auswirkt.

2. Einseitige Anordnungen des Zuwendenden

a) Anordnung der Ausgleichung

Die Gleichgültigkeit des Empfängers gewährt dem Zuwendenden bzw. künftigen Erblasser vollständige Dispositionsfreiheit. Es steht ihm frei, mittels letztwilliger Verfügung die Ausgleichungspflicht an sich wie auch die dazugehörigen Modalitäten anlässlich der Vornahme der Zuwendung selbst oder auch später anzuordnen. Selbstverständlich bleibt es ihm auch unbenommen, auf die einmal getroffene Verfügung zurückzukommen und die angeordnete Ausgleichungspflicht später wieder aufzuheben.

b) Erlass der Ausgleichungspflicht

Selbstredend kann der Zuwendende dem Empfänger auch die Ausgleichungspflicht ganz oder teilweise erlassen. Bei jenen Zuwendungen, welche ohnehin nicht von Gesetzes wegen auszugleichen sind, bleibt eine diesbezügliche *einseitige* Anordnung bedeutungslos, da sie nur den ohnehin geltenden Rechtszustand wiedergibt.

Eine kleine Hürde hat der Zuwendende beim Erlass der Ausgleichungspflicht jener Zuwendungen, welche nach Art. 626 Abs. 2 ZGB von Gesetzes wegen ausgeglichen werden müssen. Diesfalls bestimmt das Gesetz, der Ausgleichungserlass müsse zu seiner Gültigkeit ausdrücklich erfolgen[881].

---

[881] Zu diesem Erfordernis vgl. ausführlich hinten 240 ff.

3. Vertragliche Vereinbarungen über die Ausgleichungspflicht

Den Parteien steht es frei, sich anlässlich oder auch nach der Vornahme der Zuwendung über die Ausgleichungspflicht des Empfängers (erb-) vertraglich zu binden[882]. Solche Vereinbarungen werden in der Praxis häufig mit der Vereinbarung über die lebzeitige Zuwendung verbunden. Angesichts der grossen Rechtsunsicherheiten im Gebiete der erbrechtlichen Ausgleichung, vor allem aber auch angesichts der Tatsache, dass ausgleichungspflichtige Vorempfänge sehr oft im Zusammenhang mit einer umfassenden Nachlassplanung ausgerichtet werden, besteht für solche Vereinbarungen ein echtes Bedürfnis[883].

---

[882] Vgl. statt vieler ZGB-BREITSCHMID, vor Art. 494 ff N 20, Art. 495 N 8; PIOTET SPR IV/1 § 28 II B [179].
[883] Zu diesen Fragen detailliert hinten 257 ff.

§ 2 Geschichtliche Entwicklung der Verfügungen von Todes wegen

I. Römisches Recht

A. Letztwillige Verfügungen

Die letztwillige Verfügung verdankt ihre Entstehung dem *klassischen* römischen Recht: Das Intestaterbrecht der zwölf Tafeln, welches die Nachkommen ohne Unterschied von Alter, Geschlecht und Leistungsfähigkeit zur Erbschaft berief, führte im Falle der Teilung zu einer *unwillkommenen Zersplitterung* der meist ländlichen Besitzungen; im Falle der Fortführung des Betriebs ohne Teilung reichte oftmals dessen Grösse nicht aus, um sämtliche Familienmitglieder zu ernähren[884]. Unterblieb die Teilung, so mussten notgedrungen einzelne Familienmitglieder abwandern und sich verselbständigen. Als zunehmend unbefriedigend wurde empfunden, diese Regelung den Erben zu überlassen. Aus diesem Grunde wurde das *Testament*[885] geschaffen, mit welchem der Erblasser selbst das Schicksal seines Nachlasses bestimmen konnte[886].

Dabei trafen *verschiedenartige* Interessen aufeinander: Das Streben nach Erhaltung des Besitzes liess sich nur mit einer möglichst umfassenden Testierfreiheit verwirklichen. Dagegen sprach vor allem das Familiengefühl, welches weiterhin eine Erbberufung auf der Basis der Gleichberechtigung nahelegte. Seit der Epoche der jüngeren Republik gelangte mit der Abkehr von der Agrarwirtschaft und im Zuge der Stärkung des Persönlichkeitsbewusstseins und des *zunehmenden Individualismus* eine praktisch *unbeschränkte Testierfreiheit* zum Durchbruch: Es galt in Rom praktisch als sittliches Gebot, zu testieren[887].

Dem durch die Überhöhung der Testierfreiheit bedingten fehlenden Schutz der gesetzlichen Erben wurde mit der Schaffung eines formellen und materiellen Noterbrechts entgegengetreten, welches einen Vorläufer zum heutigen Pflichtteilsrecht darstellte[888].

---

[884] KASER § 157 I [668].
[885] Zum historischen Ablauf HONSELL/MAYER-MALY/SELB § 157 II [436 f].
[886] KASER § 157 I [668].
[887] KASER § 157 II [669 f].
[888] HONSELL/MAYER-MALY/SELB § 171 [463 ff]: Formell wurde dem Noterben in der Weise geholfen, dass eine Übergehung stets ausdrücklich verfügt werden musste, in materieller Hinsicht wurde dem Noterben sodann die *querela inofficiosi testamenti* gewährt, welche dem Übergangenen einen eigentlichen Pflichtteilsschutz gewährte.

Das klassische römische Recht kannte *zwei Wege*, letztwillig zu verfügen: Einerseits durch ein an äusserste Formstrenge, aber auch in inhaltlicher Hinsicht an viele Voraussetzungen geknüpftes *Testament*; daneben das durch vollkommene Form- und Inhaltsfreiheit, dafür aber nicht oder nur schwer erzwingbare *Fideikommiss*[889]. Die Errichtung eines Testaments im römischen Recht erforderte seitens des Testators volle Geschäftsfähigkeit[890], setzte zwingend eine Erbeinsetzung voraus[891], darüber hinaus musste über das *gesamte* erblasserische Vermögen verfügt werden, da neben der testamentarischen für die Intestaterbfolge kein Raum blieb[892].

Die Testamentserrichtung erforderte die Beachtung *strengster Formvorschriften*[893], deren Verletzung ohne weiteres zur Ungültigkeit führen konnte. Dagegen war die eigenhändige letztwillige Verfügung dem römischen Recht wohl fremd[894].

Das *justinianische Recht* brachte eine Reihe von *Formerleichterungen* mit sich, welche mit der Rezeption in Deutschland bekannt wurden und somit das gemeine Recht beeinflussten[895].

B. Erbverträge

Im Rom wurde die vertragliche Verfügung auf den Todesfall als sittenwidrig betrachtet, hätte sie doch die ausgeprägte Testierfreiheit des Erblassers empfindlich beeinträchtigt. Aus diesem Grunde war der Erbvertrag dem römischen Rechte fremd[896].

---

[889] KIPP/COING § 25 I [179 f].
[890] KASER § 161 II [682]; ausführlich HONSELL/MAYER-MALY/SELB § 168 [457 ff].
[891] Wollte der Erblasser keine Erbeinsetzung vornehmen, blieb ihm nur das unter erleichterten Formvorschriften zu errichtende Kodizill. In seiner Gültigkeit war es allerdings vom Bestehen eines gültigen Testaments abhängig (HONSELL/MAYER-MALY/SELB § 170 I-III [461 f]).
[892] HONSELL/MAYER-MALY/SELB § 158 I 2 [440 f], § 167 I [454]; KASER § 159 II [677]; KIPP/COING § 25 I [179 f], § 44 I 1 [263 f]: *nemo pro parte testatus, pro parte intestatus decedere potest*. Vgl. dagegen aus heutiger Sicht Art. 481 Abs. 2 ZGB und § 2088 Abs. 2 BGB.
[893] Dazu einlässlich HONSELL/MAYER-MALY/SELB § 163 IV, 164 [449 ff], § 167 II [454 f]; KIPP/COING § 25 I [179]; KASER § 160 [678 ff]: Gefordert wurde die Mitwirkung eines Treuhänders (*familiae emptor*), die Einhaltung gewisser Spruchformeln und die Mitwirkung mehrerer Zeugen. Später konnte die Urkunde auch schriftlich verfasst werden, um ihren Inhalt vor den Mitwirkenden geheim zu halten.
Formerleichterungen galten nur für die sog. Soldatentestamente (dazu HONSELL/MAYER-MALY/SELB § 166 [453]; ferner WINDSCHEID/KIPP § 544 [226 f]).
[894] KIPP/COING § 25 I 5 [181].
[895] KIPP/COING § 25 I 5 [181].
[896] Staudinger/KANZLEITER, vor §§ 2274 ff N 1; DERNBURG § 126 [247]; KASER § 159 III [677 f]; KIPP/COING § 36 I 1 [232]; WINDSCHEID/KIPP § 529 Anm. 2 [190]; PIOTET SPR IV/1 § 28 I [172]; DRUEY § 10 N 9; GROSS 1 f; ITSCHNER 29; PICENONI ZBGR 1967 257; differenzierend P. WEIMAR, Erbvertrag und gute Sitten, in: Miscellanea D. Maffei, Bd. 4 (Goldbach 1995), 231 ff. Gleiches galt auch für Erbverzichtsverträge (DERNBURG § 127 [250]). Diese ablehnende Haltung wirkt bis heute nach, indem der italienische codice civile den Erbvertrag gänzlich verbietet (PIOTET SPR IV/1 § 28 I [172]), das französische Recht

II. Gemeines Recht

A. Letztwillige Verfügungen

Das Recht, letztwillig über sein Vermögen zu verfügen, bestand im gemeinen Recht fort[897]. Wiederum setzte eine Testamentserrichtung begrifflich eine Erbeinsetzung voraus, anderwärts gerichtete letztwillige Verfügungen wurden Kodizille genannt[898]. Die gültige Errichtung einer letztwilligen Verfügung erforderte gewisse geistige und körperliche Voraussetzungen[899]. Als Testaments(haupt)formen stellte das gemeine Recht in Anlehnung an das justinianische Recht zwei Formen zur Verfügung: Testamentserrichtung durch Erklärung vor sieben Zeugen (Privattestament) sowie Errichtung durch Erklärung vor Gericht (öffentliches Testament)[900]. Das Privattestament erforderte in jedem Fall den Beizug von sieben Zeugen: Diesen eröffnete der Erblasser mündlich seinen letzten Willen, womit der Form bereits Genüge getan war[901]. Sodann stand ihm aber auch der Weg offen, eine bereits schriftlich niedergelegte Verfügung in Gegenwart der Zeugen zu unterschreiben: Letztere hatten anschliessend zu unterschreiben und zu siegeln (sog. schriftliches Testament)[902].

Den Zeugen kam somit beim privaten Testament entscheidende Bedeutung zu. Ihre Anwesenheit war nicht nur Beweis-, sondern auch Gültigkeitserfordernis[903]. Ein Zeuge durfte zu diesem Amte weder gezwungen werden noch durfte seine Anwesenheit zufällig sein; es bestanden verschiedene – durch das Geschlecht, körperliche und geistige Behinderung sowie Naheverhältnis zum Erblasser bedingte – Ausschlussgründe[904].

---

nur eine dem Erbvertrag nahekommende Schenkung (als Rechtsgeschäft unter Lebenden) der Erbschaft unter Ehegatten und Verlobten vorsieht (WEIMAR a. a. O. 232 f; LANGE/KUCHINKE § 16 III 4 [321 Anm. 43]; ausführlich FERID/SONNENBERGER 5 C 67 ff [546 ff]) sowie das österreichische Recht den Erbvertrag nur unter Ehegatten und Verlobten mit Wirkung für die Eheschliessung zulässt (§ 602, 1249 f ABGB; vgl. LANGE/KUCHINKE a. a. O.).

[897] Ebenso der sich im klassischen römischen Recht entwickelte Schutz des Noterben (dazu WINDSCHEID/KIPP §§ 578 ff [374 ff]; DERNBURG § 149 ff [292 ff]).

[898] WINDSCHEID/KIPP § 538 [213 f]; DERNBURG § 66 I 2 [122]. Der Grundsatz des *nemo pro parte testatus, pro parte intestatus decedere potest* fand auf *Testamente* weiterhin Anwendung (WINDSCHEID/KIPP § 537 [211 ff]; KIPP/COING § 44 I 1 [263 f]).

[899] WINDSCHEID/KIPP § 539 [214 ff]: So blieb die Errichtung eines Testaments etwa schreibunfähigen Stummen vorenthalten.

[900] WINDSCHEID/KIPP § 540 1 [219].

[901] Sog. mündliches Testament; vgl. WINDSCHEID/KIPP § 541 2 [220]; DERNBURG § 70 I [131 ff]: Wurde die Erklärung des Testators zusätzlich schriftlich niedergelegt, so kam der Urkunde nur Beweisfunktion zu.

[902] WINDSCHEID/KIPP § 541 2 [220 ff]; DERNBURG § 70 I 3 [133 f]: Der Testator musste diesfalls in der Urkunde selbst erklären, die Verfügung enthalte seinen letzten Willen.

[903] WINDSCHEID/KIPP § 542 [222].

[904] WINDSCHEID/KIPP § 542 [222 ff]; DERNBURG § 70 I 1 [131 f].

Je nach Inhalt oder beim Vorliegen gewisser Umstände bestanden zahlreiche erleichternde Formerfordernisse[905].

Das öffentliche Testament wurde durch Erklärung vor dem Richter oder durch Übergabe einer den letzten Willen des Erblassers enthaltenden Urkunde errichtet[906].

B. Erbverträge

Die Entwicklung des Erbvertrages im gemeinen Recht wurde massgeblich geprägt durch die Beeinflussung der dem Erbvertrag ähnelnden deutschrechtlichen «Gemächten[907]» im Rahmen der Rezeption des römischen Rechts[908]. Soweit nicht – wie etwa in Preussen oder Bayern – partikularrechtlich geregelt, unterstand der Erbvertrag folgenden Grundsätzen:

Erbverträge wurden im gemeinen Recht – entsprechend der Rechtslage im ZGB – unterschieden in *affirmative* Erbverträge (Erbeinsetzungs- und Vermächtnisverträge) sowie die als *negative* Erbverträge bezeichneten Erbverzichte[909]. Mit Bezug auf die Rechtsnatur war streitig, ob es sich beim Erbvertrag um ein einheitliches oder ein Doppelgeschäft – bestehend aus einer letztwilligen Verfügung und einem damit verbundenen vertragsmässigen Widerrufsverzicht – handle[910].

Der Abschluss eines Erbvertrages erforderte die im Vertragsrecht allgemein vorgesehenen Voraussetzungen; Stellvertretung wurde nicht zugelassen[911]. Der Erbvertrag bewirkte lediglich eine Berufung des Vertragserben in den Nachlass und den Ausschluss des einseitigen Widerrufs dieser Berufung[912]. Der Erblasser konnte lebzeitig unbeschränkt über sein Vermögen verfügen, lediglich dolose Schenkungen und ähnliche Rechtsgeschäfte zwecks Schmälerung des Rechtes des Vertragserben waren nach Eintritt des Erbfalls anfechtbar[913]. Kurioserweise konnte der Abschluss eines Erbvertrags gemeinrechtlich formfrei erfolgen[914].

---

[905] WINDSCHEID/KIPP § 544 [226 ff]: So beispielsweise dann, wenn bloss zugunsten der Nachkommen verfügt wurde. In solchen Fällen genügte bereits eine eigenhändige letztwillige Verfügung ohne Zeugen.
[906] WINDSCHEID/KIPP § 545 [229 ff]; DERNBURG § 71 [134 ff].
[907] Zum Begriff und zur Ausgestaltung dieses Instituts sogleich hinten 173.
[908] ENDEMANN § 79 III [623]; DERNBURG § 126 [247].
[909] DERNBURG § 126 [247].
[910] DERNBURG § 126 2 [248] mit Hinweis auf die HARTMANNSCHE Abhandlung (G. HARTMANN, Zur Lehre von den Erbverträgen und von den gemeinschaftlichen Testamenten [Braunschweig 1860]); offengelassen in RGZ 4, 171, 172.
[911] RGZ 35, 126; DERNBURG § 126 4 und 5 [249].
[912] RGZ 4, 171; ENDEMANN § 79 III [624]; DERNBURG § 126 1 [248].
[913] RGZ 28, 171, 174 m. w. H.; DERNBURG § 126 1 [248].
[914] RGZ 8, 133, 134 unter Berufung auf BESELER (G. BESELER, Die Lehre von den Erbverträgen, Zweiter Theil, Erster Band [Göttingen 1837]); ENDEMANN § 79 III [624]; DERNBURG § 126 3 [249]; anders freilich die Partikularrechte.

III. Entwicklung in der Eidgenossenschaft

A. Letztwillige Verfügungen

1. Ancien Régime

Im alten germanischen Recht blieb eine gewillkürte Erbfolge *ausgeschlossen*[915]. Freilich blieb die römische Testierfreiheit nicht völlig unbekannt. Allerdings waren «letztwillige Verfügungen» bis ins Mittelalter einzig dadurch möglich, dass man zu Lebzeiten unter *ausdrücklicher Billigung* der Erben einem Dritten Werte aus der künftigen Verlassenschaft versprach. Der Vermögensgegenstand wurde bereits zu Lebzeiten *symbolisch* auf den «Erben» übertragen und von diesem zurückgegeben, so dass der Gebende für den Rest seiner Tage eine bereits «fremde» Sache besass, an welcher ihm einzig noch Nutzungsrechte zustanden[916].

Dieses System konnte allerdings auf die Dauer nicht genügen: Gefördert durch den Drang, einerseits Verfügungen errichten zu können, welche tatsächlich erst im Todesfall wirksam wurden und andererseits durch eine stärkere Betonung des Individuums wurde nach neuen Lösungen gesucht: Nutzbar gemacht wurde dafür das seit dem 13. Jahrhundert auftauchende Institut der *Gemächte*, welches einem Dritten unter gerichtlicher Genehmigung – dieses hatte die Zustimmung der Erben einzuholen und konnte die Vergabung grundsätzlich nach freiem Ermessen untersagen – gewisse Vergünstigungen auf den Todesfall versprach[917]. Infolge der grossen Beliebtheit dieser Gemächte ging man dazu über, zwecks Entlastung der Gerichte generelle Regeln für die Zulässigkeit dieses Instituts zu formulieren, wobei man das gemeinrechtliche Pflichtteilsrecht rezipierte[918]. Im Verlaufe der Zeit wurde es sodann möglich, die Gemächte als wirkliche Verfügungen von Todes wegen auszugestalten und in inhaltlicher Hinsicht auch Vermögen und Quoten zu vergeben[919]. So näherten sich die Gemächte dem gemeinrechtlichen Testament an und wurden diesem nach und nach gleichgesetzt[920].

Allerdings ergaben sich gegenüber dem gemeinrechtlichen Testament Vereinfachungen, welche bis heute fortwirken[921]: Zunächst wurden auch Verfügungen ohne Erbeinsetzung anerkannt. Sodann wurde es möglich, auch nur über einen Teil des Nachlasses zu verfügen, so

---

[915] HUBER IV § 143 I [603]; GROSS 2; ITSCHNER 30.
[916] HUBER IV § 143 I [604 ff]: Gefördert wurde diese Entwicklung durch die Kirche; bezeichnenderweise bedurften Vergabungen an die Kirche keiner Billigung durch die Erben. Es gehörte zum Wesen dieser Geschäfte, dass sie bereits zu Lebzeiten wirksam wurden (ITSCHNER 30 f).
[917] HUBER IV § 144 A [608 ff]; vgl. auch Erl. I 336.
[918] HUBER IV § 144 A [617 f].
[919] HUBER IV § 144 A [612 ff]; GROSS 3.
[920] HUBER IV § 144 A [612 ff, 614].
[921] HUBER IV § 144 A [620 ff].

dass gewillkürte und gesetzliche Erbfolge zueinander in Konkurrenz stehen konnten. Ferner wurde das Pflichtteilsrecht in dem Sinne verstanden, dass eine Überschreitung der Dispositionsbefugnis des Testators keine Ungültigkeit der Verfügung nach sich ziehen sollte, sondern bloss eine Reduktion auf das erlaubte Mass.

2. Kantonale Rechte

Die kantonalen Rechte des 19. Jahrhunderts sahen im Grundsatz die Möglichkeit vor, mittels letztwilliger Verfügung Anordnungen auf den Todesfall zu erlassen. Da aber – gerade in der Urschweiz – gar keine oder nur eine äusserst beschränkte Dispositionsbefugnis bestand[922], war die Bedeutung des Instituts von Fall zu Fall sehr verschieden. Unterschiedlichste Anforderungen wurden an die Testierfähigkeit gestellt, im Gegensatz zum heutigen Recht konnte ein Handlungsunfähiger letztwillig unter Mitwirkung des Vormundes verfügen.

Als Testamentsform stand im Vordergrund das heutige öffentliche Testament[923], d. h. die Errichtung vor dem Notar unter Mitwirkung von Zeugen. Grosser Beliebtheit erfreute sich in den kantonalen Rechten bereits das eigenhändige (*holographe*) Testament, welches vom Erblasser zwingend eigenhändig niederzuschreiben und gegebenenfalls zu deponieren war[924]. Ebenfalls recht häufig vertreten war das sog. «schriftliche[925]» Testament, welches unter Mitwirkung von Zeugen mittels einer vom Erblasser oder einem Dritten verfassten Urkunde errichtet werden konnte, wogegen das gerichtliche, d. h. unter Mitwirkung einer richterlichen Behörde zu errichtende Testament nur von untergeordneter Bedeutung blieb[926].

B. Erbverträge

1. Ancien Régime

In gewisser Hinsicht kann in den mittelalterlichen Gemächten ein Erbvertrag erblickt werden, konnte doch die Vergabung vom «Erblasser» nicht mehr einseitig widerrufen werden. Allerdings kam der Begünstigte nicht in den Genuss der Erbenstellung[927]. Dennoch liegt der *Ursprung der Erbverträge im mittelalterlichen Recht*, wo die Erbfolge in adligen Kreisen – meist kombiniert mit Eheverträgen – vertraglich festgelegt wurde, sodann auch in den Erbverzichtsverträgen ausgesteuerter adliger Töchter[928]. Dem praktischen Bedürfnis entsprechend und trotz gegenläufigen Be-

---

[922] Zu den Verhältnissen in den einzelnen Kantonen HUBER II § 58 III B [259 ff].
[923] HUBER II § 56 I A 2 [174].
[924] Details zu den Vorschriften im einzelnen bei HUBER II § 56 I A 2 [189 ff].
[925] Vgl. HUBER II § 56 I A 2 [183 ff].
[926] HUBER II § 56 I A 2 [172 ff].
[927] HUBER IV § 147 III [662 f]; GROSS 6; ITSCHNER 49.
[928] KIPP/COING § 36 I 1 [231 f]; ähnlich HUBER IV § 147 III [663 ff].

strebungen im Zuge der (in der Schweiz allerdings schwachen[929]) Rezeption des römischen Rechts[930] bürgerten sie sich die Erbverträge alsdann auch in den Städten ein, wo sie während des 18. Jahrhunderts in den Stadtrechten offiziell erscheinen[931].

2. Kantonale Rechte

In den kantonalen Rechten des 19. Jahrhunderts war der Erbvertrag unterschiedlich vertreten[932]: Einige Kantone verboten dieses Institut überhaupt, vornehmlich die vom französischen Recht beeinflussten Kantone der Westschweiz sahen ihn sodann nur in Verbindung mit einem Ehevertrag vor[933]. Zürich und einigen anderen Kantone der Ostschweiz war hingegen eine vertragsmässige Verfügung von Todes wegen durchaus nicht fremd und ihre Kodifikationen regelten das Institut unter Zulassung von ein- und wechselseitigen Erbverträgen sowie Erbverzichtsverträgen teilweise sehr gründlich[934]. Dogmatisch wurden daneben auch Verträge über angefallene und noch nicht angefallene Erbschaften den Erbverträgen zugeordnet[935].

Voraussetzungen und Formvorschriften dieser Verträge folgten weitgehend jenen betreffend die letztwilligen Verfügungen[936], wobei blosse Bedachte auch bei fehlender Handlungsfähigkeit bei der Annahme vertreten werden konnten[937].

3. Aufnahme des Erbvertrages ins ZGB

EUGEN HUBER nahm sich im Rahmen der Kodifikation des Zivilrechts den Erbvertrag nach zürcherischem Muster zum Vorbild[938]. Aufgrund der unterschiedlichen Vertretung in den kantonalen Rechten blieb der Erbvertrag bei den Beratungen zum ZGB nicht unumstritten. Trotz des Einwandes der Sittenwidrigkeit wurde der Erbvertrag dennoch – wenn auch nur mit knapper Mehrheit in der Expertenkommission – ins ZGB aufgenommen[939].

---

[929] ITSCHNER 48 f.
[930] GROSS 7 f.
[931] HUBER IV § 147 III [664 ff].
[932] Dazu HUBER II § 59 I [317 ff]; GROSS 9 ff; ITSCHNER 50 f; PICENONI ZBGR 1967 257.
[933] Dazu PICENONI ZBGR 1967 257 f.
[934] HUBER II § 59 I [320 ff]; GROSS 10; vgl. zum zürcherischen Recht die ausführliche Regelung in §§ 1052 ff [2113 ff] PGB.
[935] HUBER II § 59 I [316 f]. Anders im heutigen ZGB, wo Verträge über bereits angefallene Erbschaften nicht zu den Erbverträgen gerechnet werden (ZGB-BREITSCHMID, vor Art. 494 ff N 2)
[936] HUBER II § 59 I [323 ff].
[937] HUBER II § 59 I [323].
[938] PICENONI ZBGR 1967 258.
[939] GROSS 13 f. Auch gegen die Zulassung des Erbvertrags im BGB erhob sich Opposition mit den beiden Einwänden, dass einerseits der Erblasser seiner Verfügungsfreiheit verlustig ge-

Hingegen wurde das ebenfalls von HUBER ins Auge gefasste gemeinschaftliche Testament gestrichen, da die Bedürfnisse nach dieser Verfügungsform durch den Erbvertrag genügend abgedeckt seien[940].

---

    he und der Vertragserbe sich in einer trügerischen Sicherheit wiege, da er durch lebzeitige Transaktionen um sein «Erbe» gebracht werden könne (dazu Staudinger/KANZLEITER, vor §§ 2274 ff N 2 m. w. H.).

[940] PICENONI ZBGR 1967 258. Vgl. zu den nicht ins ZGB aufgenommenen Bestimmungen über die gemeinsamen letztwilligen Verfügungen die Ausführungen HUBERS in Erl. I 399 f.

§ 3 Subjektive Voraussetzungen (Testier- und Erbvertragsfähigkeit)

I. Vorbemerkung

A. Überblick

Die Fähigkeit, Verfügungen von Todes wegen zu errichten (*Verfügungsfähigkeit*), umfasst einerseits die Möglichkeit, letztwillig über sein Vermögen zu verfügen (*Testierfähigkeit*), andererseits aber auch die Möglichkeit, sich durch Abschluss eines Erbvertrages auf den Todesfall hin zu verpflichten (*erbvertragliche Verfügungsfähigkeit*)[941]. Allgemein gesprochen ist sie die Fähigkeit, Ausnahmen bestimmter Art von der gesetzlichen Erbfolge konstruieren zu können («gewillkürte Erbfolge»)[942]. Die Verfügungsfähigkeit wird abweichend von der gewöhnlichen Handlungsfähigkeit geregelt und bildet im Verhältnis zu ihr spezielles Recht[943]. Gefordert werden in jedem Falle Urteilsfähigkeit und ein bestimmtes Reifealter[944]; die Verfügung von Todes wegen mittels Erbvertrages erfordert zusätzlich Mündigkeit[945].

Die subjektiven Anforderungen an die Testierfähigkeit und die erbvertragliche Verfügungsfähigkeit sind nur *teilweise* identisch. Gemeinsam ist beiden Instituten jedoch, dass aufgrund des höchstpersönlichen Charakters dieser Geschäfte jedwelche *formelle* Stellvertretung – sei sie rechtsgeschäftlicher oder gesetzlicher Natur – in jedem Falle ausgeschlossen ist[946]. Darüber hinaus besteht auch in materieller Hin-

---

[941] TUOR, vor Art. 467 ff N 2; ESCHER/ESCHER, vor Art. 467 ff N 2; ZGB-BREITSCHMID, Art. 467/468 N 1; PIOTET SPR IV/1 § 16 I [83].
[942] ESCHER/ESCHER, vor Art. 467 ff N 3; HUBER II § 56 I A 1 [159].
[943] Kritisch TUOR, vor Art. 467 ff N 4, welcher es vorzieht, von einer besonderen Art der Rechtsfähigkeit zu sprechen.
[944] Sowohl die Errichtung letztwilliger Verfügungen (Art. 467 ZGB) als auch der Abschluss eines Erbvertrages (Art. 468 i. V. m. Art. 14 ZGB) erfordern das zurückgelegte 18. Altersjahr.
[945] Zum Begriff ausführlich BUCHER, Bem. zu Art. 14.
[946] So die ganz herrschende Lehre und Rechtsprechung: BGE 100 II 98, 101 E. 3 a = Pra 1975 Nr. 8; BUCHER, Art. 19 N 19, 274 ff; ESCHER/ESCHER, Die Verfügung von Todes wegen, N 2 f, vor Art. 467 ff N 4, Art. 468 N 5; TUOR, vor Art. 467 ff N 5, Art. 468 N 8; ZGB-BREITSCHMID, vor Art. 467 ff N 21, allerdings teilweise abweichend Art. 467/468 N 5; PIOTET SPR IV/1 § 16 II [84 ff]; TUOR/SCHNYDER/SCHMID 452; Erl. I 384. Vgl. auch J. Ch. SCHÄRER, Der Grundsatz der materiellen Höchstpersönlichkeit der letztwilligen Verfügung (Diss. Bern 1973), passim. Das Gesetz spricht dies bei der Regelung der Verfügungsfähigkeit nicht ausdrücklich aus (anders etwa §§ 2064, 2274 BGB), der Grundsatz ergibt sich aber implizit unter Berücksichtigung der Vorschriften über die Errichtungsformen (TUOR, vor Art. 467 ff N 5).

sicht Höchstpersönlichkeit: Der Erblasser muss den Inhalt der Verfügung selbst treffen, eine Delegation der Entscheidungsbefugnisse an Dritte (z. B. einzelne Erben oder den Willensvollstrecker) ist selbst dann ausgeschlossen, sofern diese nach billigem Ermessen zu entscheiden haben[947].

B. Bedeutung der subjektiven Erfordernisse

Aus dem Gesagten folgt, dass auch im Bereich der gewillkürten Erbfolge Urteilsunfähige durch ihr Handeln grundsätzlich keine rechtlichen Wirkungen auszulösen vermögen. Dieser allgemeine Grundsatz verdient aus zwei Gründen besondere Bedeutung: Zum einen ist – wie erwähnt – jegliche Stellvertretung ausgeschlossen. Kann der künftige Erblasser aufgrund fehlender Urteilsfähigkeit nicht selbst handeln, besteht keine Handhabe, von der gesetzlichen Erbfolge abzuweichen. Neben dieses grundsätzliche Hindernis tritt der Umstand hinzu, dass Verfügungen von Todes wegen erfahrungsgemäss meist erst in hohem Alter und in Erwartung des baldigen Ablebens errichtet werden, so dass sich sehr häufig die Frage stellt, ob der Erblasser im Zeitpunkte der Errichtung seiner Verfügung überhaupt dazu noch in der Lage gewesen sei[948]. Da das Erbrecht prinzipiell keine verminderten Anforderungen an die Urteilsfähigkeit stellt – der Grundsatz des «*favor testamenti*» gilt hier gerade nicht[949] –, um Verfügungen von Todes wegen zu «retten», kann dieser Aspekt leicht überragende Bedeutung erlangen.

II. Testierfähigkeit

A. Reifealter

Die Testierfähigkeit erfordert laut Art. 467 ZGB das zurückgelegte 18. Altersjahr sowie Urteilsfähigkeit. Seit der Herabsetzung des Mündigkeitsalters besteht somit Deckungsgleichheit zwischen dem Erreichen des Mündigkeitsalters und des Mindestalters für die Testamentserrichtung. Trotz dieser Angleichung haben Mündigkeit und Testierfähigkeit keinen direkten Zusammenhang, eine Entmündigung führt nicht

---

[947] TUOR, vor Art. 467 ff N 6; ESCHER/ESCHER, vor Art. 467 N 4; TUOR/SCHNYDER/SCHMID 452 f.
[948] ZGB-BREITSCHMID, Art. 467/468 N 10; DRUEY § 12 N 28.
[949] Staudinger/OTTE § 2084 N 3; fragwürdig deshalb BGE 117 II 231, 234 E. 2 b = Pra 1992 Nr. 204.

ipso iure zum Verlust der Testierfähigkeit[950]. Das frühere, bewusste Abweichen des Mindestalters zur Testamentserrichtung vom Erreichen des Mündigkeitsalters liess sich mit der fehlenden Möglichkeit der Stellvertretung erklären[951].

B. Urteilsfähigkeit

1. Begriff

Die Testierfähigkeit erfordert sodann – angesichts ihres höchstpersönlichen Charakters grundsätzlich selbstverständlich – Urteilsfähigkeit nach Massgabe von Art. 16 ZGB[952]: Danach ist jedermann urteilsfähig, welchem nicht aufgrund seines Kindesalters[953], des Vorliegens geistiger Schwächen, Trunkenheit oder ähnlichen Zuständen die Fähigkeit mangelt, vernunftgemäss zu handeln.

Die gesetzlich vorgegebene Definition enthält *zwei* auseinander zu haltende Elemente[954]: Einerseits eine *intellektuelle* Komponente, welche darin besteht, eine konkrete Problemlage richtig zu erkennen und die Wirkungen einer allfälligen Handlung einzuschätzen, um damit zu einer vernunftgemässen Erkenntnis zu gelangen[955]. Dazu kommt eine Willenskomponente, welche in der Fähigkeit besteht, nach seinem freien Willen die gewonnenen Erkenntnisse in die Tat umzusetzen[956].

---

[950] So ausdrücklich für das geltende Recht ZGB-BREITSCHMID, Art. 467/468 N 4; ebenso zur alten Rechtslage – welche durch die Revision nicht verändert werden sollte – ESCHER/ESCHER, Art. 467 N 8; TUOR, Art. 467 N 6; PIOTET SPR IV/1 § 34 II [214].
[951] TUOR, Art. 467 N 5.
[952] TUOR, Art. 467 N 2; ESCHER/ESCHER, Art. 467 N 5.
[953] Dies spielt in unserem Zusammenhang zwar keine Rolle. Fraglich kann aber auch die – im Gesetz nicht *expressis verbis* erwähnte – Urteilsfähigkeit alter Menschen sein (dazu ausführlich ZGB-BREITSCHMID, Art. 467/468 N 10; ferner aus der Rechtsprechung BGE 124 III 5): Freilich ist hier – im Gegensatz zu Kleinkindern – auch bei sehr hohem Alter die Urteilsfähigkeit stets für den Einzelfall konkret abzuklären (BUCHER, Art. 16 N 72, 134; ZGB-BIGLER-EGGENBERGER, Art. 16 N 22 f).
[954] BGE 124 III 5, 7 f E. 1 a; 117 II 231, 232 E. 2 a = Pra 1992 Nr. 204; BUCHER, Art. 16 N 44 ff; ähnlich TUOR/SCHNYDER/SCHMID 75 f.
[955] BUCHER, Art. 16 N 44.
[956] BGE 124 III 5, 7 f E. 1 a, 117 II 231, 232 E. 2 a = Pra 1992 Nr. 204; BUCHER, Art. 16 N 62 ff; ZGB-BIGLER-EGGENBERGER, Art. 16 N 7 ff; ZGB-BREITSCHMID, Art. 467/468 N 9.

2. Relativität der Urteilsfähigkeit

a) Grundsatz

Die Urteilsfähigkeit ist indessen relativ zu verstehen: Die Urteilsfähigkeit kann nicht abstrakt bejaht oder verneint werden, vielmehr ist sie stets im Zeitpunkt der Vornahme aufgrund der konkreten Umstände des Einzelfalles sowie des Zustandes der handelnden Person abzuklären: Es ist dies die sog. *Relativität der Urteilsfähigkeit*[957].

Je komplexer sich ein Geschäft darstellt, um so höhere Anforderungen sind an die Urteilsfähigkeit zu stellen: So sind aufgrund der Schwierigkeit und Tragweite einer Handlung unterschiedliche Anforderungen an die Urteilsfähigkeit zu stellen[958]. Erhöhte Anforderungen an die Urteilsfähigkeit sind namentlich dort zu fordern, wo der Schutz des Handelnden dies erfordert[959].

b) Im Erbrecht: Abgestufte Testierfähigkeit

Diese allgemeinen Grundsätze liegen im Erbrecht dem Gedanken der *«abgestuften Testierfähigkeit»* zugrunde[960]. Danach sind die Anforderungen an die Urteilsfähigkeit je nach Inhalt und Umfang der Verfügung variabel. Bei sehr einfachen Verfügungen wird die erforderliche Verfügungsfähigkeit verhältnismässig rasch anzunehmen sein[961]. Bei komplizierteren Verfügungen gilt indessen genau das Gegenteil: Aufgrund ihrer grossen Tragweite sind dort an die Fähigkeit, Verfügungen von Todes wegen zu errichten, besonders strenge Anforderungen zu stellen. Enthält eine Verfügung mehrere Anordnungen, so muss geprüft werden, ob für den Fall, dass bei unterschiedlichen Anforderungen an die Urteilskraft die Urteilsfähigkeit nicht mehr für alle Anordnungen gegeben war, im Sinne einer Teilaufrechterhaltung allenfalls einzelne Anordnungen aufrechterhalten werden können[962].

c) In der Ausgleichung

Diesen Gedanken konsequent durchgedacht, müssen an Anordnungen im Bereich der Ausgleichung besonders strenge Anforderungen gestellt werden. Die vorstehend aufgezeigten, teilweise sehr komplexen und nicht leicht verständlichen Unklarheiten

---

[957] Ausführlich BUCHER, Art. 16 N 87 ff; ZGB-BIGLER-EGGENBERGER, Art. 16 N 34; vgl. auch TUOR/SCHNYDER/SCHMID 76. Massgebend ist einzig der Zeitpunkt der Errichtung. Nachher eintretende Urteilsunfähigkeit vermag die Gültigkeit einer Verfügung ebensowenig zu beeinflussen, wie eine einmal ungültige Verfügung nicht durch nachträgliche Erlangung der Verfügungsfähigkeit geheilt werden kann (DRUEY § 12 N 29).
[958] BGE 124 III 5, 16 E. 4 c bb; BUCHER, Art. 16 N 90 ff; ZGB-BIGLER-EGGENBERGER, Art. 16 N 36.
[959] ZGB-BIGLER-EGGENBERGER, Art. 16 N 35.
[960] Zum Begriff ZGB-BREITSCHMID, Art. 467/468 N 13.
[961] Dazu und zum folgenden ZGB-BREITSCHMID, Art. 467/468 N 13.
[962] ZGB-BREITSCHMID, Art. 467/468 N 13, Art. 469 N 6.

und Ungereimtheiten in diesem Gebiet bedürfen einer hohen Vorstellungskraft, um Auswirkungen und Konsequenzen der ihnen gewidmeten Anordnungen verstehen zu können.

3. Vermutung der Urteilsfähigkeit als Regel

Die Urteilsfähigkeit wird vermutet[963]: Wird Urteilsunfähigkeit behauptet, so ist diese zu beweisen. An den Nachweis werden strenge Anforderungen gestellt[964], wobei aber zu berücksichtigen ist, dass ein absoluter Beweis im Falle eines bereits verstorbenen Erblassers *niemals* erbracht werden kann. Aus diesem Grunde ist für den Nachweis der Urteilsunfähigkeit Verstorbener bereits genügend, wenn sie derart wahrscheinlich erscheint, dass *jeder vernünftige Zweifel* ausgeschlossen werden kann[965]. Der *Nachweis* der Urteilsunfähigkeit kann beliebig geführt werden, insb. kommt den Aussagen allfälliger Urkundspersonen oder Zeugen keine ausschlaggebende Bedeutung zu[966]: Der Richter bleibt in seiner Beweiswürdigung frei[967]. Ärztliche Gutachten sind beizuziehen, sofern sich der Geisteszustand des Erblassers im Errichtungszeitpunkt aufgrund der übrigen Beweismittel nicht mit an Sicherheit grenzender Wahrscheinlichkeit nachweisen lässt[968]. Zu beachten bleibt aber, dass auch eine erstellte Geisteskrankheit oder Geistesschwäche im medizinischen Sinne noch keine definitiven Rückschlüsse auf die Urteilsfähigkeit im juristischen Sinne zu geben vermag, da die beiden Begriffe nicht deckungsgleich sind[969].

4. Ausnahme: Umkehr der Beweislast in notorischen Fällen

Das Vorliegen der Urteilsunfähigkeit ist stets anhand des konkreten Falles zu einem *bestimmten Zeitpunkt* zu beurteilen, weswegen auch das erstellte Vorliegen von Geisteskrankheit oder Geistesschwäche beim Erblasser – selbst wenn dieser infolge dieser Gebrechen entmündigt worden ist – eine Prüfung nicht zu ersetzen vermag[970].

---

[963] BGE 124 III 5, 8 E. 1 b; BUCHER, Art. 16 N 125 ff m. w. H.; ZGB-BIGLER-EGGENBERGER, Art. 16 N 47; TUOR/SCHNYDER/SCHMID 77.
[964] BGE 117 II 231, 234 E. 1 b = Pra 1992 Nr. 204; kritisch dazu in allgemeiner Hinsicht BUCHER (Art. 16 N 144 ff), welcher bei Verkehrsgeschäften zu Recht moniert, durch überhöhte Anforderungen an den Nachweis der fehlenden Urteilsfähigkeit werde der vom Gesetzgeber vorgesehene Schutz der Urteilsunfähigen in Frage gestellt.
[965] BGE 124 III 5, 8 E. 1 b; BUCHER, Art. 16 N 146; ZGB-BIGLER-EGGENBERGER, Art. 16 N 49.
[966] Dazu hinten 183 ff.
[967] ZGB-BIGLER-EGGENBERGER, Art. 16 N 50 f.
[968] BGE 117 II 231, 234 E. 2 b = Pra 1992 Nr. 204; ähnlich BUCHER, Art. 16 N 153.
[969] ZGB-BREITSCHMID, Art. 467/468 N 15.
[970] BUCHER, Art. 16 N 129.

Befand sich die fragliche Person jedoch im fraglichen Zeitraum in einem generellen Zustand der Verwirrung und Desorientierung, litt sie an einer bestimmten Geisteskrankheit oder erwiesenermassen an Altersschwäche, so rechtfertigt sich aufgrund der allgemeinen Lebenserfahrung die Vermutung der Urteilsfähigkeit nicht mehr: In Fällen solcher Art findet eine *Umkehr* der Beweislast statt[971]. Diesfalls wird die Urteils*un*fähigkeit *vermutet*; es obliegt nunmehr denjenigen, welche die Gültigkeit einer bestimmten Handlung geltend machen, den Nachweis der Urteilsfähigkeit in einem *bestimmten* Zeitpunkt zu erbringen.

Ein anschauliches Beispiel dazu liefert der bereits mehrfach zitierte BGE 124 III 5[972]. Ihm lag folgender Sachverhalt zugrunde: Die im Zeitpunkt der Testamentserrichtung verbeiständete, an den Folgen eines Hirnschlags leidende Erblasserin setzte in ihrer öffentlichen letztwilligen Verfügung ihren Beistand zum Alleinerben ein. Gleichzeitig hob sie alle früheren Verfügungen auf, in welchen sie ihrer Schwester als einzigen gesetzlichen Erbin ihr unbewegliches Vermögen, ihr Bar- und Wertschriftenvermögen dagegen verschiedenen wohltätigen Institutionen vermachte und als offenbar gläubige Katholikin weiterhin verfügte, zugunsten ihres Seelenheils seien nach ihrem Ableben «30 hl. Messen eine (Gregoriana)» zu lesen.

Das Bundesgericht hat im Gegensatz zur Vorinstanz eine Vermutung der Urteilsfähigkeit aus folgenden Gründen verneint: Zum einen konnte die Erblasserin anlässlich der Besprechungen mit dem Notar im Hinblick auf die Testamentserrichtung genaue Angaben über ihre Vermögensverhältnisse machen, vermochte sich aber andererseits nicht mehr exakt an früher errichtete Verfügungen zu entsinnen, weswegen man sich hinsichtlich der Aufhebung derselben an Standardformulierungen halten musste. Sodann erschien aufgrund der allgemeinen Lebenserfahrung die Verfügung einer sich im hohen Alter befindenden, religiös eingestellten Person äusserst ungewöhnlich, welche ohne erkennbares Motiv alle in früheren Verfügungen angeordneten wohltätigen Vergabungen und auch (die wohl eher kostspieligen) Anweisungen betreffend die Veranstaltungen zugunsten ihres Seelenheils aufhob. In Verbindung mit einer Würdigung der Krankengeschichte und eines medizinischen Gutachtens in bezug auf den Geisteszustand der Testatorin – wonach ihre Erinnerungs-, Merk- und Denkfähigkeit im massgebenden Zeitraum beschränkt gewesen sei, gelangte das Bundesgericht zum Schluss, dass die für die Errichtung einer letztwilligen Verfügung erforderliche Urteilsfähigkeit im fraglichen Zeitraum vermutungsweise nicht vorhanden gewesen sei.

Immerhin bleibt auch in Fällen der Beweislastumkehr der (freilich schwierig zu führende) Nachweis offen, dass die fragliche Person in einem lichten Moment, einem sog. *lucidum intervallum* gehandelt habe[973].

---

[971] BGE 124 III 5, 8 E. 1 b; BUCHER, Art. 16 N 130; ZGB-BIGLER-EGGENBERGER, Art. 16 N 48; vorsichtig TUOR/SCHNYDER/SCHMID 77.
[972] Dazu die Besprechungen von SCHNYDER (ZBJV 1999 368) und DRUEY (AJP 1998 730).
[973] BGE 117 II 231, 235 E. 2 c = Pra 1992 Nr. 204.

5. Nachweis der Urteils(un)fähigkeit beim Vorliegen öffentlicher Urkunden

a) Meinungsstand

α) Allgemein

Öffentliche Urkunden erbringen für die durch sie bezeugten Tatsachen vollen Beweis, solange nicht die Unrichtigkeit ihres Inhaltes nachgewiesen wird[974]. Daraus ist verschiedentlich der Schluss gezogen worden, dass diesfalls an den Nachweis der Urteilsunfähigkeit besonders strenge Anforderungen zu stellen sind[975].

Diese Aussage wird indessen von der h. L. nicht geteilt[976]: Sie beruft sich darauf, dass öffentliche Urkunden nur erhöhte Beweiskraft mit Bezug auf das von der Urkundsperson als richtig Bescheinigte besitzen in dem Umfange, was die Urkundsperson überhaupt als richtig bescheinigen könne. Die Urteilsfähigkeit gehöre freilich nicht zum Urkundeninhalt[977], sondern werde als Voraussetzung der Beurkundung gedanklich miterfasst[978]. Zudem komme auch der Urkunde ohnehin bloss erhöhte Beweiskraft zu, eine «Verstärkung» der Vermutung der Urteilsfähigkeit finde somit ohnehin nicht statt[979].

β) Bei öffentlichen letztwilligen Verfügungen im besonderen

Steht die Urteilsfähigkeit eines Testators in Frage, welcher mittels öffentlichen Testaments verfügt hat, so kann zu deren Feststellung neben den Wahrnehmungen der Urkundsperson auch auf die Zeugenbestätigungen zurückgegriffen werden, welche die Verfügungsfähigkeit des Erblassers zu bestätigen haben[980]. Die Bedeutung dieser Zeugenbestätigung wird indessen von Lehre und Rechtsprechung stark relativiert: Einerseits sei der Richter an die Feststellungen der Urkundsperson sowie der Zeugen nicht gebunden[981], andererseits sei es medizinischen Laien oftmals gar nicht möglich, Erkrankungen des Geistes, welche sich einer langsamen Abnahme der geistigen Kräfte äusserten, wahrzunehmen[982].

---

[974] Art. 9 ZGB.
[975] Nachweise bei BUCHER, Art. 16 N 136.
[976] KUMMER, Art. 9 N 42 f; BUCHER, Art. 16 N 137.
[977] Die Verurkundung der Urteilsfähigkeit ist ausgeschlossen, da es sich hierbei um keinen äusserlich wahrnehmbaren Sachverhalt handelt (BUCHER, Art. 16 N 137; BRÜCKNER N 997).
[978] BUCHER, Art. 16 N 137.
[979] BUCHER, Art. 16 N 137.
[980] Art. 501 Abs. 2, 502 Abs. 2 ZGB.
[981] BGE 124 III 5, 9 E. 1 c, 117 II 231, 234 E. 2 b = Pra 1992 Nr. 204.
[982] BGE 124 III 5, 9 E. 1 c; ESCHER/ESCHER, Art. 501 N 7.

b)   Stellungnahme

Nach richtiger Ansicht fällt die Relativierung mit Bezug auf die Urteilsfähigkeit beim Vorliegen einer öffentlichen Beurkundung durch Lehre und Rechtsprechung zu stark aus. Dies gilt sowohl für gewöhnliche öffentliche Urkunden, in besonderem Masse allerdings für öffentliche letztwillige Verfügungen.

α)   *Öffentliche Urkunden im allgemeinen*

Die Urkundsperson hat anlässlich der öffentlichen Beurkundung die Urteils- und Handlungsfähigkeit all jener abzuklären, welche individuelle Erklärungen zu Protokoll geben[983]. Die Überprüfung der Urteilsfähigkeit beschränkt sich dabei zwar grundsätzlich auf den persönlichen Eindruck der Urkundsperson[984]. Indessen dürfen erkennbare Anhaltspunkte für das Fehlen der Urteilsfähigkeit nicht ignoriert werden[985]. In solchen Fällen hat die Urkundsperson ein Handlungsfähigkeitszeugnis einzuverlangen; darüber hinaus hat sie sich über die Urteilsfähigkeit anhand eines persönlichen Gesprächs ins Bild zu setzen[986]. Verbleiben immer noch Zweifel, so muss ein Arztzeugnis oder ein psychiatrisches Gutachten beigebracht werden[987].

Gelangt die Urkundsperson aufgrund ihrer Abklärungen zum Schluss, dem Erklärenden fehle die notwendige Urteilsfähigkeit, so hat sie – was freilich umstritten ist[988] – die Beurkundung zu verweigern[989]. Ist sie vom Fehlen der Urteilsfähigkeit nicht restlos überzeugt, verbleiben allerdings doch Zweifel, so hält sie ihre Bedenken in einem Vorbehalt auf der Urkunde fest[990].

Freilich ist einzuräumen, dass es angesichts der beschränkten Überprüfungsmöglichkeiten anlässlich des Beurkundungsverfahrens und der fehlenden medizinischen Fachkenntnisse der Urkundsperson unmöglich ist, rechtlich unwirksame Erklärungen urteilsunfähiger Personen mit letzter Sicherheit zu verhindern[991]. Dennoch bietet gerade eine Urkundsperson mit bereits grosser Berufserfahrung sicherlich eine ge-

---

[983] BRÜCKNER N 939, 986 ff; Staudinger/FIRSCHING[12] § 11 BeurkG N 3.
[984] BRÜCKNER N 986.
[985] BRÜCKNER N 986.
[986] BRÜCKNER N 993, 998. Die Bedeutung des Handlungsfähigkeitszeugnisses ist freilich gering, gibt es doch nur Aufschluss darüber, dass der Inhaber weder unter Vormundschaft noch unter eine Mitwirkungsbeiratschaft gestellt ist und das keine entsprechenden Verfahren im Gang sind (BUCHER, Art. 17/18 N 225).
[987] BRÜCKNER N 993, 999.
[988] BUCHER (Art. 16 N 137, Art. 17/18 N 220) hält ein solches Vorgehen für bundesrechtswidrig, da die Überprüfung der Urteils- bzw. Handlungsfähigkeit in die Zuständigkeit der Gerichte falle; eine Überprüfung durch die Urkundsperson könne die Durchsetzung des Bundeszivilrechtes verhindern und sei somit unzulässig.
[989] BRÜCKNER N 1002; ebenso für Deutschland Staudinger/FIRSCHING[12] § 11 BeurkG N 10; LANGE/KUCHINKE § 19 III 2 [349].
[990] BRÜCKNER N 1002 f; Staudinger/FIRSCHING[12] § 11 BeurkG N 11 ff; LANGE/KUCHINKE § 19 III 2 [349]; zustimmend BUCHER, Art 17/18 N 220.
[991] So auch BRÜCKNER N 990.

wisse Gewähr dafür, die Urteilsfähigkeit beurkundungswilliger Personen richtig einzuschätzen. Es liegt – wird die Beurkundung vorbehaltlos vorgenommen – in solchen Fällen mehr als nur ein blosses Indiz für ein Vorliegen der Urteilsfähigkeit vor. Gerade Urkundspersonen mit langjähriger Berufserfahrung können sehr gut beurteilen, ob ihre Klientschaft über die notwendigen geistigen Kräfte verfügt, um die Tragweite des zu beurkundenden Geschäftes zu erfassen. Ist die Urkundsperson vorbehaltlos vom Vorhandensein der Urteilsfähigkeit der erklärenden Person überzeugt, so muss diesem Umstand besondere Beachtung geschenkt werden. Dies besonders angesichts des Umstandes, dass sich die Rechtsprechung bei der Beurteilung der Urteilsfähigkeit einer Person nicht ausschliesslich auf ärztliche Gutachten und Atteste abstützt[992].

In solchen Fällen müssen *ausserordentliche* Umstände vorliegen, damit in einem späteren Verfahren die Vermutung der Urteilsfähigkeit erschüttert werden kann oder sich gar eine Umkehr der Beweislast aufdrängt.

β)   *Bei öffentlichen letztwilligen Verfügungen und Erbverträgen im besonderen*

Für die Beurkundung letztwilliger Verfügungen gelten vorab die obigen Überlegungen *mutatis mutandis*. Immerhin ergeben sich einige Besonderheiten. So gelten für das Verfahren primär die bundesrechtlichen Bestimmungen in Art. 499 ff ZGB, im Falle von Lücken greifen die kantonalrechtlichen Beurkundungsbestimmungen oder die ungeschriebenen Regeln des Bundesrechts ein[993]. Von Bedeutung ist in diesem Zusammenhang besonders die obligatorische Mitwirkung der zwei Zeugen[994], welche u. a. neben der Urkundsperson die Verfügungsfähigkeit des Testators zu bestätigen haben[995]. Materiell sind dabei Verfügungen von Todes wegen zu beurkunden, welche – je nach deren Art – als sehr komplizierte Rechtsgeschäfte im Einzelfall hohe Anforderungen an die geistigen Kräfte des Testators stellen[996]. Zudem liegt es in der Natur der Sache, dass vornehmlich alte oder sehr gebrechliche Personen eine öffentliche Verfügung errichten möchten.

Diesen tatsächlichen Gegebenheiten hat die Urkundsperson Rechnung zu tragen: Will der Erblasser gravierende Abweichungen von der testamentarischen Erbfolge vornehmen oder bereits bestehende Verfügungen *aufheben* oder *radikal abändern*, so ist seitens der Urkundsperson der Beurteilung der Urteilsfähigkeit des Testators besondere Beachtung zu schenken[997]. Vorsicht ist auch geboten bei *ungewöhnlich*

---

[992] Vgl. dazu etwa BGE 117 II 231, 234 E. 2 b = Pra 1992 Nr. 204, wo das Bundesgericht ausführt: «Il va de soi que, parmi les indices, les jugements portés par des personnes conscientes de leurs responsabilités, ayant l'expérience des hommes et connaissant bien le testateur, ont autant de poids que l'avis des médecins.»
[993] Dazu ausführlich hinten 208 ff.
[994] Für Voraussetzungen bzw. Ausschlussgründe für das Zeugenamt vgl. Art. 503 ZGB.
[995] Art. 501 f ZGB.
[996] BRÜCKNER N 2401.
[997] BRÜCKNER N 2401.

und *unvernünftig* erscheinenden Verfügungen; da auch – freilich systemwidrig[998] – die Sinnhaftigkeit der Verfügung Rückschlüsse auf die Urteilsfähigkeit des Testators zu geben vermag, besonders wenn zu vermuten ist, der Testator sei von Seiten Dritter beeinflusst worden[999].

Die Zeugen haben – unabhängig davon, ob mittels Haupt- oder Nebenform verfügt worden ist[1000] – zu bestätigen, dass sich nach ihrer Auffassung die Verfügenden zum Errichtungszeitpunkt in verfügungsfähigem Zustand befunden haben. In dieser Bestätigung liegt neben der Bestätigung der freien Willensbildung der Verfügenden die eigentliche Funktion des Beizugs der Zeugen[1001]. Die Zeugen haben ihre Funktion *gewissenhaft* wahrzunehmen. Selbstverständlich kann dabei nicht ausgeschlossen werden, dass gewöhnlich die Zeugen als Laien – wie auch die Urkundsperson selbst – *verborgene* Geistesschwächen nicht wahrnehmen können. Zudem ist der zeitliche *Beurteilungsrahmen* auf die Zeit der Anwesenheit der Zeugen beschränkt und demzufolge – sofern die Hauptform zur Anwendung gelangt – sehr kurz[1002].

Andererseits kann gerade das Zeugenamt – sofern auch nur geringfügige äusserliche Anzeichen für das Vorliegen von Urteilsunfähigkeit vorliegen, in sinnvoller Weise der Verhütung von Testamentserrichtungen durch Urteilsunfähige dienen. Dies besonders dann, wenn medizinische Fachleute als Zeugen beigezogen werden. Hegt die Urkundsperson nämlich auch nur geringe Zweifel, so kann sie einen Arzt oder Psychiater als Zeugen beiziehen, welcher mit grösserer Kompetenz die Urteilsfähigkeit des Testators zu beurteilen vermag[1003]. Die Möglichkeit einer relativ genauen Überprüfung der Urteilsfähigkeit des Testators wird naturgemäss verbessert, wenn die Nebenform zur Anwendung gelangt, da die Zeugen während des gesamten Beurkundungsvorgangs präsent sein müssen. In diesen Fällen rechtfertigt es sich, bei Anzweiflung der Urteilsfähigkeit untrügliche, jeden Zweifel ausschliessende Beweise zu fordern, damit Urteilsunfähigkeit angenommen werden kann[1004].

---

[998] Zur Zulässigkeit dieses Vorgehens BGE 124 III 5, 17 E. 4 c cc, 117 II 231, 233 f E. 2 a = Pra 1992 Nr. 204; BUCHER, Art. 16 N 83 ff. Grundsätzlich ist einzig entscheidend, ob der Erblasser vernünftig handeln *kann*; prinzipiell bleibt ohne Belang, ob seine Verfügungen billigenswert und zweckmässig oder vielmehr unvernünftig und lieblos sind (TUOR, Art. 467 N 3).
[999] TUOR, Art. 467 N 3; BRÜCKNER N 2401 Anm. 70; als Beispiel aus der Praxis den Sachverhalt in dem vorne referierten Sachverhalt von BGE 124 III 5.
[1000] Art. 499 ff (Hauptform) bzw. 502 ZGB (Nebenform). Vgl. zur Unterscheidung dieser beiden Formen aus der jüngeren Rechtsprechung das Beispiel BGE 118 II 273.
[1001] TUOR, Art. 501 N 7, Art. 502 N 9; ESCHER/ESCHER, Art. 501 N 7 f, Art. 502 N 9.
[1002] Zum Verfahren im einzelnen hinten 209 ff.
[1003] BRÜCKNER N 2400.
[1004] So bereits SCHNEIDER, § 993 N 3 zum zürcherischen PGB. Nach dem zürcherischen PGB hatten die Zeugen anlässlich der Errichtung einer öffentlichen letztwilligen Verfügung während des ganzen Errichtungsvorganges anwesend zu sein (§ 998 [2059] PGB).

III. Erbvertragsfähigkeit

Beim Erbvertrag stehen sich mindestens zwei Kontrahenten gegenüber. In der Regel trifft eine Person eine Verfügung von Todes wegen, die anderen dagegen regelmässig nicht[1005]. Der bzw. die Erblasser haben nach Art. 468 «*mündig*» zu sein. Dazu ist in materieller Hinsicht folgendes zu bemerken:

Auch wenn Art. 468 ZGB dies nicht ausdrücklich erwähnt, *erfordert* der Abschluss eines Erbvertrages Urteilsfähigkeit[1006]. Die besondere Erwähnung der Mündigkeit hat somit zum Zweck, einen aus anderen Gründen als wegen fehlender Urteilsfähigkeit entmündigten Erblasser daran zu hindern, vertraglich über seinen künftigen Nachlass zu verfügen[1007]. Nach allgemeinen Grundsätzen, wonach Verfügungen von Todes wegen zu den vertretungsfeindlichen höchstpersönlichen Geschäften zu zählen sind[1008], bleibt dem nicht wegen fehlender Handlungsfähigkeit Entmündigten auch der Abschluss eines Erbvertrags unter Zustimmung des gesetzlichen Vertreters versagt[1009].

Für die nicht verfügende Gegenpartei genügt hingegen nach allgemeinen Grundsätzen Urteilsfähigkeit, sofern die Verfügung vollkommen unentgeltlich erfolgt; erfolgen Gegenleistungen, so ist bei fehlender Handlungsfähigkeit die Zustimmung des gesetzlichen Vertreters vonnöten[1010].

Ein Erbvertrag ist nur in der Form der öffentlichen letztwilligen Verfügung zulässig[1011]. Daraus ergibt sich, dass am Errichtungsakt stets eine Urkundsperson sowie zwei Zeugen mitzuwirken haben. Zur Frage der Bedeutung der Urkundsperson bei der Ermittlung der Urteilsfähigkeit können die oben gemachten Ausführungen entsprechend herangezogen werden. Das gleiche gilt grundsätzlich auch für die Zeugen[1012]. Strittig ist freilich, ob sich die Zeugenbestätigung bzgl. der Verfügungsfähigkeit nur auf den Erblasser oder auch auf den Kontrahenten beziehen müsse[1013].

[1005] Dazu ausführlich hinten 190.
[1006] Statt aller ESCHER/ESCHER, Art. 468 N 2.
[1007] ESCHER/ESCHER, Art. 468 N 5; TUOR, Art. 468 N 8; teilweise a. M. ZGB-BREITSCHMID, Art 467/468 N 5 m. w. H.
[1008] Ausführlich PIOTET SPR IV/1 § 16 II [84 ff] mit zahlreichen Verweisungen.
[1009] BUCHER, Art. 19 N 19; ESCHER/ESCHER, Art. 468 N 5; teilweise anders die Rechtslage in Deutschland, wo Erbverträge unter Ehegatten und Verlobten selbst dann geschlossen werden können, wenn der Erblasser in der Geschäftsfähigkeit beschränkt ist (§ 2275 Abs. 2 BGB; KIPP/COING § 17 III 2 [120 f]; LANGE/KUCHINKE § 25 II 1 [441]).
[1010] BUCHER, Art. 19 N 168; ZGB-BREITSCHMID, Art. 467/468 N 6 m. w. H.
[1011] Art. 512 Abs. 1 ZGB.
[1012] Freilich mit der Modifikation, dass die Zeugen bereits bei der Unterzeichnung anwesend sein müssen (Art. 512 Abs. 2 ZGB; dazu hinten 212).
[1013] Vgl. hinten 212.

IV. Zusammenfassung

Zusammenfassend lässt sich folgendes festhalten: Entscheidendes Kriterium der Testier- bzw. Erbvertragsfähigkeit bilden neben den formellen Erfordernissen des zurückgelegten 18. Lebensjahres bzw. der Mündigkeit das Vorliegen der Urteilsfähigkeit. Diese ist gefordert für denjenigen Zeitraum, in welchem tatsächlich verfügt wird. Dadurch wird es möglich, dass selbst Geisteskranke in lichten Momenten gültig testieren können.

Das Vorliegen der Urteilsfähigkeit wird vermutet. Diese Vermutung gilt indessen nur so lange, als nicht Umstände vorliegen, welche aufgrund des allgemeinen Gesundheitszustandes und eines schwer nachvollziehbaren Verfügungsinhalts den Schluss nahelegen, dass der Verfügende nicht mehr urteilsfähig war, wobei auch in diesem Fall der Beweis des Gegenteils möglich ist.

Bei der Beurteilung der Frage der Urteilsfähigkeit des Testators kann den Wahrnehmungen der Urkundsperson sowie der Zeugen entscheidende Bedeutung zukommen. Dies deshalb, weil sie im entscheidenden Moment der Beurkundung zugegen sind und ihr Augenmerk *gerade* auf diesen Punkt zu richten haben. Die Bedeutung ihrer Wahrnehmungen erhöht sich noch, sofern es sich bei den Zeugen um Fachleute (Ärzte oder Psychiater) gehandelt hat und diese möglichst während des gesamten Beurkundungsvorganges (Nebenform des öffentlichen Testamentes) zugegen waren; ferner dann, wenn die Urkundsperson über eine lange Berufserfahrung verfügt.

§ 4 Objektive Voraussetzungen

I. Numerus clausus der zulässigen Verfügungen

A. In bezug auf die Art

Bereits einleitend wurde festgehalten, dass im Hinblick auf die zulässigen Verfügungen ein strenger *numerus clausus* besteht. Der verfügungswillige Erblasser hat sich der letztwilligen Verfügung oder des Erbvertrags zu bedienen, um gültig Anordnungen auf sein Ableben hin zu treffen[1014]. Ausgeschlossen sind damit – im Gegensatz zur deutschen Rechtsordnung[1015] – gemeinschaftliche Testamente im allgemeinen wie auch unter Ehegatten[1016], und zwar sowohl gegenseitige als auch korrespektive[1017]. Strittig ist, inwiefern solche Verfügungen als unheilbar nichtig oder ungültig im Sinne von Art. 519 ff ZGB zu betrachten sind oder inwiefern die Möglichkeit einer Konversion besteht[1018].

1. Letztwillige Verfügung

Die letztwillige Verfügung ist ein einseitiges, nicht empfangsbedürftiges, *jederzeit* frei widerrufliches Rechtsgeschäft von Todes wegen, mit welchem der Testator von Todes wegen verfügt[1019]. Die letztwillige Verfügung beruht auf dem alleinigen Willen des Erblassers und vermittelt den durch sie Begünstigten zu Lebzeiten des Erblassers *keinerlei* Rechte auf das Vermögen des Verfügenden[1020].

[1014] ESCHER/ESCHER, vor Art. 481 ff N 2; PIOTET SPR IV/1 § 16 I [83], § 27 [171 f].
[1015] §§ 2065 ff BGB; KIPP/COING §§ 32 ff [214 ff].
[1016] ESCHER/ESCHER, Die Verfügung von Todes wegen, N 9; TUOR, vor Art. 494 ff N 13 ff; a. M. PIOTET SPR IV/1 § 29 [190 ff], welcher in der Nichtanerkennung lediglich ein Formproblem erblickt.
[1017] Im gegenseitigen Testament bedenken sich beide Testatoren gegenseitig, beim korrespektiven Testament führt das Wegfallen der einen Verfügung zur Ungültigkeit der anderen (zu den Begriffen ESCHER/ESCHER, Die Verfügung von Todes wegen, N 9; ZGB-BREITSCHMID, Art. 498 N 16).
[1018] Zu diesen Fragen ZGB-BREITSCHMID, Art. 498 N 17 f mit Verweisungen auf die h. L.; ferner PICENONI ZBGR 1967 259; sodann aus der Rechtsprechung BGE 89 II 284 = Pra 1964 Nr. 21, 76 II 273, 278 f E. 3 a, 70 II 255.
[1019] ESCHER/ESCHER, Die Verfügung von Todes wegen, N 5; TUOR, Die Verfügungen von Todes wegen, N 3b; PIOTET SPR IV/1 § 16 I [83]; TUOR/SCHNYDER/SCHMID 453.
[1020] PIOTET SPR IV/1 § 16 I [83].

2. Erbvertrag

a) Begriff

Die theoretische Erfassung des Erbvertrages ist *äusserst* schwierig. In Anlehnung an TUOR[1021] kann der Erbvertrag definiert werden als das vertragliche Rechtsgeschäft von Todes wegen, in dem *wenigstens* eine Partei der anderen gegenüber in bindender Weise auf den Todesfall hin entweder eine Verfügung trifft[1022] oder einem künftigen erbrechtlichen Anspruch von vornherein *entsagt*[1023]. Der Vertrag kann auch zwischen mehreren Partnern geschlossen werden – z. B. dem Erblasser und allen seinen gesetzlichen Erben[1024].

b) Erbvertrag als einheitliches Rechtsgeschäft

Der Erbvertrag – bestehend aus der Verfügung von Todes wegen und der Annahme – wird dogmatisch als einheitliches Geschäft definiert[1025]. Die systematische Einreihung des Erbvertrages in das ZGB erfolgt an verschiedenen Stellen, wobei zu differenzieren ist, ob es um Fragen der Erbvertragsfähigkeit, des Inhalts, der Form oder der Aufhebung geht[1026].

[1021] TUOR, vor Art. 494 ff N 9; ähnlich ESCHER/ESCHER, vor Art. 494 N 3 ff; BECK § 17 I [54 f]; DRUEY § 10 N 2; ausführlich auch PIOTET SPR IV/1 § 28 I [172 ff]; für den positiven Erbvertrag HENRICI ZSR 1914 143; ITSCHNER 8, 60 f; anders zuletzt GRUNDLER 3 f, wonach auf eine Definition überhaupt verzichtet werden sollte.

[1022] Sog. *positiver* Erbvertrag (Art. 494 ZGB). Im Vordergrund stehen dabei Erbeinsetzungs- und Vermächtnisverträge. Die Aufzählung ist allerdings nicht erschöpfend (TUOR, Art. 494 N 5 f; PICENONI ZBGR 1967 259; einschränkend offenbar GROSS 76, welcher für den Erbvertrag stets zwingend eine Erbeinsetzung oder die Ausrichtung eines Vermächtnisses verlangt). Anders im deutschen Recht § 2278 Abs. 2 BGB, wonach nur Erbeinsetzungen, Vermächtnisse oder Auflagen vertragsmässig vereinbart werden können.

[1023] Sog. *renuntiativer* Erbvertrag (Art. 495 ZGB). Der Verzicht kann auch bloss ein teilweiser sein (ZGB-BREITSCHMID, Art. 495 N 2, 10). Es handelt sich dabei aber um keine eigentliche Verfügung von Todes wegen, da der Verzichtende allein die Erklärung abgibt und der Erblasser diese nur empfängt (PIOTET SPR IV/1 § 28 I [173] m. w. H.).
Durch die Subsumption des Erbverzichtsvertrages unter die Erbverträge stellt sich das ZGB in Gegensatz zum BGB, wo der Erbverzicht (§§ 2346 ff BGB) gesondert geregelt wird (Staudinger/KANZLEITER vor §§ 2274 ff N 17).

[1024] TUOR, Art. 494 N 4; KIPP/COING § 36 III [234].

[1025] Grundlegend BGE 46 II 11, 18 E. 4; ESCHER/ESCHER, vor Art. 494 ff N 8; TUOR, vor Art. 494 N 9; PIOTET SPR IV/1 § 28 I [175]; BECK § 17 IV 1 [56 f]; GRUNDLER 39; PICENONI ZBGR 1967 258; für Deutschland BGHZ 26, 204, 207; Staudinger/KANZLEITER vor §§ 2274 ff N 4: Als überwunden gilt die sog. HARTMANNSCHE Theorie der Doppelnatur des Erbvertrages (vgl. vorn 172 Anm. 910), wonach der Erbvertrag aus einem Testament und einem vertraglichen Verzicht auf den Widerruf bestehe.

[1026] Art. 468, 494 ff, 512 ff und 534 ff ZGB.

c) Erscheinungsformen

Der Erbvertrag taucht in verschiedenen Variationen auf[1027]: Je nachdem, wie viele Kontrahenten von Todes wegen verfügen, spricht man vom einseitigen bzw. zwei-, gegen- oder mehrseitigen Erbvertrag[1028]. Dabei wird danach unterschieden, ob die Verfügungen unabhängig voneinander bestehen (*reziproke* Verfügungen) oder in wechselbezüglichem Verhältnis (*korrespektive* Verfügungen) stehen[1029]. Unter dem Aspekt, ob der Erblasser zu seinen Lebzeiten von seinen Kontrahenten aufgrund des Erbvertrages eine Gegenleistung erhält, spricht man von entgeltlichen und gemischt-entgeltlichen bzw. unentgeltlichen Erbverträgen[1030]. Der Erbvertrag kann auch zugunsten eines Dritten abgeschlossen werden[1031]. Ebenfalls den Regeln über die Erbverträge unterstellt werden – wenigstens was die Form anbelangt[1032] – die Schenkungen unter Lebenden auf den Todesfall[1033].

d) Motivation

Die Motivation zum Abschluss eines Erbvertrags kann sehr verschieden sein[1034]: Der Begünstigte erhofft sich eine gesicherte (erbrechtliche) Stellung, unter Umstän-

---

[1027] Schaubild bei DRUEY § 10 N 33.
[1028] ESCHER/ESCHER, vor Art. 494 ff N 13; dem Sinne nach TUOR, Art. 494 N 4; HENRICI ZSR 1914 153; für Deutschland RGZ 67, 65; Staudinger/KANZLEITER vor §§ 2274 ff N 21.
[1029] ZGB-BREITSCHMID, vor Art. 494 ff N 14.
[1030] TUOR/SCHNYDER/SCHMID 502; GRUNDLER 6 f, 24 ff.
[1031] BGE 95 II 519 = Pra 1970 Nr. 66, 69 II 310 = Pra 1943 Nr. 149; BGHZ 12, 115; ESCHER/ESCHER, Art. 494 N 4; TUOR, Art. 494 N 7 ff; ZGB-BREITSCHMID, vor Art. 494 ff N 3; OR-GONZENBACH, Art. 112 N 12; PIOTET SPR IV/1 § 28 I [173]; BECK § 17 IV 3 [57]; TUOR/SCHNYDER/SCHMID 502; GRUNDLER 7 ff; Staudinger/KANZLEITER vor §§ 2274 ff N 22: Zu Lebzeiten des Erblassers hat der Dritte allerdings noch keine gesicherte Anwartschaft, eine solche erlangt er erst nach dem Tode des Erblassers; eine Beitrittsmöglichkeit in Analogie zu Art. 112 Abs. 3 OR ist ihm verwehrt. Einer Aufhebung des Vertrages durch die Parteien steht er machtlos gegenüber (TUOR, a. a. O. N 8; PIOTET a. a. O. § 41 II [261 f]; BECK a. a. O.).
Die Rechtsstellung des Dritten wird erst gefestigt im Zeitpunkt des Ablebens eines Vertragspartners: Da aufgrund von Art. 513 Abs. 1 ZGB eine Aufhebung des Erbvertrags nur von den Vertragschliessenden selbst vereinbart werden kann, ist eine solche ab jenem Zeitpunkt ausgeschlossen (ESCHER/ESCHER, Art. 513 N 3; TUOR, Art. 513 N 14; ZGB-BREITSCHMID, Art. 513 N 4; PIOTET a. a. O. § 28 I [173]; SCHMID 63 f zum analogen Fall beim Erbverzichtsvertrag).
[1032] Zur Frage, ob neben der Schenkung unter Lebenden und der Verfügung von Todes wegen der Schenkung auf den Todesfall selbständige Bedeutung zukomme, vgl. K. H. MÜLLER, Die Problematik der Abgrenzung von Rechtsgeschäften unter Lebenden und von Todes wegen (Diss. Bern 1973), 85 ff.
[1033] BGE 113 II 270, 271 E. 2 a, 102 II 313, 321 ff E. 4; ESCHER/ESCHER, vor Art. 494 ff N 5a; TUOR, vor Art. 494 ff N 20; OR-VOGT, Art. 245 N 6 ff. Funktionell entsprechen diese Verträge dem Vermächtnisvertrag (ZGB-BREITSCHMID, Art. 494 N 2; PIOTET SPR IV/1 § 29 II und III [194 ff]).
[1034] Dazu DRUEY 1991 9 ff; ferner ESCHER/ESCHER, vor Art. 494 ff N 6; ZGB-BREITSCHMID, vor Art. 494 ff N 19 ff; TUOR; vor 494 ff N 19, N 6; ESCHER/ESCHER, vor 494 ff N 5a;

den erhöht sich dadurch seine Kreditwürdigkeit. Der Erbvertrag kann aber auch der Vermeidung erwarteter Zerwürfnisse unter den künftigen Erben dienen, sofern sämtliche Beteiligten daran teilnehmen. Durch Zustimmung der Betroffenen kann der Erblasser in deren Pflichtteilsrechte eingreifen[1035], was im Einzelfall sinnvoll erscheinen mag[1036].

Der Erbvertrag lässt sich sodann unter Eheleuten mit Eheverträgen koppeln, um güter- und erbrechtliche Fragen massgeschneidert zu kombinieren[1037]. Auch unter Verlobten kann der Erbvertrag nützlich sein, da vor Eheschluss kein Ehegattenerbrecht besteht. Schliesslich kann es auch dem Erblasser darum gehen, zu Lebzeiten Gegenleistungen vom Vertragserben zu erhalten[1038].

e) Bindungswirkung

Als Rechtsgeschäft von Todes wegen entfaltet auch der Erbvertrag grundsätzlich erst nach dem Hinschied des Verfügenden rechtliche Wirkungen[1039]. Die einzige «Verpflichtung»[1040] des Erblassers beim positiven Erbvertrag besteht darin, die vertragliche Verfügung nicht mehr einseitig widerrufen zu können[1041]. Er kann also zu Lebzeiten prinzipiell frei – der Vertragsgegner ist auch gegen Misswirtschaft und Verschwendung nicht geschützt, da sich eine Unterstellung unter Vormundschaft weiterhin nach den allgemeinen Regeln richtet[1042] – über sein Vermögen verfügen; gesetzliche Schutzvorkehren gibt es nicht[1043]. Auch kann sich durch das Hinzutreten weiterer pflichtteilsgeschützter Erben eine empfindliche Beeinträchtigung der Erwartungen des Vertragsgegners ergeben, wenngleich der Vertrag grundsätzlich voll-

---

PIOTET SPR IV/1 § 28 I [172 f]; ITSCHNER 67 ff; für Deutschland Staudinger/KANZLEITER, vor §§ 2274 ff N 25 ff.

[1035] HENRICI ZSR 1914 273; vgl. die Beispiele in BGE 95 II 519 = Pra 1970 Nr. 66; BGHZ 26, 204.
[1036] So z. B. für die Regelung der Unternehmernachfolge, dazu ITSCHNER 72 f; ferner H. HAUSHEER, Erbrechtliche Probleme des Unternehmers (Bern 1970), passim.
[1037] Dazu HAUSHEER/REUSSER/GEISER, Art. 182 N 16; ZGB-BREITSCHMID, vor Art. 494 ff N 17 f; PICENONI ZBGR 1967 260 f; detailliert HENRICI ZSR 1914 261 ff (teilweise überholt); ITSCHNER 70 ff; aus der deutschen Doktrin LANGE/KUCHINKE § 25 I 1 [439].
[1038] Zur (eher theoretischen) Frage, ob die Vereinbarung einer Gegenleistung causa oder Motiv zum Vertragsabschluss darstelle, ZGB-BREITSCHMID, vor Art. 494 ff N 6 m. w. H.
[1039] ESCHER/ESCHER, Art. 494 N 5 f; TUOR, Art. 494 N 10 ff; HENRICI ZSR 1914 144; LANGE/KUCHINKE § 25 V 2 [448 f]; ähnlich PIOTET SPR IV/1 § 28 III [180].
[1040] Von einer Verpflichtung lässt sich eigentlich nicht sprechen, da der Erblasser durch den Vertragsabschluss bereits geleistet hat (BGE 70 II 255, 263 E. 2 b; ESCHER/ESCHER, Art. 494 N 2; BECK § 17 IV 4 [58]; HENRICI ZSR 1914 160, 163; anders DRUEY § 10 N 34, wonach der Erblasser *verpflichtet* sei, keine gegenteiligen Verfügungen mehr zu treffen).
[1041] ESCHER/ESCHER, Art. 494 N 2; ZGB-BREITSCHMID, vor Art. 494 ff N 3; PIOTET SPR IV/1 § 28 I [173]; KIPP/COING § 36 II [233], § 38 I 1 [239]; HENRICI ZSR 1914 148.
[1042] TUOR, Art. 494 N 12; ESCHER/ESCHER, Art. 494 N 6; ITSCHNER 142 f; Erl. I 400 f.
[1043] BGE 70 II 255, 261 E. 2 (besprochen von GUHL ZBJV 1945 460); aus der Doktrin statt vieler ZGB-BREITSCHMID, Art. 494 N 3 f; vgl. auch Erl. I 400.

gültig bleibt (Art. 516 ZGB)[1044]. Immerhin steht es den Parteien in den Schranken von Art. 27 ZGB frei, einen Schutz des Vertragserben bereits zu Lebzeiten zu vereinbaren[1045].

f) **Resultat: Erbvertrag vermittelt Anwartschaft**

α) *Rechtsstellung des Vertragserben zu Lebzeiten des Erblassers*

Der Bedachte erwirbt somit lediglich eine *Anwartschaft*, welche mit jener der pflichtteilsgeschützten gesetzlichen Erben vergleichbar ist[1046]. Der Erbvertrag garantiert also grundsätzlich nur die erbrechtliche Berufung, nicht aber den Bestand des erblasserischen Vermögens zum Zeitpunkt des Erbfalls. Stirbt der Vertragserbe vor dem Erblasser, fällt der Vertrag ohne weiteres dahin (Art. 515 Abs. 1 ZGB)[1047]. Hat dagegen der Erblasser vom Kontrahenten eine Leistung unter Lebenden versprochen erhalten und wird sie nicht vertragsgemäss erfüllt oder sichergestellt, gibt ihm Art. 514 ZGB die Berechtigung, nach obligationenrechtlichen Grundsätzen den Rücktritt vom Vertrag zu erklären[1048]. Darüber hinaus kann er sich beim Vorliegen der Voraussetzungen von Art. 469 Abs. 1 ZGB (erleichtert) auf die Ungültigkeit des Vertrages berufen[1049] oder beim Vorliegen eines Enterbungsgrundes gemäss Art. 513 Abs. 2 und 3 ZGB vorgehen.

β) *Rechtsstellung nach Eintritt des Erbfalls*

Sind dem Vertragserben zu Lebzeiten des Erblassers die Hände gebunden, so gibt ihm die nunmehr zum Recht gewordene Anwartschaft Korrekturmöglichkeiten. Gemäss Art. 494 Abs. 3 ZGB unterliegen dem Erbvertrag widerstreitende Verfügungen von Todes wegen sowie Schenkungen, welche sich mit seiner vertraglichen Bindung nicht vereinbaren, der Anfechtung. In der Doktrin herrscht Übereinstim-

---

[1044] ESCHER/ESCHER, Art. 516 N 1; TUOR, Art. 494 N 13.
[1045] BGE 70 II 255, 263 E. 2 b (besprochen von GUHL ZBJV 1945 460); ZGB-BREITSCHMID, Art. 494 N 6 f; PIOTET SPR IV/1 § 28 III [180 f]; DRUEY § 10 N 39; a. M. ITSCHNER 93 ff: Ausgeschlossen ist allerdings eine Sicherstellung durch Vormerkung einer Verfügungsbeschränkung im Grundbuch (vgl. ZBGR 1983 89 [OGer Luzern]; gleichsinnig bereits BGHZ 12, 115, 117 ff).
[1046] TUOR, Art. 494 N 11; ESCHER/ESCHER, Art. 494 N 5; PIOTET SPR IV/1 § 28 III [179 f]; ebenso wohl DRUEY § 10 N 36; zurückhaltend ZGB-BREITSCHMID, vor Art. 494 ff N 4, Art. 494 N 5; SCHMID 30 ff; ausführlich dazu K. ANGST-WEBER, Die Rechtsstellung des Erben vor Eintritt des Erbfalles (Diss. Zürich 1984), passim.
[1047] Ist der Erblasser allerdings aus dem Vertrage bereichert, hat er diese den Erben – abweichende Vereinbarung vorbehalten – des Vertragserben herauszugeben.
[1048] Strittig ist dabei, ob Art. 514 ZGB nur den Rücktritt ermöglicht, oder ob er nicht vielmehr – entsprechend Art. 107 ff OR – die Auswahl zwischen Erfüllung in natura, Schadenersatz wegen Nichterfüllung oder Rücktritt mit negativem Schadenersatz und Rückforderung der bereits erbrachten Leistungen anbietet (so PIOTET SPR IV/1 § 28 VI B [187 f] mit Hinweisen auf abweichende Ansichten).
[1049] Dazu ausführlich hinten 248 ff.

mung, dass die Anfechtung in einer analogen Anwendung der Bestimmungen über die Herabsetzungsklage (Art. 522 ff ZGB) besteht[1050, 1051].

B. Mit Bezug auf den Inhalt

Neben der zwingenden Beschränkung in der Verfügungsform besteht auch eine Beschränkung mit Bezug auf die wählbaren Verfügungsarten: Der Erblasser darf nur die im Gesetz vorgesehenen Verfügungsarten vorsehen[1052]; in der Ausgestaltung der zulässigen Institute ist er dagegen in den Schranken der Rechtsordnung und der guten Sitten frei[1053]. Die zulässigen Verfügungsarten lassen sich gliedern in Verfügungen, welche den Verbleib des erblasserischen Vermögens regeln, sodann in jene, welche die Durchsetzung des Willens ermöglichen sollen und solche, welche Angelegenheiten ausserhalb des Erbrechts im engeren Sinne zum Gegenstand haben[1054]. Im Gegensatz zum römischen Recht braucht die Verfügung von Todes wegen nicht zwingend eine Erbeinsetzung zu enthalten[1055]; ferner kann sie ohne weiteres nur einen Teil des erblasserischen Vermögens beschlagen, so dass für den Rest das gesetzliche Erbrecht zum Zuge gelangt[1056]. Gewisse Verfügungen bleiben allerdings aufgrund ihres höchstpersönlichen Charakters der Regelung in einem Erbvertrag verschlossen, nichts hindert allerdings daran, solche Verfügungen als jederzeit einseitig widerrufbare Klauseln in einen Erbvertrag aufzunehmen[1057].

[1050] BGE 101 II 305, 310 ff E. 3 b, 73 II 6, 10 f E. 4; 62 II 132, 133 f E. 1; ESCHER/ESCHER, Art. 494 N 10; TUOR, Art. 494 N 19; ZGB-BREITSCHMID, Art. 494 N 9; ZGB-FORNI/PIATTI, vor Art. 522 ff N 3; BECK § 17 IV 5 [59]; DRUEY § 10 N 51 f; ITSCHNER 65. Zu den Modalitäten der Klage vgl. ZGB-BREITSCHMID, a. a. O. N 14 ff.

[1051] Zu den damit zusammenhängenden Problemen ausführlich ESCHER/ESCHER und TUOR, je zu Art. 494; ferner ZGB-BREITSCHMID, Art. 494 N 10 ff; PIOTET SPR IV/1 § 28 III [180 ff]; BECK § 17 IV 4 [58 f]; HENRICI ZSR 1914 170 ff; aus der deutschen Rechtsprechung BGHZ 66, 8, 13 ff, 59, 343 ff sowie RGZ 28, 171, 174 ff.

[1052] Übersichten bei ESCHER/ESCHER, vor Art. 481 ff N 4; TUOR, vor Art. 481 ff N 6; PIOTET SPR IV/1 § 16 III B [87 ff] und DRUEY § 11 N 3 ff.

[1053] ESCHER/ESCHER, vor Art. 481 ff N 1; PIOTET SPR IV/1 § 16 IV [90 f].

[1054] ESCHER/ESCHER, vor Art. 481 ff N 4 f; ähnlich TUOR, vor Art. 481 ff N 5 ff: Zu den ersten werden neben der Erbeinsetzung und dem Vermächtnis auch die Verfügungen über die Ausgleichung gerechnet.

[1055] ESCHER/ESCHER, Die Verfügung von Todes wegen, N 5; TUOR, Die Verfügungen von Todes wegen, N 4; HENRICI ZSR 1914 152.

[1056] Art. 481 Abs. 2 ZGB; Erl. I 392; ESCHER/ESCHER, Art. 481 N 7; ZGB-STAEHELIN, Art. 481 N 2; PIOTET SPR IV/1 § 16 II [94]; TUOR/SCHNYDER/SCHMID 430 f; aus der Rechtsprechung BGE 56 II 254, 259 ff E. 5.

[1057] BGE 101 II 305, 309 f E. 3 a, 96 II 273, 281 E. 3; ESCHER/ESCHER, Art. 481 N 5, vor Art. 494 ff N 1; TUOR, vor Art. 481 ff N 9, vor Art. 494 ff N 10, Art. 494 N 3; ZGB-BREITSCHMID, vor Art. 494 ff N 11 ff; PIOTET SPR IV/1 § 28 II [175 ff]; DRUEY § 10 N 32; PICENONI 91; HENRICI ZSR 1914 151. Da die Formvorschriften für den Erbvertrag über je-

II. Einzuhaltende Formvorschriften

A. Vorbemerkung

Das Bundesgericht hat in einem jüngeren Entscheid festgehalten, Ausgleichungsanordnungen und Dispense seien – erfolgten sie anlässlich der Zuwendung oder auch später – formlos gültig[1058]. Es folgt damit einer weit zurückreichenden Praxis[1059] und Doktrin, welch letztere seit jeher[1060] entweder Ausgleichungsverfügungen (mindestens im Rahmen der *eigentlichen* Ausgleichung) vollständig[1061] von Formvorschriften befreit hat oder doch wenigstens insoweit, als sie anlässlich der Zuwendung erfolgen[1062]. Zur Begründung hat das Bundesgericht ausgeführt, die Formfreiheit könne aus dem Wortlaut des Gesetzes herausgelesen werden und erlaube, eine Ausgleichungsverfügung in den Zuwendungsvertrag unter Lebenden zu integrieren[1063].

---

ne für das öffentliche Testament hinausgehen, ergeben sich auch formell keine Schwierigkeiten (DRUEY a. a. O. N 18; PICENONI ZBGR 1967 259).

[1058] BGE 118 II 282, 286 E. 3 und unveröffentl. E. 4.

[1059] Vgl. BGE 76 II 188, 197 E. 6 (obiter), 198 E. 7, 69 II 71, 73 E. 1, 68 II 78, 80 ff E. 1, 67 II 207, 213 E. 5, 45 II 7, 15 E. 3; implizit 124 III 102 = Pra 1998 Nr. 102, 120 II 417, 116 II 667 = Pra 1991 Nr. 159, 89 II 72, 77 E. 2, 84 II 338, 349 E. 7 c, 77 II 228, 229 E. 1 und 2; 45 II 513, 520 E. 2, 523 E. 3, 44 II 356, 360 E. 3.

[1060] Zur Rechtslage im gemeinen Recht (weitgehende Formfreiheit) WINDSCHEID/KIPP § 610 2 [521 Anm. 9]; DERNBURG § 141 5 [278 Anm. 22]; anders DUNKHASE (AcP 1892 289), welcher die Beachtung der für letztwillige Verfügungen einzuhaltenden Formvorschriften verlangt.

[1061] ZGB-BREITSCHMID, vor Art. 467 N 23; ders. 1991 75; ders. AJP 1993 860 (Besprechung von BGE 118 II 282); ders. 1997 79; DRUEY § 7 N 50 ff; ders. FS Piotet 37 f; GUINAND/STETTLER N 331; EITEL ZBJV 1998 749 f; PIOTET ASR 591 N 100 ff; ders. SPR IV/1 § 49 II [347 ff], § 52 III A [368 f]; ders. ZSR 1971 I 22; ders. ZBJV 1972 271, 281 ff, 287; TUOR/PICENONI, Art. 626 N 33 (dort zurückhaltend), 45 ff; ESCHER/ESCHER, Art. 626 N 44, 47, 49; ZGB-FORNI/PIATTI, Art. 626 N 8, 18 f; PICENONI SJZ 1962 34, 36; ders. (zurückhaltend) ZBGR 1978 68 ff; GUHL ZBJV 1943 354 f, 1942 502 f (Besprechungen von BGE 68 II 78 und 67 II 207); BRUHIN 135; SCHWARZ 22; SCHWENDENER 43, 54 (anders aber ders. 42 bei vertraglichen Vereinbarungen, wo *stets* die Erbvertragsform einzuhalten sei); SEEBERGER 265 f; SPAHR 160 f; STOUDMANN 67 f; VOLLERY N 105 ff; 114 ff; WIDMER 117 ff, 123 Anm. 42, 128 f, 132, 149, 161, 177; AEBI-MÜLLER ZBJV 1999 533 Anm. 143; ebenso wohl BECK § 38 I [164], § 38 II 3 und 4 [167]; MOSER 47 Anm. 1 (teilweise abweichend allerdings 85); RIESER AJP 1992 944; ebenfalls wohl PFAMMATTER 85 ff.

[1062] So das OGer Baselland in SJZ 1934/35 26 f; TUOR¹, Art. 626 N 46; ESCHER¹ 340 f; GUBLER 30; RÖSLI 54 ff, 122 Anm. 14; WOLFER 26; ROSSEL/MENTHA Ziff. 1161; vorsichtig TUOR/SCHNYDER/SCHMID 579; GUISAN JdT 1942 144 f; für erbvertragliche Vereinbarungen ders. ZSR 1952 I 499; ebenso ESCHER/ESCHER (Art. 626 N 52) für den Fall des Widerrufs des Ausgleichungsdispenses.

[1063] BGE 118 II 282, 286 E. 3: I. c. ging es um die Beurteilung lebzeitiger – öffentlich beurkundeter – Grundstücksabtretungen des Erblassers an seine Nachkommen, wobei im Abtre-

Diese Ansicht steht – wie das Bundesgericht selbst bemerkt[1064] – in einem Spannungsverhältnis zur Qualifikation der Anordnungen der Ausgleichung als Verfügungen von Todes wegen. Gewisse Lehrmeinungen haben aus dieser Formfreiheit die erbrechtliche Qualifikation der Ausgleichungsanordnungen grundsätzlich in Frage gestellt[1065]. Nachdem nun aber – im Einklang mit dem erwähnten Judikat und der ganz h. L. – an der Qualifizierung der Ausgleichungsanordnungen als Verfügungen von Todes wegen festgehalten wird, erfordert ein derart starkes Abrücken vom allgemeinen Grundsatz der Formpflichtigkeit der Rechtsgeschäfte von Todes wegen eine Prüfung, ob ihm in dieser Absolutheit beigetreten werden kann.

B. Grundsatz der Formfreiheit im Privatrecht als Regel

Die Privatrechtssysteme Mitteleuropas sind geprägt vom Grundsatz der Privatautonomie. Als Bestandteil der Privatautonomie gilt – nebst der Inhaltsfreiheit – der Grundsatz der Formfreiheit[1066]. Die Rechtssubjekte sollen ihre Willenserklärungen durch jedes Mittel ausdrücken können, welches prinzipiell der Verständlichmachung zugänglich ist[1067]. Rechtsgeschäfte sind deshalb im Grundsatz ohne Rücksicht auf ihre Form gültig[1068]. In Art. 11 Abs. 1 OR findet die Formfreiheit positivrechtlich ihren Niederschlag[1069], wo festgehalten wird, Verträge bedürften zu ihrer Gültigkeit nur dann die Einhaltung einer besonderen Form, sofern das Gesetz eine solche vorschreibe[1070].

Freilich bedurfte es bis zur Durchsetzung dieses Grundsatzes einer langen geschichtlichen Entwicklung. Das ältere römische Recht war geprägt durch seine Form- und Typengebundenheit. Ein erster Schritt in Richtung Lockerung wurde allerdings bereits in Rom mittels der

---

tungsvertrag die Modalitäten der später stattzufindenden Ausgleichung zwischen allen Beteiligten geregelt wurde.

[1064] BGE 118 II 282, 286 E. 3.
[1065] WEIMAR FS Schnyder 850 f; ZOLLER 29 f.
[1066] SCHMIDLIN, Art. 11 N 1; LARENZ/WOLF § 27 N 4. Auf dem Boden der Formfreiheit stand bereits das gemeine Recht (Staudinger/DILCHER[12] § 125 N 2; ENNECCERUS/NIPPERDEY § 154 II 1 [954]).
[1067] VON TUHR/PETER § 30 I [233]: Von daher gesehen hat jede Erklärung ihre Form (ebenso SCHÖNENBERGER/JÄGGI, Art. 11 N 4).
[1068] SCHÖNENBERGER/JÄGGI, Art. 11 N 4: Im Vertragsrecht spricht man vom *Konsensprinzip*.
[1069] Art. 11 OR ist aufgrund der Verweisung von Art. 7 ZGB für das gesamte Privatrecht anwendbar; er gilt nicht bloss für Verträge, sondern für alle Rechtsgeschäfte (SCHÖNENBERGER/JÄGGI, Art. 11 N 9; SCHMIDLIN, Art. 11 N 175; FRIEDRICH, Art. 7 N 43 ff; OR-SCHWENZER, Art. 11 N 12; VON TUHR/PETER § 30 I [233 f Anm. 4]).
[1070] OR-SCHWENZER, Art. 11 N 1. Dadurch bleibt die Statuierung von Formvorschriften durch Gewohnheitsrecht oder kraft richterlicher Lückenfüllung von vornherein ausgeschlossen, erforderlich ist vielmehr ein Bundesgesetz im formellen Sinne (SCHÖNENBERGER/JÄGGI, Art. 11 N 13 ff).

Zulassung der klagbaren Konsensualkontrakte getan[1071]. Vollends durchsetzen konnte sich der Grundsatz der Formfreiheit freilich erst im Naturrecht, indem dort das blosse Versprechen und dessen Annahme erstmals als ausreichend betrachtet wurden, um als Vertragskonsens anerkannt zu werden[1072].

Die innere Rechtfertigung der Formfreiheit ist eine zweifache[1073]: Zunächst ist unter dem Gesichtspunkt der materiellen Rechtslage die Frage, ob ein Rechtsgeschäft Wirkungen zeigt, von Formfragen losgelöst einzig nach dem Inhalt der abgegebenen Willenserklärungen zu beurteilen. Unter dem Gesichtspunkt des Aspekts, ob die mit dem Rechtsgeschäft angestrebten Wirkungen den richterlichen Schutz erlangen (Rechtsschutzlage), folgt die Formfreiheit dem Grundsatz der freien Klagbarkeit.

Somit wird erreicht, dass die Form nicht als Tatbestandselement einer Willenserklärung angesehen wird: Formfreiheit wird zur Regel, Formbindung dagegen zur Ausnahme[1074]. Durch die Ausgliederung der Form reduziert sich deren Aufgabe, indem sie bloss aus ganz *bestimmten* sozialpolitischen Überlegungen vorgeschrieben wird.

C. Zweck der Formvorschriften

Dem Prinzip der Formfreiheit zum Trotz statuieren OR und ZGB für zahlreiche Fallgruppen Formvorschriften[1075]. Im Erbrecht wird gar für *alle* Rechtsgeschäfte von Todes wegen eine Formvorschrift angeordnet, so dass die Formfreiheit von vornherein auf Rechtsgeschäfte unter Lebenden beschränkt bleibt[1076].

Mittels Anordnung von Formvorschriften wird vorweg erreicht, dass eine Willenserklärung durch Verkörperung in einem Schriftstück dauerhaft klargestellt wird[1077]. Klargestellt wird die Person des Erklärenden, dessen Erklärungswille sowie der Erklärungsinhalt. Neben diesem vordergründigen Zweck werden freilich weitere, *rechtspolitisch* ganz verschiedenartige Ziele verfolgt. Erreicht werden sollen u. a. Beweissicherung, Klarheit, Warnung vor Übereilung, Offenkundigkeit, fachmännische Beratung oder Erschwerung von Rechtsgeschäften[1078].

[1071] LARENZ/WOLF § 28 N 2. Dazu und für die weitere Entwicklung bis zum Mittelalter SCHMIDLIN, Art. 11 N 3 ff; Staudinger/DILCHER[12] § 125 N 2 f.
[1072] SCHMIDLIN, Art. 11 N 5.
[1073] Dazu ausführlich SCHÖNENBERGER/JÄGGI, Art. 11 N 6 f.
[1074] SCHMIDLIN, Art. 11 N 5.
[1075] Überblicke bei SCHMIDLIN, Art. 11 N 60 ff, 65 ff, 82 f und 86 f; ferner bei SCHÖNENBERGER/JÄGGI, Art. 11 N 50 ff, 56, 58 und 62.
[1076] SCHÖNENBERGER/JÄGGI, Art. 11 N 10; KIPP/COING § 19 I 1 [125 f]; WEIMAR FS Schnyder 850 f; ZOLLER 23; anders (ohne Begründung) BGE 68 II 78, 81 E. 1; BREITSCHMID 1991 75.
[1077] Dazu und zum folgenden SCHÖNENBERGER/JÄGGI, Art. 11 N 40, 42 f; ferner OSER, Art. 11 N 5.
[1078] SCHMIDLIN, Art. 11 N 11; ENNECCERUS/NIPPERDEY § 154 II [954].

1. Warnfunktion

Zunächst eignet jeder Formvorschrift eine mehr oder wenige starke *Warnfunktion*[1079]: Sie dient dem Schutz der Parteien. Der Zwang der Einhaltung der Formvorschrift(en) soll sie vor übereiltem und unüberlegtem Handeln abhalten. Den Rechtssubjekten soll die Tragweite des Geschäfts vor Augen geführt werden, sie sollen die Ernsthaftigkeit ihres Willens prüfen. Der Abschluss eines Rechtsgeschäftes wird *beabsichtigterweise* erschwert.

2. Klarstellungsfunktion

Mit Formvorschriften wird sodann eine exakte Aufzeichnung der Rechtslage ermöglicht, Präzision und Deutlichkeit der Erklärungen werden begünstigt[1080]. Die Formvorschrift dient also der *Klarstellung* der Rechtslage[1081]. Die Willenserklärungen bilden alsdann ein sicheres Beweismittel für Parteien und Dritte, was die Beweislage im Falle möglicher Streitigkeiten erleichtert[1082].

3. Sicherungsfunktion

Darüber hinaus soll der formbedürftige Rechtsakt – gewissermassen als Ergänzung zur Klarstellung – eine ausreichende Grundlage für die Eintragung in öffentliche Register, namentlich das Grundbuch[1083], bilden. Dadurch erfüllt die Formvorschrift die Funktion der Rechtssicherheit. Weiterhin dienen Formvorschriften dem Schutze Dritter, so etwa im Wechsel- und Checkrecht, im Stiftungs- oder Gesellschaftsrecht sowie im Eherecht. Formvorschriften können also auch um der öffentlichen Ordnung und Sittlichkeit wegen vorgeschrieben sein[1084].

[1079] OR-SCHWENZER, Art. 11 N 2; VON TUHR/PETER § 30 I [235]; ferner ausführlich SCHMIDLIN, Art. 11 N 13; SCHÖNENBERGER/JÄGGI, Art. 11 N 45; ENNECCERUS/NIPPERDEY § 154 II [954]; LARENZ/WOLF § 28 N 7.

[1080] VON TUHR/PETER § 30 I [235]. Dies gilt in besonderem Masse für die öffentliche Beurkundung (MEIER-HAYOZ, Art. 657 N 3; kritisch GIGER, Art. 216 N 12).

[1081] BGE 118 II 32, 34 E. 3 d; SCHMIDLIN, Art. 11 N 14; OR-SCHWENZER, Art. 11 N 2.

[1082] SCHÖNENBERGER/JÄGGI, Art. 11 N 46.

[1083] Ausführlich MEIER-HAYOZ, Art. 657 N 4; GIGER, Art. 216 N 13.

[1084] Vgl. SCHMIDLIN, Art. 11 N 113 f.

D. Arten

Formvorschriften werden in der Doktrin regelmässig in drei Hauptgruppen eingeteilt: *Einfache* Schriftlichkeit, *qualifizierte* Schriftlichkeit sowie *öffentliche Beurkundung*[1085]. Neben diesen Hauptformen finden sich – gerade im Erbrecht – zahlreiche Nebenformen.

Gilt für ein Rechtsgeschäft eine gesetzliche Formvorschrift, gilt die entsprechende Vorschrift – vorbehältlich einer ausdrücklichen gesetzlichen Anordnung – grundsätzlich auch für etwaige Abänderungen. Art. 12 OR, der dies ausdrücklich für Verträge vorsieht, welche der einfachen Schriftlichkeit bedürfen, gilt sinngemäss auch für andere formgebundene Rechtsgeschäfte[1086]. Dagegen kann die Aufhebung eines förmlichen Rechtsgeschäftes gestützt auf Art. 115 OR – wiederum abweichende gesetzliche Vorschrift vorbehalten – formfrei erfolgen[1087].

1. Einfache Schriftlichkeit

Die einfache Schriftlichkeit ist die schwächste von Gesetzes wegen bestehende Formvorschrift. Sie gelangt zur Anwendung bei *risikoreichen* und folgenschweren Geschäften, ihre Funktion liegt somit primär in der *Warnung* der Parteien vor übereiltem Handeln[1088]. Sie verlangt grundsätzlich lediglich einen Schrifttext sowie die Unterschrift derjenigen, welche durch die Erklärung verpflichtet werden[1089]. Die verlangte Erklärung erfordert dabei ein Anbringen der Schriftzeichen auf einem dauerhaften Erklärungsträger[1090]. Es ist einsichtig, dass z. B. ein Aufzeichnen auf Tonbändern oder eine Computerspeicherung von vornherein ausser Betracht zu bleiben haben, werden doch die Willenserklärungen in schriftlosem Zustand aufgezeichnet bzw. gespeichert[1091].

Die Unterzeichnung beschreibt jenen Vorgang, bei welchem der Erklärende dem Text seinen Namen beifügt und sich damit persönlich identifiziert und den Inhalt anerkennt[1092]. Die Unterschrift ist in der Weise unter den Text zu setzen, dass sie

---

[1085] SCHMIDLIN, Art. 11 N 56; OR-SCHWENZER, Art. Art. 11 N 4.
[1086] BGE 95 II 419, 422 f E. 2 b; SCHÖNENBERGER/JÄGGI, Art. 12 N 3; OR-SCHWENZER, Art. 12 N 1; VON TUHR/PETER § 30 VI [242 Anm. 70].
[1087] VON TUHR/ESCHER § 74 IV 2 [165 f], § 75 I [173 ff]; VON TUHR/PETER § 30 VI [242]; zu den Problemen im Zusammenhang mit dieser Vorschrift SCHMIDLIN, Art. 11 N 103 ff; SCHÖNENBERGER/JÄGGI, Art. 12 N 19 ff; OR-SCHWENZER, Art. 12 N 6.
[1088] OR-SCHWENZER, Art. 11 N 5.
[1089] Art. 13 Abs. 1 OR; dazu ausführlich SCHMIDLIN, Art. 13 N 7 ff.
[1090] Papier ist nicht notwendig gefordert, verlangt wird einzig Dauerhaftigkeit (SCHMIDLIN, vor Art. 12 ff N 8).
[1091] SCHMIDLIN, vor Art. 12 ff N 4; ausdrücklich für letztwillige Verfügungen Staudinger/BAUMANN § 2247 N 32; kritisch dazu OR-SCHWENZER, Art. 13 N 3.
[1092] SCHMIDLIN, vor Art. 12 ff N 9; SCHÖNENBERGER/JÄGGI, Art. 13 N 18 ff; VON TUHR/PETER § 30 V [239 ff].

aufgrund ihrer räumlichen Stellung den Text der Urkunde deckt[1093]. Änderungen und Einschübe sowie der Unterschrift nachfolgende Textteile sind nur dann nicht formungültig, wenn im unterzeichneten Teil ausdrücklich auf sie verwiesen bzw. bei den Einschüben und Änderungen diese mit den Initialen des Erklärenden versehen werden[1094].

Im Erbrecht ist die einfache Schriftform vorgesehen für die (einvernehmliche) Aufhebung von Erbverträgen (Art. 513 Abs. 1 ZGB)[1095], für Erbteilungsverträge (Art. 634 Abs. 2 ZGB) – selbst wenn Grundstücke zur Teilungsmasse gehören[1096] – sowie die Abtretung angefallener[1097] (Art. 635 Abs. 1 ZGB) bzw. noch nicht angefallener (Art. 636 ZGB)[1098] Erbanteile.

Wird von den Beteiligten die öffentliche Beurkundung der einfachen Schriftlichkeit vorgezogen, so vermag der formpflichtige Tatbestand den Formerfordernissen zu genügen, da eine öffentliche Beurkundung die Formzwecke der einfachen Schriftlichkeit in erhöhtem Masse wahrt[1099].

2. Qualifizierte Schriftlichkeit

Der Gesetzgeber sieht in gewissen Fällen qualifizierte Formen der Schriftlichkeit vor, welche sich etwa auf den Gebrauch gewisser Worte oder auf andere förmliche Elemente beziehen können[1100]. Qualifizierte Anforderungen an die Schriftlichkeit werden bei der eigenhändigen letztwilligen Verfügung gestellt[1101].

[1093] SCHMIDLIN, vor Art. 12 N 20; SCHÖNENBERGER/JÄGGI, Art. 13 N 37 ff; OR-SCHWENZER, Art. 13 N 7; Staudinger/DILCHER[12] § 126 N 12; ENNECCERUS/NIPPERDEY § 155 I 2 [962].

[1094] BGE 85 II 565, 570; SCHMIDLIN, vor Art. 12 ff N 21 f; OR-SCHWENZER, Art. 13 N 7.

[1095] Dies in Abweichung von Art. 12 OR. Die Aufhebungsvereinbarung ist dabei (nur) von jenen Parteien zu unterzeichnen, welche durch die Aufhebung verpflichtet werden (BGE 104 II 341, 344 ff E. 3 und 4 = Pra 1979 Nr. 179; ZGB-BREITSCHMID, Art. 513 N 3; anders die älteren Kommentatoren [ESCHER/ESCHER, Art. 513 N 4; TUOR, Art. 513 N 17]).

[1096] BGE 118 II 395, 397; ZGB-SCHAUFELBERGER, Art. 634 N 18.

[1097] Einfache Schriftform genügt bei Abtretung sowohl an Miterben als auch an Dritte, ebenso ist Schriftform genügend, wenn Grundstücke zur Erbmasse gehören (BGE 98 II 281, 286 E. 5 f; ESCHER/ESCHER, Art. 635 N 30; TUOR/PICENONI, Art. 635 N 21; ZOBL, Art. 900 N 117; ZGB-SCHAUFELBERGER, Art. 635 N 8 ff; a. M. PIOTET SPR IV/2 § 86 II [675 f]). Gleiches gilt auch für die Verpfändung eines Erbanteils einer Erbschaft, zu deren Bestand Grundstücke gehören, geht doch die Verpfändung weniger weit als die Abtretung (ZOBL a. a. O. mit Hinweisen auf die abweichende h. L.).

[1098] ZOBL, Art. 900 N 121. Die Zustimmung des Erblassers kann formfrei erfolgen (BGE 98 II 281, 286 f E. 5 g im Gegensatz zu 57 II 21, 26 E. 1; SCHMIDLIN, Art. 13 N 13). Dazu auch hinten 271.

[1099] SCHMIDLIN, vor Art. 12 ff N 33; a. M. OSER, Art. 11 N 27.

[1100] SCHMIDLIN, Art. 11 N 63 ff; SCHÖNENBERGER/JÄGGI, Art. 11 N 55 f; OR-SCHWENZER, Art. 11 N 6.

[1101] Dazu hinten 204 ff.

3. Öffentliche Beurkundung

a) Begriff

Die strengste gesetzliche Formvorschrift ist die öffentliche Beurkundung. Das Bundesgericht umschreibt sie als «die Aufzeichnung rechtserheblicher Tatsachen oder rechtsgeschäftlicher Erklärungen durch eine vom Staat mit dieser Aufgabe betrauten Person, in der vom Staate geforderten Form und in dem dafür vorgesehenen Verfahren»[1102]. Sie ist für besonders *wichtige* Geschäfte vorgesehen, wo einerseits den Parteien die Tragweite des Geschäftes besonders deutlich vor Augen geführt werden soll und andererseits der Parteiwille klar, widerspruchsfrei und vollständig in der Urkunde erscheinen soll[1103]. Darüber hinaus bildet die Urkunde als Rechtsgrundausweis in den bezeichneten Fällen die geeignete Grundlage für die Eintragung in öffentliche Register[1104].

b) Öffentliche Beurkundung als Begriff des Bundesrechts

Das Bundesrecht bestimmt grundsätzlich bloss – mit Ausnahme der Anordnungen über das anzuwendende Verfahren bei der Errichtung öffentlicher letztwilliger Verfügungen[1105] sowie in geringfügigem Masse bei der Beurkundung von Eheverträgen[1106] – für welche Rechtsgeschäfte eine Beurkundung vorgesehen ist, überlässt aber den Kantonen weitgehend das Verfahren[1107]. Dennoch sind die Kantone in der Ausgestaltung des Beurkundungsverfahrens nicht vollkommen frei, da der *Begriff* der öffentlichen Beurkundung nach gefestigter Lehre und Rechtsprechung dem *Bundesrecht* angehört[1108]. Danach gilt als allgemeine Richtschnur, dass die von den Kantonen gestützt auf Art. 55 SchlT ZGB erlassenen Verfahrensvorschriften die angestrebte privatrechtliche Ordnung weder verunmöglichen noch über Gebühr erschweren dürfen[1109]. Zwar fehlt eine ausdrückliche bundesrechtliche Regelung des Beurkundungswesens, andererseits lassen sich aus den Verfahrensgrundsätzen über

---

[1102] BGE 99 II 159, 161 E. 2 a.
[1103] BGE 99 II 159, 161 E. 2 a, 90 II 274, 281 f E. 6; SCHMIDLIN, Art. 11 N 68, bes. N 71. Hauptaufgabe der öffentlichen Beurkundung ist somit die Feststellung des Parteiwillens, dessen geeignete Formulierung und Niederschrift (SCHMIDLIN a. a. O. N 71).
[1104] ZGB-SCHMID, Art. 55 SchlT N 13: Im Vordergrund stehen dabei Eintragungen in das Grundbuch sowie ins Handelsregister.
[1105] Dazu hinten 208 ff.
[1106] Art. 184 ZGB; dazu HAUSHEER/REUSSER/GEISER, Bem. zu Art. 184.
[1107] Art. 55 SchlT ZGB; SCHÖNENBERGER/JÄGGI, Art. 11 N 57; MEIER-HAYOZ, Art. 657 N 92; SCHMIDLIN, Art. 11 N 69; BECK, Art. 55 SchlT N 6 ff.
[1108] BGE 113 II 402, 404 E. 2 a, 106 II 146, 147 E. 1, 99 II 159, 161 E. 2 a, 90 II 274, 280 f E. 5; SCHÖNENBERGER/JÄGGI, Art. 11 N 57; MEIER-HAYOZ, Art. 657 N 92; SCHMIDLIN, Art. 11 N 69; GIGER, Art. 216 N 86; ZGB-SCHMID, Art. 55 SchlT N 6; OR-SCHWENZER, Art. 11 N 8; grundlegend H. HUBER, Die öffentliche Beurkundung als Begriff des Bundesrechts, ZBJV 1967 249 ff.
[1109] GIGER, Art. 216 N 290.

die Errichtung öffentlicher letztwilliger Verfügungen allgemeine Lehren gewinnen, welche von Doktrin und Praxis in analoger Weise bei anderen beurkundungspflichtigen Tatbeständen angewendet werden können.

c) Anwendungsbereich

Die öffentliche Beurkundung ist im Schuldrecht namentlich vorgesehen im Recht des Grundstückkaufs und der Bürgschaft, ferner in zahlreichen Fällen (v. a. statutenändernde Beschlüsse) im Gesellschaftsrecht.

Auch die öffentliche Beurkundung wird teils von qualifizierten Voraussetzungen – gewisse inhaltliche Elemente, persönliche Unterschrift oder Beizug von Zeugen – abhängig gemacht[1110].

E. Umfang der Formvorschriften, Folgen der Nichterfüllung

Für die im Erbrecht anzutreffenden Fälle gelten zumeist Spezialvorschriften, weswegen hier für die allgemeinen Grundsätze ein Überblick genügen soll. Da das Gesetz nur vereinzelt den Umfang der Formvorschriften festgelegt hat, obliegt es Lehre und Rechtsprechung, allgemeine Grundsätze zu bestimmen[1111]. Sie hat sich mit diesen Fragen namentlich im Bereich des Grundstückkaufrechts auseinandergesetzt, dessen Geschäfte nahezu vollständig der öffentlichen Beurkundung bedürfen. Da der Begriff der öffentlichen Beurkundung dem Bundesrecht angehört, bestimmt letztlich auch dieses den *Umfang* und die *Konsequenzen einer unvollständigen oder gar fehlenden* Beurkundung[1112]. Die dort gewonnen Schlüsse lassen sich *mutatis mutandis* auch auf die weniger weit gehenden Formvorschriften der einfachen und qualifizierten Schriftlichkeit übertragen.

1. Umfang der Formpflicht

Die meisten formbedürftigen Rechtsgeschäfte enthalten – wie erwähnt – keinerlei Angaben darüber, wie weit die Formpflicht reicht: Infolgedessen wird logisch konsequent angenommen, Formvorschriften für ein bestimmtes Geschäft reichten stets so weit, als es der Zweck der entsprechenden Vorschrift mit sich bringe[1113]. Die bundesgerichtliche Rechtsprechung und die h. L. fassen den Umfang der Formpflicht dabei sehr weit: Danach unterliegt zwar nicht notwendigerweise der gesamte Vertragsinhalt der Formpflicht, auf jeden Fall aber die sich auf den beurkundungspflichtigen Tatbestand beziehenden objektiven und subjektiven

---

[1110] SCHMIDLIN, Art. 11 N 84: Entsprechende Vorschriften finden sich im OR und ZGB vor allem bei den Regeln über die Errichtung der öffentlichen letztwilligen Verfügungen (Art. 499 ZGB ff), ferner im Bürgschaftsrecht (Art. 493 OR) sowie der Gründungsakte der im OR geregelten Körperschaften (SCHMIDLIN, a. a. O. N 86).
[1111] So für die öffentliche Beurkundung SCHMIDLIN, Art. 11 N 91.
[1112] GIGER, Art. 216 N 222.
[1113] SCHMIDLIN, Art. 11 N 90 f.

Inhalte[1114]. Dazu zählen primär die *essentialia negotii*[1115], d. h. die Angabe der Parteien, die mit dem Geschäft zusammenhängenden Verpflichtungen sowie der Rechtsgrund[1116]. Bestandteile, welche darüber hinausgehen (sog. *accidentalia negotii*[1117]), unterliegen dann der entsprechenden Formvorschrift, sofern sie die Leistungen präzisieren[1118]. Darüber hinaus gelten in dem Sinne subjektive Punkte als formpflichtig, welche in den Augen der Parteien die *conditio sine qua non*, also die für sie wesentlichen Punkte darstellen, indem sie ohne diese das Geschäft nicht oder nicht zu den gleichartigen Bedingungen abgeschlossen hätten[1119]. Die formbedürftigen Geschäftspunkte müssen in der Urkunde selbst in bestimmter oder wenigstens bestimmbarer Weise aufgeführt sein, ohne das es weiterer Beweismittel bedürfte[1120].

2. Folgen der Nichterfüllung

Art. 11 Abs. 2 OR hält fest, dass von der Beobachtung der Formvorschriften die Gültigkeit eines Rechtsgeschäfts abhängt. Von Bundesrechts wegen vorgeschriebene Formen sind stets Gültigkeitsformen und dienen nicht bloss der Beweisbarkeit[1121].

Die bundesgerichtliche Rechtsprechung geht demgemäss im Falle der Nichteinhaltung von Formvorschriften von der «Formnichtigkeit» des entsprechenden Geschäfts aus. Das formnichtige Geschäft gilt dabei zwar weder als widerrechtlich noch als sittenwidrig, ist aber dennoch nichtig, was bedeutet, dass das Geschäft schlechthin und unheilbar unwirksam ist, sich jedermann auf den Formmangel berufen kann und er von Amtes wegen zu berücksichtigen ist[1122]. Die überaus harte Haltung des Bundesgerichts wird freilich gemildert durch das Verbot des Rechtsmissbrauchs, welcher (bei Verträgen) im Falle beidseitiger Erfüllung[1123], daneben aber auch bei arglistiger Herbeiführung[1124] oder bei bewusster Inkaufnahme zum eigenen Vorteil[1125] vorliegen kann[1126].

[1114] BGE 119 II 135, 138 E. 2 a = Pra 1993 Nr. 209, 113 II 402; GIGER, Art. 216 N 233; SCHÖNENBERGER/JÄGGI, Art. 11 N 28; MEIER-HAYOZ, Art. 657 N 84 ff; kritisch SCHMIDLIN, Art. 11 N 97 f; vgl. auch HONSELL 155.
[1115] Zum Begriff KRAMER, Art. 2 N 7; SCHÖNENBERGER/JÄGGI, Art. 2 N 3; Staudinger/DILCHER[12] vor §§ 104 ff N 14; HONSELL 29.
[1116] Dazu ausführlich SCHMIDLIN, Art. 11 N 92.
[1117] Zum Begriff KRAMER, Art. 2 N 8; SCHÖNENBERGER/JÄGGI, Art. 2 N 4; Staudinger/DILCHER[12] vor §§ 104 ff N 14; HONSELL 29.
[1118] SCHMIDLIN, Art. 11 N 96.
[1119] BGE 119 II 135, 138 E. 2 a = Pra 1993 Nr. 209; SCHMIDLIN, Art. 11 N 97.
[1120] SCHMIDLIN, Art. 11 N 106.
[1121] VON TUHR/PETER § 30 II 2 [236]; für Deutschland Staudinger/DILCHER[12] § 125 N 28.
[1122] Vgl. aus der (reichhaltigen) bundesgerichtlichen Rechtsprechung BGE 116 II 700, 702 E. 3 b, 111 II 278, vgl. auch 112 II 330; gleichsinnig wohl VON TUHR/PETER § 30 III [236 ff].
[1123] BGE 116 II 700, 702 E. 3 b, 112 II 107, 111 f E. 3 b; HONSELL 157. Aus dem Rechtsmissbrauchsverbot kann aber niemals ein Erfüllungsanspruch abgeleitet werden (BGE 116 II 700, 702 E. 3 b).
[1124] BGE 90 II 21, 27 E. 2 c.
[1125] BGE 90 II 295, 298 E. 5.
[1126] Die Rechtsprechung des Bundesgerichts stösst freilich in der jüngeren Lehre unter Rekurs auf den Zweck der Formvorschriften zunehmend auf Kritik (statt vieler I. SCHWENZER, Schweizerisches Obligationenrecht, Allgemeiner Teil [Bern 1998], N 31. 35 ff; vgl. auch MEIER-HAYOZ, Art. 657 N 130 ff und HONSELL 157 ff).

F. Formvorschriften für Verfügungen von Todes wegen

1. Letztwillige Verfügungen

Der Bundesgesetzgeber hat in Art. 499 ff ZGB das öffentliche und eigenhändige (holographe) Testament als die bereits in den alten kantonalen Rechten am gebräuchlichsten vorkommenden Formen als ordentliche Testamentsformen vorgesehen[1127]. Zusammen mit dem hier nicht erörterten mündlichen Nottestament bilden sie im Bereich der letztwilligen Verfügungen den bereits erwähnten *numerus clausus*[1128].

a) Eigenhändige (*holographe*) letztwillige Verfügung

α) *Formerfordernis: Qualifizierte Schriftlichkeit*

Für die eigenhändige letztwillige Verfügung von Todes verlangt Art. 505 Abs. 1 ZGB als Formvorschrift (lediglich) eine *qualifizierte* Schriftlichkeit. Diese *relative* Einfachheit – welche neben der damit verbundenen Intimität des Erblassers bei der Errichtung zur grossen Beliebtheit dieser Testamentsform beigetragen hat[1129] – birgt naturgemäss grössere Gefahren im Hinblick auf Fälschungen, Verfälschungen und unzulässige Manipulationen des Erblasserwillens als andere Verfügungsarten[1130]. Die aufgestellten Formvorschriften dienen neben dem Übereilungsschutz demnach vor allem dem Bedürfnis nach Rechtssicherheit. Diese ist bei Verfügungen von Todes wegen stets latent gefährdet, entfalten sie doch ihre Wirksamkeit erst nach dem Hinschied ihres Verfassers. Dieser kann sich zu seinen Absichten nicht mehr äussern, bei der eigenhändigen letztwilligen Verfügung mangelt es sodann aufgrund ihres privaten Charakters häufig an auskunftsfähigen Zeugen.

Dies führt dazu, dass auch nach der Umsetzung der «Initiative GUINAND»[1131] die Gültigkeit der eigenhändigen letztwilligen Verfügung von der Beobachtung strenger Formerfordernisse abhängig gemacht wird[1132]. Diese bleiben – abgesehen von der Ausnahme der Datierung – Gültigkeitsvorschriften[1133], was bei Fehlerhaftigkeit die

---

[1127] TUOR, Art. 498 N 1; kritisch zu der nach seiner Ansicht unvollständigen und unklaren Regelung SPIRO FG Juristentag 1963 218 f.
[1128] ESCHER/ESCHER, Art. 498 N 1; TUOR, Art. 498 N 2; ZGB-BREITSCHMID, Art. 498 N 1; vgl. auch vorn 164.
[1129] Statt vieler ESCHER/ESCHER, aArt. 505 N 1; ZGB-BREITSCHMID, Art. 498 N 10.
[1130] Ähnlich TUOR, aArt. 505 N 2; PIOTET SPR IV/1 § 38 I [233].
[1131] Zur Entstehungsgeschichte P. BREITSCHMID, Revision der Formvorschriften im Testamentsrecht – Bemerkungen zur Umsetzung der «Initiative Guinand», ZBJV 1995 179 ff; J. N. DRUEY, Formerleichterung für das eigenhändige Testament: *die «lex Guinand»*, AJP 1996 21 ff.
[1132] DRUEY § 9 N 10.
[1133] Zuletzt für das öffentliche Testament BGE 118 II 273, 275 E. 3 b, 278 E. 4 m. w. B.; aus der Lehre TUOR/SCHNYDER/SCHMID 482 f.

Ungültigerklärung der Verfügung nach Art. 520 Abs. 1 ZGB zur Folge haben kann[1134].

β)   Formerfordernisse im einzelnen

Art. 505 Abs. 1 ZGB hält fest, der Erblasser habe die Verfügung «... von Anfang bis zu Ende mit Einschluss der Angabe von Jahr, Monat und Tag der Errichtung von Hand niederzuschreiben und mit seiner Unterschrift zu versehen». Daraus lassen sich folgende Regeln ableiten: Die Verfügung muss in *allen* relevanten Teilen eigenhändig niedergeschrieben sein[1135]. Der Erblasser hat all seine Verfügungen in der Urkunde selbst zu treffen, es genügt nicht, wenn dafür lediglich auf andere Dokumente verwiesen wird, es sei denn, diese erfüllten wiederum die Formvorschriften einer letztwilligen Verfügung[1136]. «Schreiben» bedeutet das Setzen *individueller*, für Dritte allerdings erkennbarer Zeichen[1137]. Unbedeutend ist dagegen die Bezeichnung des Textes als letztwillige Verfügung[1138]; ebenfalls ohne Bedeutung ist das zur Herstellung der Urkunde verwendete Material, sofern es eine schriftliche Aufzeichnung enthalten kann; auch ist äusserliche Selbständigkeit nicht notwendig[1139]. Auch teilweise zerstörte Urkunden oder solche mit fehlenden Seiten können nach Massgabe von Art. 20 Abs. 2 OR

[1134] ZGB-BREITSCHMID, Art. 498 N 8.
[1135] Statt vieler BECK § 14 I [46]; TUOR/SCHNYDER/SCHMID 484.
[1136] BGE 101 II 211, 217 E. 4 b, 73 II 208, 212 E. 3 (obiter), 56 II 351, 354 E. 2; TUOR, aArt. 505 N 13; ESCHER/ESCHER, aArt. 505 N 13; DRUEY § 9 N 15 f; ausführlich Staudinger/BAUMANN § 2247 N 68 ff; a. M. PIOTET SPR IV/1 § 38 I [235]; grosszügig auch ZGB-BREITSCHMID, Art. 498 N 15, 17 im Hinblick auf sog. *Beitrittserklärungen* zu letztwilligen Anordnungen.
[1137] ZGB-BREITSCHMID, Art. 505 N 3; anders Staudinger/BAUMANN § 2247 N 27; LANGE/KUCHINKE § 20 IV 1 [363], wonach immer in Schriftform verfügt werden muss und beispielsweise die Verwendung von Bildzeichen nicht genügten. Zulässig ist die Verwendung aller Schriftarten und Sprachen, sofern sie bloss für den Leser verständlich sein können; unter diesem Gesichtswinkel ist auch gegen den Gebrauch der *Stenographie* nichts einzuwenden (TUOR, aArt. 505 N 13; ESCHER/ESCHER, aArt. 505 N 10; PIOTET SPR IV/1 § 38 I [233 f]; BECK § 14 II [47]; DRUEY § 9 N 37; KIPP/COING § 26 I 1 [185]; zurückhaltend Staudinger/BAUMANN a. a. O. N 28, da die Benutzung der Stenographie auf einen Entwurf schliessen lasse).
[1138] BGE 88 II 67, 70 f E. 2 = Pra 1962 Nr. 131, 75 II 184, 73 II 144, 148 E. 2, 55 II 169, 170 = Pra 1929 Nr. 118, ESCHER/ESCHER, aArt. 505 N 5; TUOR, aArt. 505 N 4; ZGB-BREITSCHMID, Art. 505 N 15; Staudinger/BAUMANN § 2247 N 49: Die Verfügung kann beispielsweise in einem Brief (BGE 117 II 142 = Pra 1992 Nr. 78, 88 II 67 = Pra 1962 Nr. 131, 57 II 15, 17 E. 1; TUOR/SCHNYDER/SCHMID 484), einer Postkarte (BGE 56 II 245), einem Notizbuch (BECK § 14 II [47]) oder auf der Rückseite einer Obligation (BGE 45 II 142) enthalten sein. Dies anerkennt auch Staudinger/BAUMANN a. a. O. N 75 ff, welcher allerdings zu bedenken gibt, dass hier wohl nur selten auf einen Testierwillen geschlossen werden kann.
[1139] ESCHER/ESCHER, aArt. 505 N 7; TUOR, aArt. 505 N 4; PIOTET SPR IV/1 § 38 I [234]; DRUEY § 9 N 34; TUOR/SCHNYDER/SCHMID 484 und obige Anm. Die Veränderung des Stoffs der Schreibunterlage muss allerdings vom Erblasser unmittelbar herbeigeführt werden (vgl. BGHZ 47, 68, 73; Staudinger/BAUMANN § 2247 N 24): So vermögen (unterschriebene) letztwillige Verfügungen auf Blaupause, auf einer Kopie oder eines Telefaxes die Urschrift nicht zu ersetzen.
Auf die Verwendung des Schreibmaterials kommt nichts an (Staudinger/BAUMANN a. a. O. N 25).

anerkannt werden[1140]. Andererseits sind der Gebrauch des Materials und die Art der Niederschrift je nach den Lebensumständen des Verfassers geeignet, seinen Verfügungswillen in Frage zu stellen[1141].

Niederschrift, Einschübe und dgl. durch Dritte sind stets ungültig[1142]. Geschehen sie ohne Kenntnis des Erblassers, tut dies der Gültigkeit der (eigenhändig verfassten) Urkunde selbstverständlich keinen Abbruch[1143]. Erfolgen sie dagegen mit Wissen und Willen des Erblassers, so kann das Testament für ungültig erklärt werden, sofern die Eingriffe wesentliche Bestandteile betreffen[1144]. Ergibt der Text unter Weglassung der fremdhändigen Elemente für sich einen vernünftigen Sinn, so kann die Verfügung unter Anwendung von Art. 20 Abs. 2 OR gerettet werden[1145]. Die Mitwirkung Dritter bleibt aber wenigstens solange unschädlich, sofern diese den Erblasser aufgrund dessen schwachen Gesundheitszustandes beim Verfassen der Urkunde lediglich *unterstützen*[1146].

Die Verfügung ist sodann vom Erblasser zu *datieren*. Ein fehlendes oder falsches Datum konnte nach der früheren Rechtsprechung des Bundesgerichts ohne weiteres zur Ungültigkeit der Verfügung führen. Diese Konsequenzen sind durch die Einfügung des neuen Art. 520a ZGB entscheidend gemildert worden[1147].

Die eigenhändige letztwillige Verfügung ist schliesslich vom Erblasser zu *unterschreiben*[1148]. Die Unterschrift bedeutet sowohl *Erkennbarkeit* des Textes für Dritte als vom Unterzeichnenden verfasst als auch die *Identifikation* des Verfassers mit dem Geschriebenen[1149]. Zulässig sind – soweit als Unterschrift erkennbar und ernstlich gemeint – auch die Unterzeichnung mit Vor-, Pseudo- oder Kosenamen[1150]. Allgemeinen Grundsätzen zufolge muss die Unterschrift in der Weise unter den Text gesetzt werden, dass sie aufgrund ihrer räumlichen Stellung den Text der Urkunde deckt[1151]. Besteht die Verfügung aus mehreren Blättern, braucht nicht jedes

---

[1140] ZGB-BREITSCHMID, Art. 505 N 17; offengelassen in BGE 84 II 505, 511 f E. 5.

[1141] So pointiert BECK § 14 II [47]; ferner Staudinger/BAUMANN § 2247 N 19.

[1142] BGE 98 II 73, 80 f E. 3 a und b; TUOR, aArt. 505 N 8; ESCHER/ESCHER, aArt. 505 N 12; ZGB-BREITSCHMID, Art. 505 N 4; BECK § 14 VI 1 [48]; Staudinger/BAUMANN § 2247 N 43; KIPP/COING § 26 I 1 [184]; LANGE/KUCHINKE § 20 IV 1 [364].

[1143] BGE 98 II 73, 81 E. 3 b; ZGB-BREITSCHMID, Art. 505 N 4; Staudinger/BAUMANN § 2247 N 58.

[1144] TUOR, aArt. 505 N 8; ESCHER/ESCHER, aArt. 505 N 12; zurückhaltend Staudinger/BAUMANN § 2247 N 58.

[1145] BGE 98 II 73, 81 ff E. 3 b; ZGB-BREITSCHMID, Art. 505 N 4.

[1146] BGE 98 II 73, 79 f E. 3 a; ZGB-BREITSCHMID, Art. 505 N 4; Staudinger/BAUMANN § 2247 N 39 m. w. H. auf die deutsche Rechtsprechung: Die Unterstützung des Erblassers darf aber keine *Führung* der Hand darstellen, die individuellen Schriftzüge müssen erkennbar bleiben und stets den alleinigen Willen des Erblassers wiedergeben.

[1147] Dazu hinten 227 ff; ausführlich ZGB-BREITSCHMID, Art. 505 N 9 ff; DRUEY § 9 N 20 ff.

[1148] Art. 505 Abs. 1 ZGB.

[1149] ZGB-BREITSCHMID, Art. 505 N 5; BECK § 14 V [48]; ähnlich KIPP/COING § 26 I 2 [185]; ausführlich Staudinger/BAUMANN § 2247 N 84 ff.

[1150] BGE 57 II 15; TUOR, aArt. 505 N 24; ESCHER/ESCHER, aArt. 505 N 15; ZGB-BREITSCHMID, Art. 505 N 5; PIOTET SPR IV/1 § 38 III [237 f]; BECK § 14 V [48]; DRUEY § 9 N 32; TUOR/SCHNYDER/SCHMID 485; KIPP/COING § 26 I 2 [186]; zurückhaltend RGZ 87, 109, 113; Staudinger/BAUMANN § 2247 N 83; zur Rechtslage im Schuldrecht SCHMIDLIN, vor Art. 12 ff N 10 ff; Staudinger/DILCHER[12] § 126 N 26 ff.

[1151] So ausdrücklich und streng BGE 40 II 190, 193 f E. 3; ESCHER/ESCHER, aArt. 505 N 14; TUOR, aArt. 505 N 25; ebenso die deutsche Lehre und Rechtsprechung (KIPP/COING § 26 I 2 [186 f]). Die neuere Lehre zeigt sich hier grosszügig und lässt auch eine «Unterschrift»

einzelne unterschrieben zu sein, sofern sie zusammen eine Einheit bilden[1152]. Dies kann problematisch sein bei Unterzeichnung des Umschlages, welcher die Verfügung enthält, da – obschon die Unterschrift den Text deckt – die Einheitlichkeit zweifelhaft ist[1153].

Häufig kommt es vor, dass sich der Erblasser nach der Errichtung seiner Verfügung anders besinnt und gewisse Änderungen und Präzisierungen in der Urkunde selbst nachzutragen wünscht. Dazu sind folgende Grundsätze zu beachten:

Änderungen vor abgeschlossener Errichtung sind ohne weiteres zulässig[1154]. *Nachträgliche* Präzisierungen, welche die bereits getroffenen Verfügungen bloss verdeutlichen sollen, sind ebenso wie Streichungen auch nach erfolgter Errichtung stets möglich, ohne dass sie eigens datiert und unterschrieben werden müssten[1155]. Dagegen stellen nachträgliche Änderungen und Zusätze in der *bestehenden* Urkunde auch dann Änderungs- bzw. Ergänzungsverfügungen dar, wenn der eingefügte oder ergänzte Text durch die Unterschrift gedeckt ist: Erforderlich ist somit eine erneute Datierung und Unterzeichnung[1156].

Eigenhändige letztwillige Verfügungen können einer kantonalen Amtsstelle offen oder verschlossen zur Aufbewahrung übergeben werden[1157].

[   ] über dem Text oder am Rande genügen (PIOTET SPR IV/1 § 38 III [238]; DRUEY § 9 N 30; in die gleiche Richtung weisend ZGB-BREITSCHMID, Art. 505 N 6; ablehnend Staudinger/DILCHER[12] § 126 N 12).

[1152] ESCHER/ESCHER, aArt. 505 N 6; ZGB-BREITSCHMID, Art. 505 N 16; PIOTET SPR IV/1 § 38 I [234]; DRUEY § 9 N 35; Staudinger/BAUMANN § 2247 N 53; allgemein Staudinger/DILCHER[12] § 125 N 22, § 126 N 9: Paginierung, Falzen, Einstecken in Umschlag etc. (TUOR, aArt. 505 N 5).

[1153] Für Annahme der Einheitlichkeit PIOTET SPR IV/1 § 38 I [234]; dagegen BGE 51 II 371 (i. c. Errichtungsdatum auf dem Umschlag), 40 II 190, 195 f E. 5; ESCHER/ESCHER, aArt. 505 N 14; TUOR, aArt. 505 N 25; zur Rechtslage in Deutschland RGZ 110, 166, 61, 7; Staudinger/BAUMANN § 2247 N 97 ff; Staudinger/FIRSCHING[12] § 2247 N 56. Die französische Rechtsprechung erachtet Unterschrift auf dem Umschlag stets als genügend (KIPP/COING § 26 I 2 [186 f Anm. 17]).

[1154] BGHZ 30, 294; RGZ 115, 111, 111, 247; TUOR, aArt. 505 N 12; PIOTET SPR IV/1 § 38 IV [238]; Staudinger/BAUMANN § 2247 N 46. BECK (§ 14 VI 2 [49]) empfiehlt um der Rechtssicherheit willen auch hier Datierung und Unterschrift.

[1155] ESCHER/ESCHER, aArt. 505 N 11; ZGB-BREITSCHMID, Art. 505 N 13; Staudinger/BAUMANN § 2247 N 61; LANGE/KUCHINKE § 20 IV 4 [368 f]; ebenso ausdrücklich für Streichungen TUOR, aArt. 505 N 13.

[1156] BGE 80 II 302, 305 f E. 1, allerdings offengelassen in 117 II 239, 242 f E. 3 e; ESCHER/ESCHER, aArt. 505 N 11; ZGB-BREITSCHMID, Art. 505 N 13 f; PIOTET SPR IV/1 § 38 IV [238 f]; KIPP/COING § 26 I 4 [188]; anders aus praktischen Erwägungen TUOR, aArt. 505 N 13; ebenso die ganz herrschende Ansicht in Deutschland (BGH NJW 1974, 1083 f; Staudinger/BAUMANN § 2247 N 62; anders noch RGZ 111, 262, 71, 295, 303).

[1157] Art. 505 Abs. 2 ZGB; dazu ZGB-BREITSCHMID, Art. 505 N 18 ff. Im Kanton Zürich sind die Notariate zur Aufbewahrung der zu diesem Zweck übergebenen Verfügungen von Todes wegen zuständig (§ 1 Abs. 1 lit. a Ziff. 3 NotG).

b) Öffentliche letztwillige Verfügungen

α) *Vor- und Nachteile gegenüber der holographen letztwilligen Verfügung*

Die Errichtung einer öffentlichen letztwilligen Verfügung erfordert einen grösseren Zeit- und Kostenaufwand als das eigenhändige Testament. Dafür bietet es eine erhöhte Gewähr für formelle und inhaltliche Klarheit; Formfehler können eher vermieden werden und auch der ungeübte Erblasser kann mit Hilfe der Amtsperson seinen Willen in «geschliffener» Weise darlegen[1158].

Die Erforschung und Formulierung des letzten Willens des Erblassers durch die Amtsperson dient auch dazu, inhaltlich klare und unzweideutige Verfügungen zu errichten, welche nicht verschiedener Auslegung zugänglich sind, damit im Streitfall kein Bedarf für gewagte Interpretationen besteht[1159].

β) *Verfahren: Bundesrechtlich geordnet mit ergänzenden kantonalen Vorschriften*

Die Grundzüge des Verfahrens werden in Art. 499 ff ZGB geregelt. Es sieht darin als ordentliche Formen eine Haupt- und Nebenform vor[1160]. Die Verfahren haben zum Zweck, dem Testator die Bedeutung der letztwilligen Verfügung aufzuzeigen und sicherzustellen, dass die Verfügung auch tatsächlich seinem letzten Willen entspricht[1161]. Von den Grundzügen abgesehen besteht bzgl. des Ablaufs des Verfahrens Raum für ergänzende kantonale Vorschriften[1162], namentlich[1163] im Bereich der Prüfungspflichten der Urkundsperson[1164], der Festlegung der Sprache der abzufassenden Verfügung[1165], des Verfahrens bei Seh- oder Hörbehinderungen sowie Statuierung gewisser Ausstandsregelungen, welche über Art. 503 ZGB hinausgehen. Die

---

[1158] ESCHER/ESCHER, Art. 499 N 1; ESCHER ZBGR 1975 1 f ; DRUEY § 9 N 39 ff; TUOR/SCHNYDER/SCHMID 485 f.

[1159] ESCHER ZBGR 1975 2 ff.

[1160] TUOR, Art. 499 N 4 ff. Vermag der Erblasser zu lesen und zu schreiben, so ist er in der Wahl vollkommen frei (BGE 66 II 99, 102 E. 2; ESCHER/ESCHER, Art. 502 N 2; ZGB-RUF, Art. 502 N 3; SCHMID ZGRG 1991 52; kritisch BRÜCKNER N 2404 f, besonders N 2436 ff, welcher von der Nebenform wenn immer möglich abrät).

[1161] BGE 118 II 273, 280 E. 5 a; allgemein GAUTSCHI 17 ff.

[1162] TUOR, Art. 499 N 8 ff; ZGB-RUF, Art. 499 N 2; BRÜCKNER N 2396. Die bundesrechtlichen Vorgaben dürfen aber weder unterlaufen noch erhöht werden (ESCHER/ESCHER, Art. 499 N 4).

[1163] Weitere Punkte bei BRÜCKNER N 2392.

[1164] Die Bestimmung der Urkundsperson obliegt dem kantonalen Recht (ZGB-RUF, Art. 499 N 14 ff; PIOTET SPR IV/1 § 37 I [224 f]; Übersichten bei ESCHER/ESCHER, Art. 499 N 5 f; TUOR, Art. 499 N 15 ff).

[1165] Die kantonalen Regelungen reichen von der Zulassung sämtlicher gewünschter Sprachen bis hin zum Erfordernis des Gebrauchs der Landessprache (ESCHER/ESCHER, Art. 499 N 8 ff; TUOR, Art. 499 N 11 ff; vgl. auch die Kritik bei PIOTET SPR IV/1 § 37 I [225], welcher geltend macht, die Kantone seien zur Beurkundung in einer Fremdsprache verpflichtet). Zu den konkreten Problemen bei Fremdsprachigkeit des Verfügenden vgl. BRÜCKNER N 2448 ff.

kantonalen Vorschriften sind – im Gegensatz zu den bundesrechtlichen Formbestimmungen[1166] – stets als blosse Ordnungsvorschriften zu qualifizieren[1167].

γ) Verfahrensablauf

In verfahrensmässiger Hinsicht erfordert die Errichtung einer öffentlichen letztwilligen Verfügung mit Bezug auf den Ablauf in der Hauptform mehrere Schritte[1168].

1. Zunächst hat der Verfügungswillige die Amtsperson um die Errichtung der Verfügung zu ersuchen (sog. *Rogation*); daran schliesst sich die Überprüfung der Beurkundungsvoraussetzungen (Zuständigkeit, Prüfung der Testierfähigkeit[1169] etc.)[1170].

2. Anschliessend endigt mit der Mitteilung des letzten Willens durch den Erblasser und das Aufsetzen eines Urkundenentwurfs durch die Amtsperson das *Vorverfahren*.

3. Im Hauptverfahren liest[1171] sodann der Erblasser den Urkundenentwurf, welchen er im Falle der Genehmigung unverweilt[1172] zu unterzeichnen hat[1173]. Ihr folgt die Datierung[1174] und Unterzeichnung der Urkunde durch die Amtsperson[1175]. Ebenfalls zum Hauptverfahren gehört schliesslich die Bestätigung der Zeugen bzgl. der Erklärung des Lesens und der Genehmigung der Urkunde durch den Testator (Rekognitionserklärung) und der nach ihrer Wahrnehmung vorhandenen Testierfähigkeit des Verfügenden durch ihre Unterschrift.

[1166] Zuletzt BGE 118 II 273, 275 E. 3 b, 278 E. 4 m. w. B.
[1167] ESCHER/ESCHER, Art. 499 N 10; TUOR, Art. 499 N 8, 14; ZGB-RUF, Art. 499 N 5; BECK § 13 I 6 [44].
[1168] Dazu ausführlich ZGB-RUF, Art. 499 N 25; ähnlich ESCHER/ESCHER, Art. 499 N 2; TUOR, Art. 499 N 3; PIOTET SPR IV/1 § 37 II [226 f]; BECK § 13 [42 ff]; BRÜCKNER N 2405 ff; GAUTSCHI 52 ff; vgl. auch die geraffte Darstellung bei TUOR/SCHNYDER/SCHMID 486.
[1169] Dazu vorn 177 ff.
[1170] ZGB-RUF, Art. 500 N 25.
[1171] Die Urkundsperson hat sich zu vergewissern, dass der Verfügende auch tatsächlich liest; sie hat während der Lesung ununterbrochen präsent zu sein (BGE 65 II 214; ZGB-RUF, Art. 500 N 9, 11).
[1172] BGE 65 II 214, 218; ESCHER/ESCHER, Art. 500 N 8; TUOR, Art. 500 N 15.
[1173] Eine Unterschriftsleistung durch blosses Handzeichen ist unzulässig, da durch die Nebenform ein Verfahren vorgesehen ist, in welchem nicht unterschrieben werden muss (BGE 45 II 135, 137 ff E. 2; ESCHER/ESCHER, Art. 500 N 8; TUOR, Art. 500 N 14; ZGB-RUF, Art. 500 N 13; GAUTSCHI 65; für Zulassung dagegen PIOTET SPR IV/1 § 37 IV [229]; ebenso wohl SCHMIDLIN, Art. 15 N 31).
[1174] Die Urkunde darf bereits vor der erblasserischen Unterschriftsleistung datiert werden (BGE 118 II 273, 277 E. 3 b bb, 55 II 235, 236 E. 3). Zu den Folgen einer unrichtigen Datierung vgl. ESCHER/ESCHER, Art. 500 N 12; TUOR, Art. 500 N 19, GAUTSCHI 89. Es fragt sich allerdings, ob nicht hier die Regel von Art. 505 Abs. 1 ZGB, wonach ein unrichtiges Datum grundsätzlich unschädlich ist, zur Anwendung gelangen sollte. Entbehrlich ist – entgegen ESCHER/ESCHER (Art. 500 N 14); RUF (ZGB-RUF, Art. 500 N 14) und PIOTET (SPR IV/1 § 37 IV [229]), aber in Übereinstimmung mit dem revidierten Art. 505 Abs. 1 ZGB – die Angabe des Errichtungsortes (im Ergebnis ebenso BRÜCKNER N 2391, der ein qualifiziertes Schweigen des Gesetzgebers vermutet).
[1175] Diese kann auch noch nach der Zeugenbestätigung erfolgen (BGE 118 II 273, 277 E. 3 b bb, 58 II 204, 206 f; TUOR, Art. 500 N 18; zurückhaltend ESCHER/ESCHER, Art. 500 N 10; so auch explizit die Anweisung von BRÜCKNER N 2408 ff, 2415).

4. Das *Nachverfahren* besteht aus der Anfertigung von Kopien und der Aufbewahrung der Ur- oder der Abschriften.

Im Verfahren der Nebenform[1176] muss die Urkunde dem Erblasser vorgelesen werden; die beiden Beurkundungszeugen haben bereits zu diesem Zeitpunkt zugegen zu sein. Anschliessend erfolgt die ausdrückliche Erklärung des Testators, das Vorgelesene enthalte seinen letzten Willen. Die Zeugenbestätigung bezieht sich diesfalls zusätzlich auch auf das Vorlesen des Textes. Sie erfolgt vor der Datierung und Unterzeichnung durch die Amtsperson, wogegen – entsprechend dem Wortlaut von Art. 502 Abs. 1 ZGB – die Unterschriftsleistung durch den Verfügenden entfällt.

Folgende Besonderheiten zum Verfahren sind besonders hervorzuheben:

Aufgrund des höchstpersönlichen Charakters der Verfügungen von Todes wegen ist eine Stellvertretung auch hier – auch wenn dies das ZGB nicht ausdrücklich erwähnt – ausgeschlossen[1177]. Das Vorverfahren muss nicht in einem Akt abgeschlossen sein, es kann sich ohne weiteres über mehrere Sitzungen hinziehen[1178]. Die einzelnen Akte des Hauptverfahrens müssen dagegen unmittelbar aneinander anschliessen[1179]. Nicht erforderlich ist eine mündliche Willensmitteilung an die Amtsperson, auch die Beurkundung eines vom Erblasser oder eines Dritten selbst vorbereiteten Entwurfs ist zulässig[1180] oder auch eine Ermittlung des letzten Willens mittels einer Befragung durch die Urkundsperson[1181]. Daraus erhellt, dass die Urkundsperson nicht notwendigerweise selbst den Urkundentext aufzusetzen hat, sie kann den bereits vorhandenen Entwurf verwenden[1182] oder eine Drittperson mit der Abfassung betrauen. Dagegen ist sie stets verpflichtet, im Verfahren der Nebenform den Urkundentext selbst zu verlesen[1183]. Die Niederschrift von Urkundentext und Datierung kann wahlweise in Hand- oder Maschinenschrift erfolgen[1184]. Im Hauptverfahren sind die Zeugen spätestens nach der

---

[1176] Zum Verfahren ausführlich BRÜCKNER N 2423 ff. Die Nebenform *muss* stets zur Anwendung gelangen bei Personen, welche nicht unterzeichnen können, also für Blinde, Schreibunfähige und Analphabeten (BRÜCKNER N 2405 Anm. 71, 2423).

[1177] Vgl. BUCHER, Art. 19 N 275; ferner BRÜCKNER N 2398; DRUEY § 8 N 16.

[1178] So wohl BGE 55 II 235; ausdrücklich GAUTSCHI 53; ESCHER/ESCHER, Art. 500 N 5; TUOR, Art. 500 N 4, zurückhaltend allerdings in Art. 499 N 6 sowie in Art. 500 N 10: Es ist somit keine Einheit des Aktes erforderlich.

[1179] BGE 65 II 214, 216; ausdrücklich ZGB-RUF, Art. 499 N 24, Art. 500 N 5; ESCHER/ESCHER, Art. 501 N 2; BECK § 13 I 2 – 5 [42 ff]; GAUTSCHI 53; SCHMID ZGRG 1991 50; zurückhaltend TUOR, Art. 500 N 10; anders PIOTET SPR IV/1 § 37 III [227 f], welcher den Grundsatz der *unitas actus* bereits vom Aufsetzen der Urkunde an einhalten will.

[1180] BGE 63 II 359, 361 E. 1; OGer Zürich ZR 1931 Nr. 177; ESCHER/ESCHER, Art. 500 N 3; TUOR, Art. 500 N 3 f; ZGB-RUF, Art. 500 N 6; PIOTET SPR IV/1 § 37 III [227]; BECK § 13 I 1 [42]; Staudinger/BAUMANN § 2232 N 24.

[1181] ESCHER/ESCHER, Art. 500 N 4; TUOR, Art. 500 N 3. Zulässig ist auch die Anfertigung des Urkundenentwurfs durch den Notar in Abwesenheit des Erblassers (RGZ 85, 121, 123; Staudinger/BAUMANN § 2232 N 22).

[1182] BGE 63 II 359, 361 f E. 1; TUOR, Art. 500 N 6; GAUTSCHI 54 ff; anders offenbar ESCHER/ESCHER, Art. 500 N 6.

[1183] BGE 45 II 135, 139 ff E. 3; ESCHER/ESCHER, Art. 502 N 4 f; ZGB-RUF, Art. 502 N 6; BECK § 13 I 4 [43]; zweifelnd allerdings nunmehr BGE 118 II 273, 277 E. 3 b aa.

[1184] BGE 55 II 235, 236 E. 2, 53 II 442; ESCHER/ESCHER, Art. 500 N 6; ZGB-RUF, Art. 500 N 8, 16; PIOTET SPR IV/1 § 37 III [228], bzgl. Datierung IV [229]; GAUTSCHI 60; grundsätzlich zustimmend auch TUOR Art. 500 N 8, allerdings skeptisch bei maschinenschriftlicher Datierung (a. a. O. N 17); für eigenhändige Datierung SCHMID ZGRG 1991 53.

Unterzeichnung und Datierung durch die Urkundsperson beizuziehen[1185], sofern diese unmittelbar der Unterzeichnung durch den Erblasser folgt. Sie haben zu bestätigen, dass der Erblasser in Gegenwart der Amtsperson[1186] und *vor ihnen selbst* ausdrücklich erklärt habe, dass er die Urkunde gelesen[1187] und sie als seinen letzten Willen anerkenne[1188]; zusätzlich haben sie zu bestätigen, dass sich nach ihrer Wahrnehmung der Erblasser in verfügungsfähigem Zustand befunden habe[1189]. Bei Anwendung der Nebenform haben die Zeugen weiterhin zu bestätigen, dass dem Erblasser die Verfügung von der Urkundsperson in ihrer Gegenwart vorgelesen worden ist[1190]. Die Zeugenerklärung hat unmittelbar nach ihrer Wahrnehmung zu erfolgen[1191]. Die Bestätigung hat auf der Urkunde durch Unterschriftsleistung zu erfolgen[1192].

Die Vermengung von Haupt- und Nebenform ist bedenkenlos soweit zulässig, als mindestens die Erfordernisse einer Form eingehalten sind[1193]. Unter diesem Gesichtswinkel ist allerdings das Verlesen der Verfügung ohne Anwesenheit der Zeugen trotz Unterschriftsleistung durch den Erblasser unzulässig[1194]. Unklar ist die Rechtslage bei bloss fehlender Schreibfähigkeit des Testators: Für diesen Fall wird im Prinzip die Hauptform zugelassen, wobei unklar ist, ob das Durchlesen in Gegenwart der Zeugen stattzufinden habe[1195].

2. Erbvertrag

a) Grundsatz: Analoges Verfahren wie bei der Errichtung öffentlicher letztwilliger Verfügungen

Auf die Errichtung des Erbvertrages sind grundsätzlich die Regeln über die Errichtung der öffentlichen letztwilligen Verfügung anwendbar[1196]. Dies gilt sowohl für die

---

[1185] BGE 58 II 204, 206 f; ZGB-RUF, Art. 501 N 1; PIOTET SPR IV/1 § 37 IV [229].
[1186] BGE 118 II 273, 276 E. 3 b aa, 103 II 84, 87 E. 2 b.
[1187] Hat er die Urkunde nicht gelesen, kann die Verfügung selbst dann ungültig erklärt werden, wenn nachweislich der Urkundentext dem letzten Willen des Erblassers entsprach (BGE 66 II 89; ESCHER/ESCHER, Art. 500 N 7; TUOR, Art. 500 N 13).
[1188] BGE 118 II 273, 276 E. 3 b aa, 105 II 47 E. 4, 89 II 363, 367 ff E. 2, 60 II 269, 275 E. 1; ZGB-RUF, Art. 501 N 6 f.
[1189] 105 II 47 E. 4; ESCHER/ESCHER, Art. 501 N 3 ff.
[1190] TUOR, Art. 502 N 9 f.
[1191] TUOR, Art. 501 N 1; ZGB-RUF, Art. 501 N 1.
[1192] ESCHER/ESCHER, Art. 501 N 9 f, Art. 502 N 9 ff; TUOR, Art. 501 N 11 f, 502 N 9 ff; ZGB-RUF, Art. 501 N 9 ff, Art. 502 N 11 ff. Zur Form der Bestätigung vgl. BRÜCKNER N 2416 ff; BGE 118 II 273, 276 f E. 3 b aa, 50 II 112, 116 E. 3, 45 II 135, 140 E. 3.
[1193] BGE 118 II 273, 275 E. 3 m. w. B.
[1194] BGE 118 II 273, 280 ff E. 5, 66 II 89, 91; ZGB-RUF, Art. 502 N 7; PIOTET SPR IV/1 § 37 VI [231]; SCHMID ZGRG 1991 52; a. M. ESCHER/ESCHER, Art. 502 N 7; TUOR, Art. 502 N 8b; BRÜCKNER N 2405 Anm. 71, 2432 ff; GAUTSCHI 73 f.
[1195] Dafür das Bundesgericht in BGE 45 II 135, 139 ff E. 3; ebenso PIOTET SPR IV/1 § 37 VI [231]; TUOR Art. 502 N 8a; ESCHER/ESCHER, Art. 502 N 8; dagegen GAUTSCHI 75; generell ablehnend SCHMID ZGRG 1991 52 f.
[1196] Art. 512 Abs. 1 ZGB; ESCHER/ESCHER, Art. 512 N 1; TUOR, Art. 512 N 1 f; ZGB-RUF, Art. 512 N 1; TUOR/SCHNYDER/SCHMID 488: Gänzlich ausgeschlossen sind somit eigenhändige oder gar mündliche Erbverträge (vgl. auch Erl. I 408). Zur Erbvertragsfähigkeit vgl. vorn 187.

Bestimmungen über die Haupt- als auch die Nebenform[1197]. Unzulässig ist die Verpflichtung zum Abschluss eines Erbvertrags[1198]. Für die *nicht* verfügende Partei ist Stellvertretung – allgemeinen Grundsätzen entsprechend – ohne weiteres möglich[1199].

b) Besonderheiten des Verfahrens

Die Parteien haben nach Art. 512 Abs. 2 ihren Willen gleichzeitig vor der Urkundsperson zu erklären. Die Erklärung hat also in einem Akt zu erfolgen[1200]. Die Errichtung der Urkunde sowie evtl. das Vorlesen folgt grundsätzlich den Vorschriften über die Errichtung öffentlicher letztwilliger Verfügungen. Nur für den Fall, dass der von Todes wegen verfügende die Urkunde nicht liest, ist während des Verlesens der Urkunde durch die Amtsperson bereits die Anwesenheit der Zeugen erforderlich[1201]. Spätestens im Anschluss an das Durchlesen ist es allerdings gestützt auf Art. 512 Abs. 2 ZGB erforderlich, dass die Kontrahenten den Vertrag vor der Urkundsperson *und* den beiden Zeugen unterschreiben[1202].

Die Funktion der Zeugen ist unter dem Aspekt zu würdigen, dass evtl. nur ein Kontrahent von Todes wegen verfügt. Insoweit bezieht sich ihre Bestätigung nur auf den Erblasser; namentlich haben sie sich nicht über die Verfügungsfähigkeit des nicht Verfügenden auszusprechen, auch gelten die Ausstandsgründe nach Art. 503 Abs. 1 ZGB nur mit Bezug auf den Erblasser[1203].

c) Kombination der Beurkundung von Erbverträgen mit weiteren formpflichtigen Geschäften

Da der Erbvertrag die umfassendste notarielle Beurkundungsform darstellt, können gleichzeitig weitere formpflichtige Rechtsgeschäfte (letztwillige Verfügungen, Ehe-

---

[1197] BGE 66 II 99, 101 f E. 2; ESCHER/ESCHER, Art. 512 N 6; TUOR, Art. 512 N 11; PIOTET SPR IV/1 § 37 VIII [232]; BECK § 17 III 1 [56]; DRUEY § 10 N 12; GAUTSCHI 120 ff. Zu den Einzelheiten des Verfahrens TUOR a. a. O. N 3 ff.

[1198] BGE 108 II 405, 407 ff E. 2 a = Pra 1983 Nr. 86; TUOR, vor Art. 494 ff N 12; ZGB-BREITSCHMID, vor Art. 494 ff N 5.

[1199] TUOR, Art. 512 N 4; ZGB-BREITSCHMID, vor Art. 494 ff N 7; ZGB-RUF; Art. 512 N 8; BECK § 17 IV 2 [57]; DRUEY § 10 N 15; GROSS 63; SCHMID ZGRG 1991 53.

[1200] ESCHER/ESCHER, Art. 512 N 3; TUOR, Art. 512 N 4; ZGB-RUF, Art. 512 N 2, 5; PIOTET SPR IV/1 § 37 VIII [232]; BECK § 17 III 1 [56].

[1201] ESCHER/ESCHER, Art. 512 N 7; SCHMID ZGRG 1991 51.

[1202] BGE 105 II 43, 46 E. 3, 76 II 273, 276 f E. 2; ESCHER/ESCHER, Art. 512 N 5; ZGB-RUF, Art. 512 N 9; SCHMID ZGRG 1991 51. Mit Bezug auf die Unterschrift des nicht Verfügenden sind Art. 11 ff OR anwendbar (TUOR, Art. 512 N 6; DRUEY § 10 N 14). Unerheblich ist, ob die Unterschriftsleistung vor oder nach der Erklärung an die Zeugen erfolgt (BGE 118 II 273, 277 E. 3 b bb, 60 II 269, 276 E. 1).

[1203] So (zurückhaltend) ESCHER/ESCHER, Art. 512 N 2, 9 f; TUOR, Art. 512 N 9 f; ZGB-RUF, Art. 512 N 6; ebenso wohl PIOTET SPR IV/1 § 37 VIII [232]; anders SCHMID ZGRG 1991 52: Somit dürfte in jenen Fällen, in welchen der Vertragsgegner die Verfügung des Erblassers *nur* annimmt, eine ausdrückliche Willenserklärung nicht erforderlich sein. Das Bundesgericht lässt die Frage offen (BGE 118 II 273, 276 E. 3 b aa, 105 II 43, 47 E. 4, 93 II 223, 227 f E. 2).

verträge, immobiliarsachenrechtliche Verträge etc.) mit dem Erbvertrag verbunden werden[1204].

3. Ausgleichungsverfügungen und -vereinbarungen im besonderen

a) Herrschende Lehre und Rechtsprechung: Keine Formvorschriften

Einleitend wurde darauf hingewiesen, dass die praktisch einstimmige Erbrechtsdoktrin Ausgleichungsverfügungen und -vereinbarungen von der Formpflichtigkeit der herkömmlichen Verfügungen von Todes wegen befreit[1205]. Einheitlich wird diese Ansicht soweit vertreten, als die Verfügung oder Vereinbarung *zeitgleich* mit der lebzeitigen Zuwendung erfolgt; auch den Sachverhalten zahlreicher Judikate lassen sich solche Konstellationen entnehmen[1206]. Für *später* erfolgte Verfügungen und Vereinbarungen lässt sich freilich keine vollkommen einheitliche Linie feststellen; namentlich in der älteren Literatur werden keine Formerleichterungen zugelassen[1207]. Allerdings scheinen auch manchem Vertreter der Postulierung vollkommener Formfreiheit die Konsequenzen seiner Äusserungen nicht geheuer zu sein, weswegen aus Sicherungs- und Beweisgründen geraten wird, sich bei nachträglichen Verfügungen oder Erlassen der Form der letztwilligen Verfügung oder des Erbvertrags zu bedienen[1208]. Die Ausführungen zu diesem Problem sind auch regelmässig eher kurz gefasst und muten etwas apodiktisch an. Eingeräumt wird allerdings, die Befreiung von Formvorschriften im Bereiche des Erbrechts stelle eine *Anomalie* dar[1209].

Das Bundesgericht hat sich allerdings unter *Ignorierung* dieser Anomalie nicht gescheut, selbst nachträgliche Willensäusserungen des Erblassers, welche zweifellos *nicht* in der Form der Verfügungen von Todes geäussert worden waren, mit Blick auf ihre ausgleichungsrechtliche Relevanz zu prüfen[1210].

In BGE 44 II 356, 360 E. 3 prüfte es – ohne näher auf die Formproblematik einzugehen – ob einer 1899 ausgestellten *Saldoquittung*, welche auf eine 1891 erfolgte Zuwendung Bezug genommen hatte, ein Ausgleichungsdispens entnommen werden könne.

Etwas ausführlicher ist es sodann in drei innerhalb von nur 18 Monaten ergangenen Entscheiden (BGE 67 II 207, 213 E. 5, 68 II 78, 80 ff E. 1 und 69 II 71, 73 E. 1)[1211] auf die Formbe-

---

[1204] Statt vieler PICENONI ZBGR 1967 259; für den kombinierten Ehe- und Erbvertrag SCHMID ZGRG 1991 56.
[1205] Vgl. die Nachweise vorn 195.
[1206] Vgl. die vorn 195 erwähnten Entscheide.
[1207] Vgl. vorn 195.
[1208] ESCHER/ESCHER, Art. 626 N 47; PICENONI ZBGR 1978 69 f; WIDMER 129, 164 f, welcher *de lege ferenda* wenigstens ein Obligatorium der Schriftform wünscht. Tendenziell gleichsinnig für vertragliche Vereinbarungen zur Ausgleichungspflicht auch MOSER 85.
[1209] WIDMER 119.
[1210] Dazu auch WIDMER 160 f.
[1211] Zu den beiden erstgenannten Entscheiden die Besprechungen von GUHL ZBJV 1942 500 sowie ZBJV 1943 354.

dürftigkeit von Ausgleichungsverfügungen eingegangen: Die beiden erstgenanten Entscheide betrafen den gleichen Sachverhalt (*Rieser-Honauer und Kinder c. Honauer*), in welchem u. a. die Ausgleichungspflicht zweier Zuwendungen im Streit lag. Die Beklagten erblickten in den *mündlichen* Äusserungen des Erblassers gegenüber dem Zeugen Stocker einen ausdrücklichen Ausgleichungsdispens nach Massgabe von Art. 626 Abs. 2 ZGB. Im ersten Entscheid hielt das Bundesgericht dazu unter Berufung auf zwei ältere Entscheide[1212] zunächst fest, dass Ausgleichungsdispense *formfrei* erklärt werden könnten, und verwies den Fall zur Abklärung und Würdigung der geltend gemachten Vorbringen an die Vorinstanz zurück. Diese verneinte das Vorliegen eines Dispenses auch deshalb, weil ein nachträglicher Dispens nur in der Form der letztwilligen Verfügung hätte erklärt werden können. Auf erneute Berufung beider Parteien hat das Bundesgericht zu diesem Punkte – freilich ohne Begründung – ausgeführt, das ZGB anerkenne ohne Einschränkung formfreie Verfügungen betreffend die Ausgleichung, wobei der *Zeitpunkt vollkommen belanglos* sei.

Ein Jahr später hat es schliesslich in BGE 69 II 71 diese Aussage kurz und bündig wiederholt, als ein Ausgleichungsdispens zur Beurteilung stand, welcher in einer Vertragsergänzung zu einer Liegenschaftsabtretung enthalten war.

In rechtsvergleichender Hinsicht ist zu bemerken, dass nach *deutscher* Auffassung Ausgleichungsverfügungen oder -vereinbarungen den Formvorschriften der zugrundeliegenden Zuwendung folgen, sofern sie zeitgleich mit dieser erfolgen: Erfolgt diese formfrei, so unterliegt auch das die Ausgleichung berührende Rechtsgeschäft keinen Formvorschriften[1213].

Nachträglich angeordnete oder vereinbarte Ausgleichungspflichten oder Erlasse unterliegen dagegen – da in ihnen Vermächtnisanordnungen zugunsten oder zulasten der Miterben erblickt werden – stets den Formvorschriften der Verfügungen von Todes wegen[1214].

Demgegenüber steht die österreichische Erbrechtsdoktrin auf dem Standpunkt, Ausgleichungsverfügungen und -erlasse seien stets formlos zulässig[1215].

b)   Begründungen

Teilweise wird geltend gemacht, die Befreiung von Formvorschriften lasse sich aus dem Wortlaut des Gesetzes selbst herauslesen[1216]. Damit einher geht die Aussage, Art. 626 Abs. 2 ZGB enthalte ein Formerfordernis im weiteren Sinne, indem Ausgleichungsdispense ausdrücklich erklärt werden müssten[1217].

[1212] BGE 45 II 513, 520 und 44 II 356, 360 E. 3.
[1213] Staudinger/WERNER § 2050 N 32; RGRK-KREGEL § 2050 N 18; Soergel/WOLF § 2050 N 20; KIPP/COING § 120 IV 3 [650].
[1214] RGZ 90, 419, 422 f; Staudinger/WERNER § 2050 N 33; RGRK-KREGEL § 2050 N 19; KIPP/COING § 120 IV 3 und 4 [650]; EBENROTH N 781.
[1215] Klang/WEISS §§ 790 bis 794 I A [937], I B 1 [939], je m. w. H.; anders Rummel/WELSER §§ 788, 789 N 14.
[1216] So ausdrücklich BGE 118 II 282, 286 E. 3; in die gleiche Richtung weisend 68 II 78, 80 ff E. 1; PIOTET ASR 591 N 100; in der Tendenz auch ders. SPR IV/1 § 49 II A [347]; anders allerdings wieder ders. ZBJV 1972 281 Anm. 38; PICENONI SJZ 1962 34, 36; zweifelnd WIDMER 117; ausdrücklich a. M. BECK § 38 II [165].
[1217] ROSSEL/MENTHA Ziff. 1161; GUISAN JdT 1942 143 f; ebenso in der Tendenz BGE 118 II 282, 286 E. 3; PIOTET SPR IV/1 § 49 II A [347]; ders. ASR 591 N 80; anders noch ders.

Weiterhin wird ins Feld geführt, die Formlosigkeit gestatte es den Parteien, Bestimmungen zur Ausgleichung im Zuwendungsgeschäft unter Lebenden zu integrieren[1218]. Sei dieses selbst formpflichtig – soweit es um die Verpflichtung zur Vornahme unentgeltlicher Zuwendungen geht, ist dies stets der Fall (Art. 243 OR) – werde immerhin eine weniger weit gehende Formpflicht erfüllt[1219].

Sodann wird ausgeführt, dass der Erblasser durch die einer Ausgleichung stets vorangehende Zuwendung unter Lebenden die Auswirkungen seines Handelns stets spüre, weswegen keine Schutzbedürftigkeit vorliege[1220]. Mit Blick auf die (fehlende) Schutzbedürftigkeit führt WIDMER[1221] aus, eine solche fehle auch deshalb, weil regelmässig nur das Verhältnis zwischen gesetzlich berufenen Erben in Frage stehe, so dass eine besondere Publizität nicht notwendig sei.

Schliesslich wird vorgetragen, die Parteien seien sich oftmals der Tragweite ihres Handelns nicht bewusst, da sie nicht annehmen würden, bei den Verfügungen oder Vereinbarungen betreffend die Ausgleichungspflicht handle es sich um Verfügungen von Todes wegen: Es wäre demnach unbillig, eine grosse Zahl diesbezüglicher Rechtsgeschäfte an Fragen der Form scheitern zu lassen[1222].

c) Stellungnahme

Ausgehend vom erbrechtlichen Grundsatz, dass Verfügungen von Todes wegen stets formgebunden sein müssen, kann ein Abweichen in Richtung Formlosigkeit nur beim Vorliegen *einigermassen* triftiger Gründen anerkannt werden. Dies gilt auch für Ausgleichungsbestimmungen, welche keinesfalls als Verfügungen «minderer» Art betrachtet werden dürfen. Die vorgetragenen Argumente erscheinen dazu allerdings nur teilweise geeignet:

ZBJV 1972 281 Anm. 38; DRUEY § 7 N 53; EITEL ZBJV 1998 750; VOLLERY N 107, 117 ff; WIDMER 154 f, anders aber ders. 117.

[1218] PIOTET ASR 591 N 102; ders. SPR IV/1 § 49 II A [347 f]; ders. ZBJV 1972 281 f; ders. ZSR 1971 I 22 Anm. 17; GUISAN ZSR 1952 II 496; ders. JdT 1942 144; SEEBERGER 265; STOUDMANN 67; VOLLERY N 106; WIDMER 118.

[1219] PICENONI ZBGR 1978 70; implizit PIOTET ASR 591 N 102; ders. SPR IV/1 § 49 II A [347 f]; ZOLLER 29 Anm. 210; anders allerdings WIDMER 119, wonach zwischen der Zuwendung und der Verfügung von Todes wegen kein funktioneller Zusammenhang bestehe; gleichsinnig ESCHER/ESCHER, Art. 626 N 44; SEEBERGER 265; WOLFER 25 f. Das Bundesgericht erachtet es ebenfalls nicht als notwendig, dass die anlässlich der Zuwendung angeordnete Ausgleichungsverfügung an der Form des Zuwendungsgeschäftes teilhabe (BGE 118 II 282, 286 E. 3: I. c. ging es um einen öffentlich beurkundeten Grundstücksschenkungsvertrag, in welchen auch Ausgleichungsbestimmungen aufgenommen worden waren, was das Bundesericht – im Gegensatz zur Vorinstanz – nicht als Gültigkeitserfordernis betrachtete).

[1220] BREITSCHMID 1997 79 f; in diese Richtung weisend DRUEY § 7 N 51.

[1221] WIDMER 118.

[1222] PIOTET ASR 591 N 102; ders. SPR IV/1 § 48 II A [348]; ders. ZBJV 1972 282; SEEBERGER 265; ähnlich DRUEY § 7 N 51.

Am überzeugendsten erscheint angesichts der Tatsache, dass die Regelung der erbrechtlichen Folgen der Zuwendung durch den Erblasser allein, gemeinsam mit dem Empfänger oder allenfalls weiteren (künftigen) Erben zeitgleich mit der Ausrichtung erfolgen kann, die Ansicht, wonach ein Beharren auf strengen Formerfordernissen als zu rigid erscheint. Wie zu Recht erkannt worden ist, erlaubt ein Verzicht auf die erbrechtliche Form, Ausgleichungsbestimmungen in das Rechtsgeschäft unter Lebenden aufzunehmen. Ist dieses (etwa bei Liegenschaftsabtretungen) selbst formpflichtig, so können die Ausgleichungsbestimmungen zum mindesten an dieser teilhaben. Um das so geschaffene Formprivileg zu rechtfertigen, muss allerdings im Gegensatz zur herrschenden Ansicht gefordert werden, dass die Ausgleichungsbestimmungen an der obligatorisch oder freiwillig gewählten Formpflicht teilnehmen, ansonsten sie als *formungültig* zu qualifizieren sind.

Aus zwei zusätzlichen Gründen erscheint ein Formdispens in diesem Falle als angemessen: Einerseits wird sich der Erblasser der Konsequenzen seines Handelns in jenem Zeitpunkt besonders bewusst, da der Vermögensabfluss zeitgleich mit der Regelung der erbrechtlichen Fragen vonstatten geht. Zum anderen kann mit Fug geltend gemacht werden, dass Vereinbarungen über gewichtige unentgeltliche Zuwendungen, welche im Hinblick auf den Erbfall ausgerichtet werden, zum mindesten regelmässig in schriftlicher Form vereinbart werden, sofern es ihnen nicht vollständig an der Seriosität mangelt. Aus diesem Grunde sollte auch die schwierige Frage der Beweisbarkeit von Ausgleichungsbestimmungen befriedigend geregelt werden können.

Für später aufgestellte Ausgleichungsbestimmungen besteht dagegen kein Anlass zum Entgegenkommen in der Formfrage. Überhaupt nichts zur Frage der Form lässt sich dem Wortlaut des Gesetzes entnehmen. Dass das Gesetz nicht ausdrücklich die Verwendung einer Form vorschreibt, kann keinesfalls als Formfreiheit gedeutet werden.

Auch für die am ehesten mit Ausgleichungsverfügungen verwandten erblasserischen Teilungsregeln (Art. 608 Abs. 1 ZGB) wird nicht ausdrücklich eine bestimmte Form gefordert. Statuiert wird lediglich, dass der Erblasser Teilungsvorschriften nur – analog wie bei der Ausgleichung – im Rahmen einer Verfügung von Todes wegen machen könne, wobei freilich niemand ernsthaft die Frage einer möglichen Formfreiheit aufwirft[1223]. Der Unterschied besteht somit einzig darin, dass für die Ausgleichung im Gegensatz zu den Teilungsvorschriften die Rechtsnatur nicht positivrechtlich festgehalten wird, sondern von Lehre und Judikatur mittels Auslegung bestimmt werden musste.

Unbehelflich zur Beantwortung der Formfragen ist auch das Erfordernis, Ausgleichungserlasse hätten stets ausdrücklich zu erfolgen. Die Frage nach der Ausdrücklichkeit einer Willenserklärung beschlägt ihren Inhalt und ist durch Auslegung zu ermitteln[1224]; ob die Äusserung dabei mittels öffentlicher Beurkundung oder durch blosses Kopfnicken erfolgte, ist vollkommen belanglos.

[1223] Das Teilungsvorschriften nur mittels letztwilliger Verfügung oder Erbvertrag aufgestellt werden können, ist vollkommen unstreitig (vgl. ZGB-SCHAUFELBERGER, Art. 608 N 5; ferner PFAMMATTER 3).

[1224] Dazu hinten 238 ff.

Für den nachträglichen Erlass von Ausgleichungsbestimmungen ausser Betracht zu bleiben hat auch ein Bezug zum Zuwendungsgeschäft, geht dieses doch zeitlich voraus. Auch die Behauptung, der durchschnittliche Erblasser verschwende keinen Gedanken an die Rechtsnatur der Ausgleichung, führt nicht zu einem anderen Ergebnis. Auch wenn sie zutreffen sollte, so muss doch betont werden, dass nicht von der Einhaltung einer Form alleine deshalb dispensiert werden kann, weil sich die Rechtsgenossen dazu keine Vorstellung machen. Ebenfalls unbehelflich erscheint die Tatsache, dass sich Ausgleichungsfragen in den meisten Fällen nur im intimen Kreis der engsten Familie stellen, trifft dies doch regelmässig auf alle erbrechtlichen Sachverhalte zu.

Zu keinem anderen Ergebnis führt auch die Feststellung, dass im Hinblick auf Formfragen im Erbrecht in jüngerer Zeit im Schrifttum vermehrt für eine Liberalisierung eingetreten worden ist. Diese Entwicklung – welche im Bereich der letztwilligen Verfügung mit der Neufassung von Art. 505 und der Einfügung von Art. 520a ZGB ihren Niederschlag gefunden hat – bezweckt denn auch keine vollkommene Formfreiheit, sondern bloss eine Reduktion der Formvorschrift auf ihre Zwecke. Gerade die jüngste Reform im Testamentsrecht mit ihren Erleichterungen macht es dem individuell handelnden Erblasser um so mehr zumutbar, sich für nachträgliche Anordnungen über die Ausgleichung der korrekten Form zu bedienen.

Schliesslich ist noch darauf hinzuweisen, dass Verfügungen betreffend die Modalitäten der Ausgleichung (Art. 628 ff ZGB) bzgl. der verlangten Form den identischen Regeln wie die Hauptfrage unterliegen. Dies scheint – soweit ersichtlich – abgesehen von einer Ausnahme unbestritten[1225].

d) «Uneigentliche» Ausgleichung als Sonderfall?

Wird die Geltungskraft der Ausgleichungsregeln für Zuwendungen an eingesetzte Erben verfügt, so verlangt die überwiegende Lehre mehrheitlich die Anwendung der erbrechtlichen Formvorschriften[1226]. Dagegen ist mit guten Gründen eingewandt worden, dass sich die Auswirkungen von «eigentlicher» und «uneigentlicher» Ausgleichung nicht unterscheiden würden, weshalb auch eine unterschiedliche Behandlung des Formproblems unzweckmässig erscheine[1227]. Dem ist vorbehaltlos beizupflichten; darüber hinaus würde eine unterschiedliche Behandlung zu einer unnötigen Komplizierung führen, welche es möglichst zu vermeiden gilt.

[1225] Diese betrifft den Fall, da der Pflichtige zu einer grösseren Ausgleichung verpflichtet wird, als der objektive Wert der Zuwendung ausmacht, dazu hinten 265 f.
[1226] ESCHER/ESCHER, vor Art. 626 ff N 5, Art. 626 N 16; TUOR/PICENONI, Art. 626 N 1a, 5a; DRUEY § 7 N 24; SEEBERGER 275, 280 f; implizit auch WIDMER 17.
[1227] PIOTET SPR IV/1 § 52 III A [368 f]; ähnlich BREITSCHMID 1997 74 Anm. 83; DRUEY § 7 N 28; ders. FS Piotet 36 ff, bes. 37 f; WEIMAR FS Schnyder 852; vgl. auch vorn 92 ff.

§ 5 Auslegung der Verfügungen von Todes wegen

I. Vorbemerkungen

Verfügungen von Todes wegen sind als Äusserungen menschlichen Willens in ihrer Bedeutung häufig unklar, widersprüchlich und mehrdeutig. Dies beruht auf der Unvollkommenheit der Sprache; der Wortlaut einer Erklärung gibt den Sinn menschlichen Gedankeninhalts vielfach nicht korrekt wieder[1228]. Mit Hilfe der Auslegung von Rechtsgeschäften wird versucht, Licht ins Dunkel der Unklarheiten und Widersprüche zu bringen, um den Sinn mehrdeutiger Gedankenäusserungen zu ermitteln. Ziel der Auslegung ist somit die Erforschung des *wirklichen* Parteiwillens[1229].

Bei der Auslegung der Verfügungen von Todes besteht im Gegensatz zur Auslegung schuldrechtlicher Verträge die Besonderheit, dass der Hauptbeteiligte im Zeitpunkt der Auslegung bereits verstorben ist. Hinzu kommt, dass zumindest letztwillige Verfügungen *einseitige* Willenserklärungen darstellen[1230], was selbstredend bei der Auslegung ins Gewicht fällt. Eine weitere Besonderheit – gerade bei eigenhändigen letztwilligen Verfügungen – liegt darin, dass diese häufig *ohne* fremde Hilfe niedergeschrieben werden, was nicht selten zu unklaren und widersprüchlichen Formulierungen führen kann[1231]. Schliesslich muss betont werden, dass im Bereiche der Verfügungen von Todes wegen nur in sehr geringem Masse den Erfordernissen des Rechtsverkehrs Beachtung zu schenken ist[1232].

Aus diesem Grunde wird denn auch immer wieder betont, dass besonders die Testamentsauslegung von der herkömmlichen Vertragsauslegung abweiche und eigenen Regeln folge[1233]. Ob dies zutreffe, soll nachfolgend untersucht werden. Dazu ist einerseits die Interessenlage bei der Auslegung von Verfügungen von Todes wegen zu beleuchten, aus den gewonnenen Schlüssen sollen sodann die massgebenden Auslegungsmethoden, -mittel und -regeln festgehalten und in bezug zu ausgleichungsrelevanten Tatbeständen gesetzt werden.

[1228] VON TUHR/PETER § 34 I [285]; ähnlich ZGB-BREITSCHMID, Art. 469 N 2; ausdrücklich auch MEIER-HAYOZ (Art. 1 N 132) zum ähnlich gelagerten Problem der Gesetzesauslegung.
[1229] OR-WIEGAND, Art. 18 N 7; LARENZ/WOLF § 28 N 3; RASELLI AJP 1999 1262.
[1230] Statt vieler KRAMER, Art. 18 N 50.
[1231] DRUEY § 12 N 3; ZGB-BREITSCHMID, Art. 469 N 22.
[1232] TUOR, vor Art. 481 ff N 15; PIOTET SPR IV/1 § 33 II [207 f]; RASELLI AJP 1999 1263.
[1233] So entschieden PIOTET SPR IV/1 § 33 II [207 f]. Weniger weitgehend allerdings ESCHER/ESCHER, Die Verfügung von Todes wegen, N 10 («Analog anwendbar ist auch Art. 18 OR»); ebenso TUOR, vor Art. 481 ff N 15.

II. Rechtliche Grundlagen

A. Im ZGB selbst

1. Allgemein

Das ZGB enthält in verschiedenen Bestimmungen Vorschriften darüber, wie Verfügungen von Todes wegen auszulegen sind[1234]. Dazu gehören vorweg die im vorliegenden Kontext zentralen Art. 626, 629 Abs. 1 und 631 Abs. 1 ZGB. Meist werden allerdings nur ganz *spezifische* Probleme angesprochen, welche sich mittels dieser Regeln lösen lassen; aus diesem Grunde sollte auch ihre Bedeutung nicht überschätzt werden[1235].

Zu den erwähnten Bestimmungen gehören etwa: Art. 479 Abs. 3 (Enterbung), Art. 482 Abs. 3 (lästige und unsinnige Auflagen und Bedingungen), Art. 486 Abs. 3, 608 Abs. 3 (Vorausvermächtnisse) sowie Art. 539 Abs. 2 (Zuwendung an Personenmehrheit ohne Rechtspersönlichkeit).

2. Art. 469 Abs. 3 ZGB im besonderen

Für die Auslegung der Verfügungen von Todes von grosser Bedeutung ist Art. 469 ZGB[1236], namentlich dessen Absatz 3, auch wenn sich Art. 469 ZGB nach der *Marginalie* mit Willensmängeln befasst[1237]. Absatz 3, welcher bei *offenbarem, eindeutigem* Irrtum des Verfügenden eine Richtigstellung zulässt, stellt einen Anwendungsfall des allgemeinen Grundsatzes *falsa demonstratio non nocet*[1238] dar[1239] und dient der Durchsetzung des bei der Auslegung zu beachtenden Grundsatzes des *favor negotii*[1240].

[1234] Übersichten bei ESCHER/ESCHER, Die Verfügung von Todes wegen, N 10; TUOR, vor Art. 481 ff N 13; DRUEY § 12 N 18. Diese Regeln werden von der Doktrin zu den sog. «Externas» gezählt (vgl. hinten 234).

[1235] ESCHER/ESCHER, Die Verfügung von Todes wegen, N 10.

[1236] TUOR, Art. 469 N 2, ESCHER/ESCHER, Art. 469 N 2; PICENONI 75. Art. 469 ZGB ist prinzipiell auf letztwillige Verfügungen und Erbverträge anwendbar (BGE 99 II 382; TUOR a. a. O. N 2; ESCHER/ESCHER a. a. O. N 2; ZGB-BREITSCHMID, Art. 469 N 4 m. w. H.; a. M. PIOTET SPR IV/1 § 35 III Anm. 16 [221]).

[1237] ZGB-BREITSCHMID, Art. 469 N 3. Eigentlich erfolgt die Prüfung des Vorliegens allfälliger Willensmängel im Anschluss an die Auslegung der Willenserklärung (KRAMER, Art. 1 N 53). Unklar ist bei Art. 469 ZGB namentlich, ob die Beurteilung eines Willensmangels auf seiten des Verfügenden bei einem Erbvertrag sich nach dieser Norm richtet oder nicht; dazu hinten 252 f.

[1238] Zum Begriff KRAMER, Art. 18 N 83 ff.

[1239] ESCHER/ESCHER, Art. 469 N 26; KRAMER, Art. 18 N 92.

[1240] TUOR, vor Art. 481 ff N 16.

Allerdings ist der Anwendungsbereich von Art. 469 Abs. 3 ZGB stark eingeschränkt[1241]. Der Berichtigung zugänglich sind danach bloss offensichtliche Irrtümer in der Erklärungshandlung[1242], mithin *unbeabsichtigte* Schreibfehler[1243]. Hinzu kommt, dass gestützt auf den Gesetzeswortlaut nur Fehler bzgl. Personen oder Sachen berichtigt werden können[1244].

B. Analoge Anwendung der Auslegungsregeln des OR?

1. Grundsatz

Die rechtliche Grundlage der *Vertragsauslegung* im Obligationenrecht findet sich in Art. 18 Abs. 1 OR. Diese Bestimmung stellt bei schuldrechtlichen Verträgen den Grundsatz der Privatautonomie in den Vordergrund, d. h. die Parteien sollen gestützt auf ihren wirklichen Willen – welcher unter Umständen vom *Wortlaut abweicht* – gebunden sein[1245].

Primär ist somit der wirkliche Wille der Parteien, der *«natürliche Konsens»*[1246], zu ermitteln. Der Vertrauensgrundsatz greift erst da ein, wo der wirkliche Wille nicht festgestellt[1247] wor-

---

[1241] Dazu die bundesgerichtliche Rechtsprechung, welche die Voraussetzungen der Anwendung von Art. 469 Abs. 3 ZGB nur mit grösster Zurückhaltung für gegeben hält (BGE 124 III 414, 416 E. 2 b = Pra 1999 Nr. 7, 72 II 225, 230 ff E. 1 – 3, 70 II 7, 13 f E. 3, 64 II 186, 190, 50 II 332, 335 ff E. 3); für offenherzigere Anwendung von Art. 469 Abs. 3 ZGB namentlich FAHRLÄNDER 35 ff; ferner GLAUS 200 ff.

[1242] Eine Diskrepanz zwischen Willen und Erklärung bleibt somit im Rahmen von Art. 469 Abs. 3 ZGB unberücksichtigt (PICENONI 76; ähnlich TUOR, Art. 469 N 35). Beabsichtigt der Erblasser z. B., der wissenschaftlichen Institution X wegen ihrer bahnbrechenden Erfindung ein Vermächtnis auszusetzen und bezeichnet er *versehentlich* die Institution Y als Vermächtnisnehmer, so ist eine Berichtigung möglich; nicht aber, wenn er fälschlicherweise von der Annahme ausgig, die bahnbrechende Erfindung sei Y zuzuschreiben, und ihr deshalb das Vermächtnis aussetzte (so das Beispiel von HUBER in Erl. I 386; vgl. für ähnliche Beispiele TUOR, Art. 469 N 33; GLAUS 18 f).

[1243] GLAUS 16. Berichtigen lässt sich nur eine vorhandene Bezeichnung, unzulässig ist dagegen die Einfügung einer *fehlenden* Erklärung (BGE 124 III 414, 416 E. 3 b = Pra 1999 Nr. 7, 72 II 225, 231 E. 2; GLAUS 17 f; kritisch KRAMER, Art. 18 N 95).

[1244] BGE 124 III 414, 416 E. 2 b = Pra 1999 Nr. 7, grundlegend 72 II 225, 230 f E. 2 unter Berufung auf den französischen und italienischen Gesetzeswortlaut; weitergehend PIOTET SPR IV/1 § 33 II [208]; PICENONI 76; BECK § 25 I 4 [99]; FAHRLÄNDER 35, 41 ff; GLAUS 200 ff. Bei Personen ist dabei namentlich an falsche Namens-, Alters- oder Verwandtschaftsbezeichnungen zu denken (ESCHER/ESCHER, Art. 469 N 27; TUOR, Art. 469 N 34); bei Sachen an falsche Bezeichnungen (vgl. etwa LANGE/KUCHINKE § 34 III 3 a [737] und PICENONI 68 f für das bekannte Schulbeispiel, wo der Erblasser seinen Weinkeller als «Bibliothek» bezeichnet).

[1245] KRAMER, Art. 18 N 8; JÄGGI/GAUCH, Art. 18 N 47 ff; OR-WIEGAND, Art. 18 N 1; VON TUHR/PETER § 34 I [286].

[1246] Zum Begriff KRAMER, Art. 1 N 122 ff, Art. 18 N 14.

[1247] Erweist sich die Einigung als unvollkommen, so kommt dessen Ergänzung oder Anpassung in Betracht (OR-WIEGAND, Art. 18 N 3).

den ist bzw. er sich als nicht feststellbar erweist[1248]. Nach dem Vertrauensgrundsatz sind empfangsbedürftige Willenserklärungen so auszulegen, wie der Empfänger sie als vernünftiger und korrekter Mensch in guten Treuen verstehen durfte und musste[1249]. Gestützt auf einen solchen «*normativen Konsens*»[1250] kann ein Vertragsverhältnis vorliegen, selbst wenn die Parteiwillen nicht übereinstimmten[1251]. Vorbehalten bleibt indes stets die Möglichkeit, den kraft normativen Konsenses zustande gekommenen Vertrag unter Rekurs auf Art. 23 ff OR für *ungültig erklären zu lassen bzw. anzufechten*[1252].

Art. 18 Abs. 1 OR gilt grundsätzlich – obwohl von der Systematik her auf schuldrechtliche Verträge zugeschnitten – nach der Regel von Art. 7 ZGB auch für andere zivilrechtliche Verhältnisse[1253]. Dabei muss aber jeweils untersucht werden, ob die Anwendung dieser Regel im entsprechenden Rechtsgebiet nach dessen Sinn und Zweck überhaupt in Frage kommt und wenn ja, ob aufgrund der Besonderheiten im betreffenden Fall eine Einschränkung oder Modifikation geboten ist[1254].

2. Verfügungen von Todes wegen

a) Letztwillige Verfügungen

Auf letztwillige Verfügungen als einseitige, nicht empfangsbedürftige[1255] Willenserklärungen scheint Art. 18 Abs. 1 OR nicht zugeschnitten zu sein. Dennoch wenden h. L. und Rechtsprechung Art. 18 Abs. 1 OR immerhin soweit (analog) an, als das Willensprinzip zur Anwendung gelangt[1256]. Dies erscheint sinnvoll, liegt doch mindestens vordergründig in der Errichtung einer letztwilligen Verfügung der Prototyp desjenigen Rechtsgeschäfts, in welchem keine Interessen Dritter zu schützen sind. Vielmehr geht es einzig und allein darum, den wahren Willen des Erblassers herauszustellen.

b) Erbverträge

Grundsätzlich anders ist die Ausgangslage bei Erbverträgen: Hier stehen sich mindestens zwei Parteien gegenüber, so dass sich selbstredend eine vollkommen einseitige Auslegung nach dem Willen des Erblassers verbietet. Es spricht somit im

---

[1248] OR-WIEGAND, Art. 18 N 1.
[1249] So zuletzt BGE 123 III 16, 22 E. 4 b und 123 III 165, 168 E. 3 a; aus der Doktrin statt vieler VON TUHR/PETER § 34 I [287].
[1250] Zum Begriff KRAMER, Art. 1 N 126 ff, Art. 18 N 15.
[1251] KRAMER, Art. 1 N 126 ff (N 141 zur schwierigen Abgrenzung vom versteckten Dissens), Art. 18 N 15.
[1252] Vgl. KRAMER, Art. 1 N 133 ff. Dazu ausführlich hinten 248 ff.
[1253] KRAMER, Art. 18 N 6; FRIEDRICH, Art. 7 N 35 ff; vgl. auch vorn 196 Anm. 1069.
[1254] FRIEDRICH, Art. 7 N 64.
[1255] KRAMER, Art. 1 N 28.
[1256] RASELLI AJP 1999 1263; KRAMER, Art. 1 N 113 m. w. H., Art. 18 N 51 ff; vgl. auch VON TUHR/PETER § 34 I [286].

Grundsatz nichts gegen eine (vollumfängliche) Anwendung von Art. 18 Abs. 1 OR bei der Auslegung von Erbverträgen[1257].

Jedoch ist zu differenzieren: Zunächst gelangt das Vertrauensprinzip überall da nicht zur Anwendung, wo Verfügungen in den Vertrag aufgenommen worden sind, welche aufgrund ihrer Höchstpersönlichkeit nur in eine letztwilligen Verfügung aufgenommen werden können. Sodann muss weiter danach unterschieden werden, ob der Kontrahent des Erblassers eine Gegenleistung zu erbringen hat – was meist der Fall sein wird – oder nicht[1258]. Liegt ersteres vor, so greift das Vertrauensprinzip, welches freilich auch zugunsten des Erblassers wirken kann[1259]. Andererseits gelangt das Willensprinzip um so stärker zur Anwendung, je *altruistischer* der Vertrag abgefasst worden ist[1260].

III. Die bei der Auslegung von Verfügungen von Todes wegen massgebenden Interessen

Um zu einem angemessenen Auslegungsergebnis zu gelangen, muss zunächst geprüft werden, welche Interessen bei der Auslegung der Verfügung von Todes wegen auf dem Spiele stehen. Durch vernünftiges Abwägen muss versucht werden, zu befriedigenden Resultaten zu gelangen, welche den zahlreichen, unterschiedlich gewichteten Interessen angemessen Rechnung tragen[1261]. Von den gewonnenen Erkenntnissen hängt das Ergebnis in entscheidendem Masse ab; je nachdem ist schwergewichtig nach dem Willens- oder dem Vertrauensgrundsatz auszulegen[1262].

A. Interessen des Erblassers

1. Grundsatz

Im Zentrum stehen bei den Verfügungen von Todes wegen die Interessen des Erblassers. Aufgrund seiner Willenserklärung(en) erfolgt ein Abweichen von der gesetzlichen Erbfolge. Sein Interesse besteht folglich darin, die Verfügung nach dem Willensprinzip, d. h. entsprechend seinem wirklichen oder allenfalls *mutmasslichen*

[1257] KRAMER, Art. 18 N 54; TUOR/SCHNYDER/SCHMID 493; RASELLI AJP 1999 1263 m. w. H.
[1258] ZGB-BREITSCHMID, Art. 469 N 4; PICENONI 110.
[1259] PICENONI 93.
[1260] PICENONI 110.
[1261] Ähnlich LARENZ/WOLF § 28 N 16 ff. Vgl. zur Entwicklung im Schuldvertragsrecht SCHMIDLIN, vor Art. 23 ff N 35 ff.
[1262] ENNECCERUS/NIPPERDEY § 205 vor I [1248].

Willen auszulegen[1263]. Dies gilt – wie bereits erwähnt – in besonderem Masse bei den letztwilligen Verfügungen, bei deren *Errichtung* materiell keine Drittpersonen involviert sind und die sich dadurch stark von den zweiseitigen Rechtsgeschäften abheben[1264]. Das Bundesgericht erkennt denn auch in seiner ständigen Rechtsprechung als Ziel der Testamentsauslegung, dem Willen des Erblassers zum Durchbruch zu verhelfen[1265].

2. Erbverträge

Naturgemäss bedarf die zentrale Bedeutung des Willensprinzips bei zwei- oder mehrseitigen Erbverträgen einer Korrektur, da der Erblasser mit Dritten kontrahiert, welche durch Art. 494 Abs. 3 eine *Anwartschaft* erwerben, welche mit jener der Pflichtteilsberechtigten verwandt ist: Dies gilt – wie erwähnt – besonders bei *egoistischen* Erbverträgen, wo die Motivierung des Erblassers zum Abschluss des Vertrages in der Gegenleistung seines Kontrahenten besteht[1266].

B. Interessen der Bedachten

Das Interesse der Bedachten aus Verfügungen von Todes wegen geht auf die Realisierung des erblasserischen Willens, und zwar so, wie sie ihn als Empfänger verstehen durften: Ihr Interesse geht somit in Richtung der Auslegung nach dem Vertrauensprinzip[1267].

Im Vergleich zum Erblasser sind allerdings die Interessen der aus Verfügungen von Todes Bedachten eher gering einzustufen. Dies wenigstens insofern, als sie von den *letztwilligen Verfügungen* ohne Willen des Testators keine Kenntnis erlangen. Solange besteht auch kein Bedürfnis nach einem irgendwie gearteten Vertrauensschutz, mangelt es doch bereits an jeglicher Vertrauensgrundlage.

C. Interessen der gesetzlichen Erben ?

Die kontinentaleuropäischen Erbrechte kennen keine unbeschränkte Verfügungsfreiheit. Ein Teil des erblasserischen Vermögens bleibt stets – sofern vorhanden – den

---

[1263] ESCHER/ESCHER, Die Verfügung von Todes wegen, N 10; ZGB-BREITSCHMID, Art. 498 N 7; VON TUHR/PETER § 34 I [286]; PICENONI 28 f, 93; RASELLI AJP 1999 1263.
[1264] PICENONI 28.
[1265] Statt vieler BGE 120 II 182 ff.
[1266] PICENONI 93; RASELLI AJP 1999 1263.
[1267] PICENONI 30.

Pflichtteilsberechtigten verfangen[1268]. Im Erbrecht herrscht keine unbeschränkte Privatautonomie und das ZGB geht folgerichtig vom *Primat* der gesetzlichen Erbfolge aus[1269]. Verfügungen von Todes wegen modifizieren das gesetzliche Erbrecht oder schränken es gar ein, wodurch die gesetzlichen Erben in ihren Anwartschaften *tangiert* werden. Daraus wird abgeleitet, es gehe nicht an, vollkommen einseitig nach dem Willen des Erblassers auszulegen[1270]. Auch die Position der gesetzlichen Erben müsse angemessen berücksichtigt werden. Es wird vorgetragen, der Schutz der (nahestehenden) gesetzlichen Erben erfolge nicht allein materiell durch das Pflichtteilsrecht. Die Formenstrenge diene den gesetzlichen Erben mehr als dem Erblasser, für welchen sie vor allem eine unangenehme Hürde bedeuten[1271].

Dieser Ansicht ist entgegenzutreten: Zwar besteht in der Tat ein Schutzbedürfnis der *pflichtteilsgeschützten* Erben. Ihrem Anpruch trägt das Gesetz durch das Pflichtteilsrecht in *quantitativer* Hinsicht Rechnung, indem eine bestimmte Quote ihres gesetzlichen Erbanspruchs der Willkür des Erblassers entzogen («verfangen») ist.

Freilich lässt sich nicht bestreiten, dass sich die Formenstrenge faktisch zugunsten der gesetzlichen Erben auswirkt, da immer in abstracto die Gefahr einer Ungültigerklärung wegen Formmängeln besteht.

Daraus folgt aber andererseits noch kein Schutzbedürfnis der gesetzlichen Erben bei der Erforschung des letzten Willens des Erblassers. Dies würde dem Wesen der letztwilligen Verfügungen in keiner Weise gerecht: Diese sind als nicht empfangsbedürftige Willenserklärungen wirksam, ohne dass sie einem Dritten abgegeben werden müssten: Somit gibt es auch keine schutzbedürftigen Erklärungsempfänger[1272]. Daraus ist zu schliessen, dass dem Willen des Erklärenden – bei letztwilligen Verfügungen demjenigen des Testators – nach *Möglichkeit* zum Durchbruch verholfen

---

[1268] Dazu bereits vorn 9 ff.
[1269] TUOR, vor Art. 457 N 4 f; ESCHER/ESCHER, vor Art. 457 ff N 2; PICENONI 24 f; vgl. auch Erl. I 324, 343; a. M. PIOTET SPR IV/1 § 1 III [5]: Dies zeigt sich *formell* bereits darin, dass das gesetzliche Erbrecht an der Spitze der erbrechtlichen Bestimmungen steht. Sodann haben (ausschliesslich) die gesetzlichen Erben nach Massgabe von Art. 559 Abs. 1 ZGB die Möglichkeit, mittels Bestreitung (welche nicht begründet zu werden braucht) der Erbberechtigung der eingesetzten Erben die Ausstellung von Erbbescheinigungen an letztere zu verhindern, wodurch der Besitz provisorisch entsprechend Art. 556 Abs. 3 ZGB geordnet wird, was prozessual Bedeutung erlangen kann (vgl. TUOR/PICENONI, Art. 559 N 10, 26; ferner ZOBL Grundbuchrecht N 480 m. w. H.).
Hingegen wird in Deutschland – wo den Pflichtteilsberechtigten bei Übergehung lediglich ein schuldrechtlicher Abfindungsanspruch (dazu KIPP/COING § 9 III [65 ff]) gegen die Erben zuerkannt wird – vom Primat der gewillkürten Erbfolge ausgegangen (Staudinger/OTTE vor § 1922 ff N 56; LANGE/KUCHINKE § 1 V 1 [7 f], § 9 II 1 [211 f]; EBENROTH N 86).
[1270] PICENONI 26; zurückhaltender ZGB-BREITSCHMID, Art. 498 N 7.
[1271] So entschieden PICENONI 27; ebenso wohl auch Staudinger/BAUMANN § 2247 N 11 f; ablehnend BREITSCHMID 1991 29; implizit auch RASELLI AJP 1999 1263. Auf der Überlegung des Schutzes der gesetzlichen Erben basiert denn auch die sog. Andeutungstheorie, dazu hinten 229 ff.
[1272] LARENZ/WOLF § 28 N 13 ff, 90 ff; VON TUHR/PETER § 34 I [286].

werden muss: Es ist demzufolge strikt nach dem Willen des Erblassers auszulegen[1273].

IV. Auslegungsregeln

A. Vorfrage: Liegt Verfügungswille vor?

Bevor der eigentliche Inhalt einer Verfügung von Todes beurteilt werden kann, muss zunächst vorfrageweise durch Auslegung abgeklärt werden, ob der Verfügung überhaupt ein Testierwille eignet[1274]. Es kann vor allem bei eigenhändig verfassten Schriftstücken – abgesehen von den Fällen absoluter Fälschung oder physischem Zwang (*vis absoluta*)[1275] – fraglich sein, ob der Verfügende überhaupt *verfügungswillig* war[1276]. Von einem Testierwillen kann erst dann gesprochen werden, wenn sich der Erblasser der verbindlichen Wirkung seiner Erklärung als seines letzten Willens *bewusst* ist und zugleich auch die Absicht vorliegt, entsprechend zu verfügen[1277]. Das Vorliegen eines Testierwillens ist deshalb dann zu verneinen, wenn die Urkunde einen blossen Entwurf oder gewisse Wünsche des Erblassers an die Erben enthält, ferner dann, wenn die Errichtung der Urkunde bloss zum Scherz oder als reines Schulbeispiel gedacht ist[1278]. In solchen Fällen liegt überhaupt keine Verfügung vor[1279]; sie ist vielmehr nichtig im Sinne von absoluter Unwirksamkeit, ohne dass zur Ungültigerklärung auf Art. 519 ff ZGB zurückgegriffen werden müsste[1280].

[1273] So für letztwillige Verfügungen die einstimmige (erbrechtliche) Lehre und Rechtsprechung; vgl. BGE 120 II 182 ff E. 2 a m. w. H.; ESCHER/ESCHER, Die Verfügung von Todes wegen, N 14; TUOR, vor Art. 481 ff N 15; ZGB-BREITSCHMID, Art. 469 N 3; PIOTET SPR IV/1 § 33 II [208]; zuletzt RASELLI AJP 1999 1263; für Deutschland KIPP/COING § 21 II und III 3 [138 f]; allgemein zu nicht empfangsbedürftigen Willenserklärungen KRAMER, Art. 18 N 67.
[1274] Staudinger/OTTE vor §§ 2064 ff N 9 ff.
[1275] TUOR, Art. 469 N 9; ESCHER/ESCHER, Art. 469 N 5; PIOTET SPR IV/1 § 42 I [266]; RIEMER FS Keller 249 ff m. w. H. Ein Einwirken mit psychischem Zwang ist dagegen der Drohung gleichzustellen und unterliegt «bloss» der Anfechtung nach Art. 519 ff ZGB (BGE 72 II 157).
[1276] Staudinger/BAUMANN § 2247 N 15.
[1277] Staudinger/BAUMANN § 2247 N 15.
[1278] Dazu und für weitere Beispiele RIEMER FS Keller 249 f; Staudinger/OTTE vor §§ 2064 ff N 12 ff sowie PIOTET SPR IV/1 § 35 II [219], § 42 I [266].
[1279] ESCHER/ESCHER, Art. 469 N 1, 4.
[1280] TUOR, Art. 469 N 16; einlässlich RIEMER FS Keller 255 ff: Trotzdem sind solche «Verfügungen» aufgrund von Art. 556 Abs. 1 ZGB einzuliefern, da durch die anschliessende Eröffnung und Mitteilung die Rechtsbeständigkeit in keiner Weise präjudiziert wird. Wird die Nichtigkeit bezweifelt, besteht sodann die Möglichkeit, die Frage zum gerichtlichen Austrag zu bringen.

Heikler ist die Frage nach der Behandlung von Simulation und Mentalreservation[1281]: Während die Beachtlichkeit einer Simulation beim Erbvertrag ohne weiteres gegeben ist[1282], wird eine Simulation beim Testament – welches zu den nicht empfangsbedürftigen Rechtsgeschäften zu zählen ist – bereits aus theoretischen Erwägungen mehrheitlich abgelehnt[1283]. *Stets unbeachtlich zu bleiben hat nach allgemeinen Grundsätzen die Mentalreservation (geheimer Vorbehalt), da ansonsten das Postulat nach Rechtssicherheit und dem Vertrauen auf das gegebene Wort unterlaufen würden[1284].

B. Auslegung des Inhalts

1. Grundsatz des favor testamenti

a) In materieller Hinsicht

Verfügungen von Todes wegen sind im Zweifelsfalle – wie es das BGB in § 2084 ausdrücklich normiert – so auszulegen, dass die Verfügung materiell Bestand haben kann: Es gilt der Grundsatz des *favor testamenti* bzw. der *benigna interpretatio*[1285], welcher eine Konkretisierung der im Schuldrecht geltenden Maxime des *favor nego-*

[1281] Dazu eingehend A. WACKE, Mentalreservation und Simulation als antizipierte Konträrakte bei formbedürftigen Geschäften, in: FS Medicus (Köln/Berlin/Bonn/München 1999), 651 ff.

[1282] Sehr illustrativ dazu BGE 72 II 154, 155 ff E. 2; Staudinger/KANZLEITER vor §§ 2274 ff N 33: Simulierte Erbverträge sind nichtig, einer Anfechtung nach Art. 519 f ZGB bedarf es nicht (BGE a. a. O.; PICENONI 107 Anm. 42). Bei Erbverträgen kann der «Erblasser» nach dem Vertrauensprinzip gebunden sein, sofern der Gegenpartei die Simulationsabsicht nicht bekannt war (BGE 97 II 201, 207 f E. 5 [Besprechung von MERZ ZBJV 1973 69], 72 II 154, 155 ff E. 2; ESCHER/ESCHER, Art. 469 N 4; TUOR, Art. 469 N 10; KRAMER, Art. 18 N 153; PIOTET SPR IV/1 § 42 I [266]; GRUNDLER 233; anders die Rechtslage in Deutschland, vgl. Staudinger/KANZLEITER a. a. O.).

[1283] BGE 72 II 154, 156 E. 2 (obiter); ESCHER/ESCHER, Art. 469 N 4; TUOR, Art. 469 N 10; KRAMER, Art. 18 N 149; JÄGGI/GAUCH, Art. 18 N 173; VON TUHR/PETER § 35 III [295 Anm. 23]; zurückhaltend ZGB-BREITSCHMID, Art. 469 N 5; GRUNDLER 233; a. M. PICENONI 48 f. Auch die deutsche Doktrin geht von der Unbeachtlichkeit der Simulation aus (Staudinger/BAUMANN § 2247 N 22; KIPP/COING § 24 VIII [178]).

[1284] VON TUHR/PETER § 35 I [292]; Staudinger/BAUMANN § 2247 N 21; KIPP/COING § 24 VIII [178]; WACKE (zit. Anm. 1281) 656 ff; RGZ 148, 218, 222; a. M. allerdings die h. L. (ESCHER/ESCHER, Art. 469 N 4; TUOR, Art. 469 N 10; PIOTET SPR IV/1 § 35 II [219]; DRUEY § 12 N 61; PICENONI 48 f; GRUNDLER 237; wohl auch ZGB-BREITSCHMID, Art. 469 N 5).

[1285] ESCHER/ESCHER, Die Verfügung von Todes wegen, N 16, 21; TUOR, vor Art. 481 ff N 16; ZGB-BREITSCHMID, Art. 469 N 2, 6; PIOTET § 33 IV A [211]; DRUEY § 12 N 22 f; TUOR/SCHNYDER/SCHMID 494 f; PICENONI 58 ff m. w. H.; KIPP/COING § 21 I 3 [137 f], § 21 V [146 f]. Der Grundsatz findet sich wohl nirgends ausdrücklich im ZGB, kann aber aus mehreren Bestimmungen herausgelesen werden (z. B. Art. 469 Abs. 1, 482 Abs. 3, 486 Abs. 2 und 3, 520 Abs. 2 und 539 Abs. 2 ZGB; vgl. FAHRLÄNDER 31 Anm. 5).

tii darstellt, wonach zweiseitige Verträge im Zweifel so zu interpretieren sind, dass sie Bestand haben[1286].

Der Grundsatz des *favor negotii* kann sodann dazu führen, dass eine Verfügung von Todes wegen bloss für teilweise ungültig erklärt wird[1287], sofern die teilweise Aufrechterhaltung nicht dem mutmasslichen Willen des Erblassers widerspricht[1288].

Der Grundsatz des *favor negotii* setzt freilich voraus, dass überhaupt ein Erklärungswille vorhanden ist. Daran fehlt es insb., sofern die Verfügung zum Scherz oder zu Lehrzwecken errichtet worden ist. Fehlt der Erklärungswille, ist die «Verfügung» nichtig und vermag nicht gerettet zu werden[1289].

b) In formeller Hinsicht

Unklar war lange Zeit, inwieweit der Grundsatz des *favor testamenti* bei fehlenden oder fehlerhaften Angaben zwingender Formalia zur Geltung kommen sollte[1290]. In diesem Bereich hat in den vergangenen Jahren eine weitgehende Liberalisierung stattgefunden.

α)   Eigenhändige letztwillige Verfügungen

Nach der älteren bundesgerichtlichen Rechtsprechung waren die korrekten[1291] Angaben von Errichtungsdatum und -ort zwingend notwendige Formerfordernisse, auf welche aufgrund des *klaren* Wortlauts von aArt. 505 Abs. 1 ZGB grundsätzlich nicht verzichtet werden konnte; ein Fehlen dieser Erfordernisse führte auf Klage hin stets, ein inhaltlicher Fehler (z. B. falsche Datumsangabe) bloss dann nicht zur Ungültigkeit, sofern der Mangel sich entweder durch Angaben in der Verfügung selbst oder beim Vorliegen interpretationsfähiger Ansatzpunkte ausnahmsweise auch durch Hinweise ausserhalb der Urkunde beheben liess[1292].

Diese strenge Praxis – welche *bewusst* auch stossende Ergebnisse in Kauf nahm – wurde mittels zweier ausführlich begründeter Entscheide (BGE 116 II 117 sowie 117 II 145 – allerdings präzisiert durch BGE 117 II 239 und 117 II 246[1293]) – deutlich gelockert. Zwar wurde

---

[1286] KRAMER, Art. 18 N 41; MERZ, Art. 2 N 158; JÄGGI/GAUCH, Art. 18 N 441; PIOTET § 33 IV A [211]; vgl. auch § 2085 BGB und dazu LANGE/KUCHINKE § 34 V 2 [751].
[1287] Art. 20 Abs. 2 OR i. V. m. Art. 7 ZGB; BGE 119 II 208, 211 E. 3 bb = Pra 1994 Nr. 114; ESCHER/ESCHER, vor Art. 481 N 3; PIOTET § 33 IV A [211]; DRUEY § 12 N 58; PICENONI 60 f; RIEMER FS Keller 258; in diese Richtung weisend TUOR, Art. 469 N 14; weitergehend ZGB-BREITSCHMID, Art. 469 N 6. Vgl. zur analogen Problematik im Schuldrecht KRAMER, Art. 19/20 N 326 ff.
[1288] PIOTET § 33 IV A [211]; DRUEY § 12 N 58; PICENONI 60 f.
[1289] Vgl. vorn 205 f.
[1290] So gilt der *favor testamenti* in Deutschland nur für Inhalts-, nicht aber für Formfragen (Staudinger/OTTE § 2084 N 2 f; KIPP/COING § 21 V [147]).
[1291] Immerhin wurde die Richtigkeit der in der Verfügung gemachten Angaben vermutet. Dem die Verfügung Anfechtenden stand allerdings die Möglichkeit offen, auch mit ausschliesslich ausserhalb der Urkunde liegenden Nachweisen den Beweis der Unrichtigkeit zu führen.
[1292] Zuletzt BGE 101 II 31 = Pra 1975 Nr. 238 (dazu kritisch MERZ ZBJV 1977 152); BECK § 14 III und IV [47 f].
[1293] Besprechungen von SCHNYDER ZBJV 1993 170 ff, 177 ff und GEISER ZBJV 1992 40.

am (formellen) Erfordernis der vollständigen Angabe von Datum und Ort angesichts des unmissverständlichen Gesetzeswortlauts festgehalten[1294]. Andererseits kam das Bundesgericht gestützt auf eine Analyse des Zwecks der Formvorschriften im Bereich der materiellen Unrichtigkeit zum Schluss, dass nur noch dann auf Ungültigkeit erkannt werden müsse, sofern die Unrichtigkeit der Angaben auf Absicht beruhe oder für die Beurteilung der Verfügung von Bedeutung sei. Der Nachweis für diese Voraussetzungen wurde darüber hinaus dem Anfechtenden aufgebürdet. Mit anderen Worten wurde zwischen der vollständigen Angabe von Ort und Datum und deren inhaltlicher Richtigkeit[1295] unterschieden: Einerseits wurden zwar die Folgen einer fehlerhaften Angabe gelockert, andererseits aber am Erfordernis der Vollständigkeit strikt festgehalten.

Aufgrund der auch anschliessend an die bundesgerichtlichen Entscheide geäusserten Kritik in der Lehre erfolgte durch die Gutheissung der von NR GUINAND veranlassten Revision der Formvorschriften bei der Errichtung einer letztwilligen Verfügung eine erhebliche Lockerung der Formvorschriften[1296]. Zunächst wurde Art. 505 Abs. 1 ZGB in dem Sinne neu gefasst, dass nunmehr auf die Angabe des Errichtungsortes verzichtet wird. Durch die Einfügung des neuen Art. 520a ZGB erfolgte sodann eine starke Relativierung der (grundsätzlich) weiterhin vorgeschriebenen Datumsangabe[1297]. Bei Unrichtigkeit oder Fehlen dieser Angaben kann nunmehr bloss noch dann auf Ungültigkeit erkannt werden, sofern «sich die erforderlichen zeitlichen Angaben nicht auf andere Weise feststellen lassen und das Datum für die Beurteilung der Verfügungsfähigkeit, der Reihenfolge mehrerer Verfügungen oder einer anderen, die Gültigkeit der Verfügung betreffenden Frage notwendig ist»[1298]. Dabei wird die Richtigkeit der Datierung vermutet, es liegt somit dem Anfechtenden ob, sowohl den Mangel als auch dessen Relevanz darzutun[1299].

Zusammenfassend lässt sich festhalten, dass der bereits von TUOR[1300] geforderten Anwendung des *favor testamenti* auch bei Mängeln in der Form weitestmöglich entgegengekommen worden ist. Die vorgeschriebenen Formvorschriften bei der Abfassung eigenhändiger letztwilliger Verfügungen bilden nicht länger Selbstzweck, sondern dienen einzig der Durchsetzung der damit verbundenen Ziele.

β) *Öffentliche letztwillige Verfügungen und Erbverträge*

Auch im Bereich der öffentlichen Testamente und Erbverträge hat insoweit eine Lockerung im Hinblick auf die im Grundsatz weiterhin strikt einzuhaltenden Form-

---

[1294] Kritisch ZGB-BREITSCHMID, Art. 505 N 7 f m. w. H.
[1295] BGE 118 II 273, 278 E. 3 c.
[1296] Zur Entstehungsgeschichte die Hinweise vorn 204 Anm. 1131.
[1297] A. M. ZGB-BREITSCHMID, Art. 520a N 1 f, wonach die Datierung in den allermeisten Fällen nicht mehr notwendig, sondern bloss noch empfehlenswert ist.
[1298] Art. 520a ZGB.
[1299] ZGB-BREITSCHMID, Art. 520a N 7.
[1300] Vor Art. 481 ff N 16.

erfordernisse stattgefunden, als der korrekte Ablauf der Errichtung dieser Verfügung im Zweifel auch durch Beweismittel ausserhalb der Urkunde zugelassen wird[1301].

2. Andeutungstheorie und Eindeutigkeitsregel

a) Andeutungstheorie

α) *Begriff*

Die Andeutungstheorie oder -regel besagt, dass der Erklärungswille des Erblassers nur insoweit Beachtung finden kann, als er einen – vollkommenen oder unvollkommenen – Niederschlag in der Verfügung gefunden hat[1302]. Eine Auslegung der erblasserischen Willenserklärung setzt danach eine minimalste textliche Grundlage, eine «*Andeutung*» in der Verfügung selbst, voraus. Findet sich allerdings eine solche, darf bei Unklarheiten auch auf Umstände ausserhalb der Verfügung zurückgegriffen werden[1303]. Sie kann sich den Umstand zunutze machen, dass dem schriftlich festgehaltenen Wortlaut ein *natürlicher* Vorrang gegenüber anderen Auslegungsmitteln eingeräumt wird[1304].

β) *Begründung und Kritik*

Ihre Begründung findet die Andeutungstheorie in dem unverzichtbaren Erfordernis des Zusammenhangs von Erblasserwille und formgültiger Erklärung[1305]. Mit Rücksicht auf die Formenstrenge im Erbrecht gehe es nicht an, Auslegungsergebnissen ohne minimalsten Rückhalt in der Urkunde zum Durchbruch zu verhelfen. Indizien, für welche sich im Text keinerlei Anhaltspunkt finden lasse, seien einer Auslegung von vornherein entzogen. Die Andeutungstheorie stecke gewissermassen den Rahmen ab, in welchem sich die Auslegung zu bewegen habe bzw. bis zu welchem Punkte der Erblasserwille Berücksichtigung finden könne[1306].

Die Andeutungstheorie gehört zum *gesicherten Bestand* der bundesgerichtlichen Rechtsprechung bei der Auslegung der zu beurteilenden Verfügung von Todes wegen[1307].

[1301] BGE 118 II 273, 277 E. 3 b bb, 112 II 23 (besprochen von Schnyder ZBJV 1988 101); ausdrücklich anders dagegen 45 II 135, 139 f E. 3.
[1302] Tuor/Schnyder/Schmid 494; ferner Raselli AJP 1999 1262, 1264 mit Hinweisen auf die Rechtsprechung; Staudinger/Otte vor §§ 2064 ff N 28.
[1303] Aus der Rechtsprechung statt vieler BGE 124 III 414, 416 E. 3 = Pra 1999 Nr. 7; Escher/Escher, Die Verfügung von Todes wegen, N 13. Zur Bedeutung der Externas hinten 233 f.
[1304] Jäggi/Gauch, Art. 18 N 369, 480; Kramer, Art. 18 N 22; Raselli AJP 1999 1263.
[1305] Staudinger/Otte vor §§ 2064 ff N 28.
[1306] Escher/Escher, Die Verfügung von Todes wegen, N 13; vor Art. 481 ff N 12; vgl. auch Raselli AJP 1999 1264.
[1307] Grundlegend BGE 47 II 23, 29 E. 3, aus der jüngeren Rechtsprechung 124 III 414, 416 E. 3 = Pra 1999 Nr. 7; 120 II 182, 184 E. 2 a, 117 II 142, 144 f E. 2 a und b = Pra 1992 Nr. 78, 111 II 16, 19 f E. 3 c, 109 II 403, 406 E. 2 b, 108 II 393, 396 E. 6 c; für die ältere Judikatur

Namentlich die neuere Doktrin[1308] übt allerdings Kritik an der Andeutungstheorie und moniert eine unzulässige Vermischung von Auslegungs- und Formfrage[1309]. Sie führe zu einer unbegründeten Einengung der Auslegung in Richtung verpönter Buchstabeninterpretation und behindere die Durchsetzung des Erblasserwillens[1310]. Auch sei bei unklar formulierten Verfügungen eine klare Abgrenzung zwischen Angedeutetem und nicht Angedeutetem kaum zu finden[1311]. Darüber hinaus benachteilige sie den sich kurz fassenden, präzisen Erblasser und stehe in Widerspruch zum Grundsatz *falsa demonstratio non nocet*, welcher unbestrittenermassen auch im Erbrecht gelte[1312].

γ)   *Stellungnahme*

Der Kritik der jüngeren Lehre ist im Grundsatz beizutreten. Ihr ist aber entgegenzuhalten, dass auch sie nicht darauf verzichten kann, die Formfrage bei der Beurteilung des gewonnenen Auslegungsergebnisses zu berücksichtigen, womit auch ihre Vorgehensweise starke Berührungspunkte zur Andeutungstheorie enthält[1313].

Dies zeigt beispielhaft das Vorgehen von JÄGGI/GAUCH[1314], welche bei der Auslegung einer Verfügung von Todes wegen in *zwei Schritten* operieren:

Zunächst wird in einem *ersten Schritt* aufgrund aller verfügbaren Indizien unter *Ausklammerung sämtlicher Formfragen* der Wille des Testators bzw. bei Erbverträgen der Parteiwille herausgestellt. Es wird mit anderen Worten so gehalten, als bestünden keine Formvorschriften; der Erforschung des Erblasserwillens bzw. des übereinstimmenden Willens der Parteien sind zu diesem Zeitpunkt *keine* Grenzen gesetzt. In der gedanklichen Ausblendung der Formfragen liegt der Unterschied zur (*klassischen*) Andeutungstheorie.

In einem *zweiten Schritt* wird anschliessend geprüft, ob sich das gefundene Ergebnis aufgrund des Wortlauts des auszulegenden Textes halten lässt: Findet sich in der Urkunde keinerlei Anhaltspunkt, kann das Auslegungsergebnis (infolge Nichteinhaltung zwingender Formvorschriften) keine Berücksichtigung finden[1315]. Vorausgesetzt wird demnach, dass der Erblasser

---

FAHRLÄNDER 44 f und RASELLI AJP 1999 1268 Anm. 67. Die Andeutungstheorie gelangt auch in ständiger Rechtsprechung in Deutschland zur Anwendung (BGHZ 86, 41, 47, RGZ 160, 109, 111; KIPP/COING § 21 III 1 [139]; FAHRLÄNDER 46 ff).

[1308] Im Gegensatz dazu steht die traditionelle Lehre auf dem Boden der Andeutungstheorie (TUOR, vor Art. 481 ff N 12; ESCHER/ESCHER; Die Verfügung von Todes wegen, N 13; PICENONI 44 ff; FAHRLÄNDER 33, 82 f).

[1309] Neuestens RASELLI AJP 1999 1266 f; KRAMER, Art. 18 N 52 f; JÄGGI/GAUCH, Art. 18 N 479; ZGB-BREITSCHMID, Art. 469 N 24; PIOTET SPR IV/1 § 33 II [208]; TUOR/SCHNYDER/SCHMID 494.

[1310] So KRAMER, Art. 18 N 53; ZGB-BREITSCHMID, Art. 469 N 24; RASELLI AJP 1999 1267.

[1311] RASELLI AJP 1999 1266.

[1312] KRAMER, Art. 18 N 53.

[1313] Treffend RASELLI AJP 1999 1265 f.

[1314] Art. 18 N 479; ebenso (erstaunlicherweise) das Vorgehen des deutschen Bundesgerichtshofs (BGHZ 86, 41, 47); in die gleiche Richtung weisend KRAMER, Art. 18 N 53 a. E.; ZGB-BREITSCHMID, Art. 469 N 24.

[1315] So auch im Ergebnis RGZ 160, 109, 111.

seinen Willen *durch* den Text ausgedrückt haben wollte. In diesem Rahmen bleibt der Auslegende an die Form gebunden.

Das Auslegungsergebnis kann folglich nur dann anerkannt werden, sofern der im Text ausgedrückte Wille des Erblassers unter *Zuhilfenahme aller Auslegungsmittel* für den Auslegenden *irgendwie* verständlich wird. Daraus erhellt, dass zwar keine Andeutung in der Verkehrssprache gefordert wird, andererseits aber bei vollkommener Unverständlichkeit des Verfügungstextes der Erblasserwille selbst dann unbeachtlich zu bleiben hat, wenn er durch äussere Umstände zutage tritt[1316], weil das Formrequisit nicht gewahrt ist. Entscheidend bleibt mithin der Text, die äusseren Umstände haben blosse Hilfsfunktion.

b) Eindeutigkeitsregel

α) Begriff

Von gewichtiger Tragweite bei der Auslegung letztwilliger Verfügungen ist sodann die sog. Eindeutigkeits- oder Klarheitsregel. Nach ihr verbietet sich die Auslegung einer Verfügung von Todes wegen von vornherein, sofern ihr Wortlaut für sich betrachtet klar erscheint. In solchen Fällen ist eine Berufung auf einen möglicherweise andersgearteten Willen des Erblassers unzulässig[1317]. Es gilt der Grundsatz «*in claris non fit interpretatio*[1318]»; bei eindeutig erscheinendem Wortlaut hat die Auslegung zu unterbleiben.

Indem somit strikt auf den Wortlaut abgestellt wird, steht diese Regel in einem Spannungsverhältnis zum Grundsatz, dass bei der Testamentsauslegung der effektive Wille des Erblassers zu erforschen sei[1319]. Die Eindeutigkeitsregel wurzelt historisch im klassischen römischen Recht[1320]. Eingeschränkt wird sie freilich durch Art. 469 Abs. 3 ZGB, welcher aber nur in engen Grenzen als Ausnahme gewertet werden darf.

β) Begründung und Kritik

Begründet wird die Eindeutigkeitsregel mit der praktischen Überlegung, dass die Erforschung eines vom klaren Wortlaut der Verfügung abweichenden inneren Willens kaum mehr zuverlässig rekonstruiert werden kann[1321]. Darüber hinaus wird

---

[1316] Anders BREITSCHMID, Art. 469 N 24; ferner RASELLI AJP 1999 1266, der in einem solchen Vorgehen eine Unterlaufung der subjektiven, willensorientierten Auslegung zu erkennen glaubt, da dadurch, dass der Inhalt des Textes auch für Dritte erkennbar sein müsse, ein objektives Kriterium ins Spiel gebracht werde.
[1317] RASELLI AJP 1999 1262 ff.
[1318] PICENONI 67.
[1319] So auch BECK § 24 II 4 [93].
[1320] LANGE/KUCHINKE § 34 I 1 [724]; KIPP/COING § 21 I 1 und 2 [136 f] unter Berufung auf D 32.25.1 und D 34.5.3; vgl. auch KRAMER, Art. 18 N 47.
[1321] PICENONI 66.

ausgeführt, dass es aufgrund der Formenstrenge im Testamentsrecht nicht angehe, irgendwie gearteten Intentionen des Erblassers zum Durchbruch zu verhelfen; durchgesetzt werden könnten nur Wünsche und Absichten, welche sich aus der textlichen Grundlage der letztwilligen Verfügung ergäben[1322]. Die Anwendung der etwas apodiktischen Regel entspricht (zumindest wird dies in den Entscheiden stets betont) konstanter bundesgerichtlicher Rechtsprechung[1323] und wird auch von der überkommenen schweizerischen Erbrechtsdoktrin[1324] gebilligt. Sie blieb zudem während vielen Jahrzehnten für die höchstrichterliche Rechtsprechung in Deutschland massgebende Richtschnur[1325], wurde allerdings in jüngerer Zeit aufgegeben[1326].

Das neuere schweizerische Schrifttum[1327] hat die Anwendung der Eindeutigkeitsregel relativ scharf kritisiert: Die Eindeutigkeitsregel verwische die Unterscheidung zwischen Auslegungsfähigkeit und Auslegungsbedürftigkeit; jeder Text sei einer Auslegung zugänglich[1328]. Auch bei scheinbar klarem Wortlaut erzwinge die Berücksichtigung eines besonderen Sprachgebrauchs des Verfassers eine Auslegung[1329], andernfalls ausschliesslich weitschweifige und unklare Verfügungen in den Genuss der Auslegung kämen[1330]. Konsequent angewendet, versage die Eindeutigkeitsregel einem zweifelsfrei vom Inhalt der Urkunde abweichenden Willen des Erblassers den Erfolg. Sie verunmögliche bei scheinbar klarem Wortlaut die Auslegung, wodurch bei festgestelltem anderem Willen des Erblassers dieser nicht verwirklicht werden könne. Diesfalls verbleibe einzig in negativer Hinsicht die Ungültigerklärung der Verfügung unter Geltendmachung eines Irrtums, während die konstruktive Erforschung des wahren Inhalts abgeschnitten sei. Kurz gesagt, die Eindeutigkeitsregel unterlaufe das Ziel der Testamentsauslegung, nämlich die Erforschung des erblasserischen Willens[1331].

[1322] LANGE/KUCHINKE § 34 III 2 [732 f]; PICENONI 66. Es zeigt sich hier eine gewisse Verwandtschaft zur Andeutungstheorie (RASELLI AJP 1999 1264).
[1323] Zuletzt BGer AJP 1999 882, 883 E. 3. a; ferner BGE 124 III 414, 416 E. 3 = Pra 1999 Nr. 7, 120 II 182, 184 E. 2 a, 115 II 323, 325 E. 1 a, 101 II 31, 34 f E. 3 = Pra 1975 Nr. 238, 100 II 440, 446 E. 6; 83 II 427, 435 E. 1 a.
Im Schuldrecht hat hingegen das Bundesgericht von der Eindeutigkeitsregel Abstand genommen (BGE v. 10. 3. 1995 [besprochen von MÜNCH ZBJV 1995 241]); vgl. ferner RASELLI AJP 1999 1264 sowie N. HERZOG, Der Vorvertrag im schweizerischen und deutschen Schuldrecht (Diss. Zürich 1999), N 50.
[1324] ESCHER/ESCHER, Die Verfügung von Todes wegen, N 13; TUOR, vor Art. 481 ff N 12; PICENONI 46 f, 65 ff.
[1325] So zuletzt noch BGHZ 80, 246, 248 ff.
[1326] Grundlegend BGHZ 86, 41, 45 ff.
[1327] Zuletzt RASELLI AJP 1999 1265 und HERZOG (zit. Anm. 1323) N 50; ferner KRAMER, Art. 18 N 52 f; ZGB-BREITSCHMID, Art. 469 N 26; ders. 1991 36 f; GLAUS 206 ff; wohl auch DRUEY § 12 N 12.
[1328] Staudinger/OTTE vor §§ 2064 ff N 55.
[1329] Staudinger/OTTE vor §§ 2064 ff N 57.
[1330] ZGB-BREITSCHMID, Art. 469 N 26.
[1331] KRAMER, Art. 18 N 52.

γ)   *Stellungnahme*

Der Willenserforschung des Erblassers sollte in grundsätzlicher Hinsicht keine Grenzen gesetzt sein: Es darf mit Fug geltend gemacht werden, kein Text könne so glasklar niedergelegt sein, dass sich keinerlei Fragen mehr stellen *könnten*. Bereits die Feststellung, ein Text sei vollkommen klar und bedürfe daher keiner Auslegung, erfordert vorab wenigstens gedanklich eine Auslegung. So betrachtet, ist eine Anwendung der Eindeutigkeitsregel bei der Auslegung von Verfügungen von Todes wegen ebenso wie bei anderen Rechtsgeschäften entschieden abzulehnen.

Die Kritik im Schrifttum hat sich nunmehr auch – freilich ohne das dies ausdrücklich erwähnt würde – in neueren (erbrechtlichen) bundesgerichtlichen Judikaten niedergeschlagen, welche in sehr grosszügiger Weise eine Unklarheit des streitigen Testaments annehmen, wodurch der Weg in Richtung Auslegung geebnet worden ist[1332] und unbillige Ergebnisse vermieden werden konnten. Hinzu kommt, dass das Bundesgericht seit jeher bei selbst eindeutigem Wortlaut[1333] auf den subjektiven Sprachgebrauch – nicht bloss im Rahmen von Art. 469 Abs. 3 ZGB – des Erblassers Rücksicht nimmt[1334]. Insoweit dürfte es von untergeordneter Bedeutung bleiben, ob das Bundesgericht auch im Erbrecht – ähnlich wie dies der deutsche Bundesgerichtshof getan hat – ausdrücklich von der Eindeutigkeitsregel Abstand nimmt oder nicht.

c)   **Ergebnis: Offenherzige Zulassung aussenstehender Tatsachen (Externas) zur Auslegung**

Bereits heute ist bei feststehender Mehrdeutigkeit – sofern beispielsweise in guten Treuen mehrere Auslegungsergebnisse vertreten werden können – des Urkundentextes unbestritten, dass zur Erschliessung des Erblasserwillens auch auf externe Beweismittel zurückgegriffen werden darf[1335]. Dies betont auch die einstimmige Ansicht in der (neueren) Doktrin[1336]. Zu Recht hält OTTE[1337] fest, dass die Auslegung einer Verfügung von Todes wegen ohne Beizug von Externa gar nicht vorstellbar sei, müsse doch mindestens auf die Umgangssprache zurückgegriffen werden, um ihren Sinn zu erschliessen. Freilich darf die Auslegung nicht zu Schabernack ausarten: Erfordert die Ergründung der Intentionen des Verfassers ein eigentliches Rätselraten, besteht kein Grund für eine Auslegung[1338]; diesfalls hat die gesetzliche Erbfolge Platz zu greifen. Andererseits folgt aus dem Gesagten auch, dass entgegen der

---

[1332] So auch DRUEY § 12 N 12.
[1333] BGE 75 II 280, 284 E. 3, 50 II 225, 228 ff E. 2 PICENONI 68 f; GLAUS 208.
[1334] Vgl. BGE 100 II 440, 447 E. 7 b; ZGB-BREITSCHMID, Art. 469 N 27.
[1335] So zuletzt BGer AJP 1999 882, 883 E. 3 a.
[1336] Staudinger/OTTE vor §§ 2064 ff N 59; KIPP/COING § 21 IV 2 [144]; detailliert FAHRLÄNDER passim. Die gegenteilige Ansicht, welche aufgrund einer Qualifikation der Verfügungen von Todes wegen einen Beizug von Externa nicht zulässt, ist überwunden (ESCHER/ESCHER, Die Verfügung von Todes wegen, N 14).
[1337] Staudinger/OTTE vor §§ 2064 ff N 59. In diese Richtung weisend allerdings bereits das Bundesgericht (BGE 47 II 23, 28 E. 2); ferner ESCHER/ESCHER, Die Verfügung von Todes wegen, N 14; FAHRLÄNDER passim.
[1338] PICENONI 69.

(noch) h. L. und Rechtsprechung selbst dann auf Externas zurückgegriffen werden darf, wenn der Textwortlaut klar *erscheint* oder auf den ersten Blick ein möglicher Wille in der Urkunde keinen erkennbaren Niederschlag gefunden hat.

Gemeinhin wird etwa folgendes zu den Externa gerechnet[1339]:

– Bei letztwilligen Verfügungen ist auf den individuellen Sprachgebrauch[1340] des Erblassers abzustellen, besonders unter Berücksichtigung seines Bildungsgrades und seiner Herkunft[1341]. Dies trifft in besonderem Masse auf spezifisch erbrechtliche Begriffe zu, welche entsprechend den individuellen Verhältnissen nicht zwingend im juristisch – technischen Sinne zu verstehen sind[1342].

– Berücksichtigung finden muss sodann das persönliches Umfeld; die Beziehungen zu bedachten Personen[1343] und unter Umständen auch zu Dritten.

– Beachtung zu schenken ist sodann den Lebensumständen, den Vermögensverhältnissen[1344] sowie (prägnanten) Charakterzügen der Beteiligten.

– Mündliche Äusserungen[1345] und Korrespondenz gegenüber den Erben oder Dritten. Soweit es nicht um eine Ergänzung des erblasserischen Willens geht, können aufgehobene und formnichtige Verfügungen bedenkenlos zur *Auslegung* herangezogen werden; gleiches gilt selbstredend auch für blosse Entwürfe[1346].

– Ebenfalls den Externa zugerechnet werden die gesetzlichen Auslegungsregeln.

Dagegen sind ein erst nachträglich gebildeter Erblasserwille und sonstige erst nachträglich eingetretene Umstände unbeachtlich, da der massgebende Wille bereits gebildet und erklärt war[1347]: Hätte der Erblasser diesen nachträglichen Umständen Rechnung tragen wollen, wäre eine Aufhebung oder Modifikation der letztwilligen Verfügung angezeigt gewesen.

[1339] Übersicht bei ZGB-BREITSCHMID, Art. 469 N 27.
[1340] PICENONI 67; FAHRLÄNDER 34.
[1341] BGE 100 II 440, 447 E. 7 b (i. c. Formulierung durch einen Juristen); Staudinger/OTTE vor §§ 2064 ff N 75 mit Verweisungen auf deutsche Judikate; TUOR, vor Art. 481 ff N 15; KIPP/COING § 21 III 3 [139]. Berücksichtigung findet auch eine absichtlich unklare Ausdrucksweise, etwa zur Verschleierung der Begünstigung eines Bedachten oder zwecks Steuerverheimlichung (ESCHER/ESCHER, Die Verfügung von Todes wegen, N 14).
[1342] BGE 75 II 184, 186 E. 1, 55 II 178; Staudinger/OTTE vor §§ 2064 ff N 61 ff; ESCHER/ESCHER; Die Verfügung von Todes wegen, N 15; TUOR, vor Art. 481 ff N 15; PICENONI 67 ff. Bei öffentlichen Testamenten besteht freilich eine grössere Wahrscheinlichkeit, der Erblasser habe seine Ausdrucksweise der exakten juristischen Bedeutung angepasst (Staudinger/OTTE a. a. O. N 67).
[1343] Illustrativ BGE 79 II 36, 44 ff E. 3.
[1344] Staudinger/OTTE vor §§ 2064 ff N 75.
[1345] PICENONI 69.
[1346] BGE 91 II 264, 271 E. 4 (besprochen von MERZ ZBJV 1966 487); Staudinger/OTTE vor §§ 2064 ff N 73 f.
[1347] So auch die h. M. in Deutschland, vgl. Staudinger/OTTE vor §§ 2064 ff N 76 m. w. H.

3. Grundsatz des Primats der gesetzlichen Erbfolgeordnung

Die erblasserischen Anordnungen müssen zu ihrer Wirksamkeit stets die gesetzliche Erbfolgeordnung derogieren bzw. präzisieren: Verfügungen von Todes wegen, welche sich in materieller Hinsicht auf die blosse Wiedergabe der einschlägigen Gesetzesbestimmungen beschränken, bleiben bedeutungslos[1348]. Dennoch bleibt die gesetzliche Erbfolgeordnung bei Unklarheiten und Widersprüchen in der Verfügung *Richtschnur* bei der Auslegung: So bestimmen im deutschen bürgerlichen Gesetzbuch die §§ 2066 ff BGB beim Vorliegen von Unklarheiten bzgl. von Person, Art und Umfang der in der Verfügung von Todes wegen genannten gesetzlichen Erben, Verwandten und Abkömmlingen im Zweifelsfalle die gesetzliche Erbfolgeordnung für anwendbar.

Nichts anderes gilt im schweizerischen Recht: Auch wenn im ZGB nirgends ausdrücklich angeordnet, ist im Zweifel zu vermuten, der Verfügende habe nicht von der gesetzlichen Regelung abweichen wollen[1349]. Diese Auslegungsregel passt sich gut in das gesamte schweizerische Erbrechtssystem ein, welches unverhohlen – besonders deutlich weisen neben Art. 559 Abs. 1 etwa die Art. 481 Abs. 2, 522 Abs. 2, 545 Abs. 2 oder 608 Abs. 3 ZGB in diese Richtung – die gesetzliche Erbfolge begünstigt[1350].

4. Einfluss veränderter Verhältnisse?

a) Problemstellung

Es fragt sich, inwieweit *veränderten Verhältnissen*, welche zwischen dem Zeitpunkt der Errichtung der Verfügung von Todes und deren Umsetzung eingetreten sind, im Rahmen der Auslegung Rechnung zu tragen ist. Zu denken ist dabei an unerwartete Schwankungen im Vermögensstand des Verfügenden oder eines Bedachten oder aber auch an Veränderungen in den persönlichen Beziehungen der involvierten Parteien; ferner auch an Änderungen rechtlicher[1351] oder politischer[1352] Natur.

[1348] WEIMAR FS Schnyder 853 Anm. 58.
[1349] ESCHER/ESCHER, Die Verfügung von Todes wegen, N 17; TUOR, vor Art. 481 ff N 17; PIOTET § 33 IV B [211]; DRUEY § 12 N 20; TUOR/SCHNYDER/SCHMID 495; FAHRLÄNDER 31.
[1350] DRUEY § 5 N 6; MÜLLER 17 und vorn 224.
[1351] Etwa durch Gesetzesänderungen, vgl. Staudinger/OTTE vor §§ 2064 ff N 98; TUOR, vor Art. 481 ff N 18; ESCHER/ESCHER, Die Verfügung von Todes wegen, N 18; ZGB-BREITSCHMID, Art. 469 N 29. Vgl. dazu das Beispiel in OGer Zürich ZR 1983 Nr. 66 (dazu KRAMER, Art. 18 N 263; BREITSCHMID 1991 42).
[1352] Krieg, Revolution (beispielhaft BGE 75 II 280) etc., in Deutschland etwa im Zusammenhang mit der Geldentwertung nach dem ersten Weltkrieg oder der deutschen Einheit (ZGB-BREITSCHMID, Art. 469 N 29; zu letzterer Staudinger/OTTE vor §§ 2064 ff N 101 ff).

b) Grundsatz: Keine Anpassung

Im Zweifel ist auf die Verhältnisse im Zeitpunkt der Errichtung der Verfügung abzustellen[1353]. Scheint sich allerdings eine Beachtung veränderter Verhältnisse aufzudrängen, so muss nach dem Zeitpunkt der eingetretenen Änderung gefragt werden. Im Gegensatz zu einer vertraglichen Bindung zeichnet sich die letztwillige Verfügung durch ihre jederzeitige Widerruflichkeit bis zum Ableben des Verfügenden aus. Folglich steht es bis zuletzt im Belieben des Testators, veränderten Verhältnissen – sofern bekannt – Rechnung zu tragen. Somit ist bei der Auslegung auf veränderte Verhältnisse – mögen diese bedeutsam erscheinen oder nicht – im Rahmen der Auslegung letztwilliger Verfügungen regelmässig keine Rücksicht zu nehmen, sofern diese dem Erblasser bekannt waren und er sich dennoch nicht entschliessen konnte, die Verfügung abzuändern oder aufzuheben[1354]. Dies gilt natürlich in besonderem Masse da, wo der Erblasser die Weitergeltung für den Eintritt veränderter Verhältnisse vorgeschrieben hat[1355] und somit angenommen werden darf, er habe seiner Verfügung die Verhältnisse im Zeitpunkt seines Tode zugrundelegen wollen.

Ausnahmen sind allerdings da zu machen, wo der Erblasser bewusst oder unbewusst offene Formulierungen gebraucht, so dass angenommen werden darf, es habe ihm eine Anpassung nicht als notwendig erschienen[1356].

Als illustratives Beispiel dient RGZ 134, 277, 281, wo der Erblasser in seiner letztwilligen Verfügung seine Gattin zur Alleinerbin eingesetzt hatte. Die Ehefrau starb und der Erblasser verheiratete sich erneut. Das Reichsgericht verweigerte – auf Klage der Geschwister des Erblassers – der Witwe allerdings die Stellung einer Universalerbin unter Rekurs auf die allgemeine Lebenserfahrung mit der Begründung, üblicherweise sei die Erbeinsetzung der Ehefrau nicht dahin zu verstehen, dass die jeweilige Ehefrau damit gemeint sei.

c) Ausnahme: Veränderungen, auf welche nicht mehr reagiert werden konnte

Wesentlich anders stellen sich jene Fälle dar, in welchen der Erblasser von den fraglichen Änderungen keine Kenntnis mehr erlangt hat sowie *mutatis mutandis* bei Eintritt von veränderten Verhältnissen nach dem Ableben des Erblassers[1357]. Unter diese Kategorie sind wohl auch jene Fälle zu zählen, wo der Erblasser bei nachweislich festgestellter Änderungsabsicht infolge Ablebens diese nicht mehr umsetzen konnte: Ihn hier generell auf seinem einmal geäusserten Willen zu behaften, erschie-

---

[1353] ESCHER/ESCHER, Die Verfügung von Todes wegen, N 18; differenzierend TUOR, vor Art. 481 ff N 18.
[1354] BGE 46 II 213, 221 f E. 3; TUOR, vor Art. 481 ff N 18; ESCHER/ESCHER, Die Verfügung von Todes wegen, N 18; WEBER, Art. 84 N 219 f.
[1355] Vgl. etwa BGE 43 II 148 f.
[1356] TUOR, vor Art. 481 ff N 18; KIPP/COING § 21 III [140].
[1357] ZGB-BREITSCHMID, Art. 469 N 24; ders. 1991 41; Staudinger/OTTE vor §§ 2064 ff N 91 f (allerdings mit Zurückhaltung für veränderte Verhältnisse nach Eintritt des Erbfalls, da dem Erblasser die Herrschaft über sein Vermögen entzogen sei); KIPP/COING § 21 III 5 [142].

ne zu hart. Vielmehr ist aufgrund des Willensprinzips zu fragen, ob der Testator bei Kenntnis der Veränderung an der Verfügung in unveränderter Form festgehalten hätte. Ist dies zu verneinen, so muss geprüft werden, ob der Verfügung durch eine *ergänzende*[1358] Auslegung ein dem mutmasslichen, hypothetischen Willen des Erblassers entsprechender Sinn gegeben werden könnte[1359].

Bedeutung hat die Frage der ergänzenden Auslegung im Zusammenhang mit der nach dem ersten Weltkrieg eingetretenen Geldentwertung («Markkatastrophe») erlangt. In RGZ 108, 83 war die letztwillige Verfügung eines im November 1919 verstorbenen Getreidehändlers zu beurteilen, welcher in seinem Testament vom Oktober 1919 im Rahmen einer Teilungsvorschrift seinem Sohn das Recht eingeräumt hatte, eine zum Nachlass gehörende Scheune samt Hausgrundstück für 50'000 *M* zu übernehmen. Das Reichsgericht erachtete es im Rahmen einer ergänzenden Auslegung für erwiesen, dass der Erblasser dem Sohn eine Übernahme des Grundbesitzes zu dem Werte ermöglichen wollte, welcher 1919 50'000 *M* entsprochen hätte, und nahm eine Anpassung an die veränderten Verhältnisse vor.

Unnachgiebig zeigte sich dagegen das Bundesgericht zur gleichen Zeit in einem ähnlich gelagerten Fall (BGE 49 II 12[1360]): Dort hatte der 1918 verstorbene Erblasser ein Jahr zuvor in einem Testamentsnachtrag einer deutschen Universität ein Legat von 50'000 *M* ausgesetzt, damit aus den Zinsen Stipendien ausgerichtet werden könnten. Den Beschluss der Willensvollstrecker, der Universität einen Betrag zuzuwenden, welcher wertmässig demjenigen zur Zeit der Verfügung entsprochen hätte, widersetzten sich die gesetzlichen Erben des Testators mit Erfolg: Das Bundesgericht hielt fest, dass dem Erblasser als geschäftserfahrenem Kaufmann die Möglichkeit von Währungsschwankungen wohl bewusst war und es für ihn deshalb das nächstliegende gewesen wäre, die Höhe des Vermächtnisses vom Zweckbedarf abhängig zu machen. In Ansehung dieses Umstandes und der Tatsache, dass sich der Verfügung keine Indizien entnehmen liessen, wonach dem Erblasser an einer Berücksichtigung der Entwertung gelegen hätte, wurde eine Anpassung verweigert.

d) Würdigung

Im Gegensatz zu Deutschland, wo die Zulässigkeit ergänzender Testamentsauslegung ausser Frage steht[1361], sind dieser hierzulande durch eine etwas hartherzig anmutende bundesgerichtliche Rechtsprechung[1362] aufgrund von Eindeutigkeitsregel und Andeutungstheorie[1363] engste Grenzen gesetzt: Die ergänzende Auslegung kann

---

[1358] ZGB-BREITSCHMID, Art. 469 N 29; DRUEY § 12 N 15; Staudinger/OTTE vor §§ 2064 ff N 82 ff; KIPP/COING § 21 III 5 [142]; entschieden ablehnend FAHRLÄNDER 33, 85 f, wonach in solchen Fällen einzig die Anfechtung zur Verfügung stehe.
[1359] Staudinger/OTTE vor §§ 2064 ff N 82.
[1360] Entscheide der Vorinstanzen in ZR 1923 Nr. 167 (BezGer und OGer Zürich); kritisch VONRUFS 41 ff.
[1361] RGZ 99, 82 (grundlegend); Staudinger/OTTE vor §§ 2064 ff N 85.
[1362] Ebenso die ältere Doktrin, vgl. ESCHER/ESCHER, Art. 469 N 1.
[1363] TUOR, vor Art. 481 ff N 12; ESCHER/ESCHER, Die Verfügung von Todes wegen, N 13; PIOTET SPR IV/1 § 33 III [209]; DRUEY § 12 N 15; andeutungsweise BGE 111 II 16, 19 E. 3 c, 108 II 393, 396 E. 6 b (i. c. Auslegung einer Stiftungsurkunde), 104 II 337, 340 E. 2 c = Pra 1979 Nr. 178.

mithin wohl nur da zum Ziele führen, wo eine entsprechende Intention des Erblassers klar aus dem Wortlaut der Urkunde ersichtlich wird[1364].

Eine Ergänzung dürfte deshalb in praktisch allen Fällen an dieser Voraussetzung scheitern, da das Auslegungsergebnis naturgemäss keine genügende Stütze in der Urkunde selbst finden kann, da der Erblasser in Unkenntnis der veränderten Umstände gar keinen dahin gehenden Willen haben konnte. Das strenge Festhalten an überkommenen Auslegungsgrundsätzen erscheint hier verfehlt, geht es doch bei der ergänzenden Auslegung darum, ein *formgerecht erklärtes Ziel* angesichts einer neuen Ausgangslage entsprechend den erkennbaren Intentionen des Verfügenden anzupassen[1365]. Zusammen mit der neueren Lehre[1366] ist deshalb für eine Anpassung an veränderte Umstände einzutreten, sofern sich entsprechende Intentionen zweifelsfrei nachweisen lassen.

V. In der Ausgleichung im besonderen

A. Grundsatz: Keine besonderen Auslegungsregeln

Im Rahmen der «freiwilligen» Ausgleichung findet diese nur statt, sofern sie der Erblasser verfügt (Art. 626 Abs. 1, 629 Abs. 1 und 631 Abs. 1 ZGB) oder sich die Parteien vertraglich darauf geeinigt haben. Enthält eine Verfügung von Todes wegen scheinbar Anordnungen zur Ausgleichung, so kommen zur Prüfung dieser Frage grundsätzlich keine besonderen Auslegungsregeln zur Anwendung. Regelmässig ergibt der die Ausgleichung betreffende Textteil für sich allein oder auch im Zusammenhang mit der restlichen Verfügung bereits einen genügenden Anhaltspunkt über den erblasserischen Willen oder jenen der Vertragsparteien. Ausdrückliche Anordnungen bzw. Vereinbarungen der Ausgleichungspflicht ergeben ein sehr deutliches Bild, ebenso wie Abtretungen «auf Rechnung künftiger Erbschaft» oder die Deklarierung von Zuwendungen als Erbvorbezüge.

Solchermassen ergibt sich der Parteiwille zur Bejahung der Ausgleichungspflicht (allenfalls auch zur Bestimmung der Modalitäten) bereits aus den Sachverhalten zu verschiedenen Bundesgerichtsentscheiden. Als Beispiele aus neuerer Zeit sind hier die Entscheide BGE 120 II 417, 418 und 118 II 282, 283 f (vorher schon 45 II 7, 8 [«Mit dieser Transaktion erklären ... unter dem Titel Vermögensherausgabe als Voremfangenes 100'000 Fr. erhalten zu haben ...»]) zu nennen, wo sich die Ausgleichungspflicht bereits mit aller Deutlichkeit aus den – da zeitgleich mit der Zuwendung verfügt und deswegen ausnahmsweise nur den Formvorschrif-

---

[1364] BGE 70 II 7, 12 f E. 2; KIPP/COING § 21 III 5 [142 f].
[1365] KIPP/COING § 21 III 5 [142 f]; ähnlich Staudinger/OTTE vor §§ 2064 ff N 87.
[1366] KRAMER, Art. 18 N 263; FAHRLÄNDER 84 ff; GLAUS 179 ff; weitergehend ZGB-BREITSCHMID, Art. 469 N 29; ders. 1991 41 f; DRUEY § 12 N 16.

ten des Zuwendungsgeschäftes unterliegenden – öffentlich beurkundeten Liegenschaftsabtretungsverträgen ergibt. Wie gesehen, ändert aber die Tatsache der Regelung der Ausgleichungsfragen im Zuwendungsgeschäft selbst nichts an deren erbvertraglichem Charakter.

Im erstgenannten Fall wurde die künftige Ausgleichung der Zuwendung zwischen der Erblasserin und ihrem Sohn vereinbart; die Tochter, welche in einer von ihrer Mutter gleichentags errichteten letztwilligen Verfügung auf den Pflichtteil gesetzt wurde, war nicht beteiligt. Die Abtretung der Liegenschaft erfolgte «auf Rechnung künftiger Erbschaft», wobei sich die Erblasserin die lebenslängliche Nutzniessung vorbehielt, ebenfalls festgelegt wurde der zur Ausgleichung zu bringende Betrag. Im älteren Fall waren dagegen beide Töchter des Erblassers und einige künftige gesetzliche Erben Parteien des notariell beurkundeten Schenkungsvertrages. In diesem erhielten die Kinder der einen Erbin eine Liegenschaft unentgeltlich zugewiesen und die andere Erbin zwei Grundstücke. Der Grundsatz der Ausgleichungspflicht für diese Zuwendung wurde ausdrücklich statuiert (mit der Besonderheit, dass sich die Tochter zur Ausgleichung der ihren Kindern gemachten Zuwendung verpflichtete); die Regelung der Wertfragen sollte durch Sachverständige erfolgen.

Keine Zweifel an der Ausgleichungspflicht lässt auch die in der zürcherischen Notariatspraxis[1367] geläufige Wendung «Diese Abtretung [der Liegenschaft] erfolgt als Erbvorbezug. [....] Der Abtreter wendet dem Erwerber diesen Betrag auf Anrechnung an seinen Erbanteil zu; d. h. der Erwerber hat den Betrag später bei der Teilung der Erbschaft des Abtreters auszugleichen.»

Erscheint unklar, ob eine Zuwendung zur Ausgleichungspflicht des Empfängers führt, so ist zur Klärung dieser Frage auf die Externas zurückzugreifen. Als solches bietet sich – sofern eine der Zuwendung nachgehende Verfügung zu beurteilen ist – das Zuwendungsgeschäft und seine Begleitumstände an[1368]. Aufgrund dessen muss geklärt werden, ob überhaupt eine unentgeltliche Zuwendung vorliegt[1369] und wenn ja, ob sich die Parteien über eine mögliche Ausgleichungspflicht geeinigt haben. Bleibt die Zuwendungsvereinbarung ebenfalls unklar (bzw. steht ohnehin nur sie zur Beurteilung an), so bleibt nur der Rückgriff auf die Begleit- und andere Umstände möglich.

[1367] RIESER AJP 1992 944.
[1368] Sehr anschaulich KGer Graubünden PKG 1988 Nr. 4 E. 4: In dem dort entschiedenen Fall hatte der Erblasser einem Nachkommen ein Wertschriftenpaket im Rahmen einer Vereinbarung mit dem Titel «Abtretungsvertrag auf Rechnung zukünftiger Erbschaft» zugehalten, wobei der Empfänger die Wertschriften auf «Rechnung künftiger Erbschaft» erhalten sollte. Die am Schlusse der Vereinbarung festgehaltene Formulierung «Die Abtretung dieser Aktien unterliegt nicht der Ausgleichungspflicht unter den Erben» liess Zweifel am erblasserischen Willen aufkommen. Erst die Tatsache, dass die Vereinbarung von einem juristischen Laien aufgesetzt worden war und der Umstand, dass der Erblasser den Empfänger als seinen Geschäftsnachfolger immer wieder zu begünstigen suchte, liessen den erblasserischen Willen auf Befreiung von der Ausgleichungspflicht deutlich werden.
[1369] Dies wurde etwa in BGE 54 II 93, 95 ff verneint.

B. Ausnahmen

1. Vermutung der vertraglichen Natur von Ausgleichungsanordnungen im Zuwendungsgeschäft und in Erbverträgen

Aufgrund der Lektüre von Ausgleichungsbestimmungen im Zuwendungsgeschäft oder in Erbverträgen kann unklar sein, ob solche jederzeit widerrufbar oder aufgrund ihres vertraglichen Charakters auch für den Erblasser bindend sind. Das Bundesgericht hat unter Rekurs auf PIOTET festgehalten, solche Bestimmungen seien – Beweis des Gegenteils vorbehalten – im Zweifelsfalle als *vertraglich* und *bindend* zu interpretieren[1370].

2. Erfordernisse an den ausdrücklich zu erklärenden Ausgleichungserlass (Art. 626 Abs. 2 ZGB)

a) Begründung der besonderen Anforderungen

Auch im Bereich der «gesetzlichen» Ausgleichung – wo Zuwendungen mit Ausstattungscharakter an Nachkommen zu beurteilen sind – bleibt eine abweichende Regelung entsprechend dem Parteiwillen vorbehalten. Da hier allerdings der Gesetzgeber in besonderem Masse davon ausgeht, sein Modell der Ausgleichungspflicht ohne entsprechende Verfügung entspreche unter Berücksichtigung des Gleichbehandlungsgrundsatzes regelmässig den Vorstellungen des künftigen Erblassers, erhöht Art. 626 Abs. 2 die Anforderungen an den Dispenswillen des Erblassers: Ein solcher führt mithin nur da zum Ziel, wo er «ausdrücklich» erklärt worden ist[1371].

[1370] BGE 118 II 282, 288 E. 5 im Anschluss an PIOTET ZSR 1971 I 26 (vgl. auch denselben SPR IV/1 § 49 II C [349 f]); ebenso GUINAND/STETTLER N 331 Anm. 530; zum Meinungsstand ZOLLER 61 Anm. 436. Natürlich steht es dem Erblasser frei, von der Ausgleichungspflicht auch bloss einseitig – sei es in einer letztwilligen Verfügung, sei es mittels Vorbehalt im Zuwendungsgeschäft selbst – zu dispensieren. In solchen Fällen kann er jederzeit den Dispens widerrufen (VOLLERY N 120 m. w. H.), was allerdings nach hier vertretener Ansicht die Beachtung der einschlägigen Formvorschriften erfordert.

[1371] Das Erfordernis der Ausdrücklichkeit gilt gleichermassen für den vollständigen wie auch für einen im Rahmen von Art. 630 Abs. 1 ZGB ausgesprochenen teilweisen Erlass (TUOR/PICENONI, Art. 626 N 6; SCHWENDENER 51).
Historisch geht das Erfordernis der Ausdrücklichkeit auf das *justinianische* Recht (Nov.18.c.6: *nisi expressim designaverit ipse, se velle non fieri collationem*) zurück (BGE 69 II 71, 73 E. 2; WINDSCHEID/KIPP § 610 2 [521 Anm. 9]; DERNBURG § 141 5 [278 Anm. 22]; MOSER 47; ausführlich WIDMER 146 m. w. H.). Der französische Ccfr (Art. 843 Abs. 1 [allerdings ausgehöhlt durch eine grosszügige Praxis] sowie das österreichische ABGB (§ 792; dazu Klang/WEISS §§ 790 bis 794 I B 6 [946]) halten am Ausdrücklich-

Dieses Erfordernis gilt nur im oben beschriebenen engen Rahmen. Keine Ausdrücklichkeit verlangt hingegen der Ausgleichungsdispens der übermässigen Ausbildungs- und Erziehungskosten (Art. 631 Abs. 1 ZGB), handelt es sich doch hier um einen speziellen Tatbestand, welcher nicht von der ausgleichungsrechtlichen Grundnorm erfasst wird[1372].

b) Begriff der Ausdrücklichkeit

α) *Doktrin*

Nicht nur in der erbrechtlichen Ausgleichung, sondern auch an anderen Stellen im Privatrecht[1373] ist von ausdrücklichen Erklärungen die Rede. Um diese von den nicht ausdrücklichen Erklärungen *abzugrenzen*, ist auf die allgemeine Rechtsgeschäftslehre zurückzugreifen[1374]: Danach ist eine Erklärung dann ausdrücklich, sofern der Rechtsfolgewille unmittelbar ausgedrückt wird[1375]. Keine Ausdrücklichkeit liegt hingegen vor, sofern mit einer Erklärung ein grundsätzlich anderer Zweck verfolgt wird, diesem aber ein mitlaufender Rechtsgeschäftswille entnommen werden kann und darf[1376]. Selbstverständlich sind auch ausdrückliche Willenserklärungen auslegungsfähig und häufig auch auslegungsbedürftig[1377]. Kein Zusammenhang besteht dagegen zwischen Formfragen und einer ausdrücklichen Erklärung[1378], taugt für eine solche doch grundsätzlich jedes Erklärungsmittel[1379].

Daraus folgt, dass ausdrückliche Ausgleichungserlasse natürlich *expressis verbis* geäussert werden können. Ein gelungenes Beispiel für einen solchen Dispens ist die Formulierung in einer letztwilligen Verfügung, worin angewiesen wird, «[d]ie seinerzeit erlittenen Verluste aus

---

keitserfordernis fest, wogegen das deutsche BGB an den Dispenswillen keine entsprechenden Anforderungen stellt (vgl. WIDMER 147 ff).
[1372] BGE 51 II 374, 378 ff E. 1; ESCHER/ESCHER, Art. 631 N 6; ZGB-FORNI/PIATTI, Art. 631 N 6; PIOTET SPR IV/1 § 50 I B [354]; SCHWENDENER 63 f; SEEBERGER 278; STOUDMANN 66; VOLLERY N 119; WIDMER 171 f; WOLFER 85; offengelassen bei TUOR/PICENONI, Art. 631 N 13; a. M. GUBLER 95 f und RÖSLI 90.
[1373] Z. B. Art. 1 Abs. 2, 6, 214 Abs. 3, 369 Abs. 1, 458 Abs. 1, 462 Abs. 2 und 481 Abs. 3 OR; Art. 321 Abs. 2 ZGB (vgl. auch SCHÖNENBERGER/JÄGGI, Art. 1 N 141).
[1374] TUOR/PICENONI, Art. 626 N 45, aArt. 633 N 22; BENN/HERZOG ZBJV 1999 769.
[1375] SCHÖNENBERGER/JÄGGI, Art. 1 N 142; KRAMER, Art. 1 N 7; ENNECCERUS/NIPPERDEY § 153 II [943] mit Hinweisen auf die gemeinrechtliche Doktrin; ähnlich OSER, Art. 1 N 61; VON TUHR/PETER § 21 II 4 [162 f]; zur Ausdrücklichkeit in der Ausgleichung PIOTET IV/1 § 50 I A [352]; AGUET 51; MOSER 48; SEEBERGER 277; STOUDMANN 64; WIDMER 150 ff.
[1376] BENN/HERZOG ZBJV 1999 769 f m. w. H.
[1377] PIOTET SPR IV/1 § 50 I A [352 f].
[1378] So allerdings ausdrücklich ROSSEL/MENTHA Ziff. 1161 und STOUDMANN 63; ansatzweise auch PIOTET ASR 591 N 80, 100 ff; ders. SPR IV/1 § 49 II A [347].
[1379] So dann aber auch PIOTET SPR IV/1 § 50 I A [352]; TUOR/PICENONI, Art. 626 N 45, aArt. 633 N 22; OSER, Art. 1 N 61; BENN/HERZOG ZBJV 1999 770; ähnlich ESCHER/ESCHER, Art. 626 N 49; ZGB-FORNI/PIATTI, Art. 626 N 18; CURTI-FORRER, Art. 626 N 14; allgemein KRAMER, Art. 1 N 7 f. In BGE 68 II 78, 82 f E. 1 prüfte das Bundesgericht – von der Formfreiheit von Ausgleichungsverfügungen und -erlassen ausgehend, ob einer bloss mündlichen Erklärung an einen Dritten Ausdrücklichkeit zukomme.

dem Betriebe der ehemaligen Firma Honauer & Cie in Luzern gehen gänzlich zu meinen Lasten, d. h. keinem meiner Erben [...] darf von daher etwas als Voremfang angerechnet werden»[1380].

Ein Teil der Lehre macht geltend, die Einsetzung eines Begünstigten nach Massgabe von Art. 76 ff VVG bei Ansprüchen aus Lebensversicherungen[1381] enthalte einen ausdrücklichen Dispens nach Massgabe von Art. 626 Abs. 2 ZGB[1382]. Dabei wird übersehen, dass zwischen der versicherungsrechtlichen Begünstigung als Rechtsgeschäft unter Lebenden und der ausgleichungsrechtlichen Problematik keinerlei Zusammenhang besteht, wird mit der Begünstigung doch nur jener Tatbestand geschaffen, welcher später zur Ausgleichung führen kann: Aus der versicherungsrechtlichen Begünstigung lassen sich folglich keine Rückschlüsse auf die spätere Ausgleichungspflicht ziehen[1383].

β) Bundesgerichtliche Rechtsprechung

Das Bundesgericht hat in seiner Rechtsprechung mehrfach Gelegenheit gehabt, sich zu den Anforderungen an den ausdrücklichen Dispens zu äussern. Es hat sich – abgesehen zu Anfang – durchaus auf der von der Lehre festgelegten Linie bewegt, ohne an den auszudrückenden Erblasserwillen übertriebene Anforderungen zu stellen[1384]:

– Kurz nach Inkrafttreten des ZGB (BGE 44 II 356) stand ein Fall zur Beurteilung, in welchem eine Saldoquittung auf der Rückseite einer Schuldanerkenntnis unter dem Gesichtswinkel der Ausdrücklichkeit zu beurteilen war. Das Bundesgericht verneinte unter dem Hinweis, dass die Zuwendungsempfängerin selbst die Quittung durch ihr späteres Verhalten nicht als Ausgleichungsdispens gedeutet habe, die Ausdrücklichkeit der erblasseri-

---

[1380] BGE 68 II 78, 79. Klarer noch die Wendung in einem Schenkungsvertrag, die Schenkung erfolge «avec dispense expresse de rapport» (BGE 116 II 667, 668 = Pra 1991 Nr. 159). Ähnlich auch die folgende vertragliche Vereinbarung zwischen dem Erblasser und seinen Kindern (vgl. BGE 84 II 685, 686): «Mit der Erfüllung dieses Vertrages sind alle Ansprüche, welche Vater Jakob Fahrner an seine Kinder besessen hat und welche die Kinder zu fordern hätten, ausgeglichen. Es bestehen also weder Einwerfungspflichten, noch Ausgleichungsforderungen unter den späteren Erben des Jakob Fahrner. Die restierende Erbschaft, welche hinterlassen wird, geht zu gleichen Teilen an seine Kinder.»
Ebenfalls keine Zweifel an der Ausdrücklichkeit lässt die (allerdings auf den Dispens nach Art. 629 ZGB zielende) Formulierung «Sollte aber dieser Voremfang ihre Erbteile übersteigen, so wünsche ich, dass ihnen dieser Mehrbetrag erlassen sein soll» (SJZ 1924/25 379 [Sachverhalt zu einem Entscheid des AppG Basel Stadt]).
Sehr klar erweist sich auch die regelmässig in der Formulierung in Verträgen über gemischt-unentgeltliche Zuwendungen vorkommende Wendung, «Sollte in diesem Vertrag eine gemischte Schenkung erblickt werden, ist der Käufer von der Ausgleichung im Sinne von Art. 626 ff. ZGB vollumfänglich befreit.» (MOSER 84; RIESER AJP 1992 942).
[1381] Zur grundsätzlichen Ausgleichbarkeit solcher Leistungen vorn 66 ff.
[1382] Nachweise bei IZZO 359; vgl. auch ZGB-STAEHELIN, Art. 476 N 15.
[1383] Zutreffend sonach VOLLENWEIDER 85 f; zögernd IZZO 359; implizit auch ROELLI/JAEGER, Art. 78 N 42.
[1384] Anders offenbar WIDMER 141 ff, welcher in der Rechtsprechung keine Einheitlichkeit erblicken kann.

schen Erklärung[1385]. Dem Entscheid ist insofern beizupflichten, als aufgrund einer Saldoquittung allein noch nicht auf einen ausdrücklichen Dispensationswillen geschlossen werden kann. Die Begründung vermag allerdings insoweit nicht zu überzeugen, da der Eindruck des Erklärungsempfängers bei einseitigen, nicht empfangsbedürftigen Willenserklärungen nicht ausschlaggebend sein kann[1386].

- Im Jahre 1919 (BGE 45 II 513) hatte das Bundesgericht die gemischt-unentgeltliche Abtretung eines landwirtschaftlich genutzten Heimwesens an zwei Söhne des Erblassers zu beurteilen, welche geltend machten, die Ausgleichungspflicht sei ihnen als Belohnung für ihre langjährigen und treuen Dienste erlassen worden. Auch hier wurde das Vorliegen eines als ausdrücklich zu bezeichnenden Dispenses verneint, da auch bei Unterstellung von Dankbarkeit als leitendem Motiv für die Abtretung ein Dispens in einer auf diesen Erfolg hin ausgerichteten Verfügung hätte erklärt werden müssen[1387].

- In den Entscheiden Rieser-Honauer und Kinder c. Honauer (BGE 67 II 207 und 68 II 78) verneinte das Bundesgericht sodann in Übereinstimmung mit der Vorinstanz die Ausdrücklichkeit eines angeblich einem Zeugen mündlich mitgeteilten Dispenswillens.

- In BGE 69 II 71, 74 E. 2 wurde zunächst festgehalten, dass ein ausdrücklich zu erklärender Dispens nicht in einer Erklärung bestehen müsse, welche geradewegs den Dispens ausspreche. Genügend sei auch jede andere, unzweideutig als ausschliesslich zu verstehende Erklärung. In diesem Sinne wurde die Bestimmung in einer gemischt-unentgeltlichen Abtretungsvereinbarung als ausdrücklicher Erlass qualifiziert, worin dem Zuwendungsempfänger zugesichert wurde, seine Stellung in der Teilung des väterlichen Nachlasses bleibe durch die Abtretung unberührt[1388].

- In BGE 71 II 69, 75 ff E. 2 und 3 erachtete das Bundesgericht eine zum Zwecke der Abgeltung von Lohnansprüchen vorgenommene Liegenschaftsabtretung selbst dann als rechtsgenügenden Dispens im Sinne von Art. 626 Abs. 2 ZGB, wenn die Lohnansprüche objektiv zu hoch gewertet seien[1389]. Der Dispenswille sei so klar ausgedrückt, dass er nicht mehr eigens erwähnt werden müsste.

- In dem für das Ausgleichungs- und Herabsetzungsrecht zentralen BGE 76 II 188 verfügte der Erblasser bzgl. seiner lebzeitigen Zuwendungen an seinen Sohn folgendes[1390]: «Die Liegenschaft soll meinem Sohn zukommen... Dem Sohne Emil werden seine bezogenen Geldbeträge und meine Auslagen für denselben geschenkt, also bei meinen Lebzeiten geschenkt.» In der Wendung wurde eine ausdrückliche Befreiung von der Ausgleichungspflicht gesehen[1391]. Entgegen dem einzig auf den Wortlaut abstellenden Vorgehen des Bundesgerichts bedurfte es einer Auslegung der gesamten Verfügung – welche auf eine

---

[1385] BGE 44 II 356, 358 ff E. 2; vgl. auch WIDMER 141 f. Der Entscheid folgt der ersten Auflage des Zürcher Kommentars von OSER (Art. 1–529 OR, Zürich 1915, 21 f), wonach sich die Ausdrücklichkeit nur aufgrund objektiver Erkennungszeichen, d. h. aufgrund von Verkehrssitte und Lebenserfahrung erkennen lasse. Diese Auffassung wurde vom gleichen Autor in der zweiten Auflage seines Werks allerdings ausdrücklich fallengelassen (OSER, Art. 1 N 61).

[1386] Ebenso WIDMER 141 f.

[1387] BGE 45 II 513, 520 E. 2.

[1388] Zustimmend besprochen von GUHL ZBJV 1944 506.

[1389] Kritisch PIOTET SPR IV/1 § 50 I A [352 Anm. 4]; vgl. auch GUHL ZBJV 1946 463.

[1390] BGE 76 II 188, 189.

[1391] BGE 76 II 188, 191 E. 1.

Meistbegünstigung des Sohnes ausgerichtet war, um den Erblasserwillen zweifelsfrei zu erschliessen[1392].
- In BGE 84 II 338, 349 E. 7 c (andeutungsweise ähnlich auch BGE 89 II 72, 76 f E. 2) wurde endlich in negativer Hinsicht festgehalten, dass die vertragliche Vereinbarung, wonach bei einer gemischt-unentgeltlichen Zuwendung das (gestundete) Entgelt im Nachlass des Zuwendenden nach Massgabe von Art. 614 ZGB dem Empfänger anzurechnen sei, nicht als Dispens im Sinne von Art. 626 Abs. 2 ZGB gedeutet werden könne[1393].

γ) *Folgen der fehlenden Ausdrücklichkeit*

Gebricht es einer Verfügung von Todes wegen an der notwendigen Ausdrücklichkeit eines Ausgleichungsdispenses, so findet die Ausgleichung nach Massgabe der gesetzlichen Vorschriften statt[1394]. Auch ein festgestellter Dispenswille hat somit bei fehlender Ausdrücklichkeit unbeachtlich zu bleiben. Eine analoge Anwendung des Verfahrens der Ungültigerklärung (Art. 519 ff ZGB) kann – da keine Formfrage zur Beurteilung steht – entgegen der Auffassung von PIOTET[1395] nicht zur Anwendung gelangen.

C. Beurteilung von Schenkungsklauseln in Zuwendungsverträgen

Auf die grundsätzliche Frage der Ausgleichungsfähigkeit von Schenkungen wurde bereits eingetreten. Wird diese Frage wie hier grundsätzlich bejaht, so muss gefragt werden, ob in der Bezeichnung einer lebzeitigen Zuwendung als «Schenkung» ein ausdrücklicher (vertraglicher) Erlass der Ausgleichungspflicht erblickt werden kann.

1. Meinungsstand

Das Bundesgericht hat in älteren Entscheiden eher dazu geneigt, Schenkungen die Ausgleichungsfähigkeit abzusprechen[1396]. In neuerer Zeit hat es die Frage allerdings

---

[1392] Vgl. BENN/HERZOG ZBJV 1999 770; ähnlich auch ZOLLER 26 Anm. 181.
Genau genommen hätte es eines ausdrücklichen Erlasses ohnehin nicht bedurft, da durch die Zurücksetzung der Tochter auf den Pflichtteil und die gleichzeitige Zuweisung der verfügbaren Quote an den Sohn für die Anwendung von Art. 626 Abs. 2 ZGB gar kein Raum mehr bestand (vgl. vorn 94 ff).
[1393] Dazu auch die Bemerkungen von MOSER 49 f sowie von MERZ ZBJV 1959 432.
[1394] Geht man allerdings mit der h. L. davon aus, auch ein Überschuss sei vorbehältlich eines erklärten Dispenses zur Ausgleichung zu bringen, so kann dem erblasserischen Willen wenigstens im Rahmen von Art. 629 Abs. 1 ZGB Rechnung getragen werden (vgl. vorn 134).
[1395] SPR IV/1 § 50 I D [355]; ihm folgend SEEBERGER 278.
[1396] BGE 71 II 69, 76 E. 3, 76 II 188, 195 ff E. 6.

offengelassen[1397]. Unter dem Aspekt der Rechtsnatur der Ausgleichung hat sich auch die Lehre mit dieser Frage auseinandergesetzt und bejaht überwiegend die Ausgleichungs*fähigkeit* von Schenkungen[1398].

2. Stellungnahme

Konsequent von der Doppelnatur der Ausgleichung ausgehend, gelangt man zwanglos zu der Feststellung, dass dem der Ausgleichung zugrundeliegenden Rechtsgeschäft unter Lebenden in den allermeisten Fällen Schenkungscharakter zukommt. Es erscheint infolgedessen nur logisch zu sein, dass auch Schenkungen der Ausgleichung unterliegen können. Es erschiene von daher gesehen verfehlt, sie generell ausnehmen zu wollen.

Freilich ist damit nicht gesagt, dass als «Schenkungen» bezeichnete Zuwendungen in jedem Falle ausgleichungspflichtig seien. Wie ausgeführt, ist der Zuwendungsvertrag, soweit darin die Ausgleichung geregelt wird, materiell als Erbvertrag zu qualifizieren und als solcher nach dem Vertrauensgrundsatz auszulegen[1399]. Wie verschiedentlich hervorgehoben worden ist, werden landläufig unter Schenkungen Liberalitäten verstanden, welche sich gerade nicht dergestalt auswirken, dass die Empfänger in der späteren Erbteilung Abstriche an ihren Teilungsansprüchen hinzunehmen haben[1400]. Werden in einem Erbfall Ausgleichungsansprüche erhoben oder wird die Ausgleichung der Schenkung letztwillig verfügt, so werden die in die Pflicht genommenen unter Umständen geltend machen, die Zuwendung unterliege nicht der Ausgleichung, da sie ja geschenkt – mithin über den Tod des Zuwendenden hinaus als Liberalität zu behandeln sei. Sonach muss durch Auslegung des Zuwendungsgeschäftes ermittelt werden, ob letzteres wirklich dem übereinstimmenden Willen der Parteien entsprochen hat oder, sofern dies nicht der Fall ist, der Empfänger in seinem Vertrauen auf die Bezeichnung zu schützen sei. Gerade in nichtjuristischen Kreisen kann sich mit Blick auf die nur schwer nachvollziehbare Rechtsnatur

---

[1397] Ausdrücklich BGE 118 II 273, 287 E. 3, unklar 116 II 667 = Pra 1991 Nr. 159, wo nicht ersichtlich wird, ob eine 1969 erfolgte gemischte Schenkung i. c. der Ausgleichung unterlag.

[1398] ESCHER/ESCHER, Art. 626 N 19; ZGB-FORNI/PIATTI, Art. 626 N 11; PIOTET SPR IV/1 § 47 I C 1 [304 ff]; ders. ZSR 1971 I 23 f; DRUEY § 7 N 31 ff; EITEL § 8 Nr. 21 ff [136 f]; ders. ZBJV 1998 735; GUISAN ZSR 1952 II 501 ff; GUBLER 57 f; MOSER 35 ff; RÖSLI 84 ff; SCHWENDENER 37; SPAHR 158; VOLLERY N 28; WIDMER 77 ff; zurückhaltend TUOR/PICENONI, Art. 626 N 18; a. M. namentlich MÜLLER 36 ff; ferner BREITSCHMID 1997 82; CURTI-FORRER, Art. 626 N 6; JOST 134 f; O. MÜLLER ZBJV 1951 101 f; RIESER AJP 1992 942; WEIMAR FS Schnyder 833 ff; ZOLLER 13 ff; ferner die älteren Kommentatoren des Schuldrechts (BECKER, Art. 239 N 8; OSER/SCHÖNENBERGER, Art. 239 N 16; ebenso in der Tendenz FICK, vor Art. 239 ff N 31 f; dagegen aber aus der neueren Schuldrechtslehre VON BÜREN 275).

[1399] Dazu vorn 168.

[1400] So vor allem ZOLLER 14 und MÜLLER 37; ferner BREITSCHMID 1997 66; ebenso wohl WEIMAR FS Schnyder 833 ff und die ältere bundesgerichtliche Rechtsprechung.

und den Sprachgebrauch ein solcher Schutz rechtfertigen, sofern der Empfänger auch infolge weiterer Umstände – namentlich dem Verhalten des Erblassers in der Zeit des Vertragsschlusses – mit einem Dispens rechnen durfte[1401].

In diese Richtung weist auch BGE 44 II 356: Dort wurde die Ausstellung einer Saldoquittung nicht als Ausgleichungsdispens gedeutet, da die Zuwendungsempfängerin selbst darin keinen solchen erblickt hatte. Da i. c. die Ausstellung der Quittung einseitig erfolgt war und deshalb gerade nicht nach dem Vertrauensprinzip auszulegen war, überzeugt zwar die Begründung vorliegendenfalls nicht. Wenn allerdings bereits bei einseitigen Erklärungen auf den Empfängerhorizont geschlossen worden ist, so muss dies erst recht gelten, wenn sich der vermeintliche Erlass im Zuwendungsvertrag selbst findet.

D. Stillschweigen in Zuwendungsverträgen als Verzicht auf Ausgleichung nach Massgabe von Art. 626 Abs. 1 ZGB?

In die gleiche Richtung geht die Frage, ob die nachträgliche Ausgleichung einer Zuwendung an einen Nichtnachkommen verfügt werden dürfe, wenn die Frage im Zuwendungsgeschäft selbst nicht geregelt worden ist.

1. Meinungsstand

Ein Teil der Lehre und die ältere Praxis gehen davon aus, dass eine nachträgliche Anordnung der Ausgleichung ausgeschlossen sei[1402]. Begründet wird dies damit, dass eine nachträgliche Verfügung der Ausgleichung eine Rücknahme der lebzeitigen Liberalität darstelle, was unzulässig sei.

Das Bundesgericht hat in BGE 76 II 188, 197 f E. 6 und 7[1403] festgehalten, dass es dem Erblasser nur anlässlich der Zuwendung freistehe, Zuwendungen irgendwelcher Art als Erbvorbezug zu bezeichnen. Nachträglich sei dies freilich nicht mehr möglich, diesfalls komme nur eine Zurücksetzung des Empfängers auf andere Art und Weise in Betracht. Etwas anderes gelte freilich dann, wenn er die Frage der Ausgleichungspflicht dergestalt offen lasse, dass auch der Empfänger mit einer nachträglichen Verfügung rechnen müsse.

[1401] Vgl. KRAMER, Art. 1 N 105 ff, Art. 18 N 67 ff.
[1402] Vgl. ESCHER/ESCHER, Art. 626 N 45, wonach eine einmal vorbehaltlos gegebene Zuwendung nicht mehr rückgängig gemacht werden dürfe; CURTI-FORRER, Art. 626 N 6; BECK § 38 II 3 [167]; GUBLER 30; MÜLLER 40, 53; RÖSLI 56; SCHWARZ 27 f; STOUDMANN 61; WEIMAR FS Schnyder 849 f; WOLFER 29; ZOLLER 62 ff; ohne Stellungnahme SPAHR 160. Sie befindet sich im Einklang mit der deutschen Rechtsordnung (§ 2050 Abs. 3 BGB; dazu Staudinger/WERNER § 2050 N 33; RGRK-KREGEL § 2050 N 19; KIPP/COING § 120 IV 4 [650]; aus der Rechtsprechung RGZ 79, 266, 268).
[1403] Bestätigt in BGE 77 II 228, 233 E. 3 b.

Dagegen nimmt ein gewichtiger Teil der Doktrin[1404] aufgrund der Trennung von Ausgleichungspflicht und lebzeitiger Zuwendung an, eine nachträgliche Verfügung der Ausgleichung sei – sofern darauf nicht vertraglich verzichtet worden sei – zulässig, da sie erbrechtlicher Natur sei und damit keinerlei Auswirkung auf die lebzeitige Zuwendung habe.

2. Stellungnahme

Die Trennung von lebzeitiger Zuwendung und Ausgleichungspflicht legt es nahe, die nachträgliche Anordnung der Ausgleichungspflicht zuzulassen. Beizutreten ist jenem Teil der Doktrin, welcher geltend macht, die Ausgleichungsanordnung berühre die unentgeltliche lebzeitige Zuwendung überhaupt nicht[1405].

Etwas anderes könnte nur gelten, sofern sich der künftige Erblasser anlässlich der Zuwendung verpflichtet hätte, die Ausgleichung nicht zu verfügen. Das wäre also dann der Fall, sofern in der Nichtregelung der Ausgleichung ein qualifiziertes Schweigen angenommen würde, was freilich niemand tut. Infolgedessen wird der Erblasser in seiner Verfügungsfreiheit nicht gebunden und kann die Ausgleichungsfragen nach seinem Gutdünken regeln[1406].

Eine Ausnahme scheint sich allerdings aufzudrängen für Kleinzuwendungen, namentlich für Gelegenheitsgeschenke: Hier kann der Empfänger infolge ihres geringen Umfanges allein oder (bei Gelegenheitsgeschenken) auch aufgrund des Anlasses in guten Treuen davon ausgehen, eine Ausgleichung werde nicht stattfinden[1407]. Die Verfügung der Ausgleichung müsste demnach spätestens anlässlich der Zuwendung selbst erfolgen, später käme nur noch eine anderweitige erbrechtliche Zurücksetzung in Frage[1408].

[1404] PIOTET SPR IV/1 § 49 II B und C [348 ff]; ders. ZSR 1971 I 25 ff; PICENONI SJZ 1962 36; ders. in TUOR/PICENONI, Art. 626 N 32 (anders noch TUOR¹, Art. 626 N 32); DRUEY § 7 N 55 f; GUISAN ZSR 1952 II 496; KELLER 59; SCHWENDENER 39 ff; SEEBERGER 265 f; WIDMER 120 ff; vorsichtig TUOR/SCHNYDER/SCHMID 582; unklar VOLLERY N 110.
[1405] Vgl. PIOTET SPR IV/1 § 49 II B [348]; WIDMER 121: Namentlich besteht kein Zusammenhang mit den in Art. 249 f OR geregelten Widerrufstatbeständen der Schenkung.
[1406] So auch WIDMER 125.
[1407] In die gleiche Richtung weisend (wenn auch zurückhaltend) BREITSCHMID 1997 71. Weitergehend WIDMER 137 ff; andeutungsweise gleichsinnig VOLLERY N 30, wonach Gelegenheitsgeschenke zwingend von der Ausgleichungspflicht befreit sind (die überwiegende Doktrin nimmt dagegen im Grundsatz Ausgleichungsfähigkeit auch von Gelegenheitsgeschenken an [vgl. statt vieler TUOR/PICENONI, Art. 632 N 1; ESCHER/ESCHER, Art. 632 N 1, ferner GUBLER 110 f]).
[1408] Dazu hinten 260 ff.

§ 6 Behandlung von Willensmängeln

I. Einführung

Auch wenn im Zeitpunkt der Errichtung einer letztwilligen Verfügung oder des Abschlusses eines Erbvertrags seitens der verfügenden Partei der notwendige Verfügungswille *scheinbar* vorhanden war, kann sich dieser als mangelhaft erweisen. Diese Fälle werden im Erbrecht von der speziellen Regel des Art. 469 ZGB erfasst, welcher sich vom Regelungsgehalt her im Grundsatz an die entsprechenden Bestimmungen des OR (Art. 23 ff) anlehnt[1409]. Das ZGB spricht in diesen Fällen vom «*mangelhaften Willen*» und erklärt solche Verfügungen für *ungültig*[1410]. Weiter wird ziemlich lapidar festgehalten, solchermassen mangelhafte Verfügungen erlangten Gültigkeit, sofern der Verfügende nicht binnen Jahresfrist seit Kenntnisnahme des Mangels oder Wegfall der *causa* des Mangels die Verfügung aufhebe[1411]. Unklar ist, welche Mängel zur Ungültigkeit führen können, sodann, wann die Ungültigkeit als angemessene Rechtsfolge erscheint und schliesslich, ob Testament und Erbvertrag eine identische Behandlung erfordern.

II. Arten von Willensmängeln

A. Fehler in der Erklärungshandlung

1. Begriffliches

Zur einer ersten Gruppe zählen all jene Mängel, deren Fehler in der *Erklärungshandlung* bestehen. Der Erklärende erliegt einem Irrtum im Vorgang der Erklärungshandlung[1412]. Die Erklärung des Verfügenden entspricht nicht seinem fehlerfrei

---

[1409] SCHMIDLIN, Art. 23/24 N 173; OR-SCHWENZER, vor Art. 23 ff N 5; VON TUHR/PETER § 36 II [301]; TUOR/SCHNYDER/SCHMID 457; GRUNDLER 100.

[1410] Marginale zu Art. 469 ZGB, Art. 469 Abs. 1 ZGB. Ungültigkeit im Erbrecht bedeutet regelmässig nicht Nichtigkeit im strengen Sinne des Wortes (statt aller ZGB-FORNI/PIATTI, Art. 519/520 N 4): «Ungültige» Verfügungen sind «nicht nichts»; sie können unter gewissen Voraussetzungen Vollgültigkeit erlangen, sofern sie nicht mittels Anfechtung (Art. 519 ff ZGB) *vernichtet* werden.

[1411] Art. 469 Abs. 2 ZGB.

[1412] BGE 110 II 293, 302 E. 5 a, 57 II 284, 288 E. 2; SCHMIDLIN, Art. 23/24 N 28; OR-SCHWENZER, vor Art. 23 ff N 2; VON TUHR/PETER § 36 I [298]; GRUNDLER 90.

gebildeten Geschäfts- und Erklärungswillen: Man spricht in solchen Fällen von einem *Erklärungsirrtum*[1413]. Der Widerspruch vom Gewollten zum Erklärten beruht dabei auf einem *Versehen* des Erklärenden[1414]. Der Irrtum kann dabei entweder den Inhalt der Erklärung beschlagen; d. h. der Verfügende hat eine von der Realität abweichende Vorstellung vom Inhalt seiner Erklärung (*error in iudicando*) und gibt bloss vermeintlich eine seinem Willen entsprechende Äusserung ab[1415]. Daneben sind jene Fälle hervorzuheben, in welchen der Verfügende versehentlich eine nicht seinem Willen entsprechende Erklärung abgibt, d. h. er verspricht bzw. verschreibt sich[1416].

2. Beispiele

Als typische Fälle für Erklärungsirrtümer gelten namentlich[1417] die Bezeichnung der Beteiligten, Höhe und Art der Zuwendung, Verwechslung von Erbeinsetzung und Ausrichtung von Vermächtnissen.

B. Fehler in der Willensbildung

Die zweite Gruppe von Willensmängeln umfasst Willenserklärungen aufgrund *mangelhafter Willensbildung*[1418]. Auch hier wird unterteilt:

1. Fehlender Eigenwille

Zunächst kann es am *notwendigen Eigenwillen fehlen*: Die Willensäusserung erfolgt aufgrund unzulässiger Fremdeinwirkung wie arglistiger Täuschung, Drohung oder Zwang[1419].

[1413] ESCHER/ESCHER, Art. 469 N 9; ZGB-BREITSCHMID, Art. 469 N 7; Staudinger/OTTE § 2078 N 8; VON TUHR/PETER § 36 I [298], § 37 I [301 f]; offenbar a. M. PIOTET SPR IV/1 § 35 II [219].
[1414] BGE 57 II 284, 288 E. 2; TUOR, Art. 469 N 10; GLAUS 5; GRUNDLER 90.
[1415] ESCHER/ESCHER, Art. 469 N 9; OR-SCHWENZER, Art. 24 N 3 ff; VON TUHR/PETER § 37 I 1 [301 f]; GRUNDLER 91.
[1416] OR-SCHWENZER, Art. 24 N 8; ZGB-BREITSCHMID, Art. 469 N 8; Staudinger/OTTE § 2078 N 9; VON TUHR/PETER § 37 I 2 [302].
[1417] Vgl. auch ZGB-BREITSCHMID, Art. 469 N 9.
[1418] OR-SCHWENZER, vor Art. 23 ff N 2; VON TUHR/PETER § 36 II [300].
[1419] Art. 469 Abs. 1 ZGB; Art. 28 ff OR; ZGB-BREITSCHMID, Art. 469 N 6 ff; VON TUHR/PETER § 38 [319 ff].

a) Arglistige Täuschung

Der Begriff der arglistigen Täuschung gemäss Art. 469 Abs. 1 ZGB ist deckungsgleich mit der absichtlichen Täuschung in Art. 28 Abs. 1 OR[1420]. Er umfasst das Verhalten, durch welches eine falsche Vorstellung hervorgerufen, bestätigt oder bekräftigt werden soll, um den Getäuschten zur Abgabe einer Willenserklärung zu veranlassen[1421]. Die erbrechtliche Doktrin verzichtet auf die im Schuldrecht notwendige Täuschungsabsicht; erfolgt die Täuschung ohne Absicht, so unterliegt der Irrende eben einem Motivirrtum[1422]. Die dabei erfundenen oder unterdrückten Tatsachen müssen allerdings Gegenstand des Wissens sein können, ferner muss die Täuschung für die Abgabe der Erklärung *kausal* gewesen sein[1423]. Teilweise geht der Begriff der Täuschung im Erbrecht weiter als die entsprechende Bestimmung im Schuldrecht: Grundsätzlich ist jeder durch Täuschung hervorgerufene Irrtum relevant; ferner ist es im Gegensatz zu Art. 28 Abs. 2 OR gleichgültig, ob der durch die Täuschung Begünstigte oder ein Dritter diese hervorgerufen hat[1424].

b) Drohung und Zwang

Drohung und Zwang werden nach dem Wortlaut von Art. 469 Abs. 1 ZGB auseinandergehalten. Rechtsprechung und Lehre[1425] unterlassen indes eine genaue Unterscheidung und verstehen diese Begriffe – entsprechend Art. 29 f OR[1426] – in gleichem Sinne.

Danach liegt Drohung vor bei Beeinflussung des Willens durch Inaussichtstellen eines Übels für den Fall der Vornahme oder Unterlassung einer Handlung[1427]. Notwendig ist eine *Kausalität* zwischen Drohung und Willensbildung[1428]. Entscheidend ist dabei nicht die Drohungshandlung an sich, sondern deren Wirkung: Die Drohung

---

[1420] TUOR, Art. 469 N 24; GLAUS 58 f; GRUNDLER 190 m. w. H.
[1421] SCHMIDLIN, Art. 28 N 15 ff: Die Täuschung erfolgt durch das Vorspiegeln oder Unterdrücken von Tatsachen.
[1422] ZGB-BREITSCHMID, Art. 469 N 13.
[1423] TUOR, Art. 469 N 13; ESCHER/ESCHER, Art. 469 N 10; ZGB-BREITSCHMID, Art. 469 N 13; allgemein SCHMIDLIN, Art. 28 N 83 ff; OR-SCHWENZER, Art. 28 N 14; VON TUHR/PETER § 38 II [320 ff].
[1424] OGer Zürich und BGer in ZR 1942 Nr. 64; SCHMIDLIN, Art. 28 N 159; TUOR, Art. 469 N 24 f; ESCHER/ESCHER, Art. 469 N 10; ZGB-BREITSCHMID, Art. 469 N 13; BECK § 25 I 5 [99]. Bei Erbverträgen ist die Anwendung von Art. 28 Abs. 2 OR allerdings strittig (für die Anwendung bei Erbverträgen namentlich PICENONI 100; implizit PIOTET SPR IV/1 § 35 III [221 f]; differenzierend GRUNDLER 191).
[1425] BGE 72 II 154, 157 f E. 2; TUOR, Art. 469 N 26 ff; ESCHER/ESCHER, Art. 469 N 11 ff; GRUNDLER 197 f.
[1426] Das dort verwendete Begriffspaar «Furcht» und «Drohung» zeigt das Verhältnis zwischen Wirkung und Ursache auf (TUOR, Art. 469 N 26; GRUNDLER 195; ähnlich VON TUHR/PETER § 38 III 2 [325]).
[1427] ESCHER/ESCHER, Art. 469 N 11; VON TUHR/PETER § 38 III 1 [325]; GRUNDLER 195.
[1428] TUOR, Art. 469 N 13; ESCHER/ESCHER, Art. 469 N 12; PIOTET SPR IV/1 § 35 II [219]; VON TUHR/PETER § 38 III 2 [325]; GRUNDLER 205.

kann sich gegen irgendwelche Rechtsgüter richten, die Aufzählung in Art. 30 Abs. 1 OR ist nicht abschliessend[1429].

Ob die durch die Drohung verursachte Furcht begründet ist oder nicht, entscheidet sich allerdings ausschliesslich subjektiv von der Warte des Beeinflussten aus[1430], womit in diesem Punkte vollkommener Gleichlauf zwischen Schuld- und Erbrecht hergestellt wird[1431]. Der in Aussicht gestellte Nachteil muss dabei nicht zwingend widerrechtlich sein, unzulässig kann auch die Drohung mit einem irgendwie zu gewärtigenden – selbst objektiv erlaubten – Nachteil sein, wenn damit der Wille in unstatthafter Weise manipuliert werden soll[1432]. Dadurch wird einsichtig, dass in diesem Zusammenhang «Zwang» nur als psychischer, niemals aber als physischer Zwang gemeint ist[1433].

2. Motivirrtum

a) Begriff

Bedeutungsmässig überwiegend in der fehlerhaften Willensbildung ist freilich der sog. *Motivirrtum*[1434]. Dabei ist vom gleichen Begriff wie im Schuldrecht auszugehen[1435]: Dort ist von einem Motivirrtum dann die Rede, wenn der Irrtum einen bestimmten Sachverhalt[1436] betrifft, den der Irrende subjektiv[1437] als notwendige Grundlage für seine Willenserklärung betrachtet hat: Es gebricht an der Konkordanz zwischen dem, was sich der Irrende als notwendige Grundlage vorgestellt hat und dem, was nach fehlerfreier Darstellung die notwendige Grundlage darstellte[1438].

[1429] VON TUHR/PETER § 38 III 6 [326].
[1430] SCHMIDLIN, Art. 29/30 N 11 ff, 16; OR-SCHWENZER, Art. 29 N 4, Art. 30 N 7.
[1431] Dies scheint auch die Ansicht ESCHER/ESCHERS (Art. 469 N 12, «...es wird nur auf die Person des Erblassers abgestellt...») und PICENONIS (50: «Die Ungültigkeit des Testamentes ergibt sich aufgrund jeder subjektiven Furchterregung des betreffenden Erblassers»; vgl. auch 99 f) zu sein, obschon beide dies entschieden in Abrede stellen. A. M. allerdings GRUNDLER 205 ff.
[1432] ESCHER/ESCHER, Art. 469 N 12; zurückhaltend VON TUHR/PETER § 38 III 6 [326 ff]; GRUNDLER 205; ausführlich zu diesem Problemkreis SCHMIDLIN, Art. 29/30 N 35 ff.
[1433] TUOR, Art. 469 N 27; ESCHER/ESCHER, Art. 469 N 5; DRUEY § 12 N 62; RIEMER FS Keller 249; GRUNDLER 197 ff m. w. H.; teilweise a. M. PICENONI 52, welcher Gewalt im weitesten Sinne unter die Drohung subsumieren möchte. Zum Problem bereits vorn 225 f.
[1434] TUOR, Art. 469 N 12; GRUNDLER 89.
[1435] Vgl. GLAUS 33; GRUNDLER 100.
[1436] SCHMIDLIN, Art. 23/24 N 51 ff.
[1437] SCHMIDLIN, Art. 23/24 N 63 ff; OR-SCHWENZER, Art. 24 N 21: Der Sachverhalt stellt für den Irrenden eine *conditio sine qua non* für die Abgabe seiner Willenserklärung dar.
[1438] SCHMIDLIN, Art. 23/24 N 46 f; ähnlich VON TUHR/PETER § 38 V [308].

b) Anwendungsbereich

α) Allgemein: Anwendungsbereich weiter als im Schuldrecht

Im Gegensatz zum Schuldrecht, wo aufgrund der überragenden Bedeutung des Vertrauensprinzips ein Motivirrtum nur im engen Rahmen von Art. 24 Abs. 1 Ziff. 4 OR als Grundlagenirrtum[1439] Beachtung finden kann, werden Motivirrtümer im Erbrecht grosszügiger behandelt. Die Begründung liegt in dem dort verhältnismässig geringen Bedürfnis nach Schutz des Rechtsverkehrs[1440].

β) Letztwillige Verfügungen

Besonders ausgeprägt zeigt sich die grosszügige Zulassung der Geltendmachung von Motivirrtümern bei den letztwilligen Verfügungen, wo im Grundsatz jeder Motivirrtum zur Ungültigerklärung der Verfügung führen kann[1441]. Das Bundesgericht fordert immerhin, dass die hypothetische Annahme glaubhaft gemacht wird, der Erblasser hätte die gesetzliche Erbfolge seiner Verfügung vorgezogen[1442]. Möglich ist freilich – unter Berücksichtigung des Grundsatzes *favor testamenti* – auch eine teilweise Aufrechterhaltung der Verfügung, sofern dies dem mutmasslichen Erblasserwillen entspricht[1443].

γ) Erbverträge

Auch bei positiven Erbverträgen[1444] hat die (ältere) traditionelle Lehre angenommen, auf diese sei mit Bezug auf den Verfügenden Art. 469 ZGB in seiner Gesamtheit ohne Einschränkung anwendbar[1445]; da Verfügungen von Todes wegen keinen Schutz des Rechtsverkehrs erheischten, sei jeder Motivirrtum auf seiten des Erblassers beachtlich[1446]. Im Hinblick auf die stossende Ungleichheit bei den Möglichkeiten der Anfechtung eines Erbvertrags[1447] hält das Bundesgericht nunmehr fest, dass

---

[1439] Zu diesem statt vieler OR-SCHWENZER, Art. 24 N 16 ff.
[1440] TUOR/SCHNYDER/SCHMID 457; ausführlich GRUNDLER 102 f.
[1441] ESCHER/ESCHER, Art. 469 N 3; TUOR, Art. 469 N 7; ZGB-BREITSCHMID, Art. 469 N 4; PIOTET SPR IV/1 § 35 II [219]; PICENONI 47; DRUEY § 12 N 30 ff; GRUNDLER 101.
[1442] BGE 119 II 208, 210 f E. 3 bb = Pra 1994 Nr. 114; 99 II 382, 387 E. 8; 94 II 139, 140 f E. 4; 75 II 280, 287 E. 6; zustimmend GRUNDLER 103.
[1443] BGE 119 II 208, 211 E. 3 bb = Pra 1994 Nr. 114; ZGB-BREITSCHMID, Art. 469 N 6; TUOR/SCHNYDER/SCHMID 458; Staudinger/DILCHER[12] § 139 N 13; vgl. auch für den Fall der Unwirksamkeit von mehreren Verfügungen die Regelung in § 2085 BGB und dazu KIPP/COING § 21 VI [147 ff].
[1444] Ausgeklammert bleiben in diesem Kontext Erbverzichtsverträge, dazu ausführlich GRUNDLER 122 ff m. w. H.
[1445] ESCHER/ESCHER, Art. 469 N 2; TUOR, Art. 469 N 2; PICENONI 96; vgl. aber auch noch BECK § 25 [96 ff]; entschieden a. M. allerdings PIOTET SPR IV/1 § 35 III [219 ff].
[1446] ESCHER/ESCHER, Art. 469 N 6, implizit auch N 20; TUOR, Art. 469 N 23; in Übereinstimmung dazu die ältere Bundesgerichtspraxis (BGE 75 II 280, 284 E. 3).
[1447] Dem nicht verfügenden Vertragspartner ist eine Berufung auf den Motivirrtum nur im engen Rahmen von Art. 24 Abs. 1 Ziff. 4 OR gestattet (so die absolut h. L.; vgl. TUOR, Art. 469

auch ein seitens des Verfügenden geltend gemachter Motivirrtum nur dann als beachtlich zu gelten hat, wenn er sich auf einen Sachverhalt bezieht, der vom Verfügenden nach Treu und Glauben als notwendige Grundlage des Vertrags angesehen werden durfte[1448]. Da Erbverträge aber nicht zu den Rechtsgeschäften des OR gehören, ist im Gegensatz zu diesen bei der Berufung auf Treu und Glauben an den konkreten Einzelfall anzuknüpfen: Entscheidend ist in diesem namentlich das konkrete Verhalten der Parteien[1449].

c) Irrtum über künftige Sachverhalte

α) *Grundsatz: Zulassung nur mit Zurückhaltung*

In Betracht kommen primär Irrtümer über Vergangenes und Gegenwärtiges[1450], über personelle und sachliche Umstände; dabei ist entscheidend, ob diese für den Erblasser ausschlaggebend waren[1451]. Fraglich ist hingegen, inwieweit ein Motivirrtum auch einen *künftigen* Sachverhalt beschlagen kann. Das schuldrechtliche Schrifttum[1452] ist in dieser Frage gespalten, auch die Rechtsprechung[1453] war lange nicht einheitlich. In seiner neueren Praxis hat sich das Bundesgericht freilich den Standpunkt zu eigen gemacht, ein Grundlagenirrtum bzgl. zukünftiger Sachverhalte sei denkbar[1454]. Voraussetzung sei allerdings, dass sich dieser auf einen Sachverhalt beziehe, dessen Eintritt von wenigstens einer Partei als *sicher* angesehen werde und von dem auch die Gegenpartei in guten Treuen hätte annehmen müssen, er bilde notwendige Voraussetzung für den Vertragsabschluss[1455]. Weiter ist – entsprechend allgemeinen Grundsätzen zum Grundlagenirrtum – erforderlich, dass der Irrtum sich auf eine objektiv wesentliche Vertragsgrundlage bezieht und nicht bloss Gegenstand von Hoffnungen oder gar Spekulationen ist[1456].

N 3; ESCHER/ESCHER, Art. 469 N 20; DRUEY § 10 N 21; BECK § 25 I 2 [98]; differenzierend GRUNDLER 113 ff).
[1448] BGE 99 II 382, 385 f E. 4 a (zustimmend MERZ ZBJV 1975 61; Kritik bei PIOTET SPR IV/1 § 35 III [221 Anm. 16]). Das Bundesgericht folgt damit der teilweise im Schrifttum geäusserten Kritik (vgl. die Nachweise in BGE a. a. O. 385 E. 4 a). Ausführlich zum Ganzen auch GRUNDLER 103 ff; ferner ZGB-BREITSCHMID, Art. 469 N 4; TUOR/SCHNYDER/SCHMID 457 f.
[1449] BGE 99 II 382, 386 E. 4 a; PICENONI 100 f; GRUNDLER 110.
[1450] Staudinger/OTTE § 2078 N 13.
[1451] ZGB-BREITSCHMID, Art. 469 N 10.
[1452] Vgl. SCHMIDLIN, Art. 23/24 N 192 ff; ferner OR-SCHWENZER, Art. 24 N 18.
[1453] Dazu anschaulich BGE 109 II 105, 109 ff E. 4 b aa.
[1454] Zuletzt BGE 118 II 297.
[1455] BGE 118 II 297, 300 E. 2 b.
[1456] BGE 118 II 297, 300 f E. 2 c. Die Parteien nehmen an, der Eintritt des Sachverhaltes sei durch kein Risiko belastet (sog. Risikofreiheit, vgl. SCHMIDLIN, Art. 23/24 N 205).

β) Letztwillige Verfügungen im besonderen

Die erbrechtliche Judikatur[1457] und Doktrin stehen im Bereiche der *letztwilligen Verfügungen* seit jeher auf einem grosszügigeren Standpunkt[1458]: Zu Recht wird ausgeführt, dass die Verfügung des Erblassers erst in Zukunft, in einem noch ungewissen Zeitpunkt Rechtswirkungen erzeugt. Dies impliziert von vornherein eine Berücksichtigung der künftigen Entwicklung. Anderseits muss auch eine möglichst deutliche Grenze gezogen werden, da blosse Wünsche und Hoffnungen, welche sich nicht erfüllen, nicht Gegenstand eines Motivirrtums bilden können[1459].

Schwierig ist deshalb die notwendige Abgrenzung: Zu fordern ist, dass der Irrtum einen Sachverhalt betrifft, der in *bewusster* Weise Gegenstand der Willensbildung war oder der vom Verfügenden als absolut selbstverständlich vorausgesetzt worden ist[1460].

d) Beispiele

Typische Beispiele für einen Motivirrtum stellen etwa dar[1461]: Irrtum über die rechtlichen Rahmenbedingungen (z. B. Annahme, uneheliche Kinder seien nicht erbberechtigt, fehlende Kenntnis der gesetzlichen Erbquote, der Grösse des Pflichtteils oder intertemporalrechtlicher Fragen), persönliche Eigenschaften der Beteiligten (wirtschaftliche Stärke, soziale Stellung, Charakter, Leumund, Enttäuschung über das Wohlverhalten des Bedachten gegenüber dem Erblasser etc.); Irrtümer über das Vorhandensein gesetzlicher oder gar pflichtteilsgeschützter Erben (z. B. bei Wiederverheiratung, Geburt weiterer Kinder, Unsicherheit bei Kriegswirren etc.) oder über den Wert einzelner Gegenstände.

III. Geltendmachung der Willensmängel

A. Letztwillige Verfügungen

Die Aufhebung der mit einem Willensmangel behafteten *letztwilligen* Verfügungen erfolgt nach dem Tode des Erblassers mittels Erhebung der Ungültigkeitsklage gemäss Art. 519 Abs. 1 Ziff. 2 ZGB[1462]. Ausgeschlossen ist die Anfechtungsmöglichkeit dann, sofern der Erblasser seine Verfügung nicht binnen Jahresfrist seit Kennt-

---

[1457] Zuletzt BGE 119 II 208, 210 E. 3 bb = Pra 1994 Nr. 114.
[1458] ESCHER/ESCHER, Art. 469 N 6; TUOR, Art. 469 N 21; ZGB-BREITSCHMID, Art. 469 N 12; PICENONI 54; GRUNDLER 101; ebenso die Lehre und Rechtsprechung in Deutschland, vgl. Staudinger/Otte § 2078 N 16 ff.
[1459] BGE 75 II 280, 284 f E. 4; ZGB-BREITSCHMID, Art. 469 N 10.
[1460] SCHMIDLIN, Art. 23/24 N 200; ZGB-BREITSCHMID, Art. 469 N 12.
[1461] Vgl. auch ZGB-BREITSCHMID, Art. 469 N 11; Staudinger/OTTE § 2078 N 14.
[1462] TUOR, Art. 469 N 20; ESCHER/ESCHER, Art. 469 N 15; ZGB-BREITSCHMID, Art. 469 N 18.

nisnahme des Mangels resp. Wegfalls der Zwangslage aufhebt (sog. *Konvaleszierung*[1463]); sodann wird die Anfechtung verunmöglicht durch (ausdrückliche oder konkludente) Genehmigung[1464]. Ungeachtet des etwas unklaren Wortlauts von Art. 469 Abs. 2 ZGB verbleibt dem Erblasser zu Lebzeiten selbstverständlich die jederzeitige Möglichkeit, unbeschadet der erwähnten Bestimmung seine Verfügung in Wiedererwägung zu ziehen und nach seinem Belieben anzupassen oder aufzuheben[1465]. Art. 469 Abs. 2 ZGB besagt bei letztwilligen Verfügungen lediglich, dass die Erhebung einer Ungültigkeitsklage *nach Eintritt des Erbfalls* dann nicht zum Ziele führen kann, sofern der Erblasser den Mangel erkannt und trotz der Möglichkeit[1466] des Treffens der erforderlichen Anordnungen keine diesbezüglichen Schritte unternommen hat[1467].

B. Erbverträge

Beim Erbvertrag gilt zunächst ähnliches: Nach dem Ableben des Verfügenden steht den Interessierten die Anfechtung nach Art. 519 Abs. 1 Ziff. 2 ZGB[1468] zur Verfügung. Nach Eintritt der *Konvaleszenz* bleibt den Interessierten die Anfechtung *verwehrt*.

Im Gegensatz zu den letztwilligen Verfügungen ergeben sich freilich gewisse Eigenheiten aus der zweiseitigen Natur des Erbvertrages: Der Erblasser kann den Willensmangel zu Lebzeiten nur binnen Jahresfrist seit der Entdeckung geltend machen, einer Zustimmung des Kontrahenten bedarf es dabei aber naheliegenderweise nicht. Versäumt der Erblasser die Erklärung der Aufhebung innert dieser Frist, so ist er gebunden und der Vertrag erlangt *Vollgültigkeit*. Dabei hat die Aufhebung einerseits in Testamentsform zu geschehen[1469], andererseits erfordert die zweiseitige Natur des

---

[1463] Zum Begriff TUOR, Art. 469 N 28; WINDSCHEID/KIPP § 83 3 [442].
[1464] ZGB-BREITSCHMID, Art. 469 N 19. Die Genehmigung ist an keine Formvorschriften gebunden.
[1465] TUOR, Art. 469 N 19; ESCHER/ESCHER, Art. 469 N 17; ZGB-BREITSCHMID, Art. 469 N 20. Einzuhalten hat er dabei die Form der Art. 509 ff ZGB (TUOR und ESCHER/ESCHER, je a. a. O.).
[1466] Andernfalls (z. B. bei Geistesschwäche) die Frist nicht zu laufen beginnt (ZGB-BREITSCHMID, Art. 469 N 20).
[1467] TUOR, Art. 469 N 32.
[1468] TUOR, Art. 469 N 20.
[1469] So mit überzeugender Begründung die Kommentatoren (ESCHER/ESCHER, Art. 469 N 18; TUOR, Art. 469 N 19, 29; unklar freilich ZGB-BREITSCHMID, Art. 469 N 21, wonach unter Anwendung von Art. 509 ZGB ein formell korrekt abgeschlossener Erbvertrag auch nur auf formellem Wege wieder aufgehoben werden kann; a. M. freilich DRUEY § 12 N 48; PICENONI 105 ff (Formlosigkeit) und PIOTET SPR IV/1 § 45 I [280 f] (Anfechtung nach Art. 519 vonnöten).

Erbvertrages – besonders des entgeltlichen – entsprechend des analog anwendbaren Art. 31 OR eine Mitteilung an den Kontrahenten[1470].

[1470] BGE 99 II 382, 386 f E. 4 b; ESCHER/ESCHER, Art. 469 N 19; BECK § 25 II 1 [100]; DRUEY § 12 N 48; PICENONI 105 ff; a. M. TUOR, Art. 469 N 19; PIOTET SPR IV/1 § 45 I [280 f].

§ 7 Regelungsgegenstände- und Inhalte in Ausgleichungsvereinbarungen

I. Vorbemerkung

Es besteht keinerlei Zwang, Ausgleichungsfragen zwischen dem Zuwendenden, dem Empfänger und allfälligen weiteren Beteiligten zu regeln. Die Ausgleichung erfolgt und vollzieht sich nach Massgabe der gesetzlichen Vorschriften, welche – wie aufgezeigt – allerdings mancherlei Unzukömmlichkeiten mit sich bringen. Es ist deshalb für den künftigen Erblasser regelmässig ein Bedürfnis, den Umfang und die Modalitäten der Ausgleichung vertraglich zu regeln. Auch dem Empfänger wird es regelmässig ein Anliegen sein, dank entsprechender Vereinbarung mit dem Zuwendenden die erbrechtlichen Folgen des Vorempfangs abschätzen zu können. Nach den Umständen machen solche Vereinbarungen nur Sinn, sofern neben dem Empfänger auch die weiteren mutmasslichen Erben (namentlich der überlebende Ehegatte) einbezogen werden[1471].

Die meisten sogleich aufzuzeigenden Varianten kann der Erblasser natürlich auch autonom regeln. Macht der Erblasser um den Inhalt seiner Verfügungen kein Geheimnis, mag es zweifellos Situationen geben, in welchen dies als geeigneterer Weg erscheint, besonders wenn es nicht gelingt, alle Beteiligten vom Vorteil eines gemeinsamen Weges zu überzeugen.

Aufgrund des Regelungsgehaltes können solchen Vereinbarungen verschieden geartete Absichten entnommen werden: Streitprävention, Begünstigung des Empfängers, der Miterben allgemein oder des überlebenden Ehegatten im speziellen sowie auch das Vorgehen für den Fall unerwarteter Veränderungen in der wirtschaftlichen Leistungskraft des Zuwendenden oder des Empfängers.

Es ist klar, dass besonders dann nicht alle Beteiligten die gleiche Motivation zum Abschluss von Vereinbarungen im Hinblick auf eine künftige Erbschaft zeigen, wenn sie dabei einzelner Rechte verlustig gehen. Neben der Überzeugungsarbeit bleibt die Drohung mit der Zurücksetzung auf den Pflichtteil (sog. «privatorische» Klauseln[1472]) oder allenfalls dem Erlass ungünstiger Teilungsvorschriften das einzige erblasserische Druckmittel, um pflichtteilsgeschützte Erben für erbrechtliche Vereinbarungen zu «begeistern».

[1471] Dazu auch hinten 269 ff.
[1472] Dazu detailliert P. BREITSCHMID, Zulässigkeit und Wirksamkeit privatorischer Klauseln im Testamentsrecht, ZSR 1983 I 109 ff; aus der Judikatur BGE 117 II 239.

II. Sicherungsmöglichkeiten der Verpflichtungen des Empfängers aus der Ausgleichungsvereinbarung?

Ob sich die Ausgleichung je verwirklichen wird, hängt davon ab, ob der Empfänger dereinst den Zuwendenden beerben wird. Jede Vereinbarung steht deswegen unter dem Damoklesschwert, dass sich der Pflichtige seinen Lasten durch Ausschlagung entzieht, was für den Erblasser und die künftigen Ausgleichungsgläubiger sehr unbefriedigend sein kann[1473].

Die Probleme liessen sich relativ einfach auflösen, sofern sich der Empfänger bereits zu Lebzeiten gegenüber den Miterben oder dem Erblasser zur Annahme der künftigen Erbschaft verpflichten oder die Ausschlagungsbefugnis durch letztwillige Verfügung entzogen werden könnte. Diese Möglichkeit wird aber aufgrund des zwingenden Charakters von Art. 566 Abs. 1 ZGB einhellig ausgeschlossen[1474].

Eine weitere Absicherungsmöglichkeit könnte darin gesehen werden, den Vertrag über die lebzeitige Zuwendung unter die resolutive Bedingung des Widerrufs durch den Zuwendenden zu stellen, sofern der Empfänger keine Erbenstellung erlangt, da er die Erbschaft nicht antritt. Freilich führt auch dieser Weg nicht zum gewünschten Ergebnis, da das Widerrufsrecht nicht über den Tod des Zuwendenden hinaus zugunsten seiner Erben vereinbart werden kann[1475].

Diese Umstände legen es nahe, die Zuwendung unter die auflösende Bedingung zu stellen, dass der Empfänger die Erbschaft nicht antritt[1476]. Diesfalls entfällt der Rechtsgrund und die Zuwendungsgegenstände können von den Erben vindiziert oder – bei Grundstücken – mittels Grundbuchberichtigung wiedererlangt werden[1477].

Ähnliches kann auch erreicht werden, sofern der Empfänger verspricht, den Erben die Zuwendung ganz oder teilweise auszuhändigen, sofern er die Erbschaft nicht antritt. Danach entsteht

---

[1473] BGE 52 II 14; ESCHER/ESCHER, Art. 566 N 7; TUOR/PICENONI, Art. 566 N 2. Die Erbschaftsgläubiger werden allerdings durch die Vorschrift des Art. 579 ZGB geschützt (WEIMAR FS Schnyder 836; MÜLLER 47 f; ferner CH. GÜBELI, Gläubigerschutz im Erbrecht (Diss. Zürich 1999), 73 ff m. w. H.; TUOR/SCHNYDER/SCHMID 519 f; vgl. auch BGE 116 II 253). Zur Rechtsnatur der Ausschlagung PIOTET SPR IV/2 § 76 I [580 ff].

[1474] ESCHER/ESCHER, Art. 566 N 2; TUOR/PICENONI, Art. 566 N 2; ZGB-FORNI/PIATTI, Art. 566 N 2; BECK § 32 I [135]. Auch bei weniger eindeutigem Gesetzeswortlaut würde eine Annahmeerklärung vor Erbanfall aufgrund der unabwägbaren Risiken als übermässige Bindung im Sinne von Art. 27 Abs. 2 ZGB qualifiziert werden müssen.

[1475] OR-VOGT, Art. 245 N 1 m. w. H.

[1476] Vgl. TUOR/PICENONI, Art. 626 N 7; TUOR ZBJV 1925 62 ff; ähnlich MÜLLER 44; O. MÜLLER ZBJV 1951 102 und RÖSLI 36.

[1477] Wurde der Gegenstand aber bereits veräussert oder bestand er in Geld, so haben sich die Berechtigten mit nur obligatorischen Bereicherungs- oder Schadenersatzansprüchen zu begnügen (MEIER-HAYOZ, Art. 641 N 62; OR-VOGT, Art. 245 N 4 m. w. H.).
Sofern gewünscht, kann die bedingte Rückerstattungspflicht mittels der gesamten Palette von Personal- oder Realsicherheiten sichergestellt werden.
Zu beachten ist allerdings, da im Falle des Eintritts der Resolutivbedingung keine «Ausgleichung» stattfindet, da der Bedingungseintritt nicht bloss obligatorisch, sondern dinglich wirkt (WIDMER 75).

allerdings von vornherein ein nur *obligatorischer* Rückleistungsanspruch der Erben gegen den Zuwendungsempfänger, welcher unter der *aufschiebenden, negativen Potestativ*bedingung[1478] steht, dass letzterer infolge Ausschlagung nicht Erbe wird und damit der Ausgleichungspflicht entgeht. Der Rückleistungsanspruch kann auf Rückgabe in natura oder auf Wertersatz gehen; ebenso kann vereinbart werden, dass die Zuwendung ganz oder bloss teilweise zu restituieren sei.

III. Bilaterale Vereinbarungen zwischen dem Zuwendenden und dem Empfänger

A. Zweck

Wird die Ausgleichungspflicht in einem konkreten Fall vereinbart oder ausgeschlossen, so bringt dies für die Beteiligten mehrere Vorteile: Bei Zuwendungen an Nachkommen kann Unklarheiten über eine Ausgleichungspflicht von Gesetzes wegen weitestgehend der Boden entzogen werden. Da im Streitfalle diejenigen Beteiligten, welche die Ausgleichung begehren, dafür beweispflichtig sind, kommt ihnen eine positive Vereinbarung der Ausgleichung nicht nur materiell, sondern auch prozessual entgegen. Beim Empfänger besteht der grosse Vorteil in jedem Falle darin, dass er im Grundsatz über den Umfang seiner künftigen Pflicht ins Bild gesetzt wird[1479]. Dieser Vorteil wird allerdings wieder aufgehoben, sofern sich der Erblasser eine spätere Abänderung der Ausgleichungsregelung vorbehält[1480].

Werden Zuwendungen mit Ausstattungscharakter (Art. 626 Abs. 2 ZGB) der Ausgleichung entzogen, so muss der Dispenswille des *Erblassers* ausdrücklich geäussert werden[1481]. Darauf ist dann zu achten, wenn die Regelung der Ausgleichungsfragen im Rahmen einer grösseren Vereinbarung als Nebenpunkt geordnet wird: Der Dispenswille muss dennoch unzweideutig erklärt werden, um Wirksamkeit zu erlangen.

[1478] Zu den Begriffen VON TUHR/ESCHER § 84 II und III 1 und 2 [257]: Danach ist die Bedingung aufschiebend, da die Rückerstattungspflicht erst durch den Bedingungseintritt entsteht; negativ, weil sie unter dem Vorbehalt steht, dass der Empfänger nicht Erbe wird; ferner potestativ, da der Bedingungseintritt vom Willen des letzteren abhängt.

[1479] So ausdrücklich RIESER (AJP 1992 944) und SPAHR (182 f) für den Fall der Festsetzung des zur Ausgleichung zu bringenden Betrages bereits im Zeitpunkt der Übertragung.

[1480] Ein solcher Vorbehalt ist fraglos zulässig, vgl. PICENONI ZBGR 1978 70.

[1481] Vgl. vorn 240 ff.

B. Vereinbarungen über die grundsätzliche Frage der Ausgleichungspflicht

1. Varianten

Der Erblasser kann dem Zuwendungsempfänger die Ausgleichung ganz oder teilweise erlassen. Der teilweise Erlass kann sich dabei wahlweise auf die Objekte oder die Subjekte der Ausgleichung beziehen. Besonders bei *Zweit*ehen dürfte es regelmässig vorkommen, dass der Erblasser den Empfänger von der Kollationspflicht gegenüber dem überlebenden Ehegatten entbindet.

Daneben kann auch die Ausgleichung von (Luxus-) Zuwendungen vereinbart werden, welche an sich nicht der Ausgleichung unterständen. Hier kann es einerseits darum gehen, dem Empfänger die Illusion über eine möglicherweise ausgleichungsfreie Zuwendung zu nehmen, andererseits kann auch beabsichtigt sein, ihn an der Erhebung des Einwandes zu hindern, die Zuwendung sei stillschweigend als reine, nicht ausgleichungspflichtige Schenkung zu verstehen gewesen.

2. Verbleibender Gestaltungsspielraum des Erblassers

a) Bei positiver Vereinbarung der Ausgleichungspflicht

Wurde die Ausgleichung bilateral vereinbart, so bleibt der künftige Erblasser frei, auf die Vereinbarung zurückzukommen: Es ist *kaum* denkbar, dass sich ein Erblasser gegenüber dem Empfänger dahingehend verpflichtete, dass die Vereinbarung der Ausgleichungspflicht für ihn bindend wäre[1482].

b) Beim Erlass der Ausgleichungspflicht

Der Erlass der Ausgleichungspflicht ist für den Erblasser verbindlich und unwiderruflich. Er verpflichtet ihn, zu *dieser Frage* keine weiteren Verfügungen von Todes wegen zu treffen[1483]. Der Empfänger kann folglich fest disponieren, dass er die Zuwendung auch im Erbfall nicht zu entgelten braucht. Natürlich steht es den Parteien

---

[1482] BGE 118 II 282, 288 f E. 5; PIOTET SPR IV/1 § 49 II C [349]; ders. ZSR 1971 I 26; BRUHIN 135; SEEBERGER 265, 278; STOUDMANN 61 f; VOLLERY N 112; vgl. auch TUOR/SCHNYDER/SCHMID 580; zu absolut WEIMAR FS Schnyder 850 und ZOLLER 62, welche offenbar verlangen, der Erblasser müsste in solchen Fällen zugunsten des Pflichtigen ein Vermächtnis in Höhe des Vorempfangs («negatives Ausgleichungsvermächtnis») aussetzen.
[1483] BGE 118 II 282, 288 E. 5; PIOTET SPR IV/1 § 49 II C [350]; ders. ZSR 1971 I 26 f; BREITSCHMID 1997 80; PICENONI SJZ 1962 37; SEEBERGER 266, 279; WIDMER 123; a. M. BRUHIN 138.

frei, durch spätere Vertragsänderung (welche in Erbvertragsform beurkundet werden müsste) die Zuwendung der Ausgleichungspflicht zu unterstellen[1484].

α)   *Ausgleichungsvermächtnisse*

Das heisst nun aber nicht, dass dem Erblasser jegliche Handlungsmöglichkeiten versperrt sind, sofern er – aus welchen Gründen auch immer – nachträglich die Meinung gewinnt, die Zuwendung hätte eigentlich ausgeglichen werden müssen. Wohl kann er (einseitig) keine Realkollation mehr verfügen oder die Anrechnung dem Werte nach vorschreiben. Möglich bleibt aber, ein der «Ausgleichung» ähnliches Ergebnis mit Hilfe von *Ausgleichungsvermächtnissen* zu erreichen[1485]. Dabei werden die Miterben des Empfängers in der Weise gleichgestellt, dass der durch den Dispens Begünstigte verpflichtet wird, seinen Miterben Vermächtnisse entsprechend ihren Erbanteilen in solcher Höhe auszurichten, dass im Ergebnis wieder Gleichheit unter ihnen hergestellt ist[1486]. Zum gleichen Ergebnis gelangt man, sofern den Miterben aus dem reinen Nachlass Vorvermächtnisse entsprechend dem Verhältnis ihrer Erbanteile zu jenem des Empfängers ausgesetzt werden[1487]. Natürlich versprechen diese Vorgehensweisen nur dann erfolgreich zu sein, sofern eine reine Nachlassmasse in genügender Höhe vorhanden ist.

Bsp: Erben seien A und B, ferner D und E, Kinder des vorverstorbenen C. Der reine Nachlass betrage 27'000, B habe unter Ausschluss der Ausgleichungspflicht zu Lebzeiten eine Ausstattung von 3'000 erhalten. Findet die Teilung nur unter Berücksichtigung des Dispenses statt, so betrüge der Erbanteil des B 9'000 (27'000 * $^1/_3$). Unter Berücksichtigung seiner Ausstattung hat B somit 12'000 (9'000 + 3'000) erhalten; mithin 2'000 ([27'000 + 3'000] * $^1/_3$ – 12'000) mehr, als wenn hätte ausgeglichen werden müssen. Diese 2'000 hat B seinen Miterben als Vermächtnis zu erstatten, und zwar im Verhältnis 2 : 1 : 1 (Erbanteil des A $^1/_3$ = $^2/_6$, des D und E je $^1/_6$). Im Ergebnis erhielte also A 10'000 (9'000 + [2'000 * ½]), D und E je 5'000 (4'500 + [2'000 * ¼]).

Zum identischen Ergebnis gelangte man, wenn der Erblasser seinen Miterben Vorausvermächtnisse in Höhe von 3'000 (A) bzw. je 1'500 (D und E) aussetzen würde. Entsprechend der Gesamthöhe der ausgesetzten Vermächtnisse (6'000) wird klar, dass das Vorgehen allerdings scheitern müsste, sofern der reine Nachlass nicht wenigstens diese Höhe erreichte.

[1484] Ähnlich auch WEIMAR FS Schnyder 849, welcher (da er in dieser Vertragsänderung keine Verfügung von Todes wegen erblickt) keine Formvorschrift vorschreibt.

[1485] Begriff nach WEIMAR FS Schnyder 850; vgl. auch BREITSCHMID 1997 81; SEEBERGER 279; STOUDMANN 62 und ZOLLER 62; ähnlich schon ESCHER/ESCHER, Art. 626 N 45. Auch die deutsche Lehre geht im Falle der nachträglichen Verfügung der Ausgleichungspflicht davon aus, diese stellten materiell Vermächtnisse zugunsten der Miterben dar (Staudinger/WERNER § 2050 N 33; RGRK-KREGEL § 2050 N 19; KIPP/COING § 120 IV 4 [650]).

[1486] WEIMAR FS Schnyder 850; ZOLLER 62 m. w. H.

[1487] Gleichsinnig bereits MÜLLER 54.

β)   *Zurücksetzung auf den Pflichtteil*

Daneben verbleibt dem Erblasser die Möglichkeit, den von der Ausgleichungspflicht befreiten Vorempfänger auf den Pflichtteil zu setzen[1488]. Dabei stellen sich zwei Fragen: Einerseits nach der Berechnung der Höhe des Pflichtteils und vor allem, ob eine Anrechnung des Vorempfangs an den Pflichtteil stattfindet.

Was die Berechnung des Pflichtteils anbelangt, so hat die Berechnungsweise entsprechend dem Vorgehen der h. L. und Rechtsprechung nach der *objektiven* Theorie stattzufinden[1489]: Danach wird der von der Ausgleichung dispensierte Vorempfang – sofern es sich um einen solchen mit Ausstattungscharakter handelt – nach Massgabe von Art. 527 Ziff. 1 ZGB zur Pflichtteilsberechnungsmasse hinzugezogen. Daraus folgt andererseits aber auch, dass sich der Empfänger den von der Ausgleichung dispensierten Vorempfang auf seinen Pflichtteil anrechnen lassen muss (Art. 522 Abs. 1 ZGB)[1490].

Dies erscheint hier allerdings sehr unbillig, da der Erblasser den Vorempfänger auf diesem Wege faktisch um seine (vertraglich zugesicherten) Vorteile bringen kann. Die Unbilligkeit muss bei Zugrundelegung der *objektiven* Theorie aber konsequenterweise hingenommen werden. Wenn schon reine Schenkungen innert einer Frist von fünf Jahren (Art. 527 Ziff. 3 ZGB) bei Zurücksetzung auf den Pflichtteil diesem angerechnet werden müssen, muss dies erst recht für Zuwendungen mit Ausstattungscharakter gelten, welche nach objektiver Auffassung auch bei vereinbartem Dispens ihren Charakter nicht verlieren und deshalb stets unter Art. 527 Ziff. 1 ZGB subsumiert werden müssen[1491].

Bsp: Gleiche Ausgangslage wie vorn, allerdings wird B auf den Pflichtteil gesetzt. Sein Vorempfang von 3'000 wird zur Pflichtteilsberechnungsmasse gezogen, welche die Höhe von 30'000 erreicht (27'000 + 3'000). Der Erbanteil des B beträgt sonach 10'000 (30'000 * $^1/_3$) und sein Pflichtteil 7'500 (10'000 * ¾ [Art. 471 Ziff. 1 ZGB]), auf welchen er sich den Vorempfang anrechnen lassen muss. Er erhält also aus dem reinen Nachlass bloss noch 4'500 (7'500 – 4'500).

Folgte man der subjektiven Theorie bzw. handelte es sich bei der dispensierten Zuwendung um eine solche mit Luxuscharakter, so wäre der Empfänger dann besser gestellt, sofern bis zum Erbanfall die Fünfjahresfrist von Art. 527 Ziff. 3 ZGB bereits verstrichen wäre. Da nach subjektiver Auffassung Vorempfänge mit Ausgleichungsdispens als gewöhnliche Schenkungen zu qualifizieren sind, wäre der Vorempfang nach Ablauf dieser Frist erbrechtlich nicht mehr relevant.

[1488] Vgl. BREITSCHMID 1997 82; PICENONI ZBGR 1978 70, aus der bundesgerichtlichen Praxis BGE 76 II 188, 197 E. 6.
[1489] Vgl. vorn 47 f.
[1490] TUOR, Art. 522 N 5 ff, bes. 13; ESCHER/ESCHER, Art. 522 N 3 ff, bes. 10; CURTI-FORRER, Art. 522 N 6; BECK § 28 III 3 [108]; sehr deutlich sodann W. ENGELOCH, Die Herabsetzungsklage des schweizerischen Zivilgesetzbuches (Art. 522 – 533) (Diss. Bern 1920), 33.
[1491] Sehr klar TUOR, Art. 522 N 13 f; ähnlich ESCHER/ESCHER, Art. 522 N 10.

γ)   *Konsequenz: Sicherung des Ausgleichungsdispenses durch gleichzeitige Erbeinsetzung*

Die erblasserischen Korrekturmöglichkeiten lassen sich nach dem Gesagten also nur entschärfen, sofern der Ausgleichungsdispens mit dem Versprechen verbunden wird, den Begünstigten an dem unter Ausklammerung der von der Ausgleichung dispensierten Zuwendung verbleibenden Nachlass entsprechend seines gesetzlichen Erbanspruchs zu bedenken und er sich weiterhin verpflichtet, auf die Ausrichtung von «Ausgleichungsvermächtnissen» gänzlich zu verzichten[1492].

C.   Im Hinblick auf die Modalitäten der Ausgleichung

1.   Festlegung des auszugleichenden Wertes

a)   Arten

Die Parteien des Zuwendungsgeschäftes können aufgrund gleicher Motive wie bei der Festlegung der Ausgleichungspflicht auch (nur) den Wert der dannzumal zu konferierenden Zuwendung festlegen[1493]. Ist der Ausgleichungswert sonach festgesetzt, so liegt darin regelmässig auch ein stillschweigender Verzicht auf das Wahlrecht des Empfängers bzw. die Möglichkeit der nachträglichen einseitigen Verfügung der Realkollation durch den Erblasser im Rahmen von Art. 628 ZGB[1494]. Weichen die Anrechnungswerte vom Verkehrswert ab, so müssen allerdings die Pflichtteilsrechte Dritter beachtet werden[1495]. Die Wertbestimmung selbst kann auf sehr verschiedene Weise geschehen[1496]:

α)   *Nominale Wertbestimmung*

Die einfachste Methode besteht darin, den Betrag bereits von Beginn weg unabänderlich zu fixieren[1497]. Wird der Verkehrswert im Moment der Übertragung gewählt,

---

[1492] So auch (für Ausgleichungsvermächtnisse) ZOLLER 30.
[1493] Vgl. KELLER 60 ff. Besonders wird dies beim Vorliegen von gemischt-unentgeltlichen Zuwendungen empfohlen (MOSER 85)
[1494] Dazu auch detailliert SPAHR 179 f, welcher es als unbillig erachten würde, sofern dem Pflichtigen alle Chancen auf eine Wertsteigerung verblieben, er aber umgekehrt im Falle eines Wertzerfalls durch Realkollation den entwerteten Gegenstand wieder zurückgeben könnte. Zweifellos steht aber trotz dieser Unbilligkeit gegenüber den Miterben nichts im Wege, durch Vereinbarung dem Pflichtigen alle Optionen offenzuhalten.
[1495] BGE 103 II 88, 94 E. 4 (dazu PFAMMATTER 97 f); DRUEY 1997 27 f, 32; MOSER 86; VONRUFS 52.
[1496] Dazu auch ausführlich SPAHR 224 ff.
[1497] TUOR/PICENONI, Art. 630 N 6; ESCHER/ESCHER, Art. 630 N 3; KELLER 49; SPAHR 225 ff.

so kommt man der deutschen Methode sehr nahe, welche für den zur Ausgleichung zu bringenden Betrag stets den Zeitpunkt der Übertragung bestimmt[1498]. Entsprechend der Vorgehensweise der deutschen Praxis[1499] ist es sodann möglich, den gewählten Wert mit einer Indexklausel zu koppeln, um eine möglicherweise bis zum Erbfall eingetretene Geldentwertung aufzufangen. Wird so vorgegangen, so wird – mindestens aus wirtschaftlichem Blickwinkel – der Übergang von Nutzen und Gefahr vorverlegt: Wertsteigerungen kommen nunmehr allein dem Pflichtigen zu, welcher andererseits auch allein das Risiko von Wertverminderungen trägt. Dieses Risiko bleibt allerdings ausgeschaltet, sofern ihm das Wahlrecht für die Ausgleichungsart verbleibt.

β) Wertfestlegung durch Bruchteil des Verkehrswertes im massgeblichen Zeitpunkt

Die Wertfestlegung kann auch dadurch erfolgen, dass der Pflichtige einen bestimmten Bruchteil des massgeblichen Wertes zu konferieren hat. Damit kann eine *Verteilung der Chancen und Risiken* der Wertschwankungen zwischen dem Empfänger und seinen Miterben realisiert werden. Nachteilig wirkt sich natürlich aus, dass das durch das Auseinanderfallen des Eigentums und von Chance und Risiko bewirkte Spannungsverhältnis nicht vollständig behoben werden kann.

γ) Festlegung nur des Verfahrens oder des massgebenden Zeitpunkts

Ein weiterer, allerdings nicht auf den Wert an sich, sondern auf die Bestimmung desselben abzielende Vereinbarung liegt in der Vereinbarung eines Verfahrens zur Wertbestimmung[1500]. Solange nicht in Pflichtteilsrechte eingegriffen wird, haben sich die Miterben einer solchen Vereinbarung zu fügen.

In gleicher Weise kann zur Festsetzung des auszugleichenden Wertes abweichend von Art. 630 Abs. 1 ZGB ein bestimmter Stichtag vereinbart werden. Zu denken ist dabei an eine Festlegung im Zeitpunkt der Vornahme der Zuwendung oder an jene der Teilung; ebenfalls denkbar ist es, für den Fall der vorzeitigen Veräusserung am Stichtag des Eintritts des Erbfalls festzuhalten[1501].

Besteht der Vorempfang aus einem grossen, in der Bewirtschaftung allerdings uninteressanten Objekt (z. B. Familiensitz), so kann es sich aufdrängen, dem Empfänger das Objekt günstig anzurechnen, den Miterben im Falle einer Veräusserung aber eine Beteiligung am Mehrerlös zu sichern (vgl. DRUEY 1997 46).

[1498] § 2055 BGB; dazu auch vorn 152.
[1499] Zu dieser vorn 152.
[1500] Im Vordergrund steht dabei die Wertermittlung durch Sachverständige oder ein Schiedsgericht (vgl. das Beispiel in BGE 118 II 282, 283).
[1501] Dazu ausführlich SPAHR 227 ff; ferner KELLER 49.

b) Erfordernis der Ausdrücklichkeit bei Wertbestimmung unter dem objektiven Wert?

Liegt der auszugleichende Wert unter dem objektiven Wert im Zeitpunkt des Erbganges, so liegt darin ein *teilweiser* Erlass der Ausgleichungspflicht. Geht es um Zuwendungen mit Ausstattungscharakter, fordert die Doktrin grundsätzlich mit Recht, dass ein solcher Erlass ausdrücklich zu geschehen habe[1502]. Dieses Erfordernis gilt freilich nicht bloss da, wo eine teilweise Befreiung von der Ausgleichungspflicht bereits zum Zeitpunkt des Vertragsschlusses zweifelsfrei feststeht[1503], sondern bereits dann, wenn ein solcher als möglich erscheint[1504].

Unbeantwortet bleibt allerdings die Frage, welche konkreten Anforderungen an die Ausdrücklichkeit zu stellen sind. Konsequenterweise müssten Formulierungen, welche ohne nähere Ausführungen einen bestimmten Wert festlegen, als ungenügend qualifiziert werden[1505]. Dies erschiene aber zu streng und überspannte wohl in unzulässiger Weise die Anforderungen an die Ausdrücklichkeit, da offensichtlich ist, dass die vorgezogene Wertbestimmung immer die Möglichkeit eines teilweisen Erlasses mit einschliesst, da Wertbewegungen nach oben wie nach unten niemals ausgeschlossen werden können.

Dem Erfordernis der Ausdrücklichkeit wird offenbar in der Notariatspraxis streng nachgelebt, wie dies die standardmässige Vertragsformulierung[1506] «Eine Differenz zwischen dem heute festgesetzten Anrechnungswert und dem Wert des Abtretungsobjektes zur Zeit des Erbganges des Abtreters steht nicht unter der Ausgleichungspflicht. Der Abtreter befreit den Erwerber ausdrücklich hiervon.» zum Ausdruck bringt.

c) Vereinbarter Ausgleichungsbetrag übersteigt den Verkehrswert bei Eintritt des Erbfalls

Als fraglos zulässig erscheint aufgrund der nachgiebigen Natur von Art. 630 Abs. 1 ZGB eine Vereinbarung, wonach ein Ausgleichungswert zu veranschlagen ist, welcher den Marktwert im Zeitpunkt des Erbgangs übersteigt[1507]. Eine solche Vereinbarung wird sich dann aufdrängen, sofern der Zuwendungsgegenstand für alle künfti-

---

[1502] ESCHER/ESCHER, Art. 630 N 3; TUOR/PICENONI, Art. 630 N 6; PIOTET SPR IV/1 § 50 I C [354 f]; MOSER 86; MÜLLER 54; SCHWENDENER 51 f; SEEBERGER 279; SPAHR 225 Anm. 380; VONRUFS 52; WIDMER 169. Erfolgt die Ausgleichung aufgrund von Art. 626 Abs. 1 ZGB, so liegt bei genauer Betrachtung gar kein Erlass, sondern nur eine beschränkte Anordnung vor (WIDMER 132).
[1503] Dies ist dann der Fall, wenn nur ein bestimmter Wertanteil zur Ausgleichung gelangt.
[1504] Also immer dann, wenn der Ausgleichungsbetrag vor dem Eintritt des Erbfalls nominal festgelegt wird, da sich Wertschwankungen nicht ausschliessen lassen (so auch SPAHR 225).
[1505] Erstaunlicherweise wurde eine entsprechende Formulierung in einem neueren Bundesgerichtsentscheid (BGE 120 II 417, 418) aber ohne weiteres akzeptiert.
[1506] Vgl. RIESER AJP 1992 944.
[1507] So bereits BGE 45 II 7, 14 E. 3; aus der Doktrin PIOTET SPR IV/1 § 50 II B [356 f]; KELLER 50; SEEBERGER 271; SPAHR 226 f; WIDMER 132 f.

gen Erben einen hohen Affektionswert besitzt oder bereits zu Lebzeiten grosse Erträge abzuwerfen verspricht, so dass die mit der Zuwendung verbundenen Vorteile über das gesetzliche Mass hinaus kompensiert werden sollen.

Für diesen Tatbestand wird argumentiert[1508], dass er den Rahmen einer Vereinbarung über die Ausgleichung *sprenge*, da nicht bloss die Erbenparität ganz oder teilweise aufrechterhalten werde, sondern dass darüber hinaus der Empfänger faktisch mit einem Vermächtnis zugunsten seiner Miterben belastet werde. Aus diesem Grunde erfordere eine solche Vereinbarung in jedem Fall die Einhaltung der Erbvertrags- bzw. bei einseitiger Verfügung die Beachtung der Testamentsform.

Genau betrachtet ist die Möglichkeit, mehr als von Gesetzes wegen vorgesehen konferieren zu müssen, in jeder Verabredung oder einseitigen Anordnung eines vor dem gesetzlichen Termin bereits fix bestimmten Ausgleichungsbetrages enthalten. Dies zeigt ein Bundesgerichtsentscheid aus dem Jahre 1919 (BGE 45 II 7) mit aller Deutlichkeit: Dort erhielten zwei Brüder unter dem Titel «Vermögensherausgabe und Vorempfangenes» im Rahmen eines Vergleichs mit ihrem Vater aus dessen Vermögen u. a. eine Liegenschaft zum geschätzten Werte von 98'000 Fr., welche allerdings in der später gegen die beiden Brüder angestrengten Zwangsverwertung bloss 20'000 Fr. einbrachte. In der Teilung des väterlichen Nachlasses begehrten die Brüder, es sei ihnen höchstens der Verkehrswert an ihren Erbanteil anzurechnen. Damit fanden sie vor Bundesgericht[1509] kein Gehör, da Art. 630 ZGB nicht zwingender Natur sei und darüber hinaus die Vereinbarung zwischen den Parteien nicht der Erbvertragsform bedurft hätte, da weder Erbverzicht noch Erbauskauf Vertragsinhalt gewesen seien.

Für diesen speziellen Tatbestand besondere Formvorschriften vorzuschreiben erscheint deshalb allein aus Gründen der Rechtssicherheit nicht sachgerecht. Sonach müsste nämlich jede anlässlich der Zuwendung erfolgte betragsmässige Fixierung des Ausgleichungsbetrages entsprechend den erbrechtlichen Formvorschriften beurkundet werden, was aber zweifellos nicht geschieht. Darüber hinaus bleibt – wie PIOTET[1510] festhält – die Interessenlage gegenüber «gewöhnlichen» Ausgleichungsvereinbarungen unverändert, so dass auch von daher eine Ausweitung der Formpflicht als nicht sinnvoll erscheint.

Erfolgt allerdings die betragsmässige Fixierung einseitig, so ist die entsprechende Verfügung in dem Masse herabsetzbar, als der über dem objektiven Wert liegende Betrag den Pflichtteil des so Belasteten verletzt[1511].

2. Vereinbarungen über die Art der Ausgleichung

Von Gesetzes wegen steht die Wahl der Ausgleichungsart dem Pflichtigen zu; abweichende Anordnungen des Erblassers bleiben allerdings vorbehalten (Art. 628 ZGB). Um der für den Vorempfänger unangenehmen Ungewissheit vorzubeugen,

---

[1508] Dazu und zum folgenden WIDMER 132; im folgend (zögernd) SEEBERGER 272.
[1509] BGE 45 II 7, 14 ff E. 3.
[1510] SPR IV/1 § 50 II B [356].
[1511] BGE 45 II 7, 14 E. 3; PIOTET SPR IV/1 § 50 II B [356]; WIDMER 133; a. M. SPAHR 362.

erscheint es sinnvoll, die als passend erscheinende Art vertraglich zu vereinbaren, sofern nicht bereits mit der Regelung der Bewertungsfragen stillschweigend Wertausgleichung vereinbart worden ist.

Für die inhaltliche Gestaltung einer solchen Vereinbarung kommen mehrere Möglichkeiten in Betracht: Festlegung der Ideal- oder Realkollation[1512] für alle oder bloss einzelne Zuwendungen, das Versprechen des Erblassers, keine Verfügungen über die Art der Ausgleichung zu treffen, evtl. in Verbindung mit einem erweiterten oder reduziertem Wahlrecht.

D. Sonderfälle

1. Vereinbarungen über die Ausgleichung der Ausbildungs- und Erziehungskosten (Art. 631 ZGB)

Im Bereich der Ausbildungs- und Erziehungskosten dürften Ausgleichungsvereinbarungen anlässlich der Zuwendung wohl nur selten möglich sein. Zum einen fallen die Aufwendungen in kleinerem Umfang, dafür aber periodisch an, wodurch sie sich in grundsätzlicher Weise von den gewöhnlich zur Ausgleichung führenden Zuwendungen unterscheiden. Andererseits werden die Zuwendungen schwergewichtig im Kindheits- und Jugendalter der Empfänger ausgerichtet, so dass auch von daher gesehen Vereinbarungen kaum mit der Zuwendung zusammenfallen werden[1513]. Hinzu kommt noch, dass wohl mit Vorteil die Ausbildung aller Kinder abgewartet wird, da zuvor ihre erbrechtliche Veranschlagung von zu vielen Ungewissheiten abhängen würde.

Dennoch besteht Raum für Vereinbarungen über die gemachten Aufwendungen. Vertraglich kann auf die Ausgleichung der übermässigen Kosten verzichtet werden, ebenso kann umgekehrt die Ausgleichung auch für sämtliche Auslagen vereinbart werden, welche die gesetzlichen Pflichten des Zuwendenden überstiegen haben.

Soweit auch die «Ausgleichung» der gesetzlich geschuldeten Auslagen stattfinden soll, kann diese überhaupt nur kraft Vereinbarung erfolgen: Da diese keine Liberalität darstellen, wäre nämlich eine einseitige Ausgleichungsverfügung von vornherein

---

[1512] Vgl. auch SEEBERGER 292 f. Wird Realkollation vereinbart, so streitet WEIMAR (FS Schnyder 841) das Vorliegen eines ausgleichungspflichtigen Vorempfangs ab und spricht statt dessen von einer befristeten Übereignung zur Nutzung. Mag diese Feststellung in tatsächlicher Hinsicht zutreffen, sofern die Ausgleichung stattfindet, so verkennt sie doch die Eigentümerstellung des Empfängers vom Zeitpunkt der Zuwendung an.
[1513] Vgl. aber den Sachverhalt des in SJZ 1924/25 356 abgedruckten Entscheides des Kantonsgerichts St. Gallen, wo die Finanzierung der Ausbildung des Sohnes vertraglich geregelt und von Bedingungen abhängig gemacht wurde.

ausgeschlossen[1514]. Werden solche Vereinbarungen geschlossen, so muss beachtet werden, dass sie – wie bei der Festlegung des auszugleichenden Wertes einer Sache über dem objektiven Marktwert – den Charakter blosser Ausgleichungsvereinbarungen überschreiten. Trotzdem sollten auch hier – namentlich was die Form der Vereinbarung betrifft, sofern sie *ausnahmsweise* mit der Zuwendung zusammenfällt[1515] – keine besonderen Regeln zur Anwendung gelangen, da die Interessenlage trotz Überschreiten einer reinen Ausgleichungsvereinbarung unverändert bleibt[1516].

2. Vereinbarungen über eine mögliche Ausgleichung des Überschusses (Art. 629 ZGB)

Übersteigen die Vorempfänge den späteren Erbanteil, so besteht vermutungsweise keine Pflicht zur Ausgleichung[1517]. Da der Erblasser frei ist, einseitig die Ausgleichung solcher Überschüsse zu verfügen, spricht nichts dagegen, auch diesbezügliche Vereinbarungen zuzulassen.

3. Vereinbarungen über die Ausgleichung von Gelegenheitsgeschenken (Art. 632 ZGB)

Theoretisch denkbar sind endlich auch Vereinbarungen über die Ausgleichung von Gelegenheitsgeschenken, auch wenn solche Vereinbarungen eher unsympathisch anmuten und dem Sinn und Zweck solcher Zuwendungen wohl widerstreiten.

[1514] Vgl. vorn 76.
[1515] Dieser ist eigentlich realistischerweise nur dann denkbar, sofern für Studienkosten statt periodischer Unterstützungen zu einem bestimmten Zeitpunkt ein Kapital zugewendet wird, aus dessen Zinsen und Substanz das Studium finanziert werden soll. Der Empfänger wird freilich nur unter starkem erblasserischen Druck oder bei Erkennbarkeit anderer Vorteile in eine solche Vereinbarung einwilligen.
[1516] Vgl. vorn 265 f.
[1517] Vgl. vorn 134 ff.

IV. Multilaterale Vereinbarungen unter Einbeziehung aller künftigen Erben

A. Zweck: Ausgleichungsvereinbarungen als Instrument der umfassenden Nachlassplanung

Grundsätzlich kommen Vereinbarungen über die Ausgleichung, an welchen neben dem Zuwendenden und dem Empfänger weitere oder gar alle künftigen Erben beteiligt sind, alle Vorteile zu, welche auch bloss bilateralen Vereinbarungen eignen. Noch stärker als dort fällt der Gedanke der Transparenz ins Gewicht, indem alle Beteiligten über die lebzeitigen Vorgänge orientiert sind und ein eigentliches Rätselraten bei Eintritt des Erbfalls vermieden werden kann. Daneben bestehen vielerlei Situationen, in denen eine Mitwirkung aller Beteiligten unumgänglich ist, um die Vereinbarung zu einem sinnvollen Ganzen zu vereinen. Die Vereinbarung kann sodann mit einer umfassenden güter- und erbrechtlichen Vereinbarung kombiniert werden, welche den überlebenden Ehegatten mit einbindet, und erweist sich dann zumal als Instrument der umfassenden Nachlassplanung[1518].

B. Rechtsfolge: Stärkere Gebundenheit des Zuwendenden

Die Teilnahme aller künftigen Erben des Zuwendenden an der Vereinbarung führt dazu, dass dessen Gebundenheit verstärkt wird. Will er eine abweichende Regelung treffen, so ist dies keinesfalls mehr einseitig oder durch Verabredung mit einzelnen Miterben möglich. Es wird somit durch den Einbezug aller am künftigen Nachlass Beteiligten vermehrt Rechtssicherheit geschaffen.

[1518] Ausführlich und zu weiteren Instrumenten einer umfassenden Nachlassplanung (Vorweggenommene Erbfolgen durch Auskäufe, versicherungsrechtliche Begünstigungen, gesellschaftsrechtliche Nachfolgeklauseln etc.) BREITSCHMID 1997 51 ff; ders. 1999 56 ff.

C. Möglichkeit der (materiellen) Sicherung der Ausgleichungsvereinbarung

1. Problematik der Pflichtteilsrechte

Der Bestand von Ausgleichungsvereinbarungen, welche den Empfänger von seiner Pflicht ganz oder teilweise befreien, stehen unter der schwebenden Gefahr der Herabsetzungsklage. Verkleinert sich das Vermögen des künftigen Erblassers bis zum Eintritt des Erbfalls aus irgendwelchen Gründen, so führt die Hinzurechnung der Zuwendung zur Pflichtteilsberechnungsmasse dazu, dass angesichts der Pflichtteilsrechte der Miterben der Vorempfang trotz Ausgleichungsdispens ganz oder teilweise restituiert werden muss. Die aus diesem Umstand resultierende Ungewissheit lässt sich nur vermeiden, sofern die Pflichtteilsberechtigten vorgängig auf die Geltendmachung des Herabsetzungsanspruchs verzichten. Es fragt sich, ob ein solcher Verzicht zulässig sei.

2. Zulässigkeit des Verzichts auf Pflichtteilsrechte

a) Mittels partiellen Erbverzichts

Auf die Geltendmachung der Herabsetzungsklage kann begrifflich nicht vor Eintritt des Erbfalls verzichtet werden, da ihre Geltendmachung erst zu diesem Zeitpunkt möglich wird[1519]. Dagegen ist ein Verzicht auf den Pflichtteil – als Minus zum vollständigen Erbverzicht – bereits vor Anfall der Erbschaft ohne weiteres zulässig, ohne dass deshalb auf die Stellung als gesetzlicher Erbe verzichtet werden müsste[1520]. Der Verzicht erfolgt dabei regelmässig in Form eines Erbverzichtsvertrages (Art. 495 ZGB)[1521]; er kann damit problemlos mit Vereinbarungen über die Ausgleichungspflicht verbunden werden.

[1519] Von diesem Zeitpunkt an ist allerdings der Verzicht möglich, ohne dass es dazu einer besonderen Form bedürfte (BGE 108 II 288, 293 E. 3 a m. w. H.).

[1520] TUOR, vor Art. 522 ff N 16; ESCHER/ESCHER, vor Art. 522 ff N 7; HAUSHEER/AEBI-MÜLLER 1999 29; RIESER AJP 1992 942 f; gleichsinnig PIOTET SPR IV/1 § 53 II [379]; für das deutsche Recht ausdrücklich § 2346 Abs. 2 BGB (dazu Staudinger/SCHOTTEN § 2346 N 30 ff); a. M. allerdings K. FEHR, Der Verzicht auf den Pflichtteil, ZBJV 1942, 97 ff.

[1521] TUOR, Art. 495 N 7, vor Art. 522 ff N 16; TUOR/PICENONI, Art. 636 N 9; ESCHER/ESCHER, Art. 495 N 2, vor Art. 522 ff N 7; ZGB-BREITSCHMID, Art. 495 N 2; PIOTET SPR IV/1 § 28 V A [184 f]; SCHMID 62; HAUSHEER/AEBI-MÜLLER 1999 29; vgl. auch § 2346 Abs. 2 BGB.

b) Durch Vereinbarung im Rahmen der Abtretung noch nicht angefallener Erbanteile

Denkbar wäre auch ein Verzicht im Rahmen eines Vertrages über eine noch nicht angefallene Erbschaft (Art. 636 ZGB)[1522]. Danach kann jeder präsumptive Erbe einem künftigen Miterben oder Dritten seine erbrechtliche Anwartschaft ganz oder teilweise abtreten[1523]. Solchen Verträgen kommt – bedingt durch den aufgrund ihres *aleatorischen* Charakters anhaftenden Ruchs der Sittenwidrigkeit[1524] – nur dann Verbindlichkeit zu, sofern der Erblasser mitwirkt und zustimmt (Art. 636 Abs. 2 ZGB)[1525]. Dies bedeutet aber nicht, dass er auch Vertragspartei wird. Seine Zustimmung bildet nur Gültigkeitserfordernis für die Vereinbarung zwischen den Abtretenden und den Erwerbern. Der Erblasser bleibt somit – soweit und solange er sich nicht selbst erbvertraglich gebunden hat – in seiner Verfügungsfreiheit unbeschränkt[1526]. Der Vertrag entfaltet sonach nur obligatorische Wirkung *inter partes*, indem die Vertragsparteien versprechen, sich im Erbfall daran zu halten[1527].

Aus ihrem lediglich obligatorischen Charakter folgt, dass Verträge über noch nicht angefallene Erbschaften in Analogie der Bestimmungen über den Teilungsvertrag und den Vertrag über angefallene Erbteile[1528] lediglich der Schriftform bedürfen. Die Zustimmungserklärung selbst unterliegt überhaupt keiner Formpflicht, ihre schriftliche Fixierung ist aber aus Gründen der Beweisbarkeit zu empfehlen[1529].

[1522] Vgl. SCHNYDER ZBJV 1984 165 (Besprechung von BGE 108 II 288).
[1523] Daraus folgt, dass auch lediglich auf die Geltendmachung der Pflichtteilsrechte verzichtet werden kann (dazu das Beispiel bei TUOR/PICENONI, Art. 636 N 9).
[1524] Folgerichtig verbieten die französische und deutsche Rechtsordnung solche Verträge (TUOR/PICENONI, Art. 636 N 1; ESCHER/ESCHER, Art. 636 N 2).
[1525] Vgl. BGE 98 II 281, 284 f E. 5 d: Der Erblasser muss in eindeutiger Weise kundgeben, dass er der Vereinbarung zustimmt. Eine einmal erteilte Zustimmung ist unwiderruflich (ZGB-SCHAUFELBERGER, Art. 636 N 10; PIOTET SPR IV/2 § 86 IV [682]).
[1526] BGE 98 II 281, 284 f E. 5 d; TUOR/PICENONI, Art. 636 N 18; ESCHER/ESCHER, Art. 636 N 13; ZGB-SCHAUFELBERGER, Art. 636 N 8 f; PIOTET SPR IV/2 § 86 IV [683 f]; DRUEY § 8 N 16; BECK § 35 IV 2 [154].
[1527] Es liegt folglich auch kein Erbvertrag im Sinne von Art. 494 ZGB vor (DRUEY § 10 N 2).
[1528] Art. 634 f ZGB.
[1529] BGE 98 II 281, 286 f E. 5 g im Gegensatz zu BGE 57 II 21, 26 E. 1; ZGB-SCHAUFELBERGER, Art. 636 N 9; PIOTET SPR IV/2 § 86 IV [683]; a. M. DRUEY § 8 N 14 m. w. H.

D. Vereinbarungen unter Mitberücksichtigung der Stellung des überlebenden Ehegatten

1. Problemkreise

a) Grösse des Erbanteils des Gatten als Erschwerung der Ausgleichung

Haben die ausgestatteten Kinder mit dem überlebenden Ehegatten zu teilen, kann die Aktualisierung der Ausgleichungspflicht zu unerwünschten Komplikationen führen. Aufgrund des hohen gesetzlichen Erbanteils des überlebenden Ehegatten (selbst wenn dieser auf die Geltendmachung seines Rechts auf Ausgleichung verzichten sollte) kann es leicht dazu kommen, dass – besonders beim Vorhandensein mehrerer Nachkommen – ein Vorempfang den Erbanteil eines Pflichtigen übersteigt[1530]. Wird dazu nichts verfügt, bleibt der Überschuss nach richtiger Ansicht ausgleichungsfrei, worin aber eine Unbilligkeit gegenüber anderen Nachkommen liegen kann. Wird dagegen die Ausgleichung auch des Überschusses verfügt, so besteht die Gefahr der Ausschlagung, was ebenfalls unerwünscht ist[1531].

Wurde die zur Regelung anstehende Zuwendung im Recht des ordentlichen Güterstandes aus der Errungenschaft geleistet, besteht bei Nichtzustimmung durch den anderen Ehegatten die Gefahr, dass eine güterrechtliche Hinzurechnung erfolgt. Mit Vorteil ist deshalb, sofern die Zustimmung nicht bereits anderweitig erteilt worden ist, diese in den die Ausgleichung regelnden Vertrag zu integrieren[1532].

b) Wirtschaftliche Verhältnisse erfordern, dass der ganze Nachlass beim überlebenden Ehegatten verbleibt

Es kann vorkommen, dass die hinterlassenen Mittel des Erblassers trotz der vom Gesetz vorgesehenen grosszügigen Regelung nicht ausreichen, um dessen Bedarf zu decken. Darüber hinaus ist denkbar, dass die Nachkommen in derart günstigen Verhältnissen leben, dass sie nicht auf ihren Erbteil angewiesen sind, solange noch ein Elternteil lebt. Sind sich in einer solchen Situation beide Gatten einig, dass ihr Vermögen nach dem Ableben des Erstversterbenden zunächst *gesamthaft* dem Überlebenden, nach dessen Hinschied allerdings ungeschmälert den gemeinsamen Nachkommen zufallen soll, so erfordert dies eine Vereinbarung unter allen pflichtteilsgeschützten Erben.

Die wenig erfreuliche Situation lässt sich möglicherweise durch den Erblasser selbst entschärfen, indem dem überlebenden Ehegatten nach Massgabe von Art. 473 ZGB die Nutzniessung

---

[1530] PICENONI ZBGR 1978 72; vgl. auch BRUHIN 127 f. Das Problem verschärft sich um so mehr, als der überlebende Ehegatte vom Erblasser begünstigt wird.
[1531] Zur Frage der Ausgleichung des Überschusses vorn 132 ff.
[1532] RIESER AJP 1992 943.

am Nachlass zugewiesen wird[1533]. Reichen allerdings die bezogenen Nutzungen nicht aus, um den notwendigen Lebensstandard aufrecht zu erhalten, befriedigt diese Lösung nicht, da dem Nutzniesser verwehrt bleibt, das mit der Nutzniessung belastete Kapital anzugreifen.

Somit kann es sinnvoll erscheinen, dem längerlebenden Gatten den gesamten Nachlass zu Eigentum zuzuwenden, sei es als Voll- oder Vorerbe, letzterenfalls belastet mit einer Nacherbeneinsetzung auf den Überrest[1534]. Da mit dieser Regelung in die Pflichtteilsrechte der Nachkommen eingegriffen wird, ist ihre Zustimmung erforderlich[1535]; sodann muss der Ungewissheit der zeitlichen Abfolge des Eintritts der Erbfälle Rechnung getragen werden.

Wird mit der Vorerbschaft gearbeitet, bleibt das Nachlassvermögen von jenem des Überlebenden getrennt («Trennungsprinzip»): Die Gatten setzen sich gegenseitig zu Vorerben ein mit der Verpflichtung der Auslieferung des Überrestes an die Nachkommen, welche sie gleichzeitig als Ersatzerben einsetzen[1536]. Beim Hinschied erben somit die Nachkommen sowohl als Nach- wie auch als Ersatzerben.

Wird keine Vorerbschaft vereinbart, verschmilzt das Nachlassvermögen mit jenem des Überlebenden zu einer Einheit («Einheitsprinzip»): Die Gatten setzen sich gegenseitig als Universalerben ein («Vollerben») und die Nachkommen wiederum als «Schluss»- bzw. Ersatzerben[1537]. Letztere erben dann ausschliesslich als Ersatzerben.

Solche Vereinbarungen sind mit auflösenden Klauseln für den Fall der Wiederverheiratung des Überlebenden zu ergänzen, damit die Anwartschaftsrechte der Nachkommen nicht durch das Hinzutreten weiterer Pflichtteilsberechtigter tangiert werden[1538].

[1533] Immerhin ergeben sich gewisse Probleme: Der Ehegatte kann das Nutzniessungsvermächtnis ausschlagen und den Pflichtteil fordern (dazu ZGB-STAEHELIN, Art. 473 N 16 ff m. w. H.; ferner WEIMAR SJZ 1999 453); zudem kann der Erblasser dem Ehegatten die verfügbare Quote zu Eigentum zuweisen (zur Frage, wie hoch diese Quote im Falle von Art. 473 ZGB sei [«Achtelsstreit»], vgl. WEIMAR a. a. O. 453 ff sowie DRUEY 1999 150 f). In beiden Fällen verliert der Gatte seine Erbenstellung nicht, wodurch grundsätzlich die Frage der Ausgleichung nicht vom Tisch ist.

[1534] In Deutschland ist die Regelung, wonach der überlebende Gatte als «Vollerbe» und die Nachkommen als «Schlusserben» berufen werden, unter dem Begriff «Berliner Testament» geläufig und offenbar auch sehr gebräuchlich (zum Begriff Staudinger/KANZLEITER § 2269 N 4; ausführlich ferner KIPP/COING § 79 [425 ff]; LANGE/KUCHINKE § 24 IV 1 [414 ff]). Das Vorliegen eines «Berliner Testaments» wird gemäss § 2269 Abs. 1 BGB vermutet, sofern sich die Ehegatten in einer gemeinschaftlichen letztwilligen Verfügung gegenseitig als Erben einsetzen und bestimmen, der Nachlass solle nach dem Tode des Überlebenden einem Dritten zufallen.

[1535] Staudinger/KANZLEITER § 2269 N 53 ff. Da ihnen zugesichert wird, dass sie später den gesamten Nachlass erhalten werden, erscheint ihre Zustimmung durchaus nicht unrealistisch.

[1536] KIPP/COING § 79 III 1 [426]. Da es dem Überlebenden ermöglicht werden soll, im Notfall auch das Kapital anzugreifen, erscheint eine gewöhnliche Nacherbeneinsetzung als eher ungeeignet.

[1537] Der überlebende Ehegatte kann als Vollerbe (noch) freier über den Nachlass verfügen als der Vorerbe bei der Nacherbeneinsetzung auf den Überrest (so Staudinger/KANZLEITER § 2269 N 9 ff; vgl. auch KIPP/COING § 79 III 2 [426]).

[1538] Dazu ausführlich Staudinger/KANZLEITER § 2269 N 39 ff; KIPP/COING § 79 IV 1 [430]; LANGE/KUCHINKE § 24 IV 3 [417 ff]: Denkbar ist diesfalls, dass Abkömmlinge mit dem

Wären in solchen Konstellationen Zuwendungen des erstversterbenden Gatten auszugleichen, so kann diese nicht stattfinden, sofern die Pflichtigen zu diesem Zeitpunkt gar nicht zur Erbschaft gelangen. Soll sie trotzdem stattfinden, muss dies entsprechend geregelt werden.

2. Konsequenz: Verschiebung der Ausgleichung

Die Problematik lässt sich dadurch entschärfen, dass die Realisierung der Ausgleichung bis zum Ableben des zweiten Ehegatten aufgeschoben wird. Das Vermögen beider Ehegatten ist somit aus ausgleichungsrechtlicher Sicht als Einheit zu behandeln[1539]. Daraus folgt zwar, dass der längerlebende Gatte definitiv nicht mehr in den Genuss der Ausgleichung gelangen kann. Unter den Nachkommen kann allerdings die Parität aufrechterhalten werden, womit den Intentionen der Beteiligten regelmässig am ehesten entsprochen wird.

Da der Erblasser die Ausgleichung auch ganz erlassen kann, wäre es ihm natürlich nicht verwehrt, eine Verschiebung der Ausgleichung (auch) einseitig zu verfügen bzw. nur mit dem Empfänger zu vereinbaren[1540]. Damit riskierte er aber, dass die nicht zustimmungswilligen Erben bereits in der Teilung seines Nachlasses ihren Pflichtteil forderten und dadurch das Ziel der Verschiebung – die Durchführung der Ausgleichung auf einen Zeitpunkt, da die Pflichtigen aufgrund ihrer wirtschaftlichen Leistungsfähigkeit dazu in der Lage sind – vereitelten.

E. Vereinbarungen über das rechnerische Vorgehen im Falle von Art. 629 ZGB

Übersteigen die Vorempfänge einzelner Miterben deren Erbanteil und findet keine Ausgleichung des Überschusses statt, so birgt die Berechnung der Treffnisse der an der Teilung effektiv partizipierenden Erben mancherlei Unklarheiten[1541]. Sofern *alle* Beteiligten sich vertraglich auf einen der möglichen Rechnungsmodi einigen, kann die ansonsten eintretende grosse Rechtsunsicherheit gebannt werden.

Gatten nach den Regeln der gesetzlichen Erbfolge zu teilen haben, dass sie den gesamten Nachlass des Erstversterbenden zu fordern haben oder durch Vermächtnisse abgefunden werden.

[1539] In Deutschland gilt dies von Gesetzes wegen, sofern die Gatten ein gemeinschaftliches Testament nach Massgabe von § 2269 BGB errichtet haben (BGHZ 88, 102, 108; Staudinger/WERNER § 2052 N 6; RGRK-KREGEL § 2052 N 4).

[1540] Vgl. PICENONI ZBGR 1978 72 f, welcher darin eine Auflage des Erblassers für die Verschiebung der Teilung erblickt.

[1541] Zu den denkbaren Varianten vorn 136 ff.

V. Vereinbarungen über die Ausgleichungspflicht ohne Mitwirkung des Zuwendungsempfängers

Denkbar ist, dass der Zuwendende mit den Miterben des Empfängers erbvertraglich Vereinbarungen über dessen Ausgleichungspflicht trifft. Solche Vereinbarungen können zweierlei bezwecken:

Einmal kann aus Sicht der künftigen Erben erreicht werden, dass der Zuwendende sich in der Weise bindet, dass er nicht mehr einseitig oder kraft Vereinbarung mit dem Empfänger die Ausgleichung ganz oder teilweise erlassen kann[1542]. Für den Empfänger stellt dies keinen unzulässigen Vertrag zu seinen Lasten dar, da seine erbrechtliche Anwartschaft – sofern ihm nicht erbvertraglich mehr zugesichert worden ist – einzig durch das Pflichtteilsrecht garantiert wird.

Andererseits kann sich aber auch der Erblasser von den künftigen Miterben versprechen lassen, gegenüber dem Empfänger keine Ausgleichungsansprüche zu erheben. Der grosse Vorteil einer solchen Vereinbarung liegt darin, dass zwar die Miterben gebunden werden, sich aber der Erblasser alle Freiheit offenlassen kann, da er sich gegenüber dem Empfänger *gerade* nicht gebunden hat.

VI. Vereinbarungen über die Ausgleichungspflicht unter den Erben ohne Einbezug des Erblassers

Treffen die Miterben unter sich vor Eintritt des Erbfalls[1543] eine Vereinbarung, so ist diese als Vertrag über einen noch nicht angefallenen Erbteil (Art. 636 ZGB) zu qualifizieren. Solche Vereinbarungen können alle Fragen des Ausgleichungsrechts beschlagen[1544]. Zu ihrer Gültigkeit bedürfen sie allerdings der Mitwirkung und Zustimmung des Erblassers, welcher allerdings dadurch in keiner Weise gebunden wird[1545]. Der Vertrag entfaltet als Rechtsgeschäft unter Lebenden nur obligatorische Wirkungen unter den Vertragsparteien.

Im Einzelfall mag die Regelung der Ausgleichung unter den Erben Vorteile mit sich bringen, sofern sich der Erblasser scheut, seinen künftigen Erben Vorschriften über sein Ableben hinaus zu machen. Naturgemäss setzt sie allerdings ein gewisses Vertrauen der Erben in den Erblasser voraus, damit dieser nicht ohne Not in das Regelungswerk der Erben eingreift.

[1542] Vgl. PIOTET SPR IV/1 § 49 II C [349].
[1543] Nach Eintritt des Erbfalls wäre eine solche Vereinbarung als Teilungsvertrag (Art. 634 ZGB) zu qualifizieren.
[1544] TUOR/PICENONI, Art. 636 N 5; vgl. auch das Beispiel in SJZ 1953 193 ff (Entscheid des Bezirksgerichts Meilen).
[1545] Dazu und zum folgenden vorn 271.

5. Kapitel

Zusammenstellung wesentlicher Ergebnisse

Bei der erbrechtlichen Ausgleichung handelt es sich um einen Vorgang im Teilungsverfahren, welcher an eine lebzeitige unentgeltliche Zuwendung des Erblassers an einen künftigen gesetzlichen oder – sofern verfügt oder vereinbart – eingesetzten Erben anknüpft. Sie dient im Rahmen der «gesetzlichen» Ausgleichung der Herstellung des als Erblasserwillen unterstellten Gleichbehandlungsgrundsatzes, im Rahmen der «freiwilligen» Ausgleichung dagegen einzig der Durchsetzung des Erblasser- oder des Parteiwillens.

Zur Frage, welche Objekte von der «gesetzlichen» Ausgleichung erfasst sind, werden zwei Theorien vertreten: Nach der vorherrschenden, in der Judikatur als ständige Rechtsprechung angewandten Meinung unterliegen nur jene Zuwendungen von Gesetzes wegen der Ausgleichung, welche dem Aufbau oder der Verbesserung der wirtschaftlichen Existenz des Empfängers dienen. Kennzeichen all dieser Zuwendungen ist der Ausstattungscharakter. Dagegen vertritt eine starke Minderheit in der erbrechtlichen Doktrin die Auffassung, unabhängig vom Verwendungszweck seien alle im Verhältnis zu den Vermögensverhältnissen des Zuwendenden bedeutsamen Liberalitäten von Gesetzes wegen auszugleichen. Da praktisch jede Zuwendung mit Ausstattungscharakter von einiger Bedeutung ist und umgekehrt regelmässig Grosszuwendungen auch Ausstattungscharakter zukommt, sollte die Kontroverse aber nicht überschätzt werden.

Verpflichtet und berechtigt zur Ausgleichung sind primär die Nachkommen des Erblassers, Enkel allerdings bzgl. der von Gesetzes wegen zur Ausgleichung zu bringenden Zuwendungen nur insoweit, als sie in jenem Zeitpunkt bereits Erbenstellung besassen.

Der überlebende Ehegatte ist berechtigt, von seinen Miterben die Ausgleichung nach Massgabe von Art. 626 Abs. 2 ZGB zu verlangen, ohne für solche Zuwendungen selbst – vorbehältlich einer entsprechenden Verfügung oder Vereinbarung – ausgleichungspflichtig zu werden.

Was die Abwicklung der Ausgleichung anbetrifft, so sind folgende Punkte herauszukehren: Stellt sich heraus, dass die Zuwendungen das zum Zeitpunkt der Teilung betragsmässig zu bestimmende Erbtreffnis des Empfängers übersteigt, so ist entgegen der h. L. eine Begünstigungsabsicht des Erblassers im Umfange des Überschusses zu vermuten, d. h. dieser bleibt ausgleichungsfrei. Für die Berechnung der Treffnisse der effektiv an der Teilung partizipierenden Erben ist der Rechenmethode von PIOTET zu folgen, welche sich an jene der deutschen Lehre und Praxis anlehnt.

Sodann ist dem Ausgleichungspflichtigen im Hinblick auf die Wahlrechte gemäss Art. 628 ZGB zuzugestehen, diese beliebig zu kombinieren, solange eine finanzielle Schädigung seiner Miterben nicht zu befürchten ist. Bei der Idealkollation bleibt sodann eine seit der Zuwendung eingetretene Geldentwertung unberücksichtigt.

Der Erblasser kann, solange er nicht vertraglich gebunden ist, autonom, gemeinsam mit dem Empfänger oder weiteren Interessierten Umfang und Modalitäten der Ausgleichung regeln. Da die entsprechenden Rechtsgeschäfte als Verfügungen von Todes wegen zu qualifizieren sind, unterliegen sie im Grundsatz den Formvorschriften, welche allgemein für solche Verfügungen Geltung beanspruchen. Eine Ausnahme ist nur dort zu machen, wo die entsprechende Verfügung zeitgleich mit dem Zuwendungsgeschäft getroffen wird: Mit Rücksicht darauf, dass der Erblasser die Auswirkungen seiner Freigiebigkeit sofort verspürt und mit Blick auf konsolidierte Praxis und Doktrin ist ihm zu gestatten, dass nur die Formvorschriften des Zuwendungsgeschäfts unter Lebenden eingehalten werden. Andernfalls wäre in allzuvielen Fällen eine Formnichtigkeit solcher Verfügungen zu erwarten.

Abgesehen von dieser Ausnahme gelten die für die Errichtung und Beurteilung von Verfügungen von Todes wegen massgeblichen Vorschriften auch für die im Hinblick auf die erbrechtliche Ausgleichung getroffenen Rechtsgeschäfte. Insbesondere folgt die Auslegung solcher Verfügungen den entsprechenden Regeln, wobei die Eindeutigkeits- und Andeutungsregel teilweise als gänzlich überholt oder nur noch in engem Rahmen anwendbar sind.

Wird von der gesetzlichen Ausgleichungspflicht nach Massgabe von Art. 626 Abs. 2 ZGB dispensiert, so erfordert dieser Dispens Ausdrücklichkeit. Diese Anforderungen erfüllen Willenserklärungen, welche *direkt* auf den Dispens gerichtet sind. Streng zu unterscheiden ist vom Gebot der Ausdrücklichkeit das Gebot der Form: Die beiden Elemente haben nichts miteinander zu tun.

Für den Nachlassplaner wirft die beabsichtigte Gewährung von Vorempfängen eine Reihe von Fragen auf, welche durch geeignete Vereinbarungen unter allen oder auch nur einzelnen später am Nachlass Beteiligten geregelt werden können.